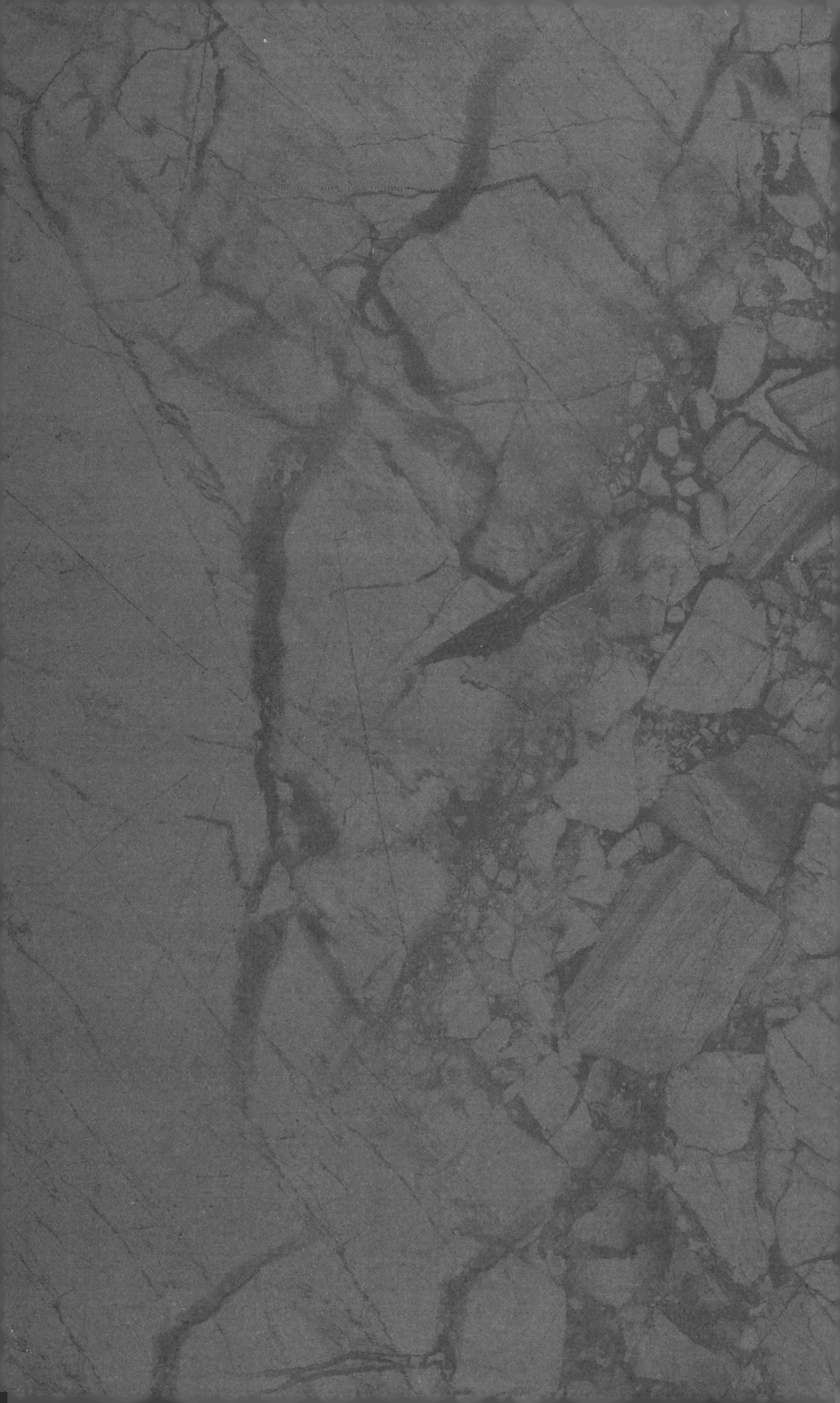

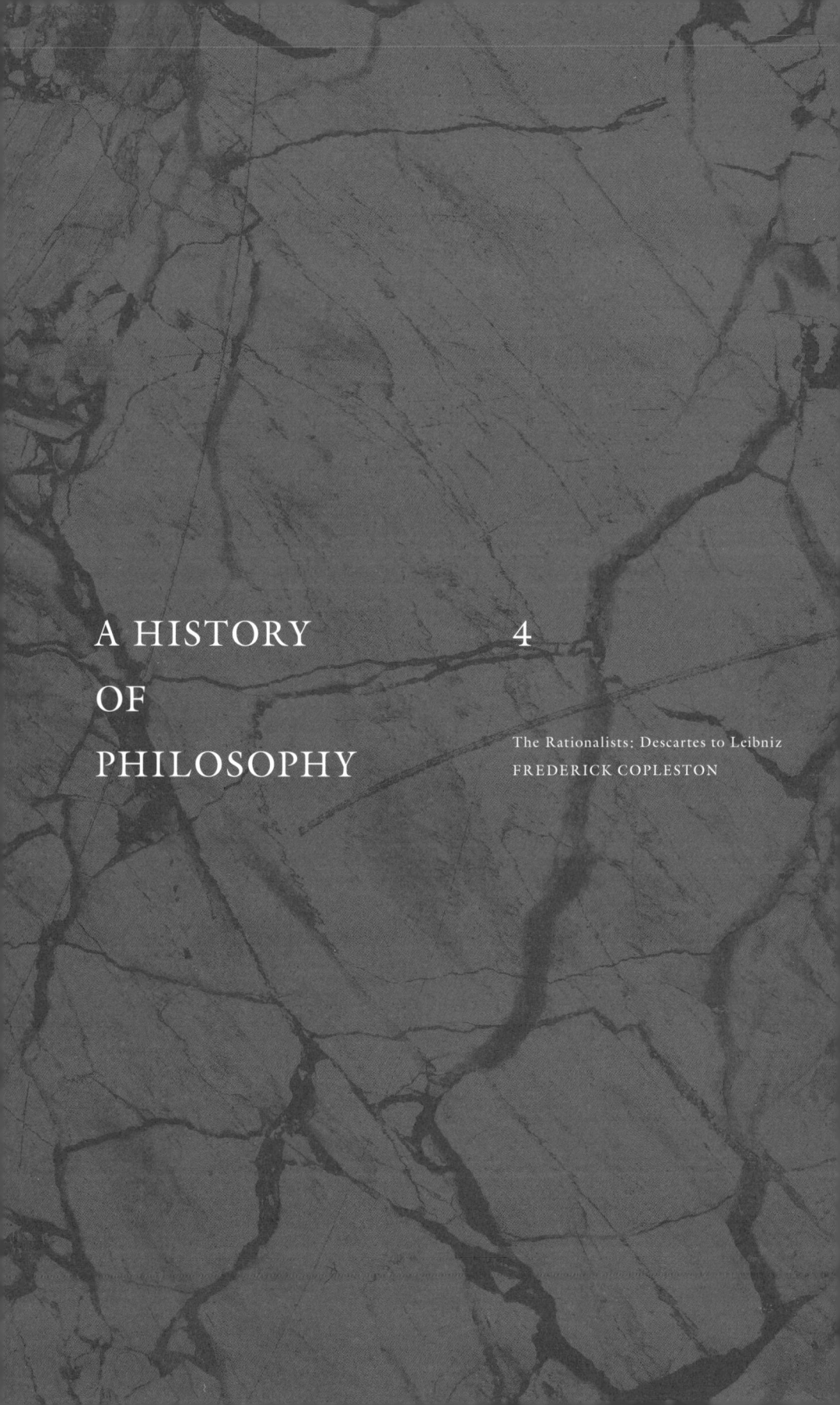

A HISTORY OF PHILOSOPHY

4

The Rationalists: Descartes to Leibniz
FREDERICK COPLESTON

科普勒斯顿哲学史
4

理性主义：
从笛卡尔到莱布尼茨

[英]弗雷德里克·科普勒斯顿 著　陈焱 译

出版说明

　　每一个时代的哲学家、思想家都无法跳出自己的时代。正如尼采所言，我们永远都只能从特定的视角出发思考事物与世界。因而，哲学史家弗雷德里克·科普勒斯顿亦是从他的时代出发向我们讲授哲学的脉络。但也正是因为不可避免地置身于有限性和处境性之中，人类才追问关于意义的问题。关于本书具体观点可能具有的个人局限性和历史局限性，请读者明鉴。

九州出版社

出版总序

编辑约我为《科普勒斯顿哲学史》写序言，我首先自问有无资格为这部世界著名哲学史的中译本写序。思忖再三，找出三个理由，于是欣然命笔。

第一个理由，我是较早精读《科普勒斯顿哲学史》的中国读者。1982年底，我到比利时鲁汶大学留学，从哲学本科课程开始读，《古希腊哲学》和《中世纪哲学》这两门课的教材用的就是《科普勒斯顿哲学史》的第1、2、3卷[①]，我买了 Image Books 出版的每卷两册的口袋书，按照老师讲解的线索，仔细阅读这6册书，重点部分读了几遍，还做了几本读书笔记。此前我也读过罗素和梯利的《西方哲学史》，与那两本书相比，这部书线索清晰、资料翔实、重点突出，将我的西方哲学史水平提升了几个层次。中世纪哲学是《科普勒斯顿哲学史》的重头戏，第2卷的篇幅比其他部分更厚重，我来鲁汶大学的初衷是攻读中世纪哲学，那卷书对我来说是宝贵资料，几年里翻阅了好几遍，基本上掌握了中世纪哲学的发展线索和重点。在鲁汶硕士阶段读的都是经典，我也经常参考《科普勒斯顿哲学史》的相关部分。我的硕士论文写的是康德，《科普勒斯顿哲学史》第6卷的康德哲学写得也很精彩，使我获益良多。我把这套9卷本的丛书带回国内，讲授西方哲学史这门课时经常参考。

第二个理由，我写过《柯普斯顿传》[②]，为此与科普勒斯顿有过通信。中国社科院哲学所傅乐安先生在鲁汶大学进修期间，看到我经常阅读《科普勒斯顿哲学史》，我们回国之后，他主编《当代西方著名哲学家

[①] 《科普勒斯顿哲学史》初版为9卷本，再版为11卷本，赵敦华先生在本序中所提及的《科普勒斯顿哲学史》相关卷数信息对应9卷本相关信息。——编者注

[②] 《柯普斯顿传》为《当代西方著名哲学家评传：第六卷宗教哲学》（傅乐安编，山东人民出版社，1996年版）中的篇目，此处"柯普斯顿"即指本书作者科普勒斯顿。——编者注

本图为科普勒斯顿给赵敦华老师的信件的扫描图

评传·宗教哲学》卷时，约我写《柯普斯顿传》。我对传主的生平和著述目录不熟悉，于是冒昧地给科普勒斯顿写信询问。科普勒斯顿立即给我写了回信，并附上照片和亲笔写的简历，以及 20 页的著述和二手文献目录。我把他的照片和自传的翻译写在传记里，兹不赘述。

科普勒斯顿（Frederick Charles Copleston，1907.4.10 —1994.2.3）不仅是足迹遍布西方世界的精力充沛的教师，而且是多产的作者。自 1934 到 1986 年，他发表了 150 篇论文和 250 多篇书评。他的著作除了 9 卷本的《哲学史》外，还包括《托马斯·阿奎那》《尼采——文化哲学家》《叔本华——悲观主义的哲学家》《中世纪哲学》《当代哲学》等，这些著作是对《哲学史》相关章节的补充和发挥。他写的《哲学和哲学家》《论哲学史》等专著论述了哲学史的方法论。20 世纪 80 年代之后，科普勒斯顿致力于东西方哲学比较研究，写了《哲学和文化》《宗教和哲学》《宗教和一元》等著作，提出了"一元形而上学"的思想。他还专门研究了俄国哲学，写了《哲学在俄国》《俄国的宗教哲学》。1987 年，为了庆祝科普勒斯顿的 80 岁寿辰，哲学界出版了论文集，评价了科普勒斯顿两方面重要贡献。一是对英语国家哲学史著述的卓越贡献。德语国家和法语国家早在半个多世纪之前，就有了宇伯威格（Friedrich Überweg）的《哲学史大纲》和布雷希耶（Émile Bréhier）的《哲学史》等权威著作，但长期以来，英语国家没有一部与之相当的权威著作。科普勒斯顿的《哲学史》填补了这一空缺。现在，在英语国家大学里，这部著作普遍被用作教材和参考书。第二方面的贡献是，科普勒斯顿用永恒哲学（Philosophia perennis）的传统融汇各种哲学资源。他是一个托马斯主义者，但坚持认为托马斯主义属于永恒哲学，托马斯主义产生之后，可在任何方向和时期继续发展。这意味着，中世纪之后，永恒哲学贯穿在近现代哲学之中。站在永恒哲学的立场，科普勒斯顿对历史和现当代各种哲学派别和理论做出积极评价，突出了托马斯主义与西方哲学其他流派综合调和的特征。他的哲学史方法论可以说是史论结合、以论带史的典范。

最后，《科普勒斯顿哲学史》在 20 世纪 90 年代已被介绍到我国，成为西方哲学史教学和研究的重要参考书。这部书的中译本问世，将在中国社会，尤其是哲学界产生更广泛的影响。本书各卷译者均为哲学学界优秀学者，其中第 5、8 卷的译者周晓亮研究员是我相识多年的学友，他对英国哲学有精深的研究，令我十分钦佩。同时，他还是一位翻译家，所译《人类理智研究》《道德原理研究》和《剑桥哲学史（1870—1945）》（两册）是我经常使用的案头书。其余各卷译者，梁中和、江璐等学者也各有所长，我相信由他们来翻译《科普勒斯顿哲学史》中译本，定能为这部世界哲学名著增光添彩。

是为序。

赵敦华
2020 年春节于北京大学外国哲学研究所

前　言

　　在上一卷（第3卷）末，我已经表明了想要在本套哲学史的第4卷（也就是在本书中）涵盖上迄笛卡尔下至莱布尼茨并包括康德的这一历史阶段的期望。当然，我那时的想法是，希望将整个近代哲学的部分放在一本书里来加以讨论。然而这一原初的目标并未达到。因为我最终发现，自己不得不花三本书的篇幅来著述这一时代及其问题。为了方便起见，我把这部分内容分别划成三个独立的卷本。第4卷《从笛卡尔到莱布尼茨》，论述从笛卡尔到前康德时代的大陆理性主义的伟大传统。第5卷《从霍布斯到休谟》，用来探讨上迄霍布斯的英国哲学发展，以及苏格兰常识哲学。第6卷《从沃尔夫到康德》，则被我用来处理法国启蒙运动、卢梭、德国启蒙运动、从维柯到赫尔德的历史哲学的发展，并且最后才是伊曼纽尔·康德的哲学体系。"从沃尔夫到康德"这个题目显然并不恰切；但前批判时期的康德哲学属于沃尔夫的哲学传统，至少其中有些东西是他所认同的，此一事实应是无疑；而如果把书名改成诸如"从伏尔泰到康德"，就显得过于突兀了。

　　正如之前的卷本那样，我是根据哲学家而非哲学问题之逻辑发展的先后顺序来进行章节排列的。此外，我还给了一些哲学家非常大的篇幅。尽管我认为这种根据不同哲学家分章析节的方法，对于我心目中的大部分读者而言都是最为合适的，但这种分法显然也存在一些缺陷。因为，当面对一群完全不同的思想家，以及需要对他们的观点进行或详或略的描述时，读者也许会抓不到主要关节。此外，虽然我认为，如果加上一些严格的限定，旧有的哲学史对大陆理性主义与英国经验主义的区分是合理的，但此种刻板的分类体系会给我们留下这样的印象：在17、18世纪的时候，

（欧洲）大陆哲学与英国哲学的发展是两条平行线，互相之间完全独立，没有任何交点。而这显然是个错误的印象。即便是笛卡尔也对英国思想有过一些影响，当然这种影响不大。马勒伯朗士影响了贝克莱。斯宾诺莎的某些政治观点则来源于霍布斯。此外，完成于17世纪的洛克哲学也深深地影响了18世纪的法国启蒙运动思潮。

为了对我所使用的这种分章方式的缺憾做一些补救，我决定在本书中写一个框架性的导言性章节，以便使读者对17世纪与18世纪的哲学有一个整体认识。因此，本导言实际上涵盖了第4、5、6卷所要讨论的全部内容，正如我已经讲过的那样，我原本希望把它们放在同一卷书中。我既然已将此导言性章节置于本书的开篇，因此在第5、6卷的开篇就不再重述了。而这样一种描述性的导言章节，将不可避免地涉及大量重复的内容。换句话说，在之后的章节中以更大篇幅更细致阐述的问题，在导言中只做了简要的概述。尽管如此，我也依然觉得，给出这个概略的描述性导言的好处要比它所带来的坏处多得多。

在本套哲学史之前三卷的末尾，我都附加了一个"总结性述评"。但因为本书中的导言涵盖了第4、5、6卷的内容，所以，对这三卷的总结性述评也将被合并在一起。它会出现在第6卷末，也就是在对康德哲学的探讨之后。在这一总结性述评中，我不仅想要从历史方面，还想要从一个更为哲学的方面，来探讨17、18世纪诸多不同哲学流派的本质、重要性以及价值。我认为，与其将这种一般性的哲学反思硬插进对哲学史的陈述之中，不如将其放在对这一时代思想的历史性陈述之后。

最后来谈谈注释索引。类似"vol. II, ch. XL"或"See vol. III, pp. 322–324"这样的索引都指本套哲学史的卷本。至于与我的论述有关的哲学家著作的注释，我则力图以方便学生查阅的方式给出。一些历史学家或评注者习惯于根据他们所探讨的哲学家著作的公认精装版本（如果存在的话）的卷数和页码来给出注释。但我对在本书中完全遵循这一注释习惯抱有怀疑。比如，在论及笛卡尔的章节里，虽然我也确实引用了亚当-塔内里（Adam-Tannery）版本的卷数与页码，但同时我也根据与所讨论问题相关的著作的章节或部分给出了注释。方便查阅亚当-塔内里版本的人极其有限，同样，拥有华美的伯克利（Berkeley）最新修订版的人也凤毛麟角。主要哲学家的关键著作的平装本则非常容易得到。在我看来，为了方便学生查阅，注释应该考虑学生拥有的版本，而非那些只有极少数人才拥有，或者能够获得的公认精装修订本。

目　录

出版说明 i
出版总序 iii
前　言 vii

第一章　导　论 001
　　　承继性与创新性：与中世纪和文艺复兴思想有关的近代哲学早期阶段——大陆理性主义：其实质、其与怀疑论和新斯多葛主义的关系，及其发展——英国经验主义：实质和发展——17世纪——18世纪——政治哲学——历史哲学的兴起——伊曼纽尔·康德

第二章　笛卡尔（一）... 059
　　　生平与著作——笛卡尔的目标——他的方法论观念——天赋观念理论——普遍怀疑

第三章　笛卡尔（二）... 086
　　　我思，故我在——思想与思想者——真理的标准——上帝的存在——对循环论证的批评——对错误的解释——数学的确定性——上帝存在的本体论证明

第四章　笛卡尔（三）... 112
　　　身体的存在性——实体及其主要属性——心灵与身体的关系

第五章　笛卡尔（四）... 120
　　　物质之属性——笛卡尔与圣餐变体论——空间与位置——运动——绵延与时间——运动的根源——运动的规律——神在

　　　　世界中的活动——有生命之物

第六章　笛卡尔（五）..135
　　　人对自由的意识——自由与上帝——暂时性的伦理学和道德科学——激情及其控制——善的本质——对于笛卡尔之伦理观念的评价——对于笛卡尔的总体评述

第七章　帕斯卡尔..150
　　　帕斯卡尔的生活和心灵——几何学方法及其范畴与界限——"此心"——帕斯卡尔的护教理论——人的柔弱与伟大——赌博论证——作为哲学家的帕斯卡尔

第八章　笛卡尔主义..172
　　　笛卡尔主义的传播——赫林克斯和身心交互性

第九章　马勒伯朗士..179
　　　生平和著作——感觉，想象，理解；避免错误与获得真理——作为唯一的真正动因的上帝——人类的自由——在上帝之中的那个永恒真理之图景——灵魂的经验性知识——关于其他心灵与物质之存在的知识——上帝的存在与属性——马勒伯朗士与斯宾诺莎、笛卡尔、贝克莱之间的关系——马勒伯朗士的影响

第十章　斯宾诺莎（一）..205
　　　生平——著作——几何学方法——其他哲学对斯宾诺莎思想的影响——对斯宾诺莎哲学的一些说明

第十一章　斯宾诺莎（二）..215
　　　实体及其属性——无限的样式——有限样式的产物——心灵与肉体——目的因的取消

第十二章　斯宾诺莎（三）..232
　　　斯宾诺莎对于知识层次或级别的划分——令人困惑的经验；普遍性观念；假象——科学知识——直观知识

第十三章　斯宾诺莎（四）..240
　　　斯宾诺莎对人类情感与行为的阐释所要达到的目的——那种趋乐避苦的自然倾向——衍生而出的情感——被动与主动的情感——奴役与自由——对于神的理智之爱——人心的"永

恒"——斯宾诺莎伦理学的一个不一致

第十四章　斯宾诺莎（五）..................255
自然权利——政治社会的基础——君权与政权——国与国之间的关系——自由与宽容——斯宾诺莎的影响以及对其哲学的不同评价

第十五章　莱布尼茨（一）..................267
生平——《论组合的艺术》与和谐观——著作——对莱布尼茨思想的不同诠释

第十六章　莱布尼茨（二）..................277
逻辑真理与事实真理之间的区别——逻辑真理或必然命题——事实真理或偶然命题——完满性原则——实体——不可分的同一性——连续性法则——莱布尼茨的"泛逻辑主义"

第十七章　莱布尼茨（三）..................300
单一实体或单子——隐德莱希与第一物质——广延——现实之物与肉身实体——时间与空间——预定和谐——知觉与欲求——灵魂与肉体——天赋观念

第十八章　莱布尼茨（四）..................327
本体论证明——基于永恒真理的上帝存在证明——基于事实真理的上帝存在证明——基于预定和谐的上帝存在证明——恶的问题——进步与历史

参考文献..................343
索　引..................356
译后记..................390

xiii

第一章
导 论

承继性与创新性：与中世纪和文艺复兴思想有关的近代哲学早期阶段——大陆理性主义：其实质、其与怀疑论和新斯多亚主义的关系，及其发展——英国经验主义：实质和发展——17世纪——18世纪——政治哲学——历史哲学的兴起——伊曼纽尔·康德

1. 近代哲学一般被认为开始于法国的笛卡尔（1596—1650），而在英国则始于弗朗西斯·培根（1561—1626）。也许我们并没有直接切实的证据证明"近代"这个词适用于17世纪的思想。但这个词的使用，清楚地表明中世纪与后中世纪哲学之间存在一个断裂，并且这两个时代的哲学分别拥有对方所不具备的重要特质。17世纪的哲学家们当然知道，在旧的哲学传统与他们自己想要进行的哲学事业之间存在深刻的不同。而类似弗朗西斯·培根和笛卡尔这样的人也坚信，他们正在开创一个新的哲学传统。

如果说在很长一段时间内，文艺复兴与后文艺复兴哲学家的观点在它们表面的价值上被普遍地接受，那么这种情况部分地出于这样一种信念：在中世纪确实没有什么东西能称得上哲学。事实上，曾经在古希腊熊熊燃烧的带着独立性与创造性的哲学反思之火焰一度熄灭了，直到文艺复兴时才再次燃起，并在17世纪迸发出耀眼的光芒。

但最终，当人们将更多的注意力投到中世纪哲学上时，就会发现这种观点不免有些夸大其词。一些著作者已经在强调中世纪与后中世纪思想

之间的连贯性了。这种连贯现象在政治和社会领域是一目了然的。17世纪的社会与政治组织形式的产生并不是没有任何历史因素的。比如，我们可以看到不同的民族国家的逐渐形成、君主制的出现，以及中产阶级的成长。即使在科学领域，这种断裂造成的不连贯性也没有原先想象的那么大。当代的研究已经表明，中世纪的人们对经验科学也表现出了兴趣，虽然这种兴趣比较有限。在本套哲学史①的第3卷中我们就关注到，14世纪的一些物理学家对机械运动理论给出了更宽泛的解释。同样，在哲学领域内，我们也能观察到明确的连贯性。我们可以看到，哲学在中世纪正渐渐被视为学问研究的一个独立分支。我们也能看到，这一时期出现了一些思想路线，这些思想路线预示了后来的哲学发展。譬如，14世纪主要的哲学运动被普遍认为是唯名论的②，但实际上，唯名论运动在一些重要的方面昭示了后来经验主义的发展。同样，库萨的尼古拉③的思辨哲学预示了莱布尼茨的一些理论，并且构成了中世纪、文艺复兴思想与前康德时期的近代思想之间的纽带。此外，一些学者的研究表明：诸如培根、笛卡尔和洛克等思想家，他们受到的旧时代影响，要远比他们自己所意识到的多。

　　人们常常草率地认同这种观点，即文艺复兴时期和17世纪的哲学家所带来的进步是革命性的，作为对这种观点的修正，强调两个时代的思想间的连贯性无疑是必要的。这同时也表达了一个认识，即我们确认这样一个事实——总的来说，中世纪哲学本身是作为欧洲哲学的一个内在组成部分而存在的，这是对中世纪哲学的一个总定位。但同时，在另一方面，如果说两个时代之间的这种断裂性可以被过分强调的话，那么它们之间的连续性也同样可以。因为，假如我们比较13世纪和17世纪的社会与政治生活形态，其间社会结构的不同将一目了然。再者，虽然我们能追溯导致变革发生的历史因素，但变革本身在某种意义上依然具有突变性的特征——它打破了中世纪基督教王国对欧洲大陆的宗教统一。虽然我们能在中世纪欧洲的智性土壤中找到后来科学的种子，但这一研究结论不会对我们关于

---

① 参见《科普勒斯顿哲学史》第3卷，第165—167页。
② 同上，第3章至第9章。
③ 同上，第15章。

文艺复兴时期科学的重要性的看法带来实质性改变。同样，虽然上文已列出了能够合理地说明中世纪与后中世纪哲学之间具有连续性的理由，但这两个时期的哲学的确存在相当大的差异。就此而言，虽然笛卡尔毋庸置疑受到了经院哲学思维方式的影响，但他自己也指出，他对经院哲学术语的使用与经院哲学家们对它们的使用并不完全相同。同样，尽管洛克的自然法理论受到了胡克①（Hooker）的影响，而胡克本人实际上深受中世纪思想的影响，但洛克的自然法观念也并不与托马斯·阿奎那的完全相同。

我们当然会成为语词或标签的奴隶。也就是说，因为我们总是将历史划分为一段段时期，我们可能倾向于失去那种连贯性的和渐进的历史视野；当我们着眼于非常久远的历史事件时，尤其如此。但这并不意味着所有对历史时期的划分都是不适当的，也并不意味着历史进程中从没有出现过一些关键性的转折。

假如说文艺复兴之后世界的普遍文化状况在一些重要方面不同于中世纪，那么很自然，这种不同应该早已反映在哲学思想的变化上。同时，正如社会与政治领域的变化——甚至当这些变化多少有些突然时——以一种已经存在的、使它们得以发展而来的环境为前提，同样，哲学领域内新的态度、目标以及思维方式，也是以一种已经存在的且与之相关的情形为前提的。换句话说，我们不是在两个截然对立的选项（主张连续性的观点与主张断裂的观点）之间简单地做选择。这两方面的因素我们都应该加以考虑。确实存在变化与革新，但变化不是无中生有、突然出现的。

因此，情况看起来似乎就是这样。过去对两个时代思想之间的非连续性的强调，很大程度上是由于没有认识到在中世纪也存在配得上称为哲学的东西。而此后，对中世纪哲学的存在及其重要性的重新认识，又导致了对思想史在连续性方面的矫枉过正。但我们现在知道，实际上我们需要同时对连贯性以及这两个历史时期各自的特征做出阐述。而我们对这两个不同历史阶段之间的关系的考虑，同样适用于对各个不同思想家之间的关系的思考。历史学家们受此种诱惑的困扰，即将一个时期的思想简单地

---

① 参见《科普勒斯顿哲学史》第3卷，第322—324页。

描绘成另一个时期思想的准备阶段,将一位思想家的体系简单地描述为另一位思想家的体系的踏脚石。这种诱惑确实是不可避免的,因为历史学家所沉思的是一系列转瞬即逝的事件,而非永恒、不变的实在。此外,在一个显而易见的意义上,中世纪思想为后中世纪思想的发展铺平了道路;而且我们有充足的根据将贝克莱的哲学视作洛克与休谟哲学之间的一块踏脚石。但是如果一个人完全屈服于这样的诱惑,那他将错失许多东西。贝克莱哲学远不只是作为从洛克到休谟的经验主义哲学发展的一个中间阶段;而中世纪思想也有其自身的特点。

在中世纪与后中世纪哲学之间显而易见的差异中,有一个鲜明的区别来自文字表达的方式。一方面,中世纪的学者们使用拉丁文写作,而我们发现在中世纪之后,使用欧洲各地方民族语言进行写作的情况在不断增加。但这并不意味着,在前康德的近代时期,人们不再使用拉丁文写作。培根与笛卡尔兼用拉丁文与方言,霍布斯也是如此。斯宾诺莎用拉丁文进行创作。洛克则纯用英文写作。此后我们发现到了18世纪,欧洲各民族自身的语言被普遍使用。休谟使用英文,伏尔泰与卢梭使用法文,康德用德文进行写作。另一方面,在中世纪的著述中,人们更多地采用注疏经典的写作方式来表达自己的观点,中世纪之后的哲学家们(不论使用的是拉丁文还是本民族的语言)则进行一种原创性的写作,那种注疏经典的写作方式已经被抛弃了。当然我的意思不是说中世纪的哲学家们只撰写注疏类的东西,因为这绝不符合实情。对彼得·伦巴德《四部语录》(*Sentences*)[①]以及对亚里士多德和其他人的作品的一些评注诠释性作品代表了中世纪哲学著述的鲜明特征;而当我们想到17世纪哲学家的著述时,我们想到的是那种自由的论述形式,而非评注。

在哲学写作中对本民族语言使用的增长,当然也伴随着在其他领域对此种语言使用的增长。我们能够将这种情况与文化、政治和社会的普遍变化与普遍发展联系起来。但我们也能从中看到学院哲学的征兆。中世纪的哲学家大部分都是从事教育的大学教授。他们针对学校使用的标准教材

---

① 参见《科普勒斯顿哲学史》第2卷,第168页。

撰写述评类的文章，也只以学术界文雅的专门语言来写作。前康德时代的近代哲学家们则正好相反，他们的主业大多与学术教育无关。笛卡尔从来就不是一个大学教授。斯宾诺莎同样如此，尽管他曾经获得过海德堡大学的教席邀请。而莱布尼茨完全是一个喜欢参与各种大事件的人物，他曾拒绝过一个大学教席，因为他想要的是另一种完全不同的生活。在英国，洛克担任过好几个为国家服务的小公职。贝克莱是一个主教。只有休谟曾经试图去获得一个大学教席，然而没能如愿。至于18世纪的法国哲学家，像伏尔泰、狄德罗以及卢梭，他们显然只是对哲学感兴趣的文人而已。在17世纪与18世纪，哲学是有文化、有教养的阶层普遍感兴趣和关注的东西，因而在为大众而写的作品中使用欧洲各民族语言来代替拉丁文，就是很自然的事。正如黑格尔所说，我们只是到了康德这里才发现哲学变得如此专门而晦涩，以至我们再也不能认为它属于一个有文化修养的人应该接受的一般教育。在那个时代，使用拉丁语写作的方式事实上已彻底淡出了历史舞台。

换句话说，在近代的早期阶段，那些全新和原创性的哲学发展基本都是在大学外取得的。这些哲学是新鲜和创造性的心灵的产物，而非保守主义者的成果。这自然也是哲学作品在那个时代会写成完全独立的论文形式而非经典注疏的原因之一。因为作者关心的是发展自己的思想，摆脱了对既往那些伟人的关注，并且放下了对中世纪与古希腊思想权威的尊奉。

尽管我们已经谈到了在康德之前的近代时期，欧洲各民族的方言开始代替拉丁文成为著述文字，独立的论文论述形式代替了经典注疏式的写作方式，并且那个时代的主流哲学家也不再是大学教授，但这些都不能用来阐释中世纪哲学与后中世纪哲学之间的本质不同。因之，我们必须尝试着简单地指出两者之间的某些差异。

一般我们常说近代哲学是独立自治的，完全是理性的产物，中世纪哲学则从属于基督教神学，并且受到服务于教义这一目的的约束。但是如果不加任何前提条件就如此粗暴地表述，那这种判断实在是过分简化了。一方面，我们发现早在13世纪，托马斯·阿奎那就主张将哲学作为一个独立的研究分支，而在14世纪我们发现，作为唯名论者对传统形而上学批判的一个结果，哲学和神学已在朝着分道扬镳的方向发展。另一方面我们看到，17世纪的笛卡尔试图将自己的哲学思想与天主教教义的要求相调和，①而在18世纪，贝克莱也明确地说，他的最终目标是把人们引向福音的救赎真理。因而，这些事例并不支持我们的这一武断主张，即所有近代哲学都已完全摆脱了神学预设，不再受基督教信仰的任何影响。尽管在斯宾诺莎、霍布斯、休谟和18世纪法国唯物主义思想家那里，这一主张是合适的，但其完全不适用于笛卡尔、帕斯卡尔、马勒伯朗士、洛克和贝克莱。同时毋庸置疑的是，我们能追溯从中世纪早期的哲学反思开始直到近代，哲学逐渐从神学中被解放出来的过程。托马斯·阿奎那与笛卡尔之间的不同一目了然，尽管后者也是一个坚定的基督徒。因为托马斯·阿奎那首先是一位神学家，笛卡尔则是一位哲学家而非神学家。实际上包括威廉·奥卡姆在内的所有主要的中世纪哲学家都是神学家，而17世纪至18世纪主要的哲学家都不是神学家。在中世纪，神学被尊为最高的科学，并且我们可以看到那些神学家也都是哲学家。但在17世纪至18世纪，我们发现一些哲学家是基督徒，另一些则不是。尽管对于一些像笛卡尔或洛克之类有信仰的人，他们的哲学体系无疑受到了宗教的影响，但他们基本上和当代任何一个碰巧是基督徒，而在专业意义上又不是神学家的哲学家情况相同。这也是与托马斯·阿奎那和圣·文德（St. Bonaventure）相比，像笛卡尔与洛克那样的哲学家给我们更"近代"的感觉的原因之一。

一个人应该能很自然地意识到，对事实的确认与对事实的评价是有区别的。一些人认为，当哲学从与神学的紧密联系中独立出来，并完全不受任何外在力量的控制时，它才能成为其应是的样子——一个纯粹自足的学科类别。另一些人则认为，哲学在13世纪的位置才是正确的。这就是说，理性的权利已被确认，神启的权利同样如此。假如对这种启示真理的确认，能够防止哲学滑向一些错误的结论，那么这对哲学来说就是有益的。我们对这些事实有着不同的评价。但是无论我们如何评价这些事实，我认为哲学逐渐从神学中解放出来是毋庸置疑的——如果我们做价值判断

---

① 例如，他的实体理论与圣餐变体论（transubstantiation）教义。

时，是以中性的意义来理解"解放"这个词的话。

我们通常将哲学与神学关系的变化，与从神学主题到在不提及上帝的情况下对人和自然的研究这种研究兴趣的转变联系起来。尽管其中也有夸大其词的成分，但我认为上述解释有其正确之处。

文艺复兴所带来的人文主义运动经常在这种联系里被提到。实际上，人文主义运动拓展了人文研究的领域，并且带来了新的教育理念，而说人文主义运动主要关注的是人，则是在表达一个显然的真理，或者说这只是一种重言式罢了。但正如本套哲学史第 3 卷[①]所指出的，意大利的人文主义并不包含任何与过去完全决裂的想法。人文主义者们抨击拉丁文化风格中野蛮的部分，但 12 世纪的索尔兹伯里的约翰（John of Salisbury）与 14 世纪的彼特拉克（Petrarch）早已做过同样的事了。人文主义者们促进了文学的复兴，中世纪却早已向世界呈上了欧洲文学中最伟大的成果之一——但丁的《神曲》。对柏拉图主义的激情或者说哲学上的新柏拉图主义传统伴随着意大利的人文主义，可新柏拉图主义也对中世纪思想有过影响，尽管中世纪哲学中的新柏拉图主义并不基于对 15 世纪才可获得的不同文本的研究。意大利的柏拉图主义，其精神在于对人类个性发展的强烈认同以及对自然的神圣表达，但很难说它构成了中世纪思想的直接对立面。人文主义无疑发展、加深、拓宽了中世纪文化中的那一缕人文细丝，并将其摆在了一个更显著的位置上，就此而言，它实际牵涉到关注点的转换。但它本身并不能为近代哲学的早期阶段准备充分的背景。

对于那些柏拉图主义者们，例如斐奇诺（Marsilius Ficinus）和约翰·皮科·德拉·米兰多拉（John Pico della Mirandola）来说，从中世纪具有神学特征的伟大思想系统，到将自然作为一个统一的、动态的系统来研究，这种核心关注点的转换在像布鲁诺[②]和帕拉塞尔苏斯[③]（Paracelsus）这样的哲学家的著作中能被更清楚地观察到。[④] 就核心关注点而言，尽管

[①] 参见《科普勒斯顿哲学史》第 3 卷，第 13 章。
[②] 同上，第 16 章。
[③] 同上，第 17 章。
[④] 同上，第 18 章。

布鲁诺及其同宗的思想家们的理性自然哲学影响并推动了从中世纪到近代思想的转变，但另一因素，即文艺复兴的科学主义运动，同样不可或缺。① 确实，当我们论及这一时期的思想时，要在理性的自然哲学家与科学家之间划一条鸿沟并不是一件容易的事。但没有人会否认将布鲁诺归在第一类（理性思辨自然哲学家），而将开普勒和伽利略归在第二类（科学家）的合理性。尽管理性的自然哲学构成了近代哲学的背景的一部分，但文艺复兴时期的科学主义运动对于决定17世纪哲学思想的方向，也起到了非常重要的作用。

首先，文艺复兴时期的科学以及后来牛顿的工作，有效地促进了关于世界的机械论观点的出现。而这一观点显然是促使哲学领域的核心关注点转移到自然上来的重要因素。对伽利略来说，上帝是这个世界的创造者和护理者；这个伟大的科学家绝非一位无神论者或不可知论者。而自然本身可以被认为是一个由运动着的物体所组成的动力系统，这个动力系统的可被理性把握的结构能以数学的方式加以表达。虽然我们不知道那支配着这一系统，并在数字表达中被揭示的力量的内在本质②，但我们依然能在不直接提及上帝的情况下研究自然。我们在此也没有发现其与中世纪思想的断裂，如果这种断裂意味着，上帝的存在和活动要么被否认，要么被怀疑。但是我们确实发现在兴趣和关注点上有一个重要的转变。一个13世纪的神学-哲学家，例如圣·文德，对物质世界的兴趣主要与其作为一个神圣本原的影子与遥远启示有关。而文艺复兴时代的科学家们，尽管不否认自然有其神圣的本原，但他们的兴趣首先是这个世界可量化的内在结构及其动态过程。换句话说，我们可以看到，强调终极原因（目的因）的具有神学思想的形而上学家们，与强调效果因（能以数学量化的运动所揭示的原因）的科学家们，在思想层面上有着鲜明的对立。

这就是说，假如我们比较那些首先是神学家的人与那些首先是科学家的人，会发现他们感兴趣的东西如此不同，因此我们根本没有必要特别

---

① 参见《科普勒斯顿哲学史》第3卷，第18章。
② 对于伽利略来说，自然中所存在的那个第一因就是类似这样的内在力量（重力），它导致了运动。前者（重力）的内在本质是未知的，但后者（运动）却可以用数学方式来加以描述。

关注这一不同。但要点在于，理性思辨自然哲学和文艺复兴科学的共同影响使这一不同能在 17 世纪的哲学中被观察到。例如，在英国，霍布斯将所有精神的或非物质性的话题从哲学中排除出去。哲学家只关心物，尽管霍布斯并非只是将人类的身体归入物，在一个宽泛的意义上，政治和国家也被包括在物之内。而其后从笛卡尔到莱布尼茨的理性主义形而上学家们，事实上并没有在哲学中摒弃对精神实体的研究。对精神实体和上帝存在的论断是笛卡尔思想体系中不可或缺的一部分，而我们在下文中可以看到，莱布尼茨的单子论表明，单子实际上就是精神化了的物。同时，笛卡尔表面上看来似乎正如帕斯卡尔所言，只是利用上帝这个概念来使世界如其所是地动起来，此后他完全不再需要用到上帝了。而帕斯卡尔的这个指责，至少在笔者看来非常不公允。但非常重要的是，笛卡尔的哲学能带给我们一种印象，而我们很难想象 13 世纪形而上学家们的思想体系能够给我们带来同样的印象。

因此，这不是一个简单的兴趣方向的问题。自然科学的发展自然而然地会激起人们用哲学来发现关于这个世界的新真理的雄心壮志。在英国，培根着重强调了对自然进行经验性和归纳性研究的重要性，他追求的是增加人类的力量以超越并控制人类周围的自然环境；而这一研究的展开应该无关任何权威以及既往那些伟大名姓的影响。在法国，笛卡尔反对经院哲学的主要理由之一是，他认为经院哲学只提供对于已知的系统性真理的阐释，但无力去发现新真理。培根在他的《新工具》(*Novum Organum*)中唤起了人们对某些发明的实际效用的注意，正如他所表明的那样，这些发明已经改变了一些事物的面貌与世界的状况。他认为，新的地理发现、新财源的开发，以及（尤其是）以实验为基础的物理学的建立，预示着这一新时代的开端。尽管他预见的许多东西直到他死后很久才为人所知，但他确实曾有理有据地指出了我们的技术文明进程的开端。类似培根和笛卡尔这样的人，无疑并没有自觉到自身的思想广延其实也受到了之前时代的思想方式的影响；但他们对自身站在新时代入口处的自觉，也不是没有根据。哲学应该服务于扩展人类知识这一理想，以期文明能向前进步。伴随着文明向前进步的观点，为人类知识发展服务的观念被拓印在哲学里。

尽管笛卡尔与莱布尼茨对在这一进步进程中使用什么方法才是合适的与培根有不同的看法,但这并不会改变下述事实:笛卡尔和莱布尼茨都深受成功发展的新科学的影响,并且都将哲学视为增加我们对这个世界的知识的手段。

文艺复兴时代科学的发展对哲学的影响,还有另一种重要的方式。在那个时代,自然科学与哲学之间的区分并不非常清楚。前者曾被认为是自然哲学或实验哲学。确实,在一些比较古老的大学里,人们至今仍在使用这些称呼。譬如,我们在牛津大学里就可以发现诸如"实验哲学教授"一类的职位,但这个头衔的拥有者在那时所教授的东西与当今按照这个词的字面意义理解的哲学完全无关。同样明显的事实是,就当代的划分来说,那些在文艺复兴与近代早期的物理学与天文学领域做出真正发现的,是被我们归为科学家而非哲学家的人们。换句话说,我们如果回溯历史,就能够看到物理学与天文学在进入其成熟阶段与追寻其进步道路的过程中,或多或少地相对独立于哲学,尽管伽利略和牛顿实际上都非常哲学化(就我们对这个词的通常理解而言)。但在我们所探讨的那个时代,一种真正能从一门科学的意义上与其他科学以及哲学区别开来的经验性心理学研究是不存在的。因此,天文学、物理学、化学的成功发展与进步,自然也激发了哲学家们想要建立一门关于人的精确科学的想法。确实,关于人类身体的经验性研究早已产生了。我们只需要去回顾像《人体构造》(*De fabrica humani corporis*,1543)的作者维萨留斯(Vesalius),以及大约 1615 年时血液循环的发现者哈维(Harvey)在生理学与解剖学领域做出的成果,就可以明白这一点了。但关于心灵方面的研究,我们依然不得不转向哲学家们。

例如,笛卡尔在灵魂的激情问题上有过一本著作,他提出了一个理论去解释灵魂与肉体的交互关系。斯宾诺莎在关于人类认知、激情,关于对自由明显的知觉或意识与他的体系所要求的决定论之间的调和等问题上,都撰写了著作。在英国哲学家中,我们也可以看见对心理问题的浓烈兴趣。主要的经验主义哲学家——洛克、贝克莱以及休谟,都试着处理关于知识的问题,并且他们倾向于从心理角度而非从严格的认识论观点出发，来解决这些问题。这就是说，他们试图将注意的焦点集中到类似下述问题上来——我们的观念是怎么产生的？这显然是一个心理学问题。此外，我们也能看到联想主义心理学（associationist psychology）在英国经验主义中的发展。进而，休谟在《人性论》的导论中，明确表达了要在经验基础上发展关于人的科学。他说："自然哲学已经在经验和实验的基础上建立起来了，哲学家们却只是刚刚开始在类似的基础上对关于人的科学进行研究。"

现在，对于一个像伽利略这样关注运动中的物体的科学家，他的关注点当然可以只限于物质世界，以及与物理学与天文学相关的问题。但从一个经典力学系统的世界观中所引申出的问题，却是那些形而上哲学家们无法回避的。特别是因为人也是这个世界中的一个存在者，所以这个问题就进一步成为：人类是否也完全受这个经典力学系统的支配？显然，对于这个问题一般有两种可能的回答路径。一方面，哲学家们坚持这样的观点：人拥有一个精神性的灵魂，并天生赋有自由选择的能力，并且由于这一精神性的、自由的灵魂，他部分地超越于物质世界与力学的因果律系统。另一方面，哲学家们也可以扩大所谓"物质总体"这一科学概念的外延，以便将人类作为一个整体包括在内。心理过程由此将有可能被解释为一个物理过程的附随现象，或者更宽泛地被解释为物质本身，但这样一来，人类的自由就将被否定。

笛卡尔相信第一种回答方式是正确的，虽然他讲的是心灵（mind）而非灵魂（soul）。这个物质世界可以用物体（matter）来加以描述，并以几何意义上的广延和运动来定义。所有的物体，包括有生命的物体，在某些意义上都是机械。但人作为一个整体来说，不能简单地被降格为这一机械体系的一员。因为其拥有一个超越于这个物质世界，并超越于作为这个世界之主宰的因果决定法则的精神性心灵。所以，在迈入近代的门槛之时我们发现，被称为"近代哲学之父"的那个人，主张普遍的精神实体——尤其是人类精神性心灵的存在。这种主张不只是旧传统的孑遗，也是笛卡尔哲学的一个内在组成部分，并代表了笛卡尔对当时新科学观点所带来的挑战的一部分回答。

尽管如此，笛卡尔关于人的阐述却带来了一个特殊的问题。因为，假如人是由两种完全不同的实体构成的，那么人类的本质也将是分裂的，而不再是一个统一体了。那么解释身心交互作用，也就变成了一件非常困难的事情。笛卡尔自己主张，心灵能够并且的确作用于肉体，但他的身心交互理论历来被认为是其思想体系中最不令人满意的部分之一。例如以偶因论者著称的笛卡尔主义者赫林克斯（Geulincx），就拒绝承认两种不同种类的实体之间能够发生交互性活动。当这种交互性活动明显发生的时候，真正发生的事情是，在一个心灵活动发生时上帝引起了相应的身体活动，或者相反。因此，偶因论者依赖上帝的神圣活动来解释身心交互作用这一明显的事实。但尚不清楚明白的是，如果心灵不能作用于肉体，那么上帝是怎么做到这一点的。而在斯宾诺莎的思想体系中，这个身心交互活动问题完全被消除了，因为心灵和肉体只是同一实体的两个方面。进而在莱布尼茨的哲学中，这个问题又以一种不同的方式再次显现出来。在莱布尼茨那里，这不仅是两个不同种类的实体如何能进行交互作用的问题，它进一步变成了大量不同的并且相互独立的单子之间如何进行交互作用的问题，也就是构成人类心灵的统治单子（dominant monad）与构成人类肉体的那些单子之间的交互作用是如何发生的。莱布尼茨对此的回答类似于偶因论者，尽管也并非完全相似。上帝如此创造了单子，使不同单子的活动成为和谐的，单子的活动类似于两个构造完美的、完全一致的时钟的走动方式，尽管一个时钟并不作用于另一个。

偶因论者自然是从笛卡尔的精神实体与物质实体观念开始，并以这些观念为前提构建其特别的理论的。但也有另一些哲学家，企图将人作为一个整体包含到新的科学性世界观之中。在英国，霍布斯将伽利略的基本力学概念应用到一切实在之上，也即应用到一切在哲学上能够有意义地加以考虑的实在之上。他将实在等同于物质实体，并且不允许哲学家去设想或论述任何其他种类的实体。因此，哲学家必须将人作为纯粹的物质性存在者来加以考虑，并且人也与其他事物一样遵从相同的物理法则。自由被取消了，而意识被解释为一种运动，可被还原为神经系统里的某些变化。

在 18 世纪的欧洲大陆，还有一些哲学家们采用了类似的朴素唯物主义观点。例如，《人是机器》的作者拉美特利（La Mettrie）将人表征为一台复杂的机器，将灵魂理论当作无稽之谈。在这一观点中，他宣称笛卡尔是其直接的理论来源。笛卡尔起初对这个世界做了一个机械论式的解释，但后来在某些点上又抛弃了这一解释方式。而拉美特利通过揭示人的心理活动过程与肉体活动过程一样，都能用机械论的和唯物主义的假设加以阐释，将笛卡尔的解释推到了极致。

因此，来自新科学的挑战引起了一个关于人的难题。诚然，这个难题在一定意义上是个古老的问题。在古希腊哲学中，我们可以发现对这个问题的不同回答，类似于 17 世纪笛卡尔与霍布斯提出的不同解决方案。我们只要想想柏拉图和德谟克利特就好。这个问题虽然是古老的，却也是一个新问题，因为伽利略和牛顿的科学成果为其提供了新的视角，并强调了这一问题的重要性。在本套哲学史第 4 卷至第 6 卷所涵盖的时期的尾声中，我们可以发现康德企图在接受牛顿科学体系之有效性的同时，统合人类道德自由的信仰。尽管那种认为康德重申了笛卡尔观点的说法实在是十分具有误导性的，可是如果我们在那些主张扩展机械论观点以便将作为整体的人包含在机械论之内的哲学家与不这么做的哲学家之间划出一条大致的分界线，我们必定得把笛卡尔和康德放在线的同一边。

当我们考虑从神学主题到不涉及上帝而单纯研究自然以及人这一研究兴趣的转换时，显然将牵涉以下几点内容。当休谟在 18 世纪论及关于人的科学时，他显然是将道德哲学或伦理学包含在内的。而在从文艺复兴到 18 世纪末的这段漫长时间里，我们能够在英国哲学中观察到对伦理学的强烈兴趣，这也一直是英国思想的主要特征之一。进而，虽然有一些例外，但那个时代的英国道德学家们试图在没有神学预设的前提下发展伦理理论却是一个不争的事实。他们并未如同 13 世纪的托马斯·阿奎那[①]那样，从上帝的永恒律令观念开始，然后逐渐下降到自然的道德律令观念，并且只是将后者看作前者之显现的一个表象。相反，他们试图在不牵涉形

---

① 关于圣·托马斯的道德理论，参见《科普勒斯顿哲学史》第 2 卷，第 39 章。

而上学的情况下来探讨伦理学。因而，18世纪的英国道德哲学，阐明了中世纪之后的哲学想要从神学中独立出来的思想倾向。

  关于政治哲学，我们也可以做出类似的评论。霍布斯在17世纪当然也写过一些宗教性的东西，但这并不意味着其政治哲学依赖于某些神学预设。就休谟而言，18世纪的政治哲学乃是其人学的一部分，所以在他眼里，政治哲学与神学或一般意义上的形而上学没有任何关系。同一时代卢梭的政治理论也是一种可能被称为世俗主义的理论。因此，像霍布斯、休谟和卢梭之类哲学家的观点，已经完全不同于托马斯·阿奎那[①]，更不用说圣·奥古斯丁[②]了。尽管事实上我们能够发现，他们的观点已经在14世纪上半叶的帕多瓦之马西利乌斯[③]（Marsilius of Padua）的著作里有了雏形。不过，显然马西利乌斯很难被看作一个典型的中世纪政治哲学家。

  在以上这一部分里，我已经强调了自然科学对17、18世纪哲学的影响。在中世纪，神学被认为是第一科学，但在中世纪之后的时代里，自然科学开始占据舞台的中心。然而在17和18世纪，我们其实仍处于那样的时代，那时的哲学家充满自信地认为，他们能像科学家一样增加我们对这个世界的知识。诚然，假如我们在内心抱有休谟的怀疑主义，那这个立论的成立将需要很多限制条件。但总的来说，这类想法是对哲学思维的力量的一种乐观自信。这种自信被自然科学的成功发展激发并加强了。然而，科学在那时并未完全占据统治地位，所以我们的心灵并未产生下述怀疑，或者甚至是确信：哲学并不会增加我们关于事物的实际知识。换句话说，虽然哲学已不再是神学的婢女，但它也没有就此成为科学的丫鬟。哲学是受到了科学的刺激，但它依然坚持自主与独立。当然这个结果是否能激励一个人去接受其主张，就是另一个问题了。无论如何，这都不会是一个能在这一部分，即我们正在探讨的这卷哲学史的导论中，有益地加以讨论的问题。

  2. 在惯例上，我们将前康德时代的近代哲学分为两个主要源流，其

[①] 参见《科普勒斯顿哲学史》第2卷，第60章。
[②] 同上，第8章。
[③] 同上，第11章。

中之一由从笛卡尔到莱布尼茨（及其门徒沃尔夫）的大陆理性主义思想体系构成；另一支则由英国经验主义构成，到休谟为止。本书也采用了这种划分方式。而在这一部分里，我希望对大陆理性主义做一些导引性的论述。

在该词的最广泛意义上，一个理性主义哲学家大概是这样的人，他依赖于对理性的使用，并且不诉诸神秘的直观或感觉。但这个词宽泛的意义，对于区分17、18世纪大陆理性主义与英国经验主义而言非常不充分。洛克、贝克莱还有休谟也都会坚持说，他们的哲学反思同样需要依靠理性。就此而言，假如从宽泛的意义上来理解，这个词也将不可能用于区分17、18世纪形而上学和中世纪形而上学。一些批评家可能指责托马斯·阿奎那一厢情愿的思考方式，因为在他们看来，托马斯·阿奎那没有为那些他已在非理性的基础上相信并希望去捍卫的结论提供充足的理由。然而，托马斯·阿奎那本人却当然确信他的哲学是理性反思的产物。假如对托马斯·阿奎那的这一指责有效，那这些批评同样适用于笛卡尔。

一般而言，"理性主义者"现在普遍被认为是指否认超自然现象和神启观念的人。但是，姑且不论对该词的这种用法预设了这样的一个前提，即超自然现象的存在没有理性的证据，并且也没有任何理性的动机使我们去相信存在着神学意义上的神启，它也无法给我们提供一个典型特征来区分前康德的大陆哲学与英国经验主义。当在这一含义下使用理性主义者这个词时，它能适用于一些人，例如18世纪的一些法国哲学家。但它不适用于笛卡尔。因为，我们没有充足的理由去否认或即便只是怀疑笛卡尔对上帝存在所做的详尽证明的真诚，或其天主教信仰的虔敬。假如我们希望用"理性主义"这个词将17、18世纪大陆主流思想系统与英国经验主义区别开来，我们就不得不赋予这个词一些额外的含义。最容易的做法可能就是论及关于知识来源的问题。

类似笛卡尔与莱布尼茨之类的哲学家接受先天观念或先验真理。当然，他们也不会认为一个新生儿在来到这个世界之时就能察觉到这些真理。然而，他们还是认为某些真理事实上是天赋的，因为经验提供的知识并不比由心灵通过自身的光芒所觉知的真理更多。这些真理并非来自对经验的归纳性概括，它们的真理性不需要经验的证实。也许可以说，我只是因某些经验性的偶然机会，觉察到了这一自明性原则的真理性，但其真理性本身并不依赖经验。真理的真理性似乎仅在于其自身，这些真理逻辑地先在于经验，即便从心理学的角度来看，我们可能是从经验偶然性出发，才明显觉察到带有自明性的真理。莱布尼茨认为，在某种不确定的意义上，这些真理被预设在思想结构之中，尽管它们不是在第一刻被意识到时就被明确地认识。因而，它们是在本然而非实然意义上的内在天赋之物。

但只是通过对自明原则的信念来描摹17、18世纪的大陆形而上学家们，显然是不够的。中世纪的形而上学家们也相信自明原则的存在，尽管托马斯·阿奎那发现没有充足的理由将它们称作天赋的。笛卡尔、斯宾诺莎和莱布尼茨的特点在于他们的这一理想，即从这些原则中推导出一个能够解释实在和这个世界的真理体系。我说"他们的理想"，是因为我们当然不能假设他们的哲学实际上构成了对自明性原则的纯粹演绎。假如他们真的这么做了，那他们的哲学互不相容将是一件非常奇怪的事情。然而他们的理想是建立一个真理演绎系统，它类似数学演绎系统，同时又能增加我们关于现实的知识。斯宾诺莎的主要作品为《伦理学》(*Ethica more geometrico demonstrata*)，这部作品声称将以"类数学的"(quasi-mathematical)方式阐述关于现实事物及人的真理，从定义和公理开始，通过有秩序的一步步命题证明过程去构建一个结论体系，该结论体系被认为具有必然性。莱布尼茨构想了一种普遍的符号语言系统与普遍的逻辑系统或计算系统，我们不仅能以此将所有现存的知识体系化，还能演绎出到目前为止仍旧未知的真理。如果基础的原则在本质上被看作是天赋的，那么这一整个演绎真理的体系就能被看作理性本身的自我展开。

显然，理性主义哲学家们受到了数学推理模式的影响。换言之，数学为清晰、精确以及有秩序的推理提供了模板。那些个人的、主观的因素（例如感觉）被排除了；具有确定的真理性的一整套命题体系则被建立起来。如果我们运用一种类似数学的恰当的思维方式，哲学难道不能达到类似的客观性和确定性吗？对正确思维方式的使用，能使形而上学甚至伦理学成为一门科学（在这个词最完全的含义上），而避免使其成为充满无谓的争论、不清晰的观念、错误的推理,以及互相矛盾的结论的领域。个体性的因素被排除了,哲学才能具有普遍、必然、客观真理的特征,这些正是纯数学所拥有的特征。正如随后我们所要看到的,关于这些问题的思考占据了笛卡尔哲学的很大分量。

今天我们大都认为,如数学之类的知识并不能给我们带来关于这个世界的事实性信息。举一个简单的例子:假如我们以某种方式定义一个三角形,那它必然拥有某些属性,但我们不能因此推导出结论说拥有这些属性的三角形是现实存在的。我们能推导出来的只是,假如在这一定义下的三角形现实存在,那其必然拥有这些属性。因而,对理性主义者的一个显而易见的批评是,他们搞不清楚数学命题与存在性命题的区别。这一批评实际上并不完全公允。因为,正如我们在下文中会看到的那样,笛卡尔实际努力想将他的体系建立在存在性命题的基础上,而非如某些论者所言,他只是在进行一种抽象的重言式。同时我们很难否认,理性主义者有这样一种倾向,即将哲学(包括自然哲学或者物理学)等同于纯数学,以及将因果关系化为逻辑蕴涵。说文艺复兴科学的背景鼓励了他们的这种思考方式,也是值得商榷的。我现在想要解释这一点。

自然的结构可以说是数学的,这是伽利略的信条。"作为一个物理学家,他试图尽可能以数学命题的方式去揭示物理学的基础以及已被观察到的自然规律。作为一个哲学家,他由在物理学中对数学方法的成功运用得出了下述结论:数学是破解现实事物实际结构的一把钥匙。"[1]在《试金者》(*Il saggiatore*)[2]中,伽利略宣称:哲学是被上帝写在宇宙之书里的;除非我们能够理解用来撰写这本书的语言——数学,否则我们根本无法阅读这本书。因而,假如正像伽利略所坚持的那样,自然的结构带有数学特征并由此使得自然与数学存在一致性,那么,我们就很容易理解,那些头脑中充斥着数学方法的哲学家们怎么会这样去认为,即将数学方法运用到哲学领域就能够发现当时还未知的、关于事实的一些真理。

不过,为了体会笛卡尔寻求确定性和将数学看作理性之模型的意义

---

[1] 参见《科普勒斯顿哲学史》第3卷,第287页。
[2] 同上,第6页。

所在，谈谈怀疑主义的复兴（它同时亦是文艺复兴思想的一个方面），乃是非常合宜的。当一个人想到16世纪末的法国怀疑主义时，首先映入脑海的名字就是蒙田（Montaigne，1533—1592）。鉴于他在法国文学领域的杰出地位，这是很自然的。正如这套哲学史第3卷所指出的那样，[①]蒙田复兴了那种倾向于怀疑主义的古典论调：感觉经验的相对性和不可靠的特征，心灵对感觉经验的依靠以及随之而来的对于获得绝对真理的无能，以及我们对于解决那些由感性与理性的矛盾所产生的问题的无能为力。人类缺乏构建任何确定的形而上学体系的能力，形而上学家们所得出的那些互不相容的结论事实上也证明了这一点。像人文主义者那样去拔升人类心灵的力量的做法是荒谬的，我们应该承认我们的无知和我们心智能力的弱点。

对于通过使用理性获得形而上学与神学真理之可能性的怀疑，最终被一位神父沙朗（Charron，1541—1603）所接受。同时他也认为，人应该在神启面前谦卑下来，必须以信心接受这些神启。在道德哲学领域，他接受的是一种受斯多亚思想启迪的伦理学。在前一卷书[②]中，我们提到了尤斯图斯·利普修斯（Justus Lipsius，1547—1606），他是文艺复兴时期斯多亚学派的复兴者之一。另一位是威廉·杜·韦尔（William Du Vair，1556—1621），他企图将斯多亚伦理学与基督教信仰调和起来。在针对形而上学的怀疑论盛行的时代，斯多亚学派的道德独立之人的观念颇能聚拢人心，这一点是完全可以理解的。

但怀疑主义并不限于蒙田优雅的、具有文学性的论述与表达，或沙朗的信仰主义。怀疑主义还在一群自由思想者那里得到了表达，他们认为沙朗对怀疑主义与信仰主义的结合不能自圆其说。这种对两者的结合在14世纪便已经存在了；一些具有宗教关怀的人无疑为其所吸引。但从一个理性的视角来看，这种结合并不令人满意。并且，那些自由的思想家们

[①] 参见《科普勒斯顿哲学史》第3卷，第228—230页。
[②] 同上，第228页。

或者"浪荡子们"(libertines)[①]对这个在斯多亚伦理学中扮演相当重要角色的专有词汇"自然"的解释与沙朗所理解的意义是非常不同的。这个词确实是有歧义的，只要考虑一下希腊人对该词的不同含义的使用，就可以看出来。

从蒙田的皮浪主义和沙朗的信仰主义到结合了道德犬儒主义的怀疑主义，怀疑主义的复兴与笛卡尔想要将哲学建立在一个确定的基础上的企图有关。面对这些挑战，笛卡尔将眼光投向了数学，并将其作为确定与清晰的推理过程的模板，他想要赋予形而上学同样的确定性与清晰性。这里的形而上学必须被理解为包含了哲学神学（区别于教义神学）。在笛卡尔看来，他自己所给出的关于上帝存在的证明完全有效。因而他相信，他已经为信仰上帝所启示的真理提供了坚实的基础。这就是说，他相信他最终证明了存在一个能够向人类启示真理的上帝。而在伦理学方面，笛卡尔本身也受到了斯多亚主义复兴的影响。他尽管并没有建立一种体系化的伦理学，但至少在沉思中力图将他的哲学与那些他认为正确和有价值的斯多亚原则联结起来。同样在斯宾诺莎的道德哲学中，我们也能看到鲜明的斯多亚主义特征。确实，斯多亚主义在某些重要的方面更适用于斯宾诺莎的哲学，而非笛卡尔的哲学。斯宾诺莎（就像斯多亚主义者们一样）既是一个一元论者又是一个决定论者，而笛卡尔两者都不是。

对笛卡尔与斯宾诺莎之间的区别的提及，让我们想要简单地关注一下大陆理性主义的发展情况。当然，就这个主题在导论章节展开长篇大论是不合适的。但在这个主题上说个三言两语，基本也能够给读者一些初步的印象——即便其必然是不充分的，而相关哲学的发展情况将在具体论述各个哲学家的章节中详细展开。

我们已经看到，笛卡尔断言了精神和物质这两种不同类型的实体的存在。在"实体"这个词的这一字面意义上，他可被称为一个二元论者。但他不是——推出了两个终极的、独立的本体论原则——这个意义上的二元论者。确实存在着许多有限的心灵与有限的肉体，但这两者都依赖于上

[①] libertine 在英语中有贬义，此处用以指在正统神学立场上对于自由思想者的态度。——译者注

帝——它们的创造者与看护者。上帝可以说是将有限的精神实体范畴与有限的物质实体范畴联结起来的纽带。在一些关键的方面，笛卡尔的哲学完全不同于13世纪形而上学家们的体系；但如果仅就其作为一个意识到了精神实体与物质实体之本质不同的有神论者和多元论者这点来看，我们可以说他承续了中世纪的形而上学传统。实际上，仅仅提到这点是对笛卡尔主义的一个非常不充分的看法。首先，它并未考虑灵感与目标的多样性。然而仍有另一个事实值得我们注意：这个最卓越的近代大陆理性主义哲学家秉持了大量在中世纪盛行的关于实在的一般观点。

但当我们转向斯宾诺莎的时候，却发现了一个一元论的系统，在其中笛卡尔哲学的二元论或多元论被弃绝了。有且只有一个实体，即神圣实体。它拥有无限的属性，其中的两个属性——思维和广延，是能为我们所知的属性。心灵是该实体在思维属性之下的样式，肉体则是这个同样的唯一的实体在广延属性之下的样式。如此，笛卡尔主义者关于人类身心如何进行交互作用的问题就被取消了，因为心灵和肉体并非两个实体，而只是一个实体的两个平行的样式。

虽然斯宾诺莎的一元论体系与笛卡尔的多元论体系对立，但它们依然存在明显的联系。笛卡尔将实体定义为这样一种存在物：其存在只依赖于自身而不依赖于他物。但正如他自己曾明确承认的那样，这一定义严格意义上仅适用于上帝。因此，被造物只是在一个次要的和类比的意义上才能被称为实体。斯宾诺莎也采用了一个类似的实体定义，但得出如下结论：只有唯一的实体，上帝，而被造物至多只是这一神圣实体的样式。在这个有限的意义上，他的体系是笛卡尔体系的一个发展。同时，尽管笛卡尔主义与斯宾诺莎主义之间存在着联系，但两个体系之间存在着完全不同的灵感与氛围。后者也可以被认为是一种将新的科学观念在整个现实世界进行推理应用的结果，但它也充满了类似神秘主义与泛神论的色彩与动机，并且这些特征以形式化、几何化的方式显现。这些正是笛卡尔的体系中所缺乏的。

莱布尼茨的理想是对迄今为止尚不为人所知的关于现实的真理进行逻辑演绎，因而人们可能认为他会采用一种类似于一元论的假设。他自己也明显认识到了这一点。但事实上他提出了一种多元论的哲学。现实世界由无数的单子或活动的实体构成，上帝是最高级的单子。因此，就多元论的角度来看，他的哲学与笛卡尔而非斯宾诺莎更为相似。同时，莱布尼茨不相信会存在两种完全不同的实体类型。每个单子都是一个活跃的、自因自为的、非物质的点；没有单子可以通过几何上的广延性来加以定义。然而，这并不意味着现实世界是由一堆无序混乱的单子构成的。这个世界是能动的和谐，显现了上帝的理智与意志。以人为例，构成人的单子之间存在着一种能动的或可协调运转的统一。宇宙亦是如此。单子们的这样一种协同一致所构成的总体和谐可以说是为了一个共同的目标。这一和谐的原则便是上帝。单子是如此被安排在一起的，即尽管一个单子并不会直接影响其他单子，但每一个单子的变化都将反映在整个系统中，反映在神预先建立的和谐中。每个单子都反映着整个宇宙：宏观的宇宙被反映在微观的宇宙之中。因而，一个无限的心灵，在某种程度上可以通过凝神一个单一的单子而读出整个宇宙。

如此，假如我们想要将大陆理性主义的发展视为笛卡尔主义的发展，那么我们也许可以说斯宾诺莎从静态的角度发展了笛卡尔主义，莱布尼茨则从动态的角度发展了它。在斯宾诺莎那里，笛卡尔的两种实体类型变成了一个实体的许多样式，斯宾诺莎还以实体无限的属性中的两个属性来考虑它。而在莱布尼茨那里，笛卡尔的多元论被保留了下来，但每一个实体或单子都被解释为活动的非物质的点，且笛卡尔的通过几何广延来定义、其运动是通过外力强加的物质实体的观念被取消了。或者人们也能以另一种方式说明这种发展。斯宾诺莎是通过假设一个实体的或本体论的一元论来解决笛卡尔的二元论的，其中，笛卡尔的多元实体变成了一个神圣实体的某些样式或者"偶然情况"。莱布尼茨则通过主张一种与斯宾诺莎完全不同的一元论来消解笛卡尔的二元论。所有单子或实体在其自身来说都是非物质性的。我们因之在仅有一个实体种类的意义上获得了一种一元论。但与此同时，笛卡尔的多元论得以保留，因为存在多个单子。这些单子的动态统一并不是由于它们作为神圣实体的样式或者偶然情况，而是来自神圣的预定和谐。

表达这种发展的另一种方式是这样的。在笛卡尔哲学中，存在着一种尖锐的二元论，即机械律与有效的因果律适用于物质世界，自由与目的论则适用于精神世界。斯宾诺莎通过他的一元论设定，亦即将事物之间的因果关系类比于逻辑蕴涵，消除了这种二元论。因为在一个数学体系中，结论是由前提推出的，所以在自然的宇宙中，样式或我们所称的物以及它们的变化都归因于那个唯一的本体论原则——神圣实体。莱布尼茨则试图将机械因果律与目的论结合起来。每个单子都根据其内在的变化法则而展开和发展，但整个变化的系统，旨在通过一种预定的和谐，达到一个特定的目的。笛卡尔从自然哲学或物理学中排除了对终极原因的考虑。但对莱布尼茨来说，不需要在机械动力因与终极目的因之间做出选择。它们实际上是一个过程的两个部分。

中世纪哲学的影响在前康德时代的理性主义体系中非常明显。例如，这三个哲学家都使用了实体这一范畴。同时，实体观念也经历了同样明显的变化。笛卡尔的物质实体是通过几何上的"广延"概念来定义的，这种理论对于中世纪思想来说是陌生的；莱布尼茨则试图对实体概念给出一个本质性的动力学解释。再者，尽管上帝概念是这三位思想家的体系中不可或缺的组成部分，但我们能够看到，至少在莱布尼茨和斯宾诺莎的哲学中，已经存在消除那种人格化与灵性化的存在者的倾向了。斯宾诺莎显然就是这种情况。神圣实体必然在其样式之中显现自身，并且当然不是通过外在强加的必然性（这显然是不可能的，因为不存在其他实体了），而是通过内在的必然性来达到这一点的。因此，人类的自由也与基督教的罪责、功德等概念一起消解了。莱布尼茨实际上在努力将其关于世界的类-逻辑（quasi-logical）发展的思想与对偶然性和对人类自由的认识联结起来。仅就这一目的来看，他干得不错。但在适当的时候我们将看到，他的努力已经被证明并不是特别成功。他企图对那种神秘的人格化与灵性化的中世纪概念（更准确地说是基督教概念）进行理性主义改造，同时又要保留一些基础观念；然而他给自己设定的这一任务并不容易完成。笛卡尔毋庸置疑是一个天主教徒，而莱布尼茨也坦陈自己是一个基督徒。但将大陆理性主义作为一个整体来看，我们却能够发现它有将基督教教义进行思辨理性化的倾向。① 这一倾向在 19 世纪的黑格尔哲学中达到顶峰，当然，尽管黑格尔其实是属于一个完全不同的时代与完全不同的思想风气的哲学家了。

3. 我们已经看到，数学的确定性、它的演绎方法及其在文艺复兴时期科学中的成功应用为大陆理性主义者提供了一种方法模型，以及一种理想的程序和目的。但除了对数学的应用，文艺复兴时期的科学还有另一个方面。因为科学进步也被认为在很大程度上取决于对经验数据的关注以及对可控实验的使用。对权威和传统的诉求让位于对经验的关注，以及对实际数据和对假设所进行的经验实证的依赖。尽管我们不能将英国经验主义的兴起仅解释为这样的信念，即科学进步乃是基于对经验材料的实际观察，但实验方法在科学中的发展很自然会刺激与加强这一理论——我们所有的知识都基于感觉，基于对内在和外在事件的直接感知。实际上，"经验主义者认为关于事实的知识从终极的意义上来说乃是基于感觉，而科学在这一经验主义观点中找到了坚持将观察'事实'作为解释性理论的一个必要前提的理论依据"②。我们不能通过先天推理，通过对所谓内在观念与原则的类数学演绎去获得关于事实的知识，而只能通过经验并且仅限于在经验的范围内获得关于事实的知识。当然，先天推理是存在的。我们在纯数学中可以看到它。并且，通过此种推理我们可以获得确定的结论。但数学命题并不会带给我们关于世界的实际信息；正如休谟所说的那样，数学命题给出的只是观念之间的关系。而关于这个世界的事实性信息，即对一般现实之物的认识，我们不得不转向经验、外感觉和内感觉。尽管基于归纳的知识，其成立具有不同程度的概率，但它不是也不可能是绝对确定的。假如我们想要绝对的确定性，那么我们必须将自己限制在这样一些命题上面，这些命题只对观念之间的关系和符号意义的蕴涵关系给出陈述，而不会给我们带来关于这个世界的事实性信息。如果我们希望得到关于世界的事实性信息，我们必须满足于概率，这是基于归纳的概括可以给予我

---

① 这一观点主张并不包含斯宾诺莎（因为他不是一个基督徒），并且当然也不涉及那些 18 世纪反对基督教教义的学者。但是，这些人尽管是近代意义上的理性主义者，却并非笛卡尔与莱布尼茨那种类型的唯理哲学家。
② 参见《科普勒斯顿哲学史》第 3 卷，第 290 页。

们的全部。一个具备绝对确定性同时又能给予我们关于事实的知识,并且能通过演绎去发现当时还未知之真理,从而无限地拓展自身的哲学体系只是一团不可捉摸的幻影罢了。

确切来说,这一关于经验主义的描述并不适用于所有那些一贯被认为是经验主义者的人。但其指出了这一思想运动的一个普遍倾向。经验主义的本质在其历史发展过程中被最清楚地呈现出来,因为我们有可能将这一发展(至少在很大部分上)视作对洛克所持的一个观点的进一步应用,即所有观念都来自经验、外感觉和内感觉。

弗朗西斯·培根被认为是一位经验主义者,因为他坚持知识的实验基础以及与演绎法相对应的归纳法。但这一称呼放在霍布斯身上就不太合适。他确实坚持认为,我们所有的知识都始于感觉,并且可以将感觉追溯为其最终的源泉。我们因此能够将他称为经验主义者。但同时,他也深受将数学方法作为理性思考模式这种观念的影响。在这方面,比起近代早期的其他英国哲学家,他与大陆理性主义者站得更近。不过,他是一个唯名论者,而且他并不认为我们事实上可以证明因果关系。他自然也在试图扩展伽利略的力学范畴,以涵盖所有哲学主题。但假如我们不得不在两个标签中选择一个,我认为将他分在经验主义者而非理性主义者一边更为合适。在本书中,我仍将遵循这一步骤,与此同时,我试图对这个标签给出一些必要的限定性条件。

然而,经典的英国经验主义的真正教父乃是约翰·洛克(John Locke,1632—1704),他声称其目标是去研究人类知识的来源、确定性以及范围,并且研究信仰、意见以及赞同的基础与程度。关于第一个问题,即我们知识的来源,他对内在观念理论给予了强有力的批驳。然后,他试图说明我们所拥有的一切观念都来自外感觉和内感觉(或者按照洛克的用词,后者应该被称为"反思"),并且他还表述了上述假设是如何可能成立的。尽管洛克主张,我们一切观念的最终来源是经验,但他并没有严格地将知识局限于直接的经验材料。相反,一些建立在简单观念集合上的复合观念也具有客观参照性。举例来说,基于这些复杂观念,我们才有关于物质实体的观念,才有广延这种支撑起第一性质的基质性观念,以及由其支撑起的那些由知觉主体的能力所带来的例如颜色、声音等观念。洛克相信，实际上特殊的物质实体是存在的，尽管我们并不能察觉到它们。类似地，我们有关于因果关系的复合观念；并且洛克也使用因果原则去表明上帝的存在，即无法被直接经验到的存在者之存在。换句话说，洛克在我们所有的观念都来源于经验这一经验主义论述中，掺杂了一种温和的形而上学。假如没有贝克莱与休谟，我们可能更倾向于将洛克的哲学视作一种和缓版本的经院哲学，并加入了一些笛卡尔主义的元素，在整体上有时以一种含混和无法自洽的方式来表达。尽管如此，实际上我们依旧很自然地倾向于将他的哲学视作其经验主义后继者们的思想起点。

贝克莱（Berkeley，1685—1753）攻击了洛克的物质实体概念。他在这一点上进行长篇大论确实是有着特别的动机。因为他认为，相信物质实体的存在是唯物主义的基础性原则，而他作为一个虔诚的基督徒，自然试图对其进行反驳。但他当然也有另一些攻击洛克论述的理由。这也是经验主义者一般用来攻击洛克的根据和理由，即洛克所定义的那个物质实体实际上是一个无法被认识的抽象基质。因此，我们不可能有关于这个东西的清晰观念，所以我们不能说这种东西是存在的。所谓物质，单纯指我们能够觉察到的那种东西。但没有人已经觉察到或者能够觉察到一个我们注定无法感知到的抽象基质。经验因此无法给予我们此物存在的根据。然而，还有其他一些反对理由却是由洛克的那个令人遗憾的习惯所导致的，即他总是习惯（尽管并非每次）说，好像有一些我们能够直接察觉到的观念，但它们却又并非是某些事物。从洛克关于第一性质与第二性质（我们将在关于洛克的章节中解释这些概念）的思想起点出发，贝克莱主张这一切（包括第一性质，例如广延、形状和运动）都是观念。于是他随后追问，观念怎么可能存在于物质实体，或被物质实体所支撑。假如我们知觉到的所有东西都是观念，那这些观念就一定存在于我们的心灵中。而宣称观念存在于一个无法被认知的物质实体中，则是做了一个无法被理解的陈述。后者是我们没有能力掌握的。

说贝克莱排除了洛克的物质实体，只是提到了他经验主义的一个方面。正如经验主义只是洛克哲学的一部分，其在贝克莱哲学中同样如此。

因为，他致力于建立一种纯思辨的唯观念论的形而上学，唯有上帝、有限心灵与关于有限心灵的观念才是实在的东西。实际上，他将经验主义的结论作为一个有神论形而上学的基础。将形而上学哲学建立在对物质事物的现象性解释之上，是贝克莱思想的主要兴趣之一。但是，对于为英国经典经验主义的发展做一个简短的且必然不充分的概述而言，将注意力集中在贝克莱对洛克物质实体概念的取消上其实就已经足够。假如我们将"观念"理论暂时放在一边，就可以看到，对贝克莱来说，那被称为物质事物和感觉对象的东西实际上仅由现象构成，由我们在其中感知到的性质构成。在贝克莱看来，这恰恰是普通人关于物质事物之构成的看法。因为他从来没有听说过，更不用说感知到任何隐匿的实体或基质。在普通人眼里，那棵树就是我们感知到，或者能感知到的样子。我们实际感知到的，以及能够感知到的，仅仅是性质。

不过，贝克莱对物质事物的现象分析并没有扩展至有限的心灵。换句话说，他尽管排除了物质实体的存在，但保留了精神实体的位置。然而，休谟（Hume，1711—1776）进一步地把精神实体也消除了。他认为，我们所有的观念都来源于印象——经验的基础性元素。为了确定任何复杂观念的客观所指，我们不得不去追问它来源于什么样的印象。我们没有关于精神实体的印象。假如我观察自己，我仅能觉察到一些心理性的事实，例如渴望、感觉、思想等。在任何地方，我都无法感知到一个作为基础的、永恒的实体或灵魂。我们关于精神实体的观念，可以通过心理的关联性联想作用加以解释；但我们没有任何理由宣称存在这样一种心灵实体。

尽管如此，在休谟的作品中，对于精神实体观念的分析并不像其对因果关系的分析那样占据着突出地位。依照其常规流程，他追问我们关于因果关系的观念来源于什么印象或哪些印象。随后，他回答说我们观察到的只是恒常的关联。例如，乙总是在甲之后出现，并且当甲缺席时，乙也不出现，而当乙出现时，根据我们的经验，它总是紧接着甲而出现的，此时，我们就说甲是原因，乙是结果。诚然，关于必然联系的观念也属于我们的因果关系观念。但我们在一切感官印象中都找不到必然联系观念的缘起。这一观念可以借助联想原则来解释：可以说，它是一种主观作用。只要我们愿意，我们就可以检查原因甲和结果乙之间的客观关系，但我们能发现的只是恒常的关联而别无其他。

在这种情况下，我们显然不能合理地使用因果原则去超越经验，并通过这一方法扩展我们的知识。我们说甲是乙的原因，这是因为就我们的经验而言，我们发现甲出现之后总是出现乙，而若甲没有先出现的话，乙也从不出现。但我们尽管相信乙有一些原因，却不能合理地宣称甲就是这个原因，除非我们观察到甲和乙的出现之间存在刚才所描述的关系。因此，我们不能主张现象是由那些不仅从未被观察到，并且在原则上无法被观察到的实体所导致的。因此，洛克和贝克莱对上帝存在的两种不同论述方式都是我们所无法赞同的。假如我们愿意，我们可以提出一个（关于上帝存在的）假设，但没有任何支持上帝存在的因果性证明可以给我们任何确定的知识。因为上帝超越了我们的经验。因此，对于休谟来说，洛克和贝克莱的形而上学都走了极端，因为不论肉体还是精神，都只能在现象的界限内被加以分析。实际上，我们能够确定的东西非常少，怀疑主义看起来似乎就是结论。但之后我们会看到，休谟回答说，我们不可能按照纯粹怀疑主义的方式进行生活与活动。现实生活依赖于一些信念（例如，相信自然的一致性），尽管这些信念并不能从任何充分的理性论证中得出，但这也不是放弃这些信念的理由。一个人在其哲学研究中可以是怀疑论者，他能意识到我们能确定的东西是如此之少。但不论他的哲学观点是什么，当他放下他的学术研究之时，他就不得不如同所有人一样，捡起那些最基本的信念来生活。

经典英国经验主义令我们印象最深的可能是它消极的一面，即对传统形而上学的不断摧毁。但看到其积极的一面也很重要。例如，我们能够在其中发现当今被普遍认为是逻辑或语言分析的哲学研究方式的发展。贝克莱追问：说一个物存在到底是什么意思？他对此的答案是，说一个物存在就是说它被一个主体所感觉到。休谟问：说甲是乙的原因到底是什么意思？然后他给出了一个现象主义的回答。进而，在休谟哲学中，我们能够发现有时被称为"逻辑经验主义"的所有主要原则。关于这一点，将留待后文说明。但值得提前指出的是，休谟是一个非常生动的哲学家。不可否认，他惯常用心理学术语表述的那些问答，甚至是那些在某种意义上将他奉为"大师"的人也以一种不同的方式来表述。但这并不影响如下事实，即有一些哲学家的思想是当代哲学的生命力量，而他正是其中之一。

4. 正是在17世纪而非18世纪，我们看到了在很大程度上由新的科学观点所带来的对系统性哲学的最强烈的冲击。在之后的18世纪里，我们再也没有看到如此才华横溢而毫无拘束的形而上学沉思了；而在18世纪最后的几十年里，伴随着康德的思想，哲学发生了一个新的转向。

假如不考虑培根，我们可以说17世纪是被两大体系所引领的，即笛卡尔的大陆哲学体系与霍布斯的英国哲学体系。不论是从认识论还是从形而上学的角度来看，他们的哲学都大相径庭。但他们两个人在观念上都受到了数学思维的影响，并且在思想的宏阔层面上又都是体系化的哲学家。我们可以发现，霍布斯与笛卡尔的好友梅森（Mersenne）有非常良好的私人关系，他对笛卡尔的《第一哲学沉思集》（Meditations）非常熟悉，也写了一系列批判《沉思集》的文章，而笛卡尔也对此做出了回应。

霍布斯哲学在英国引起了尖锐的反响。特别值得一提的是像卡德沃思（Cudworth，1617—1688）和亨利·摩尔（Henry More，1614—1687）之类的所谓剑桥柏拉图主义者们的意见。他们坚决反对霍布斯的唯物论与决定论，以及被他们视为无神论的观点。他们也反对经验主义，并且常常被称为"理性主义者"。虽然他们中的一些人也确实在一个很轻微的程度上受到了笛卡尔的影响，但他们的理性主义从根本上来说乃是出于另外的源头。他们相信基本的思辨和道德真理或原则，这些真理或原则不能从经验中得出，只能通过理性直接地加以认识，且反映了永恒的神圣真理。同时，他们也非常注重对基督教教义之合理性的阐述。因此，他们也可以被称为基督教柏拉图主义者——当然，"柏拉图主义者"这个词在此只能从一个宽泛的意义上来理解。在哲学史上，他们很少出现在显眼的位置上。但我们也需要记得他们的存在，尽管这只不过是为了矫正下述司空见惯的说教，即除了19世纪下半叶到20世纪第一个十年之间的唯观念论小插曲外，英国哲学就完全只剩下经验主义特征了。经验主义毋庸置疑是英国哲学最鲜明的特征；但与此同时，还有另一个（如果不那么突出）传统，其中 17 世纪的剑桥柏拉图主义形成了一个阶段。

笛卡尔主义在欧陆的影响要远超霍布斯在英国的影响。同时，说笛卡尔主义能横扫一切即便是在法国也是一个误解。对于笛卡尔的一个明显的反驳来自布莱士·帕斯卡尔（Blaise Pascal，1623—1662）。帕斯卡尔，人称 17 世纪的克尔凯郭尔，他本人在反对一切笛卡尔主义的精神立场上（除了在数学领域，帕斯卡尔本人是一个数学天才）没有任何的动摇。他将笛卡尔主义视作一种合于自然主义的论调。站在基督教护教论的立场上，他一方面强调人的脆弱，另一方面又强调人需要有信仰和对神启及超自然恩典的顺服。

我们已经看到，笛卡尔留下了一笔关于身心交互问题的遗产，并且这一问题也不断被偶因论者所讨论。在这些偶因论者中，我们常常会发现马勒伯朗士（Malebranche，1638—1715）的大名。如果我们只考虑其思想的一个方面，马勒伯朗士确实可被称为一个偶因论者，但他的哲学要远超偶因论的范畴。马勒伯朗士这位奥拉托利会（Oratorian）神父并未致力于去维护教会正统的思想边界。他的哲学在根本上是一个这样的形而上学体系：将笛卡尔主义元素与奥古斯丁启发下发展出的元素融合起来。如果不是作为奥拉托利会神父的马勒伯朗士努力将其哲学保持在正统的界限之内，它或许会成为一个理想主义的泛神论体系。事实上，他的哲学仍旧是法国思想最杰出的成果之一，并且碰巧在 18 世纪对贝克莱的思想产生了一些影响。

由此，关于 17 世纪，我们讨论了霍布斯、笛卡尔以及马勒伯朗士的思想体系。但他们的哲学绝非这一世纪仅有的杰出成果。1632 年，前康德时期的近代哲学中最主要的两位思想家——荷兰的斯宾诺莎和英国的洛克诞生了。但他们的生活和哲学都非常不同。斯宾诺莎基本可算一个隐士，他主要持如下说法：存在一个神圣的、永恒的"实体"，并且它在我们称作"事物"的那些样式中显现其自身。他将这个实体称作上帝或自然。显然，我们在这里会犯一些糊涂。因为，假如我们强调后一个名称，我们就会得出一个自然主义一元论的观点，在其中基督教和犹太教（斯宾诺莎本人是犹太人）的上帝概念就会被消除。在我们所讨论的那一时期，斯宾诺莎常常被人们从这个意义上来理解，并相应地被认为或咒骂为一个无神论者。因而，当时他的思想影响极其有限，他也一直没有形成自己的影响，直到德国浪漫主义运动和德国后康德观念论时期，这种情况才得到改变。当时在"上帝或自然"这个短语中，"上帝"这个词被突出强调，进而斯宾诺莎才开始被描述为一个"沉醉于上帝的人"。相反，洛克则绝不是一个隐士。他是科学家和哲学家们的好朋友，他走在伟大世界的边缘，又拥有好几个公职。他的哲学，正如他自己曾宣称的那样，追随着一种相当传统的模式。他是如此受人尊敬。他不仅对英国哲学的后世发展有着深远的影响，也深深地影响了18世纪的法国启蒙哲学。事实上，在洛克的影响范围内，我们发现前康德时代的哲学中原本被认为完全平行的两条思想河流——英国哲学和大陆哲学——乃是有交汇的。

1642年，也就是洛克出生十年后，另一位近代思想史上最具影响力的人物诞生了，他就是艾萨克·牛顿。就我们今天对"哲学家"一词的理解而言，牛顿首先当然并非一个哲学家，他的重要性在于这样一个事实：他在所有意图和目的上完成了伽利略大力提倡的经典科学世界观。但牛顿比伽利略更强调经验观察、归纳和科学中概率的位置。因此，他的物理学试图摧毁伽利略-笛卡尔主义的先验方法理论，并且提倡在哲学领域使用经验主义方法。因此，他在很大程度上影响了休谟的思想。同时，尽管牛顿首先并非一个哲学家，但他毫不犹豫地超越了物理学或"实验哲学"的界限，并且沉迷于形而上学的沉思。实际上，牛顿从他的物理学设定中得出了形而上学的结论，而他这种过分自信的思维方法也为贝克莱所诟病。贝克莱看到，牛顿物理学与他的神学结论之间脆弱的关联性也许会对人类心灵（就贝克莱而言）产生不幸的影响。事实上，相当数量的18世纪法国哲学家，尽管接受了牛顿对于物理学的一般思考方法，却将其运用到对无神论的构建上，而这与牛顿的思想格格不入。在18世纪末，牛顿物理学对康德的思想产生了深远的影响。

莱布尼茨一直活到了1716年，但他应该能被誉为17世纪最后一位伟大的理性思辨哲学大家。他显然对斯宾诺莎有所了解，尽管他没有将这种了解公之于众。此外，他企图将斯宾诺莎挂在笛卡尔的脖子上，仿佛前者的哲学是对后者哲学的发展。换句话说，他比较为难的是，如何澄清他自己的哲学与前辈们的根本不同。或者更准确地说，他认为自己哲学包含了他们的优点，而去除了在笛卡尔主义中导致它朝斯宾诺莎体系发展的那些缺点。尽管事实也许果真如此，但莱布尼茨依旧毋庸置疑地对于大陆理性主义所倡导的普遍精神和灵魂抱有信念。他对洛克的经验主义做了详细的批判性研究，这些研究最终被集结为《人类理智新论》出版。

像牛顿（且实际上也像笛卡尔）一样，莱布尼茨也是一位杰出的数学家，尽管他并不赞同牛顿的时空理论。他和塞缪尔·克拉克（Samuel Clarke, 1675—1725）——牛顿的信徒和崇拜者之一——在这个问题上进行了持续的争论。虽然莱布尼茨是一个伟大的数学家，而且其数学研究对其哲学的影响很明显，可他的思想是非常多面的，因此即便在他的不同著作中发现各种各样的元素和思路也不足为奇。例如，他将世界当作一个能动的、不断进行自我实现和发展的活动性实体（单子）系统的想法，以及认为人类历史正向着某个理性目的而前进的观点，可能影响了一些历史学观念的产生。再者，他思想中的一些部分（例如将时空作为现象加以解释）为康德在这一方向上的思考做了准备。即便只要一说起莱布尼茨，人们总会提到他的影响，以及他著作中为后来的思想家所坚持的部分，但这并不能否定以下的事实：莱布尼茨的体系本身就非常有趣。

5. 18世纪被认为是启蒙的世纪（也是理性的时代）。然而，启蒙这个词却很难被确切定义。尽管我们会论及启蒙哲学，然而它并不意味着任何确定的学派或哲学理论。因此，启蒙这个词指的是思想和观念的态度和整体倾向，而这能够用一种普遍的方式加以描述。

只要"理性主义"这个词不被理解为必然指本章第二节所解释的那种理性主义，人们就可以说启蒙运动的一般精神特征是理性主义。也就是说，启蒙时代的典型思想家和作者们相信，人类的理性是解决与人类和社会有关的问题的恰当且唯一的工具。正如牛顿对自然做出了阐释，并为自由地、理性地、毫无偏见地研究物质世界确立了模式，人们也应将其理性运用到阐释道德、宗教、社会和政治生活上来。当然，可以说运用理性来阐释人类生活的想法和中世纪的思想观念并没有什么本质不同。确实如此。但问题是那些启蒙作者所指的理性，是不受对神启的信仰、对权威的敬畏以及对已经被建立起来的惯例和制度的坚持所束缚的理性。在宗教领域，一些人以自然主义的方式做出的解释足以消除宗教；而即便是那些依然保有宗教信仰的人，也只以理性为其信仰的基础，不再诉诸无可置疑的神启以及感性的神秘经验。在道德领域的倾向是将道德与一切形而上学前提与神学前提分开，在这个意义上使其变成一个自治的独立之物。在社会和政治领域同样如此，具有启蒙特征的思想家们努力想要发现政治社会的理性基础及其存在的合理理由。这一章的第一部分提及了休谟的观点，他认为关于人的科学是对自然科学的一个必要补充。这种想法很好地体现了启蒙运动的精神。因为启蒙运动对科学或自然哲学领域的新发展（自文艺复兴时期开始，并在牛顿的成果中达到高峰）并不抱有一种人文主义式的反对态度。相反，启蒙运动表明科学观念已经拓展到了人类自身，并且开始与文艺复兴初始阶段的人文主义特征相融合。

确实，不同启蒙哲学家的观点之间存在相当大的不同。其中一些人相信存在着自明的原则，人们能够通过无偏见的理性识别这些原则的真理性；另一些人则是经验主义者。一些人信仰上帝；另一些人则不信。此外，启蒙精神在英国、德国和法国的表现形式也有着相当大的差异。例如，在这一时期的法国，具有启蒙特征的思想家们强烈反对君主政治和教会。而在英国，这种革命早已发生过了，有着严格的神启观念和权威主义的天主教已经式微，实际上已经是一个被禁止的宗教。因此，我们不会期待在英国的启蒙哲学家中发现如法国的很多启蒙哲学家那般对圣公会或公民权力的敌意。此外，比起同时代的英国思想家，对人类心灵和精神过程的朴素唯物主义解释，更具有法国思想家们的特征。

同时，尽管在精神和某些特殊原则上存在差异，英法两国的著作者们仍大量地交流着思想。例如，洛克对18世纪的法国思想产生了相当大的影响。实际上存在着一种国际化和具有世界主义思想的思想家和作家，无论如何，他们在敌意中团结一致，这种敌意依环境、教会和政治威权主义，以及他们认为是蒙昧主义和暴政的东西，而有着不同程度的表现。并且，他们将哲学视作自由、启蒙以及推动社会与政治进步的工具。简单说来，他们或多或少都是近代意义上的理性主义者和自由思想家，坚信理性的力量能推动人与社会的发展，并且相信教会和政治绝对主义的有害影响。而这些也能从另一个角度说明，19世纪的理性主义自由论者和人本论者是带有启蒙特征的思想家们的后继者。

当然，17世纪的那几个伟大思想体系为启蒙运动准备了道路。但在18世纪，相较于一个如此巨大的信奉进步的作者群来说，我们很难再找到与17世纪同样杰出的、阐释了基础性与矛盾性共存的形而上学体系的哲学家。那些作者相信，启蒙应该弥漫着哲学反思，带来人类的道德、社会和政治生活之进步，而这是一个以科学解释自然的时代所应得的。没有任何18世纪的法国哲学家可以达到笛卡尔的高度。他们那些很容易被受过教育的阶层读懂，并常常缺乏深度的作品，却有着毋庸置疑的影响力。他们为法国大革命的爆发做出了贡献。总的来说，这些启蒙哲学家在人们自由精神的构建，以及世俗观念的发展上产生了持久的影响。人们可以对诸如狄德罗和伏尔泰等人的观点抱有赞同或反对的看法，但不能否认，他们的观点不论好坏都带来了深远的影响。

在英国，洛克的著作导致了被称为自然神论的哲学思潮。在其《基督教的合理性》（*Reasonableness of Christianity*）等著作中，他坚持要将神启置于理性的判断之中——尽管他并不反对神启观念。那些自然神论者们则企图将基督教降低为自然宗教。实际上，他们不论是在普遍的宗教观点还是在对基督教的特殊意见上，都具有相当大的分歧。尽管信仰上帝，但他们试图将基督教教义降低成建立在理性基础上的真理，并否定基督教独特而超自然的特征，以及上帝以神迹的方式对这个世界的干预。这些自然神论者有约翰·托兰（John Toland，1670—1722）、马修·廷德尔（Matthew Tindal，c.1656—1733）和维斯科特·博林布罗克（Viscount Bolingbroke，1678—1751），其中博林布罗克将洛克视为自己的导师，并且认为其思想是其他大多数哲学家加在一起也及不上的。在自然神论者们的反对者之中，则有塞缪尔·克拉克和巴特勒主教（Butler，1692—1752），后者乃是那本著名的《自然宗教与启示宗教之类比》（*The*

Analogy of Religion）的作者。

在 18 世纪的英国哲学中，我们也发现了对伦理学的强烈兴趣。那个时代的特征是道德情感理论，以沙夫茨伯利（Shaftesbury，1671—1713）、哈奇森（Hutcheson，1694—1746）为代表，在一定程度上也包括了巴特勒和亚当·斯密（Adam Smith，1723—1790）。与霍布斯将人性的本质理解为利己主义不同，他们坚持人的社会性。他们认为，人拥有一种天生的"感觉"（"sense"）或同感（sentiment），通过这种"感觉"或同感，人可以发现道德的价值与特征。休谟与这种思潮有关，因为他发现道德的态度和特征的基础是感觉，而非理性推理或对永恒与自明的法则的直观。同时，休谟也为功利主义的发展做出了贡献。例如，对于一些重要的美德，道德所认同的感觉或同感是对社会有用的。在法国，功利主义的代表人物是克劳德·爱尔维修（Claude Helvetius，1715—1771），他为 19 世纪的边沁、詹姆斯以及密尔的功利主义道德理论很好地预备了道路。

尽管洛克不是第一个提到或讨论观念的联想原则（the principle of the association of ideas）的人，但他对 18 世纪联想主义心理学的建立产生了很大的影响。英国的大卫·哈特莱（David Hartley，1705—1757）在解释人类的精神生活时借助了观念的联想原则，并结合了这一理论，即我们的观念是对感觉的模糊复制。他也试图借助这一原则对人类的道德信仰做出解释。总的来说，那些假定过人本质上追求自己的利益（尤其是自己的快乐）的道德论者，利用哈特莱的这一原则去说明人类如何可能为了美德之故而追求美德，并以利他主义的方式行事。例如，如果一些美德的践行是作为一种对我有利或有益的行为而被我所经验到的，那么我就能采用联想原则去认可并实践这一美德，而不必注意这一行为带给我的实际利益。因此，19 世纪的功利主义者们大量使用这一原则去解释利他主义是何以可能的——尽管人们似乎会自然地寻求自己的满足和愉悦。

在 18 世纪的英国，贝克莱和休谟显然是最杰出的两位哲学家。然而，正如前文所提及的，尽管前者的哲学一般被视为经验主义发展的一环，但其实际价值远不止于此。在经验主义基础上，贝克莱发展出了一种唯观念论或唯心论的，并契合基督教教义的形而上学。因此他的哲学不仅排除了自然神论，也抵制了前文提到的那种对于人性的功利主义解释。然而，当时的联想主义思潮明显倾向于唯物主义，并且反对人类拥有精神性灵魂的说法。可对于贝克莱而言，除了上帝，只存在有限的灵魂与它们的观念。而休谟虽然不能被称为一个唯物主义者，但他的经验主义、怀疑主义、自由主义以及从一切神学假设与成见中解放出来的思想态度，更好地表达了启蒙运动的精神。

在18世纪下半叶，一股反对经验主义并且赞成理性主义的思潮开始出现。它被理查德·普莱斯（Richard Price，1723—1791）和托马斯·里德（Thomas Reid，1710—1796）等人所倡导。前者坚持理性而非情感在道德中起决定作用。我们拥有对客观性道德特征的理智直观，并乐在其中。对里德和他的追随者来说，一些自明的或者说"常识性"原则乃是一切理性思考的基础，且既不容许也不需要任何直接的证明。正如霍布斯的唯物主义引起了剑桥柏拉图主义者们的反对，休谟的经验主义同样引起了一股反对的潮流。实际上，剑桥柏拉图主义者们与苏格兰常识学派哲学家们之间的承继性是被里德所引领的。虽然比起经验主义来并没有那么引人注目，但这两个学派依然代表了英国哲学中的另一个思想传统。

英国的自然神论运动在法国也有类似的表现。例如，伏尔泰（Voltaire，1694—1778）就不是一个无神论者，就算是1755年的里斯本地震也没有使他放弃关于上帝的信仰，而只是使他去修正了一些关于上帝与世界的关系以及关于神性活动本质的看法。但依然有相当数量的哲学家是无神论的代表。例如，霍尔巴赫男爵（Barond' Holbach，1725—1789）就是一个坚定的无神论者。他说，无知和恐惧导致了对诸神的信仰，软弱虔敬着它们，迷信保存着它们，暴政则使用宗教达到自己的目的。拉美特利也是一个无神论者，他改进了皮埃尔·培尔（Pierre Bayle，1647—1706）的主张，将后者的"一个无神论者的国家是可能的"[①]说成"是令人满意的"。此外，《百科全书》[②]的编纂者之一狄德罗（Diderot，1713—

---

① 培尔认为宗教并不会对道德产生影响。
② 由狄德罗和达朗贝尔所编纂的这本书，对于各门自然科学的进步给出了阐释，并且至少能通过这些结论去促进现世主义观念的发展。

1784）也由自然神论转向了无神论。而所有这些哲学作者，不论是自然神论者还是无神论者，都反对教会的权威并且反对天主教。

尽管洛克努力试图在经验主义原则上阐释我们的观念来源，但他没有将我们的精神生活还原为感觉。然而，孔狄亚克（Condillac, 1715—1780）却以发展一种普遍的经验主义为目标，试图以感觉、"被转换"的感觉，以及符号或象征标志来阐释所有的精神生活。他的感觉主义是精心设计的产物，并在法国产生了很大的影响；但提到直言不讳的唯物主义，我们必须转向其他作家。上文已经提到，拉美特利在其著作《人是机器》中，企图将笛卡尔对低等生命和人类身体的机械论解释拓展到作为整体的人。霍尔巴赫认为精神是大脑的一个附随现象，而卡巴尼斯（Cabanis, 1757—1808）将他关于人的观念总结为一句经常被引用的话："神经——这就是人的全部（Les nerfs—voilà tout l'homme）。"在卡巴尼斯看来，大脑分泌思想就如同肝脏分泌胆汁一样。歌德后来描述过，在他的学生时代，霍尔巴赫的《自然的体系》（Système de la nature）一书给他带来了非常糟糕的印象。

然而，对人的唯物主义解释也绝非总涉及对道德观念或原则的否定。因此狄德罗也强调自我牺牲观念，并且要求仁爱、同情和利他主义。霍尔巴赫也认为道德在于利他主义，并为共同利益服务。而在爱尔维修的功利主义理论中，最大多数人最大可能的幸福这一概念才是道德的基础。这种道德观念主义自然是与神学预设或假设分开的。相反，它与社会和法律改革的观念有密切联系。例如，就爱尔维修来说，对人类环境的理性控制以及制定好的法律，都是为了引导人民去寻求公共利益。霍尔巴赫也强调了社会和政治重组的必要性。如果有合适的教育系统和司法系统，并辅以明智的裁决，一个人会因为追求自己的利益而合乎道德地行动，也就是说，以一种对社会有用的方式行动。

有人评论说，法国启蒙运动的典型作者反对暴政。但这并不意味着他们全都崇信"民主"。实际上孟德斯鸠（Montesquieu, 1689—1755）关心自由问题，在对英国宪政做了分析之后，他坚持将权力的分立作为自由的一个条件。这就是说，立法、行政和司法权力应该在这个意义上相互独立，即它们不应该被一个人或一群人的意志所掌握，不论这一个或一群人是贵族还是平民。孟德斯鸠反对任何形式的集权主义。而伏尔泰，尽管也受到了英国的实践与思想（特别是洛克思想）的影响，却仍期待开明的暴君实现必要的改革。像洛克一样，他也主张那种带有各种限制的宗教宽容原则；但他并不重视民主制度的建立。例如，他对教会的指控之一就是，教会权力僭越了国家主权，并且妨碍了一个真正强力政府的产生。要从字面意义上找到一位杰出的民主倡导者，我们必须转向卢梭（Rousseau，1712—1778）。总的说来，我们发现法国启蒙作家们，要么像孟德斯鸠那样坚持宪政，要么像伏尔泰那样寄希望于一个开明的统治者。但很明显，他们都对英国的政治生活表示了赞赏，并从中得到了启发——尽管比起代议制政府来，英国的论政自由对伏尔泰有着更深刻的影响。

洛克则恪守着自然权利的信条，这就是说，个人的自然权利不来自国家，因此也不能被国家合法地剥夺。这一学说在中世纪的思想中便有其先声，并且被用到了美国的《独立宣言》中。同时，它对欧洲大陆也产生了深远的影响。例如，伏尔泰就认为存在着自明的道德法则和自然权利。实际上，如同洛克一样，在18世纪的许多法国哲学中，我们也能看到同样的尝试，即将经验主义与来源于"理性主义"的因子相结合。而在功利主义者那里，则有另一种观点被推到前台。例如，在爱尔维修的著作里，最大多数人的最大幸福取代了洛克自然权利的价值标准。但爱尔维修显然没有充分了解，这一替代其实意味着对自然权利理论的拒绝。因为，假如将功利作为标准，那么权利的评判标准就只是其自身的功利性。而在英国，休谟早就看到了这一点。权利建立在公约和被经验显示为有用的普遍法则的基础之上，而不是基于自明的原则或永恒的真理。

自由在经济学领域得到了那些"重农主义者"（physiocrats）——例如魁奈（Quesnay，1694—1774）和杜尔哥（Turgot，1727—1781）的提倡。假如在这一领域，政府放弃一切不必要的干涉，并且个人能自由地追求自己的利益，那么公共利益必然会得到提升。这是因为，当没有人为干涉时，自然经济法则的运行会产生经济繁荣。在这里，我们有了经济上的自由放任主义政策。它在一定程度上反映了洛克的自由主义；但这显然是基于这样一种天真的信仰，即在自然法①的运作和最大多数人的最大幸福的实现之间存在一致性。

我们已经看到了18世纪的一些法国哲学家所阐述的那种沉闷的唯物主义。但总的说来，那个时代的思想家们，包括唯物主义者们，都对进步以及依靠理性启蒙获得进步抱有强烈的信念。孔多塞（Condorcet, 1743—1794）的《人类精神进步史表纲要》（*Esquisse d'un tableau historique des progrès de l'esprit humain*, 1794）就是这种信念在法国的典型表述。他在其中指出，始于16世纪的科技文明注定会无限地发展下去。

百科全书编纂者们及其他人的这一信念——认为进步在于思想启蒙和文明的发展，并且不可避免地伴随着道德进步——遭到了卢梭的尖锐质疑。在与狄德罗及其所在的圈子发生联系一段时间之后，卢梭和他们分道扬镳了，他坚持自然的或未开化人类的美德，同时认为历史上的社会制度和人类文明的实际发展带来了人性的腐化堕落，而在人类生活中，最重要的其实是人类的心灵与情感。卢梭更是因为他那伟大的政治学著作《社会契约论》（*The Social Contract*）而闻名。然而，目前有充分的理由可以说，尽管卢梭的出发点是独立的个人（因为国家的合理性依据的是人与人之间的契约），他这本著作的整体倾向却是强调一个与独立的"个人"概念相对立的"社会"概念的存在。在所有法国启蒙运动的政治著作中，卢梭的书显然已被证明是最有影响力的。他的著作对后世思想家产生巨大影响的一个理由是，他倾向于放弃个人主义，而个人主义正是他那时代哲学的特征之一。

我们已经看到，法国启蒙运动哲学要比18世纪的英国思想更为极端。自然神论仿佛要让位给无神论，经验主义成了赤裸裸的唯物主义。然而，当我们把视线转向德国的启蒙运动（*Aufklärung*）之时，就会发现一个相当不同的情况。

莱布尼茨是第一位伟大的德国哲学家，德国启蒙运动的最初阶段便是对莱布尼茨哲学的扩展。他的学说被克里斯蒂安·沃尔夫（Christian

---

① 显然，"自然法"这个词在该上下文中的使用，完全不同于它在一个"理性主义的"伦理学系统中的使用。

Wolff，1679—1754）所体系化，内容发生了一些变化，更不用说其精神了。与前康德时代的其他知名哲学家不同，沃尔夫是一位大学教授，并且他所出版的教科书皆获得了巨大的成功。他的后学有比尔芬格（Bilfinger，1693—1750）、克努岑（Knutzen，1713—1751）以及鲍姆加登（Baumgarten，1714—1762）。康德曾经在哥尼斯堡参加过克努岑的课程。

德国启蒙运动的第二阶段，表现出了英国与法国启蒙运动所带来的影响。如果说这一历史阶段的典型代表是腓特烈大帝（Frederick the Great，1712—1786），当然不是说这位君主本人是位哲学家，但他对法国的启蒙思想家们十分欣赏，并且邀请过爱尔维修和伏尔泰到波茨坦访问。他自视为开明君主的典型，并且在他所管辖的疆域内努力推行教育与科学。因此，作为将法国启蒙运动介绍到德国的中介之一，这位陛下在哲学领域也颇有些重要意义。

塞缪尔·赖马鲁斯（Samuel Reimarus，1729—1786）是自然神论在德国的拥趸。而"大众哲学家"（之所以这么称呼，是因为大众哲学家们去除了哲学的玄奥与晦涩，并试图将哲学还原为一种只要有中人之资就可以明白的东西）之一的摩西·门德尔松（Moses Mendelssohn，1729—1786）也受到了启蒙运动的影响。但更重要的乃是戈特霍尔德·埃夫莱姆·莱辛（Gotthold Ephraim Lessing，1729—1781），德国启蒙运动在文学上的首要代表人物。他以一言而名世：假如上帝把真理交给我，我将谢绝这份礼物而宁愿自己费力去找。并且他也不认同下述观点的正确性，即至少在形而上学与神学中，绝对真理是可以获得的，甚至他都否认有绝对真理这么个东西存在。他认为，只有理性才能决定宗教的内容，但关于后者并没有一种最终的答案。这就是说，上帝对人类有一种持续不断的教育，所以，对于这个问题，我们不能在任何给定的时刻以一种确定无疑的论述方式画上句号。至于道德，它本身就是独立于形而上学和神学的。当人们明白这一事实，并且不因为此生或来世的奖赏而去尽自己的责任时，人类就达到了大部分道德。莱辛在理解道德的独立性上的进步，及其对基督教教义与圣经注释的理性态度，充分证明了18世纪法国与英国思想对他的影响。

在18世纪德国哲学发展的第三阶段,[①]一个与之前迥然不同的思想态度开始出现。确实,将这一阶段归入启蒙运动是一个非常大的误解。有一些如此做的作者很习惯于说一些人(例如哈曼、赫尔德和雅各比)"克服"了启蒙精神,但其实在这里提及他们才是合适的。

约翰·格奥尔格·哈曼(Johann Georg Hamann,1730—1788)不喜欢启蒙运动的理智主义,并且就他看来,在理性和感性之间存在着一种非常错误的二分,这也是他所不喜欢的。实际上,语言本身就揭示了这一区分的不合理性。因为我们在语词中看到的是感性和理性的统一。在哈曼这里,我们发现分析的和理性主义的观点在一个综合的并且近乎神秘的态度面前让开了一条道路。他复兴了布鲁诺"对立的统一性"(*coincidentia oppositorum*)或者"对立的综合"的观点[②]。而他的目标是在自然和历史中去发现上帝自身的启示。

弗里德里希·海因里希·雅各比(Friedrich Heinrich Jacobi,1743—1819)的思想中也有类似的对理性主义的批评。他认为,理性单就其孤立的角度来说是"异教的",它不是带给我们唯物论、机械决定论以及无神论的哲学,就是带给我们休谟的怀疑论。上帝只能通过信仰而非理性加以理解;上帝只能通过心灵或直观的"感觉"而非理智冷酷的逻辑与分析过程来觉知。实际上,雅各比是宗教同感或宗教感觉观念的主要代表之一。

约翰·戈特弗里德·赫尔德(Johann Gottfried Herder,1744—1803)与哈曼一样对理性与感性的分裂表示了不快,并且也对语言哲学很感兴趣。而在论述历史哲学兴起的章节中,我们还将提到他。确实,他对进步的信念将他与带有法国启蒙特征的思想家们联系在了一起。但他完全是以另一种方式来设想进步的。他不仅仅关注人类朝向一种类型的发展所取得的进步,即越来越与超越者和自然界分离的自由思想家的类型。他试图将历史视为一个整体。每一个民族都有自己的历史和发展线索,这取决于其

---

① 当然,我排除了康德哲学,关于它,本章第8部分将做出一个简短的论述。
② 这个观点是布鲁诺从库萨的尼古拉那里借用的。参看《科普勒斯顿哲学史》第3卷第15章及第16章的第6部分。

天然的条件及其与周遭环境之间的关系。同时，不同的发展线索构成了一个图景、一个伟大的和谐；整个进化过程是神意的显现或因神意而生的。

以上这些思想家当然都与启蒙运动有一定的联系。我们能够发现，赫尔德的历史观念应用了一些莱布尼茨的观念，并且也能在其中发现孟德斯鸠的影响。同时，赫尔德这样的人的精神与法国的伏尔泰或德国的赖马鲁斯这样的人的精神明显不同。实际上，在对18世纪狭隘理性主义的反对中，以及对历史与自然统一性的觉察中，这些思想家们可被认为代表了启蒙哲学与19世纪思辨观念论之间的过渡阶段。

6. 这套哲学史的第3卷[①]陈述了像马基雅维利、胡克、博丹（Bodin）以及格劳秀斯（Grotius）这样的人的政治理论。本卷所涵盖的那一时期最杰出的政治哲学是霍布斯的理论。他的主要政治著作《利维坦》出版于1651年。如果从一个肤浅的角度来评论此书，它显示了一种对纯粹君主政体的坚决捍卫。确实，对无政府状态和内战感到恐惧的霍布斯非常强调中央权力和主权的不可分割性。但他的理论基本不涉及君权神授观念或正统性原则，它能被用来支持任何强有力的、事实上的（de facto）政府，无论其是否为君主制。当时有些人看到了这一点，他们认为霍布斯写《利维坦》是为了对克伦威尔献媚，尽管这种想法是错误的。

霍布斯从一种个人主义的极端陈述开始了他的哲学。在他所说的"自然状态"——在政治社会形成之前的国家，至少在逻辑上如此——每一个个体都在争取自我保存，并且为了更好地达到这一目的而追逐权力。在这个状态中也没有任何法律可以将人的行为定义为不正当。这是一个充斥着一切人反对一切人之战争的状态。这是一个完全个人主义的状态。这种情况是否作为一个历史事实而存在过，是一个次要问题。关键点在于，假如我们暂且忘记政治社会和一切来源于它的制度，留给我们的将只有多种多样的人——每个人都寻求他自己的幸福和自我保存。

同时，理性使得人类意识到这样一个事实：只有用有组织的合作替代和统一那种无政府状态，他们的自我保存才能够获得最大的确保。因为

[①] 第20章。

在那种无政府的自然状态中，没有人能从他的伙伴们身上获得安全感，并且在生活中所有人都将被持续的恐惧所困扰。所以，霍布斯将人类社会描述为订立一个社会契约，该契约使每个人都同意将自我管理的权利移交给一个统治者，前提是该社会的所有其他成员都这样做。这样一个契约显然是一种空想，一种对人类社会所做的哲学的、理性的论证。但这里的关键点是，政治社会的构建以及君主制的确立是通过一个行动一起发生的。这就可以推出下述结论：假如统治者（君主）失去其权力，那么社会及其秩序也就会彻底烟消云散。就霍布斯看来，这一情况的确在英国内战中已经发生过了。君主是社会关系的黏合剂。因此，如果理性的利己主义决定了政治社会的形成，它也决定了权力集中在统治者手中。在霍布斯看来，对统治权的任何分割都是可恶的，因为这会导致社会及其秩序的崩塌。但引起霍布斯兴趣的并不是其中的集权专制，他所重视的是社会的凝聚力。因为，假如我们预设了对人性的个人主义和利己主义解释，这将必然导出：为了克服无时无刻不在发生的社会离心倾向，君主或统治集权将是一种不可避免的需要。

也许，霍布斯政治理论中最有意义的特征是它的自然主义。他确实论及自然法或自然律，但在他心里没有那种基于中世纪形而上学的道德自然法的概念。他的自然法只是意味着自我保存的法则和权力的法则。道德特征是由国家的建立、权力的确立以及制定法（positive law）①的制定带来的。确实，霍布斯多多少少对所谓"神授法"（divine law）的观念表达过一些不切实际的推崇，但他彻底的国家至上主义（Erastianism）表明：实际上，表述于法律中的君主之意志始终是道德的范型。同时，霍布斯也不想将集权主义理论无限扩展，以至于生活的每一方面（包括经济生活等）都应该被国家积极管理和控制。他的观点是，国家制度和不可分割的集中主权使人们有可能在安全和秩序井然的情况下追求其目的。尽管他谈到的邦国是作为一个可朽之上帝而存在的，除了不朽的上帝，我们也应该对此一可朽的上帝表示敬意。但很明显，国家对于他来说就是一种明智并

---

① 这个概念指与自然法相对的人为制定的具体法律。——译者注

且利己的造物。而君主失去其管理权力,并且不再能保护其国民,就意味着统治的终结。

洛克也从个人主义的立场出发,得出了社会依赖于一个契约或协议的结论。但他的个人主义与霍布斯的不同。自然状态本质上并非人与人之间的战争状态。在他的自然状态里,存在着先于国家的自然权利和义务。这些权利中最首要的是私有财产权。为了更好地享用与规制这些权利,人们形成了政治社会。至于政府,它的存在是为了满足社会对维护和平、防御外敌以及确保正义和自由的需要;但政府的职责是,或者应该仅限于对正义与自由的保护。对那种没有上限的政府专制的最有效的限制方法之一就是分权,因此,立法权和行政权不应归于一人之手。

与霍布斯一样,对于洛克而言,国家是一种明智而利己的造物;尽管后者与中世纪的哲学观点更接近——因为洛克认为人类在本质上更倾向于社会生活,甚至推进了它的发展。因而,洛克理论的总体精神不同于霍布斯。在后者理论的背后,我们能够看到其对无政府状态以及内战的恐惧;而在前者理论的背后,我们能够看到其对维护和促进自由的关注。洛克对分割行政权与立法权的强调在一定程度上反映了议会与君主间的斗争。对财产权的强调经常被认为反映了辉格党地主们的主张,而洛克的赞助人就属于这一阶层。虽然这种说法不应被夸大,但上述解释基本正确。不过,洛克当然也不希望地主们手里出现权力的垄断。根据这位哲学家所说,他的书写是要证明(或者希望他的政治文章能够证明)1688年革命的合理性。他的自由观点,以及他对自然权利和有限容忍原则的捍卫,在18世纪产生了很大的影响,特别是在美国影响巨大。他的哲学中的日常常识气氛和那种简单的尽管有时会导致误解的表达,无疑有助于扩大他的哲学的影响。

霍布斯和洛克都是在公约、契约或协议的基础上构建国家。然而,休谟却指出这一理论缺乏历史支持。他也注意到,如果如洛克所认为的那样,政府是通过被统治者的同意来证明其合理性的,那么同样用这种观点来论证1688年革命和威廉·奥伦治(William of Orange)对英国统治的合理性将是极其困难的。因为对大多数民众来说,这场革命并没有征询他们的意见。实际上，使用这一观点去论证任何现存政府的合理性都非常困难。政治义务（obligation）显然并不来源于对同意的表述，因为即使没有任何契约或协议的证据，我们也承认这一义务。相反，它建立在利己的基础上。通过经验，人们能够感觉到什么对他们有利，并且在未做出任何明确的协议的情况下以某种方式采取行动。政治社会和公民的服从可以在纯粹功利主义的基础上被合理地加以说明，而不需要诉诸像社会契约之类的哲学幻想或自明、永恒的真理。假如我们希冀寻求一种对政治社会与政治义务的合理性证明，那我们能够在它们的效用中找到它，而这种效用也应该首先被认为是一种对利益的觉知。

当视线转向卢梭，我们同样看到了社会契约的观点。政治社会最终依赖于一种自愿协议，以此，人类同意为了自己的利益而放弃自然状态中的自由，并且通过一种依循法律的生活来达到自由。在自然状态中，每个个体都拥有完全的独立性和对自己的完全控制权；而当他们聚在一起形成社会后，原本分别属于他们个人的控制权将属于他们的团体。并且，这种控制权是不可让渡的。人们委托授权的执行者，只是人民的仆人和使用工具而已。

这一公民主权的解释，表现了卢梭政治理论中民主的一面。卢梭本人出生于日内瓦，他欣赏这座瑞士城市独立与朝气蓬勃的政治生活。因此，他反对法国文化中复杂世故而矫揉造作的氛围，也反对那种旧式的君主政体及其专制方式。除了在古希腊的城邦以及瑞士的城市小邦，实际上卢梭关于那种有效的公民政府的想法在任何情况下都非常不切实际。同时，卢梭的民主观念在表现为法国大革命的时代潮流中也产生了深远的影响。

尽管卢梭关于社会契约的论述属于启蒙运动政治理论的一般模式，但他在政治哲学中加入了一个具有重要意义的新特征。与前辈霍布斯和洛克一样，他也设想个人同意共同组建社会。然而，一旦社会契约成立，一个新的拥有共同生活和共同意志（公意）的共同体就会产生。这种公意总是趋向于整体的自我保存与福祉，而且它是法律、正义以及非正义的标准和规范。这一绝对可靠的公意并不等同于所谓的"一切人的意志"。假如公民们聚在一起开会投票,那么他们的个人意志将表现在他们的选票中。如果投票结果是全体一致,我们才能说我们获得了一切人的意志。但作为个体的人们有可能在什么有利于公共利益这个问题上持有错误观念,公意则永远不会有这样的错误。换句话说,即便共同体总是欲求那些对自身有益的东西,但它也还是有可能在什么实际上对其有益这个问题上被蒙蔽。

因此,当我们关注公意本身之时,它就立即成了一种无法言说之物:它需要得到解释和清晰的表达。毫无疑问,卢梭自己认为它在实践中通过大多数人的意愿得到表达。假如一个人在心里抱有瑞士的城市小邦概念——在这种小城市里,所有公民(不论是其中独立的个人还是某一社团的成员)投票决定一些重大的事情是可能的,那么我们就很自然地会以这种方式来思考问题。但在一个大的国家里,如此直接地参考人民的意见显然不切实际,也许只有在很罕见的情况下可以通过这种全民公决的方法来解决问题。并且,在这么一个大国里,某些人或某个人将倾向于声称,他们的或他的意志体现了人民内在的公意。因此我们发现罗伯斯庇尔在谈到雅各宾派的时候说,"我们的意志就是公意";而至少在一些时候,拿破仑似乎也确实认为自己就是大革命的喉舌与化身。

因此,我们将面临这样一种关于卢梭的奇怪情况:这个狂热的民主人士,从个人主义与个人在自然状态下的绝对自由开始讨论,却最终得出一个有机的国家理论,在其中仿佛有一种神秘的公意,并且这种公意被表达为大多数人的意志抑或一个乃至多个领导人的意志。然后,我们要么得到一个多数人的专制,要么得到一个领导人或一群领导人的专制。这样讲并不是说卢梭对于他自己的理论之趋向有充分的认识。但他确实创造了一个带有悖论性质的自由观念。自由是根据自身的意志而行动,根据其本人所制定的规则来行动。但是,如果一个人的私人意志与公意存在分歧,那么就说明他所意愿的并非他"真正"想要意愿的。因此,当他被迫屈从于代表了他自己"真正"意志的公意时,他也就被迫获得了自由。因此,人类在社会中的自由从某种程度上说非常不同于自然状态下的自由。虽然就此一明显的社会契约观点而论,卢梭的政治理论非常类似于洛克;但同时,他的理论所希冀的是那种类似于黑格尔的哲学——黑格尔认为一个遵纪守法的公民才是真正自由的，因为他遵守的法律表达了人类普遍的与本质的精神天性。并且，卢梭的政治理论希冀着那些更晚近的政治发展，尽管这些发展会使卢梭，实际也使黑格尔感到厌恶；但它们依然能够在卢梭的理论中找到自身在理论上的正当性。

7. 人们经常论及，在启蒙运动的时代，人们其实缺乏一种历史的视角。而这一主张意味着什么？显然，这不是说18世纪没有历史编纂学的实践。至少，如果这个主张意味着如此，那它就是错的。我们只需考虑一下休谟的《英国史》(History of England)、爱德华·吉本（Edward Gibbon，1737—1794）的《罗马帝国衰亡史》(The Decline and Fall of the Roman Empire)，以及伏尔泰和孟德斯鸠的历史作品就能清楚地看到这一点。这样的主张同样不意味着18世纪应该被标记为一个在历史著作上没有任何进步的世纪。例如，那个时代存在着这样一种观点，即偏向军事、王朝与外交的历史编纂学乃是不必要的；它更强调关于历史的文化与知识部分，并且在人类生活、习惯以及习俗方面投入了很大关注。例如，在伏尔泰的《风俗论》(Essai sur les mœurs)中，这种强调和偏重是清晰的。此外，孟德斯鸠强调了物质条件（例如气候）在个人或国家的发展及风俗和法律上的影响。

但同时，18世纪的历史编纂学派也有一些严重的缺陷。一般而言，最首要的一点就是，历史学家们对他们历史材料的来源缺乏充足的批判，且对历史学研究和客观写作所要求的那种精细评估历史证据与史料的工作不感兴趣。确实，我们很难期待世界上存在着这样的人，他涉猎哲学以及其他学术的许多分支学科，并且因此在每门学科上都能做出类似的高水准研究。但后一方面的知识的相对缺乏，实际上构成了一个缺陷。

其次，18世纪的历史学家们非常倾向于将历史作为一种证明论题的手段以及道德经验的出处。吉本着重表达了这样的观点：基督教在罗马的胜利是野蛮和偏执对理性和文明的胜利。类似伏尔泰这样的著作者们，在对于理性主义战胜他们所认为的那种僵死的传统与蒙昧的压迫的问题上，持有一种非常自鸣得意的态度。他们不仅假定了进步理论，还假设进步包括理性主义、自由思想和科学的进步。博林布罗克在其《关于历史研究与运用的书信》(Letters on the Study and Use of History，1752)中认为：历史是一种哲学，以范例的方式教导我们应如何在公共与私人的生活情境中行动。然而，在18世纪的历史学家们强调历史的道德经验与教训之时，他们会很自然地想到一种没有神学预设、斩断了神学联系的道德观。他们所有人都反对波舒哀（Bossuet，1627—1704）在他的《论作为历史的一般概念》(Discours sur l'histoire universelle)一书中对历史所做的神学解释。但他们并没有认识到，他们在启蒙运动与理性时代的功利基础上对历史所做的阐释，表现出一种类似性，或者说一种偏见。因为启蒙作者们都是自由思想者和理性主义者，便设想他们能免于偏见并不再有将历史编纂学归于道德与预设的目的之下的倾向，显然是一个巨大的错误。另一方面，兰克（Ranke）在19世纪上半叶对客观性的呼吁同样适用于理性主义者和神学主义历史学家。实际上，假如我们认为波舒哀有所偏颇，那我们同样不能宣称吉本可以免于这样的指责。18世纪的历史学家们对理解过去时代人们的精神与观念生活并不太关注；他们也不会利用他们所知道的（或者他们自认为知道的）关于过去的知识来证明一个论点，或者获得某种道德教训，或者得出一些不利于宗教，至少是不利于超自然宗教的结论。特别值得注意的是，在启蒙运动如此尖锐反对中世纪的情况下，启蒙历史学家们不但没能理解中世纪的精神，也没有真正努力去做到这一点。对他们来说，使用中世纪这个词就是为了衬托他们的理性时代。这种态度就是启蒙运动被认为缺乏一种历史性精神的原因之一。当然，正如我们已经看到的那样，这种指责并不意味着（或至少不应该被认为是意味着）历史编纂学中没有发生令人感兴趣的进步。这表明启蒙历史学家们缺乏富有想象力的洞察力，并且倾向于根据理性时代的标准来解释过去的历史。例如，就他的论文内容而言，吉本与波舒哀的观点相反；但思辨与理性的论述与一个主教先入为主的神学论述其实半斤八两。

　　如果一个人承认（正如其必须承认的），历史编纂学并不仅仅只是历史编年，还涉及材料的选择与诠释，那么在历史编纂学与历史哲学之间快速画出一条清晰的分界线就变得十分困难了。然而，当我们发现历史学家们将历史解释为某种一般规划的结果，或将历史发展还原为某种普遍法则的运行结果时，我们就理所应当开始论及历史哲学了。我认为，以一个努力撰写某一特定区域之客观历史的人为例，他一般是不会被划分到历史哲学家中的。我们当然不会习惯于将休谟或者尤斯图斯·莫泽（Justus Möser，1768 年出版的《奥斯纳布律克史》的作者）当作历史哲学家。但是当一个人论及普遍的历史，并且要么对历史发展进行最终解释，要么关注普遍适用的法律，那么将他称为历史哲学家就并不是不恰当的。17 世纪的波舒哀可以被算作这样的人。18 世纪也有许多鲜明的例子。

这其中最突出的无疑是约翰-巴普蒂斯特·维柯（John-Baptist Vico，1668—1744）。维柯是一个基督徒，也不属于反对圣·奥古斯丁和波舒哀对历史进行神学解释的阵营。同时在他的《关于诸民族的普遍本质之新科学原则》(*Principi di una scienza nuova d'intorno alla commune natura delle nazioni*) 中，他将纯粹的神学思考搁在了一边，而去细究自然法对历史发展的支配作用。关于新科学，有两点值得我们注意。首先，维柯认为人类发展与进步的整体形式并不是线性的，而是一系列的循环发展。这就是说，主宰历史运动的自然法在现实中具体表现为每个种族或民族的兴衰起落。其次，维柯通过这一自然法系统，描述了一个历史发展循环中的每一个连续阶段。在神权统治阶段，法律被认为拥有一个神圣的来源并为其所制定。这是诸神的时代。在贵族统治阶段，法律掌握在几个家族手里（例如，在罗马共和国时期，法律掌握在几个元老勋贵家族之手）。这是英雄的时代。而在平民政府统治阶段，也即这个普通人的时代里，我们有一个理性的法律系统，所有公民在这一系统之下都拥有相等的权利。在以上这一思考图式中，我们能够看到孔德（Comte）的人类发展"三阶段"思想的理论先声。但维柯不是一个实证主义哲学家；相反，正如我们已经看到的那样，他保留了古希腊的历史循环论观念。这种循环论还完全有别于 19 世纪的人类进步观念。

孟德斯鸠也关注法律问题。在《论法的精神》(*Esprit des lois*，1784) 中，他亲自审视了不同的实证法系统，试图说明每个法律系统都能够通过某种交互关系而互相连接。因此，任何给定的法律都包含一些法律，同时又将另外一些法律排除在外。但为什么一个国家拥有这种法律系统，另一个国家则拥有那种法律系统呢？在回答这个问题的过程中，孟德斯鸠强调了政府形式所扮演的重要作用。但他也强调了自然环境因素（例如气候、地理条件）以及后天获得因素（例如经济关系与宗教信仰）在这一点上的影响。每个国家和民族都有自己的体制和法律系统，但实际问题对于各民族或国家来说基本上都一样——它们的法律系统的发展都被相关的自然与历史条件所决定，也都为获得最大自由这一目的而服务。在此，我们可以看到英国宪政对孟德斯鸠思想的鲜明影响。他认为，立法、行政以及司法的三权分立体制最能确保人的自由。

而在孔多塞这里，我们发现了与维柯完全不同的进步概念。正如已经提到的那样，在他的《人类精神进步史表纲要》中，他设想人类能够无尽地进步下去。在16世纪以前的历史中，我们能够区分出许多的时期，也能明显在其中发现一种历史倒退——特别是在中世纪。但文艺复兴引领了一个新的、我们无法设定其发展界限的科学与道德之文明时代的开端。然而，人类的心灵却依然被偏见和那些狭隘的观念（例如那些依循宗教教条的观念）所限制。所以，必须要对教育，特别是科学教育的重要性加以强调。

在德国，莱辛也提出了一种关于历史进步的乐观主义理论。在《论人类的教育》（*Die Erziehung des Menschengeschlects*，1780）中，他将历史描述为人类渐进发展的教育过程。这一进步过程中偶尔会出现停滞与倒退，但即便这些也会进入一般的计划之中，并服务于进步过程在几个世纪中的实现。而就宗教来说，历史实际上是上帝对人类的一种教育。但并不存在一种最终和绝对的宗教信仰形式。相反，每个宗教都是一个进一步"显现"上帝的阶段。

在《论语言的起源》（*Ueber den Ursprung der Sprache*，1772）中，赫尔德论述了语言的自然起源，驳斥了语言原初地由上帝教给人类的看法。在宗教方面，他强调了宗教的自然特征。宗教更接近诗和神话，最初源自人对解释自然现象的渴望。在已经取得一定发展的宗教（特别是基督教）那里，我们能够看到道德元素的发展与力量。而这也是基督教能回应人们的道德需要与盼望的原因。换句话说，赫尔德强烈反对对宗教进行理性主义批判，以及直接的反宗教行为，特别是18世纪所特有的那种反基督教的形式。他不喜欢将分析的及批判的理性与人类的其他能力分割开来，并且他也表达了一种将人类在本质上作为一个整体来看的观点。在《人类历史哲学观念》(*Ideen zur Philosophie der Geschichte der Menschheit*，1784—1791）一书中，他将历史描述为一种纯粹自然的历史，这一自然历史与人类的能力、活动和习性有关，并且受特定时空的影响。他试图联系人类周遭的物质环境特征来追寻人类的发展，并提出一个人类文化起源的理论。而从神学角度来说，不同民族的历史构成了一个和谐整体，此乃神意天命之现实结果。

　　在一种思想中心围绕着人类自身的时期，对人类文化历史发展的兴趣本就应该获得增长，这非常自然。而在18世纪，我们能够看到一种或一系列理解历史的尝试；在这些尝试中，我们发现了与圣·奥古斯丁和波舒哀神学历史解释原则迥异的新原则。但是甚至那些相信对历史进行哲学解释是一种有益事业的人们也必定会承认：18世纪的哲学史学家们在发展这种学科的综合上过于仓促。例如，维柯对历史的循环性解释在很大程度上是基于对罗马史的思考。然而，他们之中没有一个人拥有足够广泛和准确的实际知识去构建历史哲学，甚至具有足够广泛和准确的实际知识根本就不是一个合理的构想。确实，法国启蒙运动中的一些人倾向于轻视或贬低穆拉托里（Muratori，1672—1750）的辛勤工作，他对意大利历史做了大量的准备性材料收集。我们能够看到人们开始从一个更广阔的视角考察人类文化发展，这些考察涉及到各种因素，如气候和宗教带来的影响。就赫尔德来说，这表现得特别明显，他彻底超越了启蒙运动这个词的限制——当这个词在一个狭隘的意义上被理解，尤其是涉及法国理性主义时。

　　8. 上面提及的这些哲学家大都在19世纪初期去世。但在18世纪最后几十年的作者中，最伟大的名字是伊曼纽尔·康德（Immanuel Kant，1724—1804）。不管我们以何种方式看待他的哲学，没有人能否认他重要的历史地位。实际上，在某些方面，他的思想凸显着欧洲哲学的危机，以至我们可以将近代哲学分为前康德时代与后康德时代。如果将笛卡尔与洛克作为17世纪至18世纪欧洲思想的主导人物，那么在19世纪占据同等地位的便是康德。这种评述方式确实有过分简化之嫌。把 19 世纪的所有哲学家都看作康德主义者，与将 18 世纪的所有哲学家都看成要么是笛卡尔主义者，要么是洛克的追随者一样，是完全错误的。尽管对理性主义和经验主义来说，斯宾诺莎与莱布尼茨、贝克莱与休谟同样都是具有原创意义的思想家；并且在 19 世纪，我们也不能将类似黑格尔这样具有鲜明独创性的伟大思想家视为一个康德主义者。但正如笛卡尔对于欧洲大陆理性主义的发展产生了巨大影响，而洛克影响了英国经验主义的发展一样，康德对 19 世纪的思想的影响力同样毋庸置疑。实际上，康德对思辨哲学的态度，从他那个时代至今都发挥着强大的影响力。而今天很多人认为，康德只是成功表现了一种来自其哲学的狂妄——尽管这些人从来没有想过去接受康德哲学中的那些正确思想。确实，过分强调我所称的康德的负面或破坏性影响，是对他的哲学的片面看法。但这改变不了下述事实：在许多人眼里，康德的身份就是传统思辨形而上学的一位伟大的掘墓人。

康德的学术生涯可以被分为两个阶段：前批判时期和批判时期。在第一阶段，他主要受到"莱布尼茨-沃尔夫"思想传统的影响；在第二阶段，他提出了自己的独创性思想。他的第一本巨著《纯粹理性批判》（*The Critique of Pure Reason*）于 1781 年问世。康德那年 57 岁，此前他已经在建立自己的哲学体系上花费了几十年的光阴，这也是这本著作在出版后能迅速流行开来，并使他一夜成名的原因。《未来形而上学导论》（*Prolegomena to Any Future Metaphysic*）于 1783 年、《道德形而上学的基本原理》（*Fundamental Principles of the Metaphysic of Morals*）于 1785 年、《实践理性批判》（*Critique of Practical Reason*）于 1788 年、《判断力批判》（*Critique of Judgment*）于 1790 年、《纯然理性界限内的宗教》（*Religion within the Limits of Bare Reason*）于 1793 年先后问世。而在康德去世后被发现和出版的学术遗稿表明，他直到故去之前都在不断增补、删改、修订他哲学体系中的一些部分。

在这样一个导论性的章节里对康德哲学过分展开显然不合时宜。但是，对于他所面临的问题以及他的总体思路，我们必须加以提及。

康德的著作有两本和道德哲学有关，一本和宗教有关。这是一个非常意味深长的事实。因为，如果我们用一个更广阔的视野来看这个问题，就可以给出这样的断言：康德所面临的基本问题和笛卡尔所面临的别无二致。康德宣称，对于他来说，有两样事物使自己深深惊异而又为之赞叹——头顶的星空与心中的道德律。一方面，他面对着科学观念的世界，这是哥白尼、开普勒与牛顿所发现的物理学宇宙，在其中，一切物体的运动都能被经典力学所解释并决定。另一方面，他面对的是一些能够认知物理世界，并以一种主体对客体的认识方式使自己置身其外的理性存在者；这些理性存在者可以意识到道德义务和自由，并且能够在这个世界之中发现一个理性的目的。可是，这两个方面怎样才能和谐一致呢？我们怎样才能将处于决定论范畴下的物理学世界与处于自由意志范畴下的道德命令统一起来呢？但这不是将两个世界简单并列在一起的问题，仿佛它们是完全分开且独立的一样。因为它们在人类这里相互交汇。人类既是一个客观自然物理体系内的对象，也是一个道德与自由的行动者。因此，问题是怎样才能将这两种观点——科学的与道德的观点——完全自洽地统一起来。在笔者看来，这是康德的基本问题。同时，这也是认识开始的那个起点。否则，对康德思想中分析与批判方面的重视，几乎完全遮蔽了他哲学中的深刻思辨动机。

尽管康德哲学的主要问题与笛卡尔的并没有什么不同，但是自笛卡尔的时代以来，思想之河不断向前流淌；而当我们面对康德特别的哲学问题时，这种变化就更明显了。一方面，康德拥有既往的那些伟大的大陆理性主义者的形而上学体系。笛卡尔试图将形上哲学置于科学的基础之上。然而，这两个体系之间的冲突和并未获得确定的结论这一事实却带来了一些怀疑——对传统形而上学扩充我们的实际知识（尤其是超越我们感觉经验的实际知识）的目的之有效性的怀疑。另一方面，康德面对的是在休谟那里达到顶点的英国经验主义。但对康德来说，纯粹的经验主义似乎也不能很好地解释与说明牛顿物理学的成功以及它增加了人类关于这个世界的知识这一明显的事实。就休谟的原则而言，一个提供了关于这个世界新知识的陈述只可能是对一个实际被经验到的事实的陈述。例如，就我们的经验而言，我们常常发现：事件甲与事件乙的发生总是前后相继的。但对于这个普遍的陈述，即甲的出现总是导致乙的出现，休谟的经验主义将不会给我们任何具有客观性的证明。换句话说，纯粹经验主义不能对那些普遍的、必然的且能提供新知识的判断（康德称之为先天综合判断）给出解释。然而，牛顿物理学却预设了这种判断的有效性。因此，近代哲学的这两大主要思想线索似乎都存在着缺陷。理性主义形而上学也并未显现出能够给我们提供一些关于这个世界的确定知识的迹象。所以，这种情况就促使我们去问这样一个问题："形而上学的知识是否可能？"而纯粹经验主义无法证明一门自然科学能够切实增加我们关于这个世界的知识。这又促使我们去追问：在纯粹经验主义中到底缺少了什么？普遍、必然以及能够增加新知识的科学判断又到底是何以可能的？我们如何为我们做出这些判断的根据给出证明？

这一个或几个问题都通过这样的方式被表述出来。一方面，康德发现形而上学主义者们[①]似乎混淆了逻辑关系与因果关系，并且他们还设想，人们可以通过先验推理构建一个系统，该系统可以为我们提供关于现实的真实、确切的信息。但他似乎并不明白，即使我们避免这种混乱，我们也可以通过采用因果关系原则获得形而上学知识，并且谈论上帝。所以，我们能够提出这样的问题——形而上学是否可能？如果可能，那么它在何种意义上可能？这些问题是完全能使我们获益的。另一方面，尽管康德同意经验主义者们的观点，即我们的一切知识皆始于经验，但他也看到了牛顿主义物理学在纯粹经验主义的思想线索中不能被很好地解释。因为就康德的观点而言，牛顿主义物理学预设了自然的统一性。确切地说，这种对自然的统一性的信仰，恰恰是休谟不能为之提供合理性证明的，尽管休谟曾试图对这种信仰的起源给出一种心理学意义上的解释。如此一来，问题就产生了：如果我们曾和经验主义者一道假定我们的一切知识皆始于经验，那么我们信仰的理论根据是什么呢？

在对上述最后一个问题的回答中，康德提出了一个原创性的假设。他假设说：即便我们所有的知识都始于经验，我们也不能必然得出我们的

[①] 这个词适用于前康德时代的大陆唯理主义者们，而非类似于圣·托马斯那样的中世纪哲学家。康德关于中世纪的知识（不管在哪个层面上）是极其贫乏的。

所有知识都来自经验。因为实际情况可能是（康德认为这就是事实真相），我们的经验由两种元素组成——被给予的印象材料，以及对这些印象材料进行综合的先验形式与要素。康德并不想暗示先验观念的存在，也不想表明在对一个对象的知识的认知中，存在一个先于经验的先在性因素。他想要指出的是，作为经验主体和认知主体的人类具有这么一种认知结构，以至于他必然（因为人是其所是）以某种方式对最终被给予的材料或印象进行综合。换句话说，这个主体——人，并不只是单纯被动地接受外在的印象，他也积极地（并且无意识地）综合这些未经加工的外在材料，也就是说，将一种先验的形式和范畴加在原始材料之上，基于此，我们经验的世界才得以建立。经验的世界、现象世界或向我们显现的实在，并不只是我们构建的，好比一场梦境。它也不只是被给予之物；它是将先验形式与范畴加诸予料的结果。

  这样一种假设的优势是什么？这一问题可以用以下方式来阐明。对于接受哥白尼关于地球围绕太阳旋转的假设的人，以及那些不接受这一假设或对此一无所知的人来说，他们共同面对的现象是一致的。就这一现象而言，所有人都看到太阳从东边升起，在西边落下。但哥白尼假设解释了一些地心说假设无法解释的事实。类似地，对于那些没有意识到知识中的先验因素的人和那些意识到了的人，世界以同一方式向他们展开。但通过假设先验因素的存在，我们能够解释纯粹经验主义所不能解释的东西。例如，如果我们假设，因为我们的思维是其所是，所以我们用因果关系来综合外在予料，那么自然就将总是以被因果律主宰的样子显现在我们面前。换句话说，我们保证了自然的统一性。自然就等于它显现出来的样子，而非其他。并且，考虑到在人类认知中的主观持存性，现象事实必然也有与此相一致的持存性。举例来说，如果我们必然要将先天时空形式应用到未经加工的感觉材料上（这些材料并非我们能够直接意识到的），那么自然也就必定总以时空的方式展现在我们面前。

  我不想对康德有关经验的先天性条件的说明进行更深入的具体解释。讨论这一点的合适位置是本哲学史第 6 卷的相关章节。但仍然有一个要点必须提及，因为它直接涉及康德有关形而上学之可能性的问题。

康德主张，经验的先验条件的功能是综合多种多样的感觉印象。通过它们，我们认识到的是现象世界。因此，我们不能合理地利用一个知性的主观范畴去理解超越经验之物。具体来说就是，我们不能将因果律合理地应用于超验现象，比如通过一个因果论证来证明上帝存在。我们也永远不能认识现象背后的实体——如果我们指的是某些关于实体的理论知识的话。然而这正是形而上学家们试图去做的。他们想要将我们理论的或科学的知识拓展到物自体上，也将只在现象界有效的范畴运用到超越现象的事物上面。而这样的企图注定是要失败的。康德试图说明：传统类型的形而上学命题只会导致无法解决的二律背反。所以如果形而上学相较自然科学而言没有产生任何进步，我们对此完全不必大惊小怪。

唯一可能存在的"科学的"形而上学是关于认识的形而上学，它能够对人类经验的先天因素进行分析。康德更多的工作便是企图去承担这一分析的使命。在《纯粹理性批判》中，他试图去分析那些使我们形成先天综合判断的先验因素。在《实践理性批判》中，他研究了道德判断中的先验因素。在《判断力批判》中，他着手分析了决定我们的审美与合目的之判断的先验因素。

不过，尽管康德排除了那些他称之为"经典形而上学"的东西，但他对形而上学家们所思考的主旨观念依然显示出了浓厚的兴趣。就他而言，这些相关的主旨观念就是：自由、不朽和上帝。他还努力在不同的基础上恢复他从理论和科学知识中排除的东西。

康德从对道德义务之觉知或意识这一事实开始他的论述。他试图表明，道德义务以自由为前提。也就是说，如果我应该这样做，那我就一定能够这样做。进而，道德律令使其自身完美地与完满的善统一起来。但康德认为：要达到这一理想状态，就需要（道德）处在一个无尽的时间绵延之中。因而，在向着这一理想状态永无止境地前进的意义上，不朽成为道德律的前提条件。此外，尽管道德并不意味着以一个人的幸福为目的，但道德应该产生幸福。但是对美德的幸福主张需要有赖于这样一个（实体性）观念的存在，这个观念能够并且愿意为美德与幸福之间的联系提供担保。因而，上帝观念就被从道德律中顺理成章地作为公设颁布了出来。我们并不能以一些形而上学家所用的方式去证明人类是自由的、人类灵魂是不朽的、超验的上帝是存在的。但我们可以意识到道德义务以及从中公设出的自由、不朽和上帝。这是一种实践信仰,也就是说,这是一种关于进行道德之行动的信仰。

这种"公设"的学说常常不是被解释成一种廉价的实用主义,就是被理解成了一种对宗教教条的例行妥协。但我认为,康德本人在给出这些论述的时候是非常严肃而郑重的。他将人看作一种混合的存在物。作为自然秩序的一部分,人类和其他任何自然对象一样,服从于机械的因果法则。但人也是一个能够意识到自身道德义务的道德存在。而意识到了这种义务,也就意识到了道德律对能够自由选择是否接受它的人所提出的要求。① 进而,意识到道德律就是隐含地认识到道德活动并不注定会导致挫折,并且最终人类的存在是"有意义"的。但没有上帝和不朽,我们就不能说道德是有意义的。我们不能科学地证明自由、不朽和上帝的存在。因为这些概念并不存在于科学之中。我们也不能通过传统形而上学来证明它们。因为这些证明是无效的。但如果一个人能够完全清楚地意识到道德义务,那么他就隐含地主张了道德律的存在,而这又意味着灵魂不朽和上帝存在。这不是一个严格逻辑意义上的蕴涵范例,以使我们得出一系列严密的论证。相反,这是通过信念发现并断言关于实在的看法,这种关于实在的看法自身就为以良心为中介的道德义务意识赋予了全部的意义和价值。

所以,康德似乎留给我们一种二分的世界。一方面是牛顿的科学世界,这个世界完全受因果必然性所决定。这是一个现象的世界——这不是说它仅仅是一个幻象,而是说它预设了经验的主观条件的运作,这些主观条件决定了事物向我们显现的方式。另一方面,存在着一个关于自由的人类精神与上帝的超感官世界。就康德的思想而言,我们不能给出任何严格的理论证据,去证明存在着这样一个超感官的世界。但同时,我们也没有充足的理由断言,被因果律主宰的物质世界就是仅有的世界。因此,如果

---

① 在康德看来,道德律就是由实践理性颁布的。在某种意义上,人乃是为自己立法的,对于这一点我将在合适的地方进行解释。但是,道德责任除了与遵守和不遵守这一道德律的自由选择相关之外,没有任何意义。

我们企图依靠经验或运用感觉经验的主观条件，将这个世界解释为一个机械的力学体系，这就意味着我们会发现我们甚至都没有做出上述断言的充足理由；而这些理由在任何情况下都是必需的。进而，道德生活（特别是对道德义务的意识）打开了一个关于实在的领域，道德人通过信念将这一实在领域确认为道德律令的前提或要求。

我们在这里不适宜对康德的哲学进行批判性讨论。相反，我想强调的是，我所说的康德的二元"分叉"思想代表了近代精神的一种两难处境。我们已经看到，关于世界的新的科学概念垄断了人类对整个现实的看法。17世纪的笛卡尔努力将对精神实体的确认与对机械因果世界的认可相结合。并且他相信最终可以得出这一结论——存在无限、超越的上帝。而在18世纪的最后几十年里，康德拒绝承认类似这样的真理能够以一些笛卡尔和莱布尼茨所认为的方式来加以证明。同时，康德强烈地感受到，牛顿主义的物理学世界并不与实在本身接壤。因此，他将超感官实在归入"信仰"领域，并试图通过道德意识来赋予其合理性。今天仍有一些人将科学作为拓展我们现实知识的唯一手段，尽管同时他们也感到，科学所呈现的世界不是唯一的现实，它在某种程度上超越了自身。对他们而言，康德的体系依然具有一种确然的当下性意义，纵然正如这一体系在康德所做的工作中的发展一样，它在当代依然无法面对那些具有挑战性的批判。也就是说，这些人所处的情境与康德发现其自身所处的情境有一些相似之处。我之所以说"一些相似之处"，是因为自康德的时代以来，问题的背景已经变了许多。一方面，有一些科学理论已经发生了改变。另一方面，哲学也在以各种方式发展着。所以双方所处的基本情境是否仍旧一致就很难说了。

我认为，通过对康德哲学的考量来结束本章是合适的。尽管他的哲学依旧是以一种大陆理性主义的温和形式呈现出来的，但正如康德所指出的那样，他已经被休谟从教条独断的迷梦中唤醒。同时，虽然他驳斥了大陆形而上学主义者们的那些主张——单纯依靠理性就可以增加我们关于实在的知识，然而康德也坚信，纯粹的经验主义是不够的。因此我们能够说，在他的思想中，大陆理性主义的影响与英国经验主义的影响共同催生了一个新的具有开创性的哲学体系。然而，这里必须补充的是，康德既没有为形而上学也没有为经验主义画上句号。进而，他还建立了一个与上述两者皆有差异的体系。19 世纪的形而上学已经完全不同于 17 世纪与 18 世纪的了。尽管 19 世纪的英国经验主义几乎没有受到康德的影响，但比起到最后依然在某种程度上是个形而上学主义者的康德对形而上学所提出的批判来说，20 世纪的新经验主义（neo-empiricism）更是全心企图给形而上学一个更加致命的打击。

第二章

笛卡尔（一）

生平与著作[①]——笛卡尔的目标——他的方法论观念——天赋观念理论[②]——普遍怀疑

1. 勒内·笛卡尔（René Descartes）1596年3月31日出生于都兰，是布列塔尼一位地方议会议员的第三个孩子。1604年，父亲将他送到了拉弗莱什（La Flèche）公学接受教育。这所由亨利四世创办的学校的主要管理者是耶稣会的神父们。笛卡尔在那里待到了1612年，在拉弗莱什的最后几年里，他沉溺于逻辑、哲学和数学的学习之中。笛卡尔自称他对于获得知识极度渴望，[③]而他显然也是一个饱含激情的学生、一个具有天赋的年轻人。他说："我没有见到任何人认为我不如我的同学，虽然他们当中已经有几位被选定为老师的接班人了。"[④]就此而言，只要我们想到笛卡尔后来对于传统学习方式的强烈批判，同时考虑到，甚至在他还只是一

[①] 本书索引的笛卡尔著作，《谈谈方法》（*Discourse on Method*）以下简称 *D. M.*，《指导心灵的规则》（*Rules for the Direction of the Mind*）以下简称 *R. D.*，《第一哲学沉思集》（*Meditations*）以下简称 *M.*，《哲学原理》（*Principles of Philosophy*）以下简称 *P. P.*，《理性之光对真理的探求》（*Search after Truth*）以下简称 *S. T.*，《论灵魂的激情》（*The Passions of the Soul*）以下简称 *P. S.*，《反驳与对反驳的回应》（*Objections and Replies to Objections*）以下简称 *O. and R. O.*。缩略语 *A. T.* 则指查尔斯·亚当（Charles Adam）和保罗·塔内里（Paul Tannery）于1897—1913年在巴黎出版的13卷本《笛卡尔全集》。
[②] 一般习惯用天赋观念这个词来翻译笛卡尔的 innate idea。但是这个概念，其实还有一层意思，指跟经验无关并完全内在于我们心灵的那些观念。所以也可以翻译成内在观念。下文中有时会取第二种译法。——译者注
[③] *D. M.*, 1; *A. T.*, VI, 3.
[④] *D. M.*, 1; *A. T.*, VI, 5.

个在校的学生时，就已对学校教授的大部分知识（数学除外）非常不满，以至在离校的一段时间中完全放弃了对知识的追求，我们似乎能就此得出结论：他对其导师充满了怨恨，对他们的教育体系心怀蔑视。但事实并非如此。他总是带着激动和敬慕的语气谈起拉弗莱什的那些耶稣会士，并认为他们的教育方式远比大部分其他教育机构更先进。他在自己的著作中清楚地表明，他在这里受到了在传统的架构中所能获得的最好的教育。然而，回过头来他却得出结论说，传统的教育——至少在它的一些分支科目上——并无任何坚实的基础可言。就此，他尖锐地讥讽道："哲学教我们煞有介事地对一切事物的真理之表象夸夸其谈，使我们赢得那些才疏学浅之人的钦佩。"此外，尽管哲学已经被那些最高明的心灵耕耘了许多个世纪，"它却没有一点不在争论中，也因此没有任何一点不是可疑的"①。数学确实因为确定与明晰的特点而令他欣喜，"但我还看不到它的真正用途"②。

在离开拉弗莱什后，笛卡尔曾有一段短暂的闲适时光。但随后他很快决定从事研究，并且向这本名为世界的大书学习，正如他所说的那样，他要寻求一种能够对人生有用的知识。他因此加入了拿骚的莫里斯亲王（Prince Maurice of Nassau）的军队。这显然是一个看起来有些古怪的举动。不过笛卡尔自然不是作为一个士兵在领受薪饷，他很好地将新工作与数学研究结合了起来。在此期间，他还写了一些论文与笔记，其中包括一篇关于音乐的论著《音乐概论》(Compendium musicae)。这本著作最终在他去世后才得以出版。

到 1619 年，笛卡尔离开莫里斯亲王的军队并去了德意志。在法兰克福，他见证了斐迪南皇帝（Emperor Ferdinand）③的加冕。之后，他加入了巴伐利亚的马克西米利安（Maximilian）的军队，并且驻扎在多瑙河畔的诺伊贝格。正是在那一时期，经过一段无人打扰的反思，笛卡尔开始为他的哲学大厦打下桩基。在 1619 年 11 月 10 日那天，他连续做了三个梦。

---

① *D. M.*, 1; *A. T.*, VI. 6 and 8.
② *D. M.*, 1; *A. T.*, VI. 7.
③ 这里指的应该是神圣罗马帝国皇帝斐迪南二世。——译者注

这三个梦使他确信他的使命就是通过理性来寻求真理。同时他立誓要去意大利的洛雷托朝觐圣母玛利亚的圣所。但由于他之后在波希米亚和匈牙利的军前效命，并游历了西里西亚、北德意志与荷兰，继而又要去雷恩看望父亲，于是暂且打消了立即去实践那个朝觐诺言的想法。直到1623年游历意大利的时候，他才在去罗马的旅途中顺道访问了洛雷托。

笛卡尔在巴黎居住的那些年里结识了许多友人，其中包括他在拉弗莱什的同窗梅森。同时他还获得了德·贝吕勒枢机主教（Cardinal de Bérulle）的大力支持。不过，由于他发现巴黎的花花世界总是容易分散他的精力，因此在1628年，他搬到了荷兰隐居。除了在1644年、1647年和1648年三访法国，他一直在荷兰待到1649年。

他在此期间的著作《论世界》（*Traité du monde*）因为伽利略的责难而被束之高阁，直到1677年才出版。而在1637年，笛卡尔用法语撰写了《正确思维和发现科学真理的方法论》（*Discourse on the Method of rightly conducting the Reason and seeking for Truth in the Sciences*），还附带写了一些关于气象学、屈光学和几何学的论文。那本《指导心灵的规则》（*Rules for the Direction of the Mind*）显然在1628年就已完成——虽然延迟了很久才出版。到了1641年，拉丁文版的《第一哲学沉思集》问世。这本书包含若干个神学家与哲学家对笛卡尔思想提出的六组反驳，以及他对这些责难的回复。第一组反驳主要来自荷兰神学家卡特鲁斯（Caterus），第二组反驳则来自另一些神学家与哲学家，第三、四、五组反驳则分别来自霍布斯、阿尔诺以及伽桑狄（Gassendi），最后的第六组反驳则来自其他的神学家与哲学家。1642年再版的《沉思集》又附带了第七组反驳。这一组反驳来自耶稣会士布尔丹（Bourdin），当然，在反驳之后也附上了笛卡尔的回复。在这组反驳中，还包括了一封笛卡尔写给迪内（Dinet）神父的信。此人也是耶稣会士，并曾是拉弗莱什的哲学导师之一，笛卡尔曾对他满怀孺慕。《沉思集》的法文译本在1647年付梓。而1661年所出的法文第二版也包括了第七组反驳。不过，法文版不是笛卡尔自译的，而是由吕讷公爵捉刀完成。当然，第一版的法文译本经过了笛卡尔的审阅与部分修订。

《哲学原理》(*Principles of Philosophy*)的拉丁文版本于1644年出版。它的法文版本由修道院院长克劳德·皮科特（Abbé Claude Picot）译出。这一译本经由笛卡尔审阅，于1647年出版。在这一版的前言中，一封作者写给译者的信阐释了这本著作的思想旨归。笛卡尔的那本名为《论灵魂的激情》(*The Passions of the Soul*，1649) 的论著则一开始就是用法文来写作并出版的。当然，这样做更多地是出于友人们的恳求而非笛卡尔去世前的临时起意。此外，在法语著作方面，我们还能找到一本没有完成的对话录——《理性之光对真理的探求》(*The Search after Truth by the Light of Nature*)，此书的拉丁文版本于1701年面市。还有拉丁文本的《反对一种确定纲领的笔记》(*Notes directed against a Certain Programme*)，算是笛卡尔对于乌得勒支的勒·罗伊所宣扬的心灵的本质的一个回应，后者与笛卡尔在思想上的关系是先友后敌。最后要说的是，笛卡尔的著作包含了大量的信件，这对于诠释他的思想有非常大的价值。

因为瑞典女王克里斯蒂娜大力邀请他去教授哲学，1649年9月，笛卡尔离开荷兰前往瑞典。然而，女王陛下要求习惯赖床沉思的笛卡尔每天早上五点就到她的图书馆开讲，所以瑞典严酷的冬天连同预期中的御前授课，对他这个体弱多病的人来说就成了一场灾难。1650年1月，笛卡尔终于被因之而来的高烧击倒了。他最终在2月11日离开了人世。

笛卡尔是一个温和而又好脾气的人。比如说，他对他的仆人和侍从们非常慷慨，也十分关心他们的福利。因此，这些仆人也与他们的主人十分亲近。笛卡尔有一些挚友，例如梅森；但他还是觉得对学术工作来说，一种隐逸与宁静的生活才是必不可少的，所以他一生未婚。至于笛卡尔的宗教信仰，他总自称天主教徒，并且至死仍持守这一虔诚的信仰。确实，关于他声明的天主教信仰是否出于真诚，有过一些争论。但就笔者看来，这些关于他真诚的怀疑，要么基于一些总体而言不切实际的根据，譬如他在搁置《论世界》的出版时表现出的胆怯或审慎，要么基于这样的预设，即一个有意识地着手构建一个新的哲学体系的哲学家不可能真正相信天主教教条。笛卡尔在大部分情况下都竭力避免去讨论纯粹的神学问题。他认为天堂之路向无知者和饱学之士同时敞开。并且他认为，神启揭示出来的神秘远超人类心灵的理解能力。因此，他只讨论那些可以单凭理性解决的问题。所以笛卡尔是一个哲学家和数学家[①]，而非神学家；同时，他也正是依照这一标准去行动的。所以，我们并不能合理地得出结论说，他的宗教信仰并非他所自称的那样。

2. 非常明显，笛卡尔的基本学术目标就是运用理性来获得哲学真理。"我希望将我自己完全投入到对真理的寻求中。"[②] 不过，笛卡尔想要寻求的不是一些孤立的真理，而是确立一个由真命题构成的系统，在这个命题系统中没有预设前提——除非这个前提是自明或毋庸置疑的。还有，在这个系统的每个部分之间，应该存在一种有机联结，而且这样一座由命题构成的大厦乃是矗立在一个确定的基础之上的，从而使它免受怀疑主义的侵蚀与破坏。

笛卡尔对哲学的理解是什么呢？"哲学意味着对智慧的研究，通过智慧，我们不仅能获得处理事务的远见，还能够了解关于一切物的那种完全的知识。了解这些知识可以引领我们更好地生活，使我们更健康，并且有助于所有种类的工艺创造。"[③] 因此，笛卡尔不仅将形而上学包括在这样一个大的哲学标题之下，甚至将物理学或自然哲学也包括了进来。同时，笛卡尔认为，物理学与形而上学的关系就好像枝干与树根的关系一样。从物理学这个枝干中长出的各种枝杈就是其余各门科学，其中最主要的三个是医学、力学以及伦理学。所谓伦理学，"我指的是最高与最完美的道德科学，它以对其余科学的全部了解为前提，并且是终极的智慧"[④]。

笛卡尔不断坚持并强调哲学的实践价值，这一点并不令人惊讶。他说，任何民族的文明程度都与其哲学的优越性成正比，而且"一个国家的伟大程度取决于其哲学的伟大程度"[⑤]。此外他还提道："那条不假外求就能在自身之中找到的道路对我们每个人都是敞开的，指引人生与生活方向

[①] 笛卡尔是解析几何的真正创立者。至少，他的《几何学》(*Géométrie*, 1637) 是这方面最早出版的著作。
[②] *D. M.*, 1; *A. T.*, VI, 31.
[③] *P. P.*, Prefatory Letter; *A. T.*, IX B, 2.
[④] *P. P.*, Prefatory Letter; *A. T.*, IX B, 3.
[⑤] *P. P.*, Prefatory Letter; *A. T.*, IX B, 15.

的必要知识皆完整地备于我们自身。"① 哲学的这种实践价值在发展层次的最后阶段才会最清楚地呈现出来，并特别体现在伦理学里。因为，"正如采摘果实时，我们不能到大树的根与枝干中去寻，而应到枝杈中间去找一样，哲学的主要用处，也正在于我们直到最后才学到的那一部分"。② 因此，在理论上，笛卡尔对伦理学非常重视。但他从未如其所计划的那样，建立起一个系统性的道德科学体系。此外，他的声名显然也来自他的方法论观念以及形而上学，而非其伦理学成就。

然而，我们至少不能否认，就某种意义而言，笛卡尔上下求索的目标就是打破过去的陈腐旧套。第一，在某种程度上，他重新确立了一个新的思想开端。从此，任何之前的哲学权威都将是可疑的。他指责亚里士多德主义者不仅完全依靠亚里士多德的权威性过活，还普遍地误解了他，同时又假装在亚氏的著作中找出更多"他没有说甚至没有想到的"③ 问题的答案。但笛卡尔决定完全依赖自己的理性而非任何权威来解决问题。第二，他还决心避免由猜想带来的似是而非的东西，而这正是为其所指责的经院哲学家所犯的错误。对他来说，只有一种知识配被称为确定的知识。第三，笛卡尔决心去获得以及考察清楚明白的观念，并且不使用那些没有任何意义或模棱两可的词语，而这一点正是他所指责的经院哲学家们常做的。举例来说，"当他们（经院哲学家们）使用'广延'或'量'来凸显实体概念的时候，他们要么对实体这个概念的内涵什么也没有说，要么简单地将他们心灵中那个容易被混淆的非物质性实体概念错误地认作了物质性的实体"。④ 笛卡尔则以清晰而明确的观念代替了这类令人迷惑的说法。

确实，总的来说，笛卡尔认为从历史或书本中学习的价值不大。就此而言，他责难亚里士多德主义与经院哲学也就不足为奇。因为在他的少年时代，处于衰退期的亚里士多德主义以及教科书式的经院哲学之陈词滥调给他留下了深刻的印象。笛卡尔本人实际对中世纪与古希腊的伟大思想

---

① *P. P.*, Prefatory Letter; *A. T.*, IX B, 14.
② *S. T.*; *A. T.*, X, 496.
③ *D. M.*, 6; *A. T.*, VI, 70.
④ *P. P.*, 11, 9; *A. T.*, IX B, 68.

家们没有任何深入研究。譬如，当指责经院学者迷信权威时，他却故意无视下述事实——托马斯·阿奎那本人曾经坚定地宣称，引经据典是所有哲学论证中最无力的。阿奎那的这种观点并未改变笛卡尔对既往的与同时代的哲学思想的主要态度。不过，当时为了能让他的《哲学原理》被耶稣会士们采纳为哲学教科书（他将耶稣会士们视为教育领域首屈一指的人物），他在一定程度上削弱了对经院哲学的批判，放弃了他之前的正面攻击。但实际上他的看法依然未变，即必须与历史彻底决裂。

  当然，这并不是说，笛卡尔试图拒绝其他哲学家认为是真实的一切东西。他也不认为先前的哲学家所阐述的所有命题都是错误的。在笛卡尔看来，至少他们中的某些人还是揭示了一些真理的。但笛卡尔也认为，他们所讲的那些东西应该在一个新的意义上被再次发现。换句话说，他们所讲的那些真理应该以一种秩序井然的方式，即经由一个系统性的出发点，从最基础与不可怀疑的那个点出发，以命题推导的方式来重新证明。笛卡尔希望在寻求真理的过程中发现并应用正确的方法，这种方法将使我们以一种理性和系统的方式来论述真理，而不用考虑这些真理以前是否被认可。因此，他的首要目的并不是创造一种新颖的哲学，就其内容而言，他显然希望确立起一种确定的并且在理路上秩序井然的哲学。他的主要论敌不是经院主义，而是怀疑论。因此，如果他本人想要用一种系统性地对一切可怀疑之物进行怀疑的方法作为确立确定知识之前提的话，那他就不能预设，他所怀疑的一切命题中没有一个能在之后被确定为真。"我深信，一个人打算用彻底改变、推翻重建的办法来改造国家，使它变得更好，这个方法显然是靠不住的。同理，想要如此地改造各门科学的主旨或者那些在学校里讲授的陈腐旧套也是不行的。但对我本人所拥有的那些旧有观念来说，除了这种方法，也没有别的高招了，只有先把它们全部扫除干净，它们才能被更好的观念代替，或者被在理性的范式中确证过的同样的观念代替。"[①] 关于这个问题，我们可以进一步参看本书下述的笛卡尔主义者的怀疑方法，但他们基本上也就是强调了上述引文的最后一句话而已。

---

① *D. M.*, 2; *A. T.*, VI, 13–14.

因此，如果笛卡尔听到这样的论断，即他的一些哲学观点要么与既往的哲学家们早已提过的说法类似，要么在某种程度上得益于后者，他会回答说这是一个无关紧要的问题。因为笛卡尔从未装腔作势地认为自己是发现那些带有真理性的哲学命题的第一人。他确实宣称已经确立了一种阐述真理的方法，但那是建立在理性本身对于秩序之急切需求之上的。

在上述引文中，笛卡尔提到必须将真理放在理性的范式内加以确证。他理想的哲学是一个有机地联系起来的科学真理系统，也就是说，这一系列真理是如此被规定的——我们的心灵可以从那些基本的、自明的真理出发，进而到达其所蕴含的其他清楚明白的真理。显然，这样一种理想的哲学的特质在很大程度上来源于数学。在《谈谈方法》和《指导心灵之法则》中，笛卡尔都明确表达了数学对他的影响。他在《谈谈方法》[①]中告诉我们，在早年学习算术、几何分析以及代数的时候，相比于其他研究分支，这些学科的明晰性与确定性给他留下了极深的印象。此外，他认为必须研究赋予数学独特优势的这种数学方法的特征，以便将其运用到其他学科中去。当然，这其实预设了这样一个前提：所有的科学都是相似的，在这个意义上，适用于数学的方法也适用于其他学科。笛卡尔的确就是这么认为的。一切学科都应该"在人类理智中总体地被归束为一，而这一理智反过来又可以应用于所有不同的学科"[②]。只有唯一的一种知识，即确定而明晰的知识。并且在终极意义上说，只有一门科学——尽管它有很多相互关联的分支。因此，科学的方法自然也是唯一的。

认为所有的科学最终都是一门科学，或者是这一门科学有机地关联在一起的各个分支，而且这门科学与人类的智慧或理智相一致，这种观念当然构成了一个重要的假设。但笛卡尔可能会说，对这一假设之有效性的充分证明不能被预先给出。只有通过用正确的方法构建科学统一体，即构建一个能够无限进步发展的、有秩序的科学系统，我们才能证明这一假设的有效性。

值得注意的是，笛卡尔的上述理论——所有科学最终都是一门科学

---

① *D. M.*, 2; *A. T.*, VI, 17.
② *R. D.*, 1; *A. T.*, X, 360.

并且存在一种普遍的科学方法,将他与亚里士多德主义者区分开来。后者相信,不同科学的不同问题域需要不同的方法。例如,我们不能将适用于数学的方法运用到伦理学中,因为这两门科学问题域的不同,消除了任何使二者合一的可能。但这种看法最为笛卡尔所诟病。他确实意识到科学与艺术之间的区别,科学完全依赖于人类心灵的认知活动,艺术(譬如演奏竖琴)则完全依靠肢体的练习与天赋。我们可以说,也许他承认在科学与艺术(技艺)之间存在某种区别,在知道"是什么"与知道"怎么做"之间存在着某种区别。但只存在着一种科学,它也并不因学科问题域的不同而被区分为不同类型。笛卡尔因此背弃了亚里士多德主义与经院主义那种存在不同种类的科学以及相应的不同研究方法的观点,并代之以存在着一种普遍的科学以及一种普遍的方法的观点。将几何命题用代数方法加以证明的成功事实,无疑进一步鼓励了他这样去做。亚里士多德则将代数与几何当作两门不同的学科,且否认几何命题能够通过代数方法加以证明。①

就此而言,笛卡尔的理想目标是建立一种最广泛意义上的、科学的哲学。他将形而上学领域比作哲学之树的树根,并在这一领域中,从直观地感知有限自我的存在开始,进而确立真理的标准、上帝的存在和物质世界的存在。物理学(即哲学之树的主干)则依赖于形而上学——就这个意义上讲,从最宽泛的角度而言,我们可以将物理学认作一门科学的必要前提是,物理学的终极原则可以从形而上学原则中得出。对于实践科学,即哲学之树的枝杈,当它们对物理学或自然哲学的依赖被明确地阐明时,它们才能被算作真正的科学。的确,笛卡尔从未装腔作势地认为自己已经意识到了这一目标的全部内容,但他认为他已经给出了一个开端,并且指出了全面实现这一目标的道路与方向。

然而到此为止,以上所说的可能会给我们留下这样的印象,即笛卡尔只关注对已有的真理进行系统的梳理与证明。但事实并非如此。因为他也相信,哲学家能够通过使用正确的方法去发现那些迄今为止还不为我们所知的真理。他从未说过经院主义的逻辑毫无价值,只不过在他看来,

---

① *Anal. Post.*, I, 7.

"比起认识新知，经院主义的逻辑只能更好地为解释那些已被我们所知的东西而服务"①。他认为这样的逻辑最适于说教。笛卡尔说，他自己的逻辑不同于学校的逻辑，后者"是一种辩证法，教我们如何使别人理解我们所知道的东西，甚至是在不做任何判断的情况下，重复关于我们所不知道的东西的只言片语"，而笛卡尔的逻辑"教我们如何最好地使用我们的理性，去发现那些我们尚未认识的真理"。②

这种新的"逻辑"使我们能够发现尚未认识的真理，关于这一点，在下一个部分我们会进行更深入的论述。不过，在这里我们也可以注意到笛卡尔所宣称的这一主张所存在的问题。假设数学方法就是从自明的原则推导出命题，而这些命题逻辑地蕴涵在这些自明的原则之中，那么，假如我们想要宣称我们能够通过这一方法演绎出关于世界的事实性真理，我们就必须将因果关系归类为逻辑蕴涵关系。然后我们才能主张下面这类说法：物理学真理能够被先验地演绎出来。但如果我将因果关系与逻辑蕴涵相等同，那我显然就不得不接受一个一元论体系，比如斯宾诺莎的体系，在其中有限的事物可以说是一个终极本体论原则的逻辑后果。如此，形而上学与逻辑将互相融合。如果主张物理学真理能被先验地演绎出来，那么实验在物理学的发展上就不会占有一席之地了。也就是说，物理学家做出的结论将不再依赖于实验的证实，实验的作用将至多是向人们表明，通过完全独立于任何实验的先验演绎所得出的结论实际为真。但正如我们在下文中会看到的，笛卡尔的形而上学并未以本体论的原则为开端，虽然本体论的原则在一切存在的秩序中居于首位。他并没有像斯宾诺莎那样，将上帝作为开端，而是从一个有限的自我开始。他的方法（如《沉思集》中的例子）也与数学家的方法非常不同。就物理学而言，笛卡尔实际并未否认实验的价值。因此，一个问题摆在了他的面前——如何将他理想中的那种普遍的科学以及同样普遍的类数学方法跟他的实际做法调和起来。而他在这个问题上从未获得任何令人满意的结论。实际上，他似乎也并未清楚地认识到，在他将一切科学统摄于数学之下的那种理想与他的实际做法之间

---

① *D. M.*, 2; *A. T.*, VI. 17.
② *P. P.*, Prefatory Letter, 9; *A. T.*, IX B, 13–14.

所存在的不一致。当然，这也就是下述说法会让人觉得相当有理的原因之一：斯宾诺莎主义是笛卡尔主义在逻辑上的一个发展。同时，笛卡尔的哲学包括了他在进行哲学思考时实际所做的事情，而非若他完全发展了他理想的泛数学方法，他可能做或应该做的事情。一旦我们承认这一点，那我们就必须承认，笛卡尔应该根据他在处理具体哲学问题时所认为的那种适当的步骤去修正他理想中的科学和科学方法。

3. 笛卡尔的方法到底是什么呢？笛卡尔告诉我们，"通过方法，我理解（一套）确定而简单的准则，这样，任何人只要严格遵守这些准则，就永远不会认为任何虚假的东西是真实的。此外，在不浪费任何精神性努力的情况下，通过逐步积累知识，一个人就能够真正理解那些不超过他的能力范围的事物"。[1] 因此这似乎在告诉我们，这些方法是由一系列准则构成的。但笛卡尔的意思并不是说，存在着某种技巧方法，它能够应用于那些与人类心灵之理性能力无涉的领域。相反，这些准则只能运用在心灵自然的能力与功用的范畴内。同时笛卡尔还指出，除非心灵能对它自己的基本功能进行运用，否则它就不能明白事物之中哪怕最简单的规则或准则。[2] 如果听其自然，心灵是不会出错的。这就是说，如果心灵能够不受其他方面的影响，而是将它自己天然的能力运用于那些不超出其认知范围的事物上，那它将永远不会出错。若非如此，将没有任何技巧方法能弥补心灵自身的根本缺陷。但是，偏见、激情、教育的影响、鲁莽以及急于求成都可能使我们偏离理性思考的正确道路。此时心灵就会变得盲目，而且没有正确地使用其天然的功能。因此，一套准则是非常有用的，即使这些准则是以心灵的天然能力和运行机制为前提的。

那么，这些所谓的心灵的基本自然能力与功用是什么呢？笛卡尔认为，它们由两部分构成——直观与演绎。"通过心灵所拥有的这两种功能，我们完全可以无惧任何假象，获得关于事物的知识。"[3] 关于直观，笛卡尔将其描述为："所谓直观，既非感觉产生的那种易变的确信，也非独断臆

---

[1] *R. D.*, 4; *A. T.*, X, 371–372.
[2] *R. D.*, 4; *A. T.*, X, 372.
[3] *R. D.*, 3; *A. T.*, X, 368.

造的想象力所导致的那种虚妄的判断；它是如此直接而又明晰地从一个明照万里而又专注精一的心灵中产生，以至于我们对自己所认知的对象不再有任何怀疑。或者也可以这样说，直观就是这样一种概念——不带有任何怀疑，来自明照万里而又专注精一的心灵，它的唯一来源就是人类的理性之光。"① 因此，直观意味着一种纯粹的理智活动，是一种理智意义上的看与观照。这种看与观照是如此清晰而明确，没有给怀疑留下任何余地。而关于演绎，笛卡尔将其描述为："演绎就是从那些我们已知的确定事实中得出的一切必然推论。"② 实际上，即便在演绎推理中，直观也是必要的。因为在我们进入下一步之前，必须清楚直接地看到每一个命题的真理性。同时，演绎通过这一事实与直观区别开来，即前者包含"一个确定的运动或演变"。

笛卡尔在力所能及的范围内，总是试图将演绎还原为直观。譬如，对于那些直接从第一原则中演绎出来的命题，我们既可以说它们的真理性通过直观被确认，也可以说其真理性通过演绎被确认，这取决于我们所采用的观点。"第一原则本身却仅来自直观，相反，那些更遥远的结论只来自演绎。"③ 在漫长的演绎推理进程中，演绎的必然性其实在某种程度上依赖记忆的有效性；这就引入了另一个因素。因此笛卡尔认为，通过经常性地检视这一进程，我们可以削减记忆在这一进程中的影响，直到我们至少能对第一原则所明显蕴涵的遥远结论的真理性形成一个直观的把握。虽然笛卡尔以这种方式将演绎归属于直观，但他在论及此二者的时候，仍将它们作为心灵的两种不同功能。

直观和演绎这两种方法，是作为"通向知识的两种最确定的路径"④而被论及的。不过，尽管它们是获取确定知识的方法，但它们不是本节开头引用的笛卡尔的定义中所说的"方法"。因为直观与演绎皆非准则。而本节开头所说的"方法"包含了正确使用这两种心灵功能的准则。此外，

---

① *R. D.*, 3; *A. T.*, X, 368.
② *R. D.*, 3; *A. T.*, X, 369.
③ *Ibid.*
④ *Ibid.*

这种方法首先是有秩序的。换句话说，我们必须遵守那种使有序的思考得以进行的准则。《指导心灵的规则》和《谈谈方法》谈到了这些准则。在后一本著作中，笛卡尔所枚举的四条准则的第一条就是："任何我对其没有明确认识的东西，我绝不将其视为真。也就是说，要小心翼翼地避免偏见与先入为主，除了那些清楚明白地呈现在我的心灵之中使我根本无法产生任何怀疑的东西外，不应增加任何多余的东西到我的判断之中。"[①] 对上述准则的遵守，实际蕴涵着对系统怀疑法的使用。也就是说，我们必须将我们所拥有的一切意见都置于系统性的怀疑之下，以便我们发现那些毋庸置疑的确定之物，以及那些能因此作为科学大厦的基石的东西。我将在本章的第五部分展开这一主题，所以在此暂不赘述。

在《指导心灵的规则》的第五部分，笛卡尔对他的方法进行了概括。"方法完全在于对对象的处理和使之有序。而要发现任何真理，我们就必须将注意力集中到这些对象上。如果我们想要从那些复杂而模糊的命题中一步步化约出更简单的命题，如果我们进而还想要从那些最简单的、可以为直观所理解的命题出发，并且试着通过同样的方式一步步地回溯，以得到关于所有其他命题的知识，那么我们就应该严格地遵循这一方法。"[②] 这条准则的意义并不是很明显。但其描述的"顺序"有两个方面。现在我有必要对此做一个简短的解释。

这一方法的第一部分是，我们应该将那些复杂而模糊的命题一步步化约为更简单的命题。这条准则一般被认为与《谈谈方法》的第二条规则有关。"第二条是，把我所审查的每一个难题尽可能地分为更多的且必要的部分。"[③] 笛卡尔后来将这种方法称作分析法或解析法。虽然很难说他总是在同一个意义上使用"分析"这个概念，但在此处这个概念的意思是，将多样的知识材料分解为构成它们的那些最基本的元素或因子。笛卡尔的这一方法论概念确实受到了数学方法的某些影响。不过，在笛卡尔看来，欧氏几何学仍然存在着一些严重的问题，譬如说，欧氏几何的公理与第一

---

① *D. M.*, 2; *A. T.*, VI. 18.
② *R. D.*, 5; *A. T.*, X, 379.
③ *D. M.*, 2; *A. T.*, VI. 18.

原则都是未被"证明"的。也就是说，几何学家们其实并未说明第一原则是如何得出的。然而，分析或解析的方法，能够通过以系统的方式阐明一门科学的第一原则是如何得出的以及为何会被得出，从而"证明"这些原则的合理性。在这个意义上，分析就是一种发现的逻辑。笛卡尔声称他在《沉思集》中运用了这种分析法。这种看法的理由是，笛卡尔将复合在一起的知识材料最终解析为那个关于第一存在的命题——"我思，故我在。"他还揭示了形而上学的基本真理是如何按其适当的顺序被发现的。在对《沉思集》的第二组批判的回复中，他谈道："分析法指出了某一事物在某种意义上被发现或得出的那条真正道路，并且这在某种程度上具有先天因果性。因此，如果读者们愿意遵循这一方法，并且仔细地注视它所包含的一切东西，那他们就会完美无缺地理解此一物，就和他们自己发现了它一样，成为他们自己的东西……但我在《沉思集》里仅采用分析法，因为对我来说，这一方法在教学上是最可信与最好的方法。"①

在《指导心灵的规则》的第五部分所概括的方法的第二部分中，笛卡尔告诉我们，应该"从那些最简单的、可以为直观所理解的命题出发，并且试着通过同样的方式一步步地回溯，以得到关于所有其他命题的知识"。这显然就是笛卡尔后来所宣称的综合法或合成法。在综合法中，我们从通过直观把握的第一原则或那些最简单的命题开始（它们是通过分析法最终得出的部分），以一种有序的方式对其进行演绎推理，确保没有遗漏任何步骤，而且每个后续的命题确实能由前面的命题推导出。这是欧氏几何学家采用的方法。而在笛卡尔看来，如果说分析法是那种用于发现的方法，那综合法就是那种最适合我们用来揭示已知事物的方法；这也是笛卡尔在《哲学原理》中所用的方法。

在对第二组批判的回应中，笛卡尔宣称："在几何学家的写作方式中，我将两件事情区分开来，即次序的方法与证明的方法。次序主要表明的是：最先认知的东西应该用不着后来才为人所知的东西的帮助来被认识，而且后起的东西应该这样处理——它必然只能被其前面的东西所证

---

① *R. O.*, 2; *A. T.*, IX. 121–122, cf. VII, 155–156.

明。我当然在试着努力将这个次序尽可能准确地应用到我的《沉思集》之中……"① 随后，他把证明方法分为分析法和综合法，并且正如以上引文所说，他进而宣称自己在《沉思集》中只使用分析法。

因此，在笛卡尔看来，分析能够使我们获得对"简单属性"的直观。然而问题也随之而来：这个词到底如何理解？也许，运用他自己所举的一个例子能最好地说明这一点。物质具有广延和形状。但我们不能就字面意义，将其理解成由广延与形状构成。"因为这些元素从未相互脱离而独立存在过。但相对于我们的理解来看，我们将其称作三种属性的复合物。"② 我们能将物质分析为这些属性，但我们显然不能（譬如说）将形状进一步分析为其他元素。简单属性因而也就是通过我们的分析所能获得的终极元素，并且这种终极元素能够以清晰明确的观念为人所知。

形状、广延和运动等，被视为一组物质性的简单属性，换句话说，它们仅能在物质中被找到。不过，同样存在着一组"知性"或精神意义上的简单属性，譬如意志、思想以及怀疑。进而，还有一组简单属性为精神性与物质性的存在所共有，譬如存在性、统一性与持存性。笛卡尔把那些将其他简单属性联结起来并且构筑起推理与演绎之有效性的东西（也即我们称之为"共同观念"的东西）包括在这一组单纯属性中。笛卡尔对这组简单属性给出的范例之一是："与某一外在第三物相同的事物彼此相同。"

只要仍在清楚明白的观念领域内，那些"简单属性"就是可以由分析获得的终极元素。（人们可以对简单属性继续进行分析，但这一行为的代价就是导致心灵的混乱。）从某种程度上说，它们是终极的质料，或者是演绎推理的开端。考虑到演绎是从命题中演绎出命题，笛卡尔也提到"简单命题"就不足为奇了。但是，笛卡尔如何认为自己有理由把简单的属性说成命题，这一点并不是显而易见的。我们也不能说笛卡尔以一种清晰明确的方式解释了他的意思。因为如果他这么做了，我们大概不应该面对在对笛卡尔文本的注疏中所发现的不同解释。我们也许可以用直观活动与判断活动之间的分殊来解释这个问题。我们直观到了简单属性，却在命

---

① *R. O.*, 2; *A. T.*, IX. 121, cf. VII, 155.
② *R. D.*, 12; *A. T.*, X. 418.

题中对它的单质性以及它与其他简单属性的区别进行确认。可是笛卡尔显然趋向于认为,简单属性之间存在着某种关系。如上文所见,他将形状作为简单属性的一个范例;但在对第十二条准则的讨论中,他却说:因为没有广延我们就无法设想形状,所以形状是与广延(另一种简单属性)紧密联结在一起的。直观活动的简单性也不一定意味着直观的对象不包含两个必然联系在一起的要素——当然,前提是,联系指的是直接的联系。因为假如它不是当下直接的,也就是说,如果存在着某种运动或推演,那我们所获得的应该是一个演绎的例子。然而,也许理解笛卡尔的自然方式就是这样。我们首先直观到的就是命题。当笛卡尔在对第三条准则的解释中给出直观的范例时,他事实上仅提到了对命题进行的直观。"因此,每一个人都能通过这种在理智上[①]的直观察觉到他自己存在着,察觉到他自己思想着,察觉到三角形仅仅由三条边围成并且是一个在平面上的图形,等等。"[②] 正是从这样的命题中,像"存在"这样的简单属性被抽象出来了。但当我们判断它们是简单属性时,这个判断是以一个命题的形式出现的。并且在简单属性之间依旧存在着"联系"或"区分"的必然关系,它们自身以命题来陈述。

现在,一些评论家认为,简单属性实际存在于那种理想的秩序中。无论我们更愿意将它们称作概念还是本质,它们都是对现实实存之秩序的抽象,并且变得像数学对象,譬如,几何学中完美的直线和圆。所以,正如我们不能从一个关于三角形的数学命题中得出结论说存在任何三角形一样,我们也不能从简单属性中演绎出带有实存性的结论。然而,在《沉思集》中,笛卡尔却给出了一个实存性的命题——"我思,故我在。"他将其作为最基本的原则,并在此基础上证明了上帝的存在。因此,我们必须要说,笛卡尔在这里违背了他自己的方法。

争议的焦点也许是:为了保证一致性,笛卡尔是否应该不论及那个实存性的秩序?但非常明显,笛卡尔希望创立的显然不是一种与实存性完

[①] 这是因为最基本的单质性并非某种独立的客观存在,所以我们对它们的直观只能在思想命题中进行。这里的理智上的直观,也就是在思想命题上进行直观的意思。——译者注

[②] *R. D.*, 3; *A. T.*, X, 368.

全无涉的形而上学，或者说一种其实存性受到怀疑的形而上学。说他对存在命题的引入与他的数学方法不相称，实际是夸大了数学在他的方法论观念中的地位。笛卡尔认为，在数学中，我们能够看到直观和演绎的有序运用的最清晰的例子，但这并不意味着他打算将形而上学同化为数学，把前者限制在理想的秩序中。此外，正如我们所看到的那样，在《指导心灵的规则》中，他给出了一个关于直观的含义的例子，即一个人对于他存在的事实有一种直观的知识。① 在《沉思集》中，为了处理上帝的存在与灵魂的不朽，笛卡尔提出了一些问题。在对一切可怀疑之物进行怀疑之后，他获得了那个"单纯的"并且毋庸置疑的命题——"我思，故我在。"他随后进一步分析了已确定其存在的自我的本质，之后，他通过对原初的直观的延伸，进一步确立了上帝的存在。"我存在，因此上帝存在。"笛卡尔在《指导心灵的规则》中将这一命题作为必然性命题的范例而给出，然而许多人错误地认为这个命题是偶然的。② 此外，《沉思集》中的主要论述路径也可以在《谈谈方法》的第四部分中看到。因此，即便对于笛卡尔整体方法论的所有特征是否都很好地契合在一起仍旧存疑，即便有着如此多的模糊或模棱两可之处，但《沉思集》中实际应用的方法显然并不与这一整套方法论观念相悖。

这里值得加上一笔的是，在给克莱尔色列（Clerselier）的信中，笛卡尔指出，"原则"（principle）一词可以理解为不同的含义。它可能意味着一个抽象的原则，譬如，同一物不可能在同一时刻既存在又不存在。而从类似这样的原则出发，我们并不能演绎出任何东西的实存性。或者它也可以用来表示（比方说）确证某人之存在的命题。由后一种含义，我们可以演绎出上帝以及除其自身以外的其他造物的存在。"也许并不存在一种可以涵盖一切事物的命题；而且那种使得我们将其他的命题化约为这类命题的原则方法（譬如，同一物在同一时刻既存在又不存在是不可能的）既多余又无用。另一方面，如果一个人通过思考其自身的存在而开始确信

---

① *R. D.*, 3; *A. T.*, X, 368.
② *R. D.*, 12; *A. T.*, X, 422.

上帝的存在，并进而确信一切造物的存在，这是非常有用的。"① 而毋庸置疑的是，从抽象的逻辑与数学命题中，我们不可能演绎出带有存在性的命题。

另一个值得注意的地方是，在《沉思集》中，笛卡尔运用了他所说的分析的证明方法，而且笛卡尔关注的是认知的秩序，也即发现的秩序；对本质的秩序（也即存在的秩序），他却没有兴趣。在后一种秩序中，上帝是优先的，也就是说在本体论意义上优先。但在发现的秩序中，个体自身的存在才是优先的。我直观地意识到我的存在，通过对展现在命题"我思，故我在"中的直观材料进行审视或分析之后，我能够首先发现上帝的存在，进而发现物质之物的存在，而且这种发现伴随着我对它们所拥有的清楚明白的观念。

而当我们转向物理学的时候，我们发现，笛卡尔似乎认为形而上学能够演绎出物理学。但我们不得不做一个区分，将支配上帝选择性地创造的物质世界的法则的知识，与他所创造的物质之物的存在的知识区别开来。我们能够通过分析运动与广延之类的简单属性，来了解这种区分。由此出发，一个人能演绎出可适用于任何物质世界的普遍法则，换句话说，他能够演绎出最普遍的物理学或自然哲学法则。在这个意义上来说，物理学依赖于形而上学。在《谈谈方法》中，笛卡尔概括归纳了《论世界》的主要内容，并声称："我已经指出了什么是自然法则，在不依赖上帝的无限完美以外的任何其他原则的情况下，我试图对所有那些可能有哪怕一点质疑的东西进行证明，并且力图表明，即便神创造了许多其他的世界，但在他所创造的那些世界中这些规律依然要被遵守。"② 不过，在现实中存在着一个这些规律被例证了的世界，这是我们能确切地知道的，这仅仅是因为上帝的真实确保了我们关于物质之物的清楚明白观念的客观性。我们在下文中会看到这一点。

上述对于物理学的演绎性阐释带来了一个问题：在笛卡尔的方法论中，实验是否有任何作用？笛卡尔的逻辑使我们能够发现迄今未知的真理

---

① *A. T.*, IV, 445.
② *D. M.*, 5; *A. T.*, X, 43.

这一论点，使这个问题更加尖锐。这个问题关乎他的理论而非实践。因为他实际上进行过实验研究，这是一个历史事实。[①] 我们面临两套文本。一方面，他轻蔑地谈到哲学家们"忽视经验，并且认为真理能够从他们的大脑中自动涌现出来，就好像密涅瓦从朱庇特的大脑中诞生一样"，[②] 同时在写给伊丽莎白公主的信中，他又承认自己不敢承担解释人类系统是如何发展的这一重任，因为"缺乏必要的实验证据"。[③] 而另一方面我们发现，他在1638年写给梅森的信中宣称，"我的物理学除了几何学别无其他"[④]，在1640年他又说，假如他"只能表明事物何以可能如此，而不能说明事物除此之外就是不可能的"，[⑤] 那么他就会认为自己对物理学一无所知，因为他已经将物理学化约为一些数学法则了。然而，这并不妨碍他在1638年给梅森的信中又说，对那些物理学意义上的"物"给予几何性证明是不可能的。[⑥] 显然，在笛卡尔的思想中，经验和实验扮演着某种角色。只不过这种角色具体为何，却不太清楚。

首先，笛卡尔不认为我们能够先验地演绎出个别物质之物的存在性。例如，对于像磁铁这样的东西的存在，我们一定是通过经验知道的。但如果想搞清楚磁铁的真正本质，我们就必须依赖对笛卡尔方法的应用。当然，在这个过程中，这位哲学家仍然首先必须"收集"由感觉经验提供给他的观察予料。因为这些予料是他将要研究的经验数据，且这些数据是由该方法预先假定的。然后，他将试图"演绎（也就是分析）这一由简单属性所构成的混合物的特质，而且这一混合物必然会导致所有他在现实中已经看到的可以与磁铁联系起来的效用与结果。至此，他就可以大胆地宣称，他已经在人类理智的范围内发现了磁铁的真正本质，并且也能大胆地说是被给予的经验性观察予料为他提供了这种知识"。[⑦] 随后，这位哲学家

---

① 笛卡尔进行过解剖，对解剖学的实践性研究方法也感兴趣。他还做过一些物理实验。
② *D. M.*, 5; *A. T.*, X, 380.
③ *A. T.*, V, 112.
④ *A. T.*, II, 268.
⑤ *A. T.*, III, 39.
⑥ *A. T.*, II, 141.
⑦ *R. D.*, 12; *A. T.*, X, 427.

可以颠倒这一过程，由简单属性开始，演绎出那些结果。当然，这些（演绎）结果应该与实际观察到的结果一致。而经验或实验能够告诉我们它们是否具有一致性。

其次，笛卡尔对那些基本的与更具一般性的结果，和那些从原理或者"第一因"中演绎出来的更专门的结果做了一个区分。他认为，前者可以被毫无困难地演绎出来。但是从相同的第一原理中，我们可以演绎出无穷多的个别性结果。因此，我们应该如何区分实际发生的结果与只是被推论出来而并未实际发生的结果呢？那只是因为上帝对此有不同的意志？我们只能通过经验观察与实验来确定这一分别。"当我希望再向下推，推出更特殊的东西的时候，我发现我的面前出现了形形色色的事物，这使我感到在大地上除了现存的物种以外，还有数不清的其他物种以及那些产生它们的无数可能存在过的物种。如果上帝的意志要把它们放在大地上，或它们的存在就是为了供我们使用的话，那我们单凭人类的思想实在分不清哪些是现存的，哪些是可能存在过的，所以只有通过根据结果向上追溯原因以及许多专门的实验才能搞清楚这一点。"① 在此，笛卡尔似乎想说，可能被创造出来的不同种类的事物完全是由那些终极原则或简单属性给出的。但他也说："只要我搞不清楚它是如何以不同且多样的方式从那些原理中被演绎出来的，我就几乎很难观察到任何一个特殊的结果。"② 因此他得出结论："我认为没有别的更好的办法，只有再次尝试去寻找针对此一本质的实验，而它们的结果可能因为对其解释的不同而不同。"③

因此，笛卡尔的泛数学主义其实并不绝对：他并未完全否认经验与实验在物理学中所扮演的角色。同时，显而易见的是，笛卡尔所指出的那些证实性实验的部分，是为了弥补人类心灵的局限性。换句话说，尽管他在建立我们这个世界的科学性知识之时，实际上让经验扮演了某种角色，尽管他也意识到如果没有感觉经验的辅助，我们事实上不可能发现新的物理学上的特殊真理，但他所设想的理想状态仍是纯粹演绎。他之所以对那

---

① *D. M.*, 6; *A. T.*, VI, 64.
② *D. M.*, 6; *A. T.*, VI, 64—65.
③ *D. M.*, 6; *A. T.*, VI, 65.

些轻视经验的自然哲学家们报以蔑视的态度,是因为他知道我们免不了要和经验打交道。但他离成为一个经验主义者却还有十万八千里之遥。那种化物理学为数学的想法,总在他眼前挥之不去;而他的基本思想态度也与培根的观点大相径庭。说笛卡尔是"泛数学主义"似乎确实或多或少有误导之嫌,但使用这个词依然能概括他的思想的主要部分,并且也能将他的自然哲学概念与培根的区分开来。

认为笛卡尔的天赋观念理论能够进一步阐明实验在科学方法中的作用的本质,也许是过于乐观了。因为这个理论本身就不能清楚明白地为人所理解。然而,它与笛卡尔方法中对实验性因素的讨论有关。在下文中,我想谈谈这个理论。

4. 笛卡尔谈到,他发现在这世界上存在着的和可能存在着的每个事物的第一原则和第一因"并不能在别的来源中被找到,而只能从我们灵魂深处所固有的真理萌芽中发掘"[①]。再者,他声称:"我们应该毫不为难地搁置一切感官的偏见,并且在这一方面仅依靠我们的知性能力,仔细地反思那些被自然放置在我们的知性能力中的观念。"[②] 这段简短的文字必然表明,在笛卡尔看来,我们能够通过对"自然"(或者正如我们后来所意识到的,上帝)放置在我们心灵中的那些天赋观念的逻辑演绎,构建起形而上学与物理学。一切清楚明白的观念都是天赋的。一切科学知识都是关于这些天赋观念的知识,或者说它们依赖于这些天赋观念。

雷吉乌斯反对说,心灵不需要天赋观念或者公理,他认为思维的能力就足以说明其过程。对此,笛卡尔回应道:"我从未写过或总结过,心灵有赖于那种在某些方面与心灵的思维能力相异的天赋观念。"[③] 我们一般会说,某些疾病是某些家族的天赋遗传,这不是因为"那些家族的后代在他们母亲的子宫里就得了这种病,而是因为他们生来的那些气质或禀赋会使他们倾向于得这些病"[④]。换句话说,我们拥有思维的能力,而且这种能

---

① *D. M.*, 6; *A. T.*, VI, 64.
② *P. P.*, 2, 3; *A. T.*, VIII, 42, cf. IX B, 65.
③ 《反对一种确定纲领的笔记》,第 12 页; *A. T.*, VIII B, 357。
④ 同上; *A. T.*, VIII B, 358。

力因其内在的天赋结构而必须以此种方式来构想事物。对此，笛卡尔提及了那种普遍的"观念"，譬如，"与某一物相等的事物也彼此相等"，他还要求他的反对者说明，这样一种观念如何能从物质运动中得出——因为后者是特殊的，前者是普遍的。① 此外，他还提到了另一些共同观念或"永恒真理"（例如，无不能生有），它们在心灵中也有自己的位置。②

以上这段简短的论述似乎倾向于表明，对笛卡尔来说，天赋观念是一种思想的先验形式，且不能真正地与思维能力区别开来。类似上文中所提到的那些公理，并未从一开始就作为思维的对象存在于心灵中；相反，由于其内在的天赋结构，心灵不得不以这种方式来思维，在这个意义上它们是实际存在的。因此，笛卡尔的理论在某种程度上开了康德先验理论的先声，但他们之间的重要不同是，笛卡尔的确不会说，也不会相信思维的先验形式只能适用于感觉经验领域。

很显然，笛卡尔没有将天赋观念的范畴限制在思想的形式或概念的模型中。因为他认为一切清楚明白的观念都是天赋的。譬如，上帝观念就是天赋的。这些观念是天赋的，并不意味着它们在婴儿的心灵中即显现为成熟的观念。但在某种经验的恰当时机，心灵可以说是因其自身的潜质而产生了这些观念。心灵并非在感觉经验中获得它们。正如上文已经说过的那样，笛卡尔不是一个经验主义者。但感觉经验可以为这些观念的形成提供时机。"清楚明白"的观念确实与那种"外在偶然"的观念以及"人为矫饰"的观念完全不同。"外在偶然"意味着让人感到迷惑且来自感觉经验的观念，"人为矫饰"则意味着那些由想象力构造的观念。"清楚明白"的观念是心灵实现其内在潜能的实例。就我看来，很难说笛卡尔为天赋观念的本质与缘起提供了一个清晰、积极的阐释。但至少有一点是清楚的，他区分了"外在偶然"和"人为矫饰"的观念与"清楚明白"的观念，并且认为清楚明白的观念事实上是天赋的，由自然或更可能由上帝放置在心灵中。

显然，这一天赋观念理论不仅与笛卡尔的形而上学概念有关，还与

---

① 《反对一种确定纲领的笔记》，第 12 页；*A. T.*, VIII B, 359.
② *P. P.*, 1, 49; *A. T.*, VIII, 23—24.

其物理学概念有关。我们关于简单属性的那种清楚明白的观念是天赋的。我们对普遍、确定的原则以及物理法则的知识也是如此。它们不能从感觉经验中得出，因为感觉只能给予我们个别的东西而非普遍性。那么，经验的位置在哪里呢？正如我们所看到的那样，感觉经验提供了某种时机，心灵在此基础上意识到了那些可以说出于心灵自身之潜能的观念。进而，也是通过经验，我们意识到存在着与我们的观念相对应的外在对象。"在我们的思想中，没有什么东西不是头脑或思维能力所固有的，只有那些指向经验的情形除外。事实上，譬如，我们判断此时出现在我们思想中的这个或那个观念指向一个特定的外在事物，不是因为这些外在事物通过感官将这些观念本身传输进我们的心灵之中，而是因为它们所传输的东西提供了一个时机，使心灵通过一种天赋能力，在这一刻而不是在其他时刻形成那些观念。"[1]

那么，到底是什么使得笛卡尔主张物理学中需要实验呢？对这个问题的回答上一部分已给出。因为人类心灵的局限，所以实证性实验必须在物理学中扮演一部分角色。演绎系统依然是观念性的。我们不能说经验假设为我们提供了真正的科学知识。

5. 上文已经提及笛卡尔对系统性怀疑方法的使用。在寻求绝对确定性这一过程的开始，他认为有必要怀疑一切能够被怀疑的事物，并暂时将所有能被怀疑的事物视为错误。"因为我希望将自己完全投入对真理的寻求中，我认为我有必要采取一种明显相反的做法，拒绝一切我能想象到的哪怕有一点可疑的东西，并将其认作绝对错误的，以便看看在这样之后，我的信念中是否还有什么是完全确定的。"[2]

笛卡尔提出并且实践着的怀疑是普遍的，因为它被应用在一切可被怀疑的东西之上；换句话说，对每个命题的真理性进行怀疑是可能的。实际上，怀疑本身并非目的，而是为了获得确定性所进行的准备性阶段，是从错误中筛选出真理、从可能中获得确定、从可疑中发现毋庸置疑之物的过程与手段。因此，不仅在它作为获得确定性的准备阶段的意义上说，怀

---

[1] 《反对一种确定纲领的笔记》，第13页；A. T., VIII B, 358–359。
[2] D. M., 4; A. T., VI, 31.

疑是暂时的，而且在笛卡尔并不必然地打算用新的命题去代替他先前曾相信的旧有命题的意义上说，它也是暂时的。因为，一些命题在之前仅仅是意见，譬如过去在作家或教师的权威下被接受的意见，而后来我们可能发现，它们实际能在纯粹理性的基础上获得确定性。怀疑这一行为也是理论上的，也就是说，我们不应该将其运用到行动之中。因为在行动中，经常会发生这样的情况，即我们必须遵循仅具有可能性的意见。换句话说，笛卡尔想要做的是从其开端重新思考哲学。要做到这一点，有必要对所有的观点进行系统的考察，以期找到一个可靠的基础。但所有这一切，都只是理论上的反思。譬如，笛卡尔并不建议抛弃现有的一切道德法则，直到他演绎出满足笛卡尔式方法的所有要求的道德准则为止。

而怀疑能被伸展到多远呢？首先我能怀疑一切我从感官中获知的东西。"我有时会有这样一些经验，发现感官欺骗了我，而比较明智的做法是对曾经蒙蔽过我们的东西都完全不信。"① 对此，我们也许可以反驳说：尽管有时候，我会在关于太过遥远或太过渺小的感觉对象的本质上被蒙蔽，但也有很多与感觉有关的例子可以证明，有的时候我只是风声鹤唳地在想象自己已经被骗了或可能被骗了。譬如说，在思考这是我的身体时，我怎么能被蒙蔽呢？尽管如此，这种被蒙蔽的状况依然是可以想象的："假定我们是睡着了，假定所有这些个别的情况，比如我们睁眼、晃脑、伸手，甚至可能我们有这样的手，都不过是幻象。"② 总之，也许我们可以用卡尔德隆③的一个剧本名来概括之——"人生如梦"。换言之，所有向我们显示为实在与真实的东西，事实上皆为虚妄。

尽管如此，这种怀疑却无法撼动数学命题分毫。"因为，不论我是醒着还是睡着，二加三总是等于五，正方形的边数总不会多于四条。像这样一些清楚明白的真理，看来是不能让人有任何怀疑的——怀疑它错误或不可靠。"④ 我有时在对感官对象的判断中被欺骗，因此设想我可能总是被

---

① *M.*, 1; *A. T.*, VII, 18, cf. IX, 14.
② *M.*, 1; *A. T.*, VII, 19, cf. IX, 15.
③ 卡尔德隆（Calderon, 1600—1681），西班牙剧作家。——译者注
④ *M.*, 1; *A. T.*, VII, 20, cf. IX, 16.

欺骗并非完全不自然，因为这个假设在经验中有部分根据。但我非常清楚地看到，二加三总是等于五，而且我从未在这个问题上碰到任何反例。因此，一眼望去，这似乎说明我在这类问题上没有受到蒙蔽。怀疑来自感觉的"外在偶然"观念是合理的，但我似乎完全没有理由去怀疑我能非常清楚明白地看到其真理性的那些命题，譬如数学。我们可以说，经验命题值得怀疑，分析命题却毋庸置疑。

然而，我们仍可给出这样一种形而上学假设——我们甚至也可以怀疑数学命题。因为我能够假设"存在一个邪恶的精灵，它的力量丝毫不弱于它的狡诈，它费尽心机地来欺骗我"[①]。换句话说，通过一种自身的努力，我能够设想这样一种可能，从出生至今，我一直被欺骗，甚至在思考那些让我觉得毋庸置疑是确定的真命题之时，我其实也在受骗。当然，笛卡尔并不认为以上这一假设是可能的，或者说真的存在什么明确的根据去怀疑数学的真理性。但笛卡尔所寻求的是一种绝对的确定性，而且在他看来，怀疑一切可怀疑之物是完全必要的第一步——即便这种怀疑的可能性只是基于某种虚构的假设。只有通过对假定的真理不断地筛选以缩小范围，他才有希望获得某种基础性的真理，对于这种真理来说，怀疑已经被证明是不可能的。

因此，笛卡尔愿意把所有关于物质事物的存在和本质的命题，以及被他视为明晰与确定之典范的数学科学中的那些原则和证明，都当作可疑的或暂时错误的来对待。在这种意义上，正如已经提及的，他的怀疑是普遍的这一论断，并不意味着他发现事实上对每一个真理都无一例外地加以怀疑是可能的，正如我们所看到的那样；而是说，即便命题的真理性非常明显，也没有一个命题能够例外地免于这种普遍怀疑的检测。

关于笛卡尔的怀疑是否"真实"，存在着一大堆争论。但我认为，对这个问题我们仍然很难给出一个简单的回答。显然，如果笛卡尔想要怀疑或暂时将所有可被怀疑的东西视为错误的话，那么在他怀疑某个命题之前，他必须有一些理由去怀疑它。因为假如他完全找不到理由，那处于疑

---

① *M.*, 1; *A. T.*, VII, 22, cf. IX, 17.

问中的命题就是不可怀疑的，如此，他也将发现他一直寻找的东西，即完全确定的并且毋庸置疑的真理。而假如存在怀疑的理由，且理由为真，那怀疑也就可能是"真实"的。但对于笛卡尔将哪些东西视为怀疑不同命题之真理性的理由，若要从其著作中归纳出一个清晰准确的描述，并非易事。"物质事物本身恰好就是我们感觉到的样子"，对于他来说，对这个命题的怀疑完全是正当的。譬如，笛卡尔显然不相信事物自身是有颜色的，他很自然地认为我们对事物的颜色所产生的外在偶然的观念是不可信的。而关于像"所有由感觉所获得的证据都必须被拒斥"或者"物质之物只是一种心理想象"（也就是说，没有与我们对它们的清晰观念相对应的、在精神之外存在的物质事物）这样的命题，笛卡尔也完全意识到了我们不可能在现实中以之为前提假设去信仰或行动。"我们必须注意到我在不同的章节里所再三强调的那种区别——在我们生活的现实活动与对真理的探究之间的区别。因为当我们面对实际生活时，不相信感觉肯定是愚蠢的……正因如此，我才在某些场合声称，不会有人在他健全的心灵中一本正经地去怀疑这类事情。"① 另一方面，即使我们在现实生活中不能对物质事物的客观存在保有任何怀疑，但只有在上帝的存在被证明之后，断言它们存在的命题才可以得到证明。关于上帝存在的确定性认识则依赖于对我这一思维主体之存在的认识。从我们获得形而上学知识的角度看，我们可以怀疑物质之物的存在，即便为了这种怀疑得以成立，我们不得不假设一个"邪恶的精灵"。但同时，用笛卡尔在第六个沉思中的话来说，引入这样一种假设会让怀疑显得"过于夸张"。② 他在同一个沉思中宣称，"正是无知或更确切地说是我自己所假设的那种对我自身存在的无知"③ 有助于反衬出下述事实："邪恶精灵"假设可以被认为只是一个有些随意和故意虚构的结论。

尽管我本不应太在意这件事——去确认笛卡尔在《谈谈方法》与《沉思集》里所说的是否总能完全支持这一解释，但以他对批判回应与他

---

① R. O., 5; A. T., VII, 350–351.
② A. T., VII, 89, cf. IX, 71.
③ A. T., VII, 77, cf. IX, 61.

在《反对一种确定纲领的笔记》中所述的为典型，他的主要观点是：对上帝存在的怀疑，或对睡眠和清醒之间的区别的怀疑，等同于故意放弃在他的哲学体系框架内断言和使用上帝存在和物质之物存在这两个命题，直到它们通过"认识根据"所要求的那种秩序被证明。因此，在《反对一种确定纲领的笔记》中，笛卡尔主张："在我的《沉思集》的开端，我建议将所有不是我最初发现的，但长期受到怀疑论者谴责的学说视为可疑的。还有什么比将那些作者为了反驳它们才将它们陈述出来的观点归给作者更不公正呢？还有什么比这一情景——想象（至少就暂时而言）既然这些观点在被反驳之前被提出，那么作者就需要为它们负责——更加愚蠢呢？有没有人迟钝到竟会以为，编写这样一本书的人，在写第一页的时候，对他在下面承诺要证明的内容一无所知？"① 因此，笛卡尔辩称，他写作的流程并不意味着，在证明上帝存在前，他怀疑上帝的存在。若果如此，这就好比说，任何其他作者对这个命题的证明亦涵有对此命题之真理性的怀疑！不过，笛卡尔确实对一切可被怀疑之物进行了系统性的怀疑，类似托马斯·阿奎那与司各脱这样的哲学家却并未如此。与此相关的问题实际是：到底在什么确切的意义上来对这种怀疑加以理解？在我看来，笛卡尔并没有对他附加给这个术语的含义进行非常清晰和一致的分析。我们能做的只是试图根据他对那些置疑和带有敌意的批评所做的回应，阐述他在《谈谈方法》《沉思集》以及《哲学原理》中说了什么。

---

① *A. T.*, VIII B, 367.

第三章

笛卡尔（二）

我思，故我在——思想与思想者——真理的标准——上帝的存在——对循环论证的批评——对错误的解释——数学的确定性——上帝存在的本体论证明

1. 正如我们所看到的那样，笛卡尔试图以怀疑为方法去发现是否存在毋庸置疑的真理。而任何对他的哲学有所了解的人，都会知道他最终找到了这么一个确定点："我思，故我在。"

无论我如何怀疑，我必须存在：否则我就不能进行怀疑。在怀疑这一行为中，我的存在是显而易见的。我拥有关于物质之物的观念，而当我断言与这一观念相对应的物质存在时，我可能会被蒙蔽。假如我引入这样一种形而上学假设，即有一个"邪恶精灵"在一切事上都使我处于蒙蔽状态中，虽然承认这一点有些困难，但我确实可以构想这种可能性：当我认为数学命题确定为真时，我也处于蒙蔽之中。但是，无论我将对怀疑的应用扩展到什么程度，我都不能怀疑我自己的存在。因为在怀疑这一活动中，我的存在就显露出来了。在这里，我们拥有了一条特殊的真理，它不受侵蚀性的怀疑的影响，不仅包括我可以感觉到的、关于对物质之物所做的判断的那种自然的怀疑，还包括由邪恶精灵的虚构性假设所造成的那种"过于夸张的"怀疑。即便我受到蒙蔽，那我也必须存在，然后才能被蒙蔽；即便我在做梦，那我也必须存在，然后才能做梦。

不过，圣·奥古斯丁实际早已在若干个世纪前就提过这一说法。① 也许我们也可以期待笛卡尔会接受奥古斯丁在说明他的基础存在性真理时所用的表述形式："即使被欺，吾亦存在。"怀疑则只是一种思想形式罢了。"通过'思想'这个词，我能理解我们所意识到的所有内在于我们的行为过程。"② 此外，尽管我的存在的绝对确定性在怀疑这一活动中向着我变得最为明显③，而且笛卡尔虽然也注意到了"即使被欺，吾亦存在"，但还是宁愿以一种非假设的方式去阐述他的真理——"我思，故我在。"

显然，这种关于自身存在的确定性，只有当我正在思考、正在意识的时候，才能获得。"我是（I am），我存在，这确定无疑。可是，这能持续多久呢？只在我思维之时，我才存在；因为一旦我完全停止思维，我也一并停止了存在。"④ "假如我停止了思维，即便我曾经想象过的其他一切事物都真的存在，我也没有理由认为我存在过。"⑤ 当我思考的时候，并在我思考的期间，我存在，从这样一个事实出发，我不能简单地推出：当我不思考的时候我存在。"我是，我存在，当我每次吐出这些音节或在心里想到它的时候，这一命题必然为真。"⑥ 尽管当我没有去思想的时候，我显然不能断言自身的存在，但我也不可能构想在此时此地我不存在，因为只要去想，就是去在。

因此，笛卡尔论及了"'我思，故我在'这一命题"⑦。这个命题显然是用推论的形式表达的。但他也曾说："每个人都能在心中拥有对他存在着和思考着这一事实的直观。"⑧ 所以，问题也随之而来：根据笛卡尔，我

---

① 《论自由意志》（*De libero arbitrio*），第 2 卷，第 3 章，第 7 节。尽管如此，奥古斯丁却并未企图在这一基础上构建一套哲学体系。他的"即使被欺，吾亦存在"只是一个用来反对怀疑主义的毋庸置疑之真理的范例，而且这一命题在奥古斯丁哲学中并非扮演着如"我思，故我在"在笛卡尔体系中所扮演的那种基础性角色。
② *P. P.*, 1, 9; *A. T.*, VIII, 7, cf. IX B, 28.
③ 譬如，"没有正在存在着的怀疑，我们就不能怀疑我们的存在"。（*P. P.*, 1, 7; *A. T.*, IX B,27,cf. VIII, 7）还有，"我怀疑所以我存在，和我思想所以我存在，是同一个意思"。（*S. T.*; *A. T.*, X, 523）
④ *M.*, 2; *A. T.*, VII, 27, cf. IX, 21.
⑤ *D. M.*, 4; *A. T.*, VI, 32–33.
⑥ *M.*, 2; *A. T.*, VII, 25.
⑦ *P. P.*, I, 10; *A. T.*, VIII, 8, cf. IX B, 19.
⑧ *R. D.*, 3; *A. T.*, X, 368.

是推论出还是直观到我的存在呢?

对这一问题的回答如下。"说'我思想,因此我是或者我在'的那个人并非通过一种逻辑三段论,而是通过一种简单的心灵想象活动推出'存在'的,他把它当作一种通过它自身而被知道的东西。这是非常明显的事实,因为假如这一命题是由三段论推出的,那大前提'一切思考之物是(be)或存在(exist)'将不得不预先被给出;而对于这一点的认识来自一个个体的经验——除非他存在,否则他就不能思考。因为我们的心灵天生就是这一结构,以至普遍命题不得不来源于个别的知识。"① 事实上,在《哲学原理》中笛卡尔自己说:"我不得不承认,我们必须首先要去知道知识是什么,存在是什么,确定性又是什么,以及为了去思考我们必须存在,诸如此类。"② 但是,当他向布尔曼(Burman)承认他在《原理》中说过这一点时,他解释说,大前提"只要此物思,便是(在)"的优先性是暗含的,而不是明确的。"因为,我只能意识到我自己所经验的,即'我思,因此我在',并且我也并未对这样一个普遍性概念——'只要此物思,便是(在)'——抱有太多的关注。"③ 可能笛卡尔表达自己的方式既不绝对清晰,也不完全一致。但他的主要思想立场就是这个。就我自己而言,我直观到在我的思想与我的存在之间有着必然的联系。这就是说,我在一个具体情境中直观到:如果没有我的存在,那我的思想就是不可能的。并且我将这种直观以"我思,故我在"这一命题来表达。就逻辑上说,这一命题预设了一个普遍性的前提。但这并不意味着我首先想到一个普遍性前提,然后得出一个特别的结论。相反,我对这一普遍前提的确切知识,来自我对我的思想和我的存在之间的客观必然联系的直观。④ 或许我们也可以说,这一知识是伴随着直观而同时发生的,在这个意义上,这一知识被发现是潜在于这一直观的,或者说是为这一直观所内在地蕴涵的。

---

① *R. O.*, 2, 3; *A. T.*, Ⅶ, 140–141, cf. Ⅸ, 110–111.
② *P. P.*, Ⅰ, 10; *A. T.*, Ⅷ, 8, cf. Ⅸ B, 29.
③ *A. T.*, Ⅴ, 147.
④ 就笛卡尔而言,那些关于存在、确定性以及知识是什么的知识,与那个为了将我们自己认作是必然存在的命题都是天赋知识。(*R. O.*, 6, 1; *A. T.*, Ⅶ, 422, cf. Ⅸ, 225.) 不过这里必须要提一句的是,天赋观念在笛卡尔看来,就是一种事实上的天之所赋。

尽管如此，我们仍然要问，在命题"我思，故我在"中，这个"思"到底意味着什么呢？"通过'思'这个词，我们理解了我们所意识到的所有发生在我们之内的行为过程。这就是为什么不仅理解、意志、想象，而且感觉在这里也与思想这个词同义的原因。"① 不过我们必须理解清楚上述引文的确切意思。否则这似乎就只表明笛卡尔在使用双重标准：他在"佯装"认为所有物质之物乃是非存在的同时，却将想象与感觉归于**思想**之下。而笛卡尔的意思实际上是：即便我从未感觉、感知以及想象到任何真实存在的对象（不论是我身体的某一部分还是外在于我身体的对象），在我自己看来，想象、感知和感觉也仍都是真实的，因此，只要它们是有意识的心理过程，我就拥有这些经验。"在我看来，我看见光、我听到声音、我感受到热，至少这些事实是非常确定的。这不可能有错；换一种更合适的说法，这就是在我心里统称为感觉的东西；从这一确切的意义上说，这就是思想。"② 在他对第五组反驳的回应中，笛卡尔指出："从我认为我在走路这个事实中，我能很好地推论出，如此这般思考着的心灵是存在的，而非走路的身体是存在的。"③ 我可能在梦中走路，并且我必须存在才能做梦；但这不能得出我实际在走路。类似地，笛卡尔认为，假如我认为我感知到了阳光或闻到了玫瑰，那么我就必然是存在的。因之即便没有真正的太阳和客观存在的玫瑰，也不能动摇我的存在。

所以，"我思，故我在"是一项毋庸置疑的真理，笛卡尔以之为基础建立他的哲学。"我得出的结论是，我可以毫不犹豫地将它作为我所追求的哲学的第一原则。"④ "'我思，故我在'对一个想要以一种有秩序的方式进行哲学探讨的人来说，是所能想到的第一个也是最确定的结论。"⑤ 这是第一个也是最确定的关于存在性的判断。笛卡尔并不打算将他的哲学建立在一种抽象的逻辑原则的基础上。不管一些评论家可能说过什么，笛卡尔的关注点却从不仅仅局限于本质或可能性，他关注的是存在着的实在

---

① *P. P.*, I, 9; *A. T.*, VIII, 7, cf. IX B, 28.
② *M.*, 2; *A. T.*, VII, 29, cf. IX, 23.
③ *R. O.*, 2, 1; *A. T.*, VII, 352.
④ *D. M.*, 4; *A. T.*, VI, 32.
⑤ *P. P.*, I, 7; *A. T.*, VIII, 7, cf. IX B, 27.

物,且他的第一原理也是一个关于存在性的命题。但我们必须记住,当笛卡尔说这个命题是第一个也是最确定的时,他想到的是"认知秩序"。这就是为什么他说,这一命题对一个想要以一种有秩序的方式进行哲学探讨的人来说,是所能想到的第一个且最确定的结论。他并不是想要暗示,譬如,以"存在秩序"而论,我们的存在比上帝的存在有更坚实的根据。他只是想要说明,在"认知秩序"或"发现秩序"中,"我思,故我在"具有基础性,因为它不可被怀疑。怀疑上帝是否存在是完全可能的,现实中就有这么做的人。但怀疑我自己的存在却不可能,因为"我怀疑我是否存在"乃是内含矛盾的命题。无论如何,在怀疑的过程中,除非我存在,否则我就不可能怀疑。我当然能够说出"我怀疑我是否存在"这些词汇,但这么说却使我不得不去确认我自己的存在。这才是笛卡尔真正想要指出的东西。

2. 不过当我确定我自己的存在性时,我到底是将什么确切地断定为存在的呢?因为,务必要注意的是,我曾经"佯装"除了心灵,无物存在。通过对邪恶精灵的假设,我能够怀疑,至少能够有"夸张的"怀疑——我似乎感知和感觉到的东西是否真的存在?并且,这种有些夸张的怀疑甚至也被应用到了对我自身肉体存在的追问上。但"我思,故我在"甚至在这一夸张的怀疑面前,仍具有确定性。这里的要点在于:即便考虑到"邪恶精灵"的假设以及从这一假设中得出的所有结论,我也不能不肯定自己的存在。但是,由于这个假设是预先假定的,当确认我自己的存在时,我不能同时确认我的身体或任何有别于我的思想的东西的存在。所以,笛卡尔说,当我在"我思,我在"这一命题之中确认我自己的存在时,我所确认的是作为一个思考主体的我的存在,此外别无其他。"但是,进一步来讲我又是什么呢?一个思考之物。何为思考之物?它就是这么一个东西,能怀疑、认知、肯定、否认、意愿、拒绝,还能想象与感觉。"[①]

有人反对笛卡尔在这里对灵魂(或心灵,或意识)和身体所做的真正区分,认为他无权在这个阶段做出这样的区分,因为他没有证明任何物

---

① *M.*, 2; *A. T.*, VII, 28, cf. IX, 22.

质的东西都不能思考，或者说思考从本质上说是一个精神过程。当然，通过将夸张的怀疑应用到肉体存在的问题上，并进一步声称即便是在面对这一夸张的怀疑时，我也不能否认作为一个正在思考着的东西的我的存在，笛卡尔实际暗示了，这个被称为"我自己"并正在思考着的东西，不是那个身体。但是他坚持，在第二沉思中，他并未假设一切物质之物都不能思考，他想要主张的全部内容只不过是：我主张在"我思，故我在"这一命题中断言其存在的那个我是一个正在思考着的东西。而主张我是一个正在思考之物，并不等于宣称灵魂与肉体在本体论意义上有区别：把一个当作物质之物，而把另一个当作非物质之物。换句话说，我是一个正在思考之物的论断，必须从认识论的角度来理解。如果我不考虑身体，然后断言我自身的存在，那么我所断言的那种我自身的存在，只是作为一种思考着的东西或者一个主体而存在；但我不一定要对心灵与身体之间的本体论关系给出任何论断。关于这个问题，值得注意的事实关键点在于：我们可以说，不论一个有形之物能思与否，思都存在；并且因为这个思，我将存在作为一个毋庸置疑的事实确定下来了。这就是为什么笛卡尔在对反驳进行回应的时候，坚称他关于心灵与肉体之间关系的精确说明是在后面被建立起来的，也就是说，并非是在第二沉思的部分，而是在第六沉思的部分里建立起来的。"但除此之外，你这里还追问了我是如何证明肉体不能思考的。假如我回答，我还没有给出提出这个问题的理由，请原谅我这么说。因为，我打算直到第六沉思才来解决这个问题。"[1] 类似地，在对第三组反驳进行回应的时候，笛卡尔谈道："一个思考之物也许是物质或肉体的；且这种说法的否命题也只是假设而非证明。但事实上，我并没有假设这样一个否命题，也没有将其作为我论证的根据；我将它完全地搁置起来，直到第六沉思才给出关于它的相应证据。"[2] 在对第四组反驳的回应中，他承认假如他只是在寻求一般的或者"庸俗的"标准，那他在第二沉思中通过思维的构想能力，而不涉及肉体，便能够得出心灵与肉体是完全可以被区别开来的结论。"但是，在第一沉思中所提出的一种极为夸张的怀疑，使

---

[1] *R. O.*, 2, 1; *A. T.*, 131, cf. IX, 104.
[2] *R. O.*, 3, 2; *A. T.*, 175, cf. IX, 136.

我无法确信这一事实，即事物的真实本质正是我们所感觉到的样子，只要我假定我没有关于我的存在之创造主的知识，在第三、四、五沉思中我所说的有关上帝与真理的一切，都有助于得到关于精神与肉体之间的真正区别的结论，这一结论最终将在第六沉思中被提出。"① 最后，在对第七组反驳的回应中，笛卡尔宣称，"我否认我曾在任何意义上假设过心灵是非物质的。我最终在第六沉思中证明了这一点"②。无论怎么强调都不为过的是，笛卡尔在《沉思集》中以一种方法论与系统性的方式，根据认知或发现的次序来进行论述，并且他不希望在其反思的任何阶段，给出超出其时所必需的论断。

另一个必须提及的反驳是，笛卡尔无权假设思想需要一位思想者。思，或者更确切地说，思想，给出了某种予料；然而"我"却不是予料。同样，他也没有理由声称我是"一个思维之物"。但这种说法实际应该接受怀疑的考验。他所做的其实只是不加鉴别地假定了经院哲学中的实体概念。

在我看来，笛卡尔确实认为思想必须要有一个思想者。在《谈谈方法》中，在指出去怀疑或是被欺骗我都必须存在，以及假如停止思考我就没有理由说我存在之后，他说道："因此，我认识到我是一个实体，其全部本质就是思想。它的存在并不需要任何空间，也不依赖任何物质之物。"③ 这里，他当然假设了一种实体学说。当然可能有人反对说，在这里引用《谈谈方法》中的内容是不合理的。譬如，笛卡尔在这部著作中仿佛在说，灵魂与肉体之间真正的本体论区别在"我思，故我在"这一命题被建立起来之后能立即被认识到，而在对反驳的回应中，他提请注意的事实是，他是在第六个而不是第二个沉思中对待这一区别的。假如我们接受他对灵魂与肉体之间区别的确切本质所做的回应，且不去提及他在《谈谈方法》中的看法；那么我们也应该避免过于重视在同一部作品中关于将自己理解为"一个其全部天性或本质就是思考的实体"的内容。尽管如此，在

---

① *R. O.*, 4, 1; *A. T.*, 226, cf. IX, 175–176.
② *R. O.*, 7, 5; *A. T.*, VII, 492.
③ *D. M.*, 4; *A. T.*, VI, 33.

第二沉思中，笛卡尔似乎假定思想需要一个思想者；在对第三组反驳的回应中，他简单地断言："确定无疑的是，离开思想者就没有思想能够存在，没有活动，也没有偶然事件能在没有实体的情况下存在。"①

因此，对笛卡尔的指控，即他假定了一个关于实体的学说，似乎是合理的。事实上，这种批评常常来自现象学者们，他们认为笛卡尔被语法形式绕晕了，以至于做出了错误的假设，认为思想必须要有一个思想者。但我们并不是只有站在现象学者的立场上，才能证明这一指责是有效的。因为，这一点在我看来似乎也是如此。但这里并不是说笛卡尔错在认为思想需要一个思想者，而是他的普遍怀疑方法论本应在这种情况下去要求对这个命题进行怀疑而非预设。

然而值得注意的是，在《沉思集》和《哲学原理》中，笛卡尔在证明了上帝的存在之后，都论及了实体。因此可以说，实体主义作为一种本体论学说的主张，并不只是简单的假设，而是意味着：仅在笛卡尔证明上帝存在的情况下，它才得以被建立起来。上帝则保证了我们所有清楚明白的观念的有效性。单就"我思，故我在"来看，我们似乎可以说，笛卡尔相信，在撇开一切可被怀疑之物后，我所获得的不单是一种来自一个作为实体的思想者的思或思想，更是一个思想着的我或自我。我所获得的并不仅是"正在进行的思"，而是"我正在进行的思"。在确信他本人或其他任何人能够直接将这一点作为一种毋庸置疑的标准这一问题上，笛卡尔可能是对的，也可能是错的；但无论对错与否，他都不应该在这个问题上假设一种未经批判的实体学说。

无论如何，确定的事实是，对笛卡尔来说，从"我思，故我在"中所能得出的就是：当除了"思"之外的所有其他东西都被撇开后，留下来的也就仅仅是那个我了。当然，所得出的是那个具体地存在着的我，而非一个超验性的自我；但这也并非那个日常谈论的我，譬如说，那个与朋友们讨论问题的笛卡尔先生，为朋友们所听到与观察到的笛卡尔先生。假如"我思，故我在"中的那个自我是相对费希特的那个超验自我概念而言

---

① *R. O.*, 3, 2; *A. T.*, 175–176, cf. IX, 136.

的，那人们就可以确定无疑地将其认作是那种"经验性的"自我；然而事实是，这个"我"在确切的意义上并非下述句子——"我下午去公园散步了"中的"我"。

3. 在发现了不容置疑的真理"我思，故我在"后，笛卡尔追问，"什么能使一个命题成为真实与确定的呢？因为既然我已经发现这个命题是可靠的，我就必须搞清楚它到底是如何可靠的"。① 换句话说，通过查验那些被视为真实与确定的命题，他希望发现一种关于确定性的普遍标准。他得出结论说，在"我思，故我在"这个命题中，除了他能十分清楚明白地看到它，没有什么别的能保证这一命题的真理性。所以，"我所得出的结论是，我可以假设这样一种普遍原则：我们清楚明白地设想到的一切东西都为真"②。还有类似的说法，"在我看来，我能确立起这样一条一般性的原则：一切我能够清楚明白地感知 [perceive，在法文版中，这个词是 conceive（构想）] 的东西都为真"③。

清楚明白的观念意味着什么？在《哲学原理》④ 中，笛卡尔告诉我们："我所谓的'清楚'，就是说某物对一个关注它的心灵来说是当下的和明显的，正如我以同样的方式主张，当它出现在我们那用以鉴赏的眼眸前之时，我们就能清楚地看见对象，而这些对象对眼睛产生了足够强的刺激。而'明白'就是说，它非常确切地与一切其他对象相区分，它本身除了清晰的东西，并不包含任何东西。"我们必须在"清楚"与"明白"之间做一个区分。譬如，剧烈的痛苦可以被非常清楚地察觉到，但痛苦的承受者可能会把它与他对其本质所做的错误判断相混淆。"这样，感觉可能清楚但不明白，虽然它不可能在明白的同时又不清楚。"笛卡尔所认可的这种真理标准显然是数学式的。在某种程度上，一个真正的数学命题能在心灵之中显现其自身：当它被清楚明白地看到时，心灵就不由得同意它。同样，我确证"我思，故我在"这个命题，不是因为我使用了一些外在的真

---

① *D. M.*, 4; *A. T.*, VI, 33.
② 同上。
③ *M.*, 3; *A. T.*, VII, 35, cf. IX, 27.
④ I., 45–46; *A. T.*, VII, 22, cf. IX B, 44.

理标准，而只是因为我能清楚明白地将其视作如此这般。

现在，笛卡尔似乎已经发现了这一真理标准，且可以毫不费劲地继续应用它。但他认为，这个问题并不像看起来的那么简单。首先，"我们很难确定哪些（事物）是我们明白地感知到的"①。其次，"也许某位上帝赋予了我这样的天性，使我即使在关注那些最明显的事物之时也会被蒙蔽……我不得不承认，这对上帝来说是举手之劳。假如他想要这么做，我就因此会在那些哪怕我最有把握的问题上犯错"②。确实，鉴于我没有理由相信存在一个欺骗我的上帝，还鉴于我还没有确信有一个上帝，因此质疑这一标准的有效性的理由是"微不足道的，并且可以说是形而上学的"。③但它仍需一个解释。这意味着我必须证明一个不蒙蔽人的上帝的存在。

假如笛卡尔准备对那些看起来清楚明白的命题的真理性进行"夸张的"怀疑，初看之下这一怀疑似乎应该被延伸到甚至"我思，故我在"这个命题。但事实并非如此。而至于为什么事实并非如此，上文显然已说得足够明白。我可能就是这样构造的，即例如当一个数学命题对我而言非常清楚，以至于我不得不将它接受为真时，我实际上被蒙蔽了；但我不可能在思考我的存在时受到蒙蔽。因为除非我存在，否则我就不可能被蒙蔽。"我思，故我在"这个命题，如果它意味着我思考时便能确认我的存在，那么它排除了一切怀疑，甚至夸张的怀疑。这一命题占据了优先的位置，因为它成了一切思想、一切怀疑乃至一切欺骗蒙蔽得以成立的必要条件。

4. 因此，假如我要确信，我在将那些我能够清楚明白地觉察到的命题接受为真时并未受到蒙蔽，那么去证明一个不蒙蔽人的上帝的存在就是必要的。进而，我也有必要去证明，上帝的存在与作为知觉与思想之对象的真实存在的外部世界无关。因为假如这种证明的作用之一是消解夸张的怀疑，即事物的真实存在与我所思考的存在有差别，那么，如果我的证据基于这样一个假设，即有一个真正存在的、与我对它的想法相对应的，精神之外的世界，我就会明显陷入一个死循环。因此，笛卡尔所使用的普遍

---

① *D. M.*, 4; *A. T.*, VI, 33.
② *M.*, 3; *A. T.*, VII, 36, cf. IX, 28.
③ 同上。

怀疑方法的特殊性，使得他不可能使用托马斯·阿奎那用过的那种证明类型。可以这么说，笛卡尔不得不从内部去证明上帝存在。

在第三沉思中，笛卡尔从审视他心中的诸种观念出发。仅就主观范型或"思维模式"的角度来看，它们很像。但如果从所表征的特殊内容来看，它们之间的差别巨大，一些观念比另一些包含了更多的"客观实在性"。而且所有这些观念在某种程度上都是被引起的。同时，"自然之光可以显明，在有效的、总体性的原因之中，至少必定有与其产生的结果同样多的实在性……也就是说，更完满、在自身之中有着更多实在性的事物不可能从那些更不完满的事物之中产生"[1]。

颜色和触觉之类的一些偶然观念，也许来自我自己。至于像实体和绵延这样的观念，则来自我所拥有的关于我自己的观念。这里我们确实不太容易弄明白，类似广延及运动这样的观念是如何从仅作为一个正在思考着东西的"我"中被得出的。"但因为它们仅仅是实体的某些样式，而且因为我自己也是一个实体，所以它们看起来是完全包含于我之中的。"[2]

因此，下一个问题是，上帝观念是否也是从我自身之中得出的。这个观念是什么？"通过上帝这个名称，我能认知到一个实体。它是无限的、独立的、全知的、全能的，它也是我自己和其他一切东西（如果存在其他东西的话）被创造的原因。"[3]并且，假如我查验这些属性或特质，我能够看到它们的观念不可能从我自己那里产生。因为我是一个实体，所以我能构想实体的观念；但同时，作为一个有限的实体，我却不应该拥有无限实体的观念，除非这种观念来自一个现存的无限实体。也许有人会说，通过对有限性的否定，我能很完满地为我自己构想出无限性观念。但在笛卡尔看来，我所有的那种无限性观念并不只是一种否定性观念；因为我清楚地看到，比起有限的实体，在无限的实体中有着更多的实在性。确实，在某种程度上，无限性观念必定先在于有限性观念。因为，除了将我自己与一个无限且完满的存在者的观念相比较，我如何能意识到我的有限性与

---

[1] M., 3; A. T., VII, 40–41, cf. IX, 32.
[2] M., 3; A. T., VII, 45, cf. IX, 35.
[3] M., 3; A. T., VII, 45, cf. IX, 35–36.

局限呢？并且，虽然我并不理解无限的内在本质，但关于它的观念，我却已足够清楚明白，这使我能够确信它比任何其他观念都包含更多的实在性，并且不可能仅是我自己的心灵构造物。对此可能的反驳是：所有被我归因于上帝的那些完满都是潜在于我的。毕竟我可以意识到自身知识的增长。那么，它也就有可能增长到无限的程度。而实际上，这种反驳是荒谬的。因为，如果将它们与我们心中所实际拥有的无限完满的上帝观念进行比较，我们就会发现，我们所拥有的潜能以及那种增长到无限的能力都不完满。"一个观念的客观存在不可能产生于某个只是潜存的东西……而只能产生于一个正式的或实际的存在。"[①]

然而，这个论点可以用一种稍微不同的论证来补充。我可以问：假如此一完满存在者并不存在，那么我——拥有这个无限和完满存在者的观念的我，能够存在吗？我从自身那里，从我的父母那里或从其他任何不可能比上帝更完满的东西那里去得出我的存在，这可能吗？

如果我本人就是我自身存在的创造者，那么"我就应该将所有在我的观念中展现出来的完满性赋予我自己，如此，我本应该就因之而成为上帝了"[②]。笛卡尔论证说：假如我是我自身存在的原因，那我应该也是现存于我的心灵中的那个完满观念的原因，而且因此，我也应是那个完满的存在者，即上帝本身。他还论证说，这样的话，以往所引入的那个"我的存在的开端"这一概念就是不必要的。因为，"为了在它所延续的每一时刻都得到保存，一个实体需要与它还不在时重新产生和创造它所需的相同的能力与行动；因此，自然之光使我们清楚地看到，保存与创造之间的区别仅是一种理性上的区别"[③]。因此，我可以问自己，我是否拥有创造自己的能力，且这个被创造的自己当下存在，未来也将存在下去。假如我有这样的能力，我应该能意识到它。"但我却没有意识到任何此类能力，通过这一点，我清楚地知道我是依赖某个不同于我自身的存在者而存在的。"[④]

---

① *M.*, 3; *A. T.*, VII, 47, cf. IX, 37–38.
② *M.*, 3; *A. T.*, VII, 48, cf. IX, 38.
③ *M.*, 3; *A. T.*, VII, 49, cf. IX, 39.
④ *Ibid.*

但这一和我自身不同的存在者不可能是低于上帝的东西。因为，在原因中必须至少有和在结果中同样多的实在性。由此可以得出，我所依赖的这个存在者必定是上帝或拥有上帝观念之物。但是，如果它是一个尽管拥有上帝观念却低于上帝的存在者，那我就依然能够进一步提出关于这一存在者之存在的问题。最终，为了避免无限倒推，我必须确认上帝的存在。"显然，在这个问题上面不可能无限倒推，因为这里的问题不只在于过去创造我的原因，还在于当下使我持存的原因。"①

就笛卡尔所特有的第二种论证方式而言，它不能被简单地归纳为传统意义上的关于上帝存在的因果证明，它的特殊之处是，将上帝的观念作为无限完满的存在而加以使用。而第一种论证方式也具有这个特征。确切地说，第一种论证只是从上帝的观念出发来确证上帝的存在，第二种论证则确证上帝不仅是一个完满观念的原因，而且是我本人（拥有这个观念的存在者）之存在的原因。因此，第二种论证与第一种论证相比，增加了一些内容。但它们都将上帝观念的原因与那个无限完满的存在者关联在一起。而且，笛卡尔也宣称："通过上帝观念来证明上帝存在的优点是，我们可以在我们天性的弱点允许的范围内，同时意识到上帝是怎样的。因为当我们反思那深植于我们内心的上帝观念时，我们意识到上帝是永恒的、全知的、全能的……并且，总而言之，上帝在其自身之中拥有所有我们能够清楚明白地意识到的每个无限的完满或善，同时这些无限的完满或善不会被一些不完满所限制。"②

因此很显然，对笛卡尔来说，完满观念是一个具有优先性的观念。这一观念不仅必须由一个外在的原因引起，也是对这一存在者的模仿，恰如一个副本对原型的模仿。我们关于完满无限的存在者的观念确实没有足够的实在性，因为我们不能理解上帝；不过它仍是清楚明白的。它是一个具有优先性地位的观念，因为通过确认它由一个外在原因引起，它的存在迫使我们超越自身，也使我们意识到它所具有的表征客观存在性的特征。而其余的观念，在笛卡尔看来，也许只是我们自己创造出来的。就某些观

---

① *M.*, 3; *A. T.*, VII, 50, cf. IX, 40.
② *P. P.*, I, 22; *A. T.*, VIII, 13, cf. IX B, 35.

念而言，尽管我们几乎不太可能认为它们是心灵的虚构，但它们至少也是某种想象，即便这种想象的因素只有很少的一点。但通过反思，我们可以确信，我们对于完满的观念不可能有任何类似的想象。

我们当中的很多人可能怀疑，关于无限完满的存在者的观念是否同我们的心灵结构一样是无法说清的。而一些批评者可能想要走得更远，认为根本就没有这样的观念——尽管我们使用"无限完满的存在者"这个短语。但无论如何，笛卡尔不仅坚信他的论点是站得住脚的，也坚信这一论点是必要的。在他看来，这一观念是肯定性观念，也就是说，这一观念有着相当清楚明白的肯定性内容：它不可能由感官得出，也并非心灵虚构，并且也无关于我们的意愿；"因此唯一可供选择的结论是：这个观念是天赋而内在于我的，正如'我自身'这个观念是天赋而内在于我的一样"①。这个观念事实上是上帝在我心中的一种投射与图景；它就好像是"一个匠人在他的作品上所刻印的戳记"，②上帝创造我的时候，也同时将其放置在我的心灵中。

与此有关的一部分内容，可以参看《反对一种确定纲领的笔记》。在其中，笛卡尔否认他企图通过假设一种天赋观念将这些观念确立为"实在的"，或者将它们认作某种与思维能力相区别的属③（属这个词是在经院哲学的意义上来用的，意味着智性的偶然样式）。④他从未想要说子宫内的婴儿具有一种事实上的上帝概念，而只是说我们自然地拥有一种与生俱来的潜能，它使我们得以认识上帝。这种主张似乎暗示了莱布尼茨的天赋观念，即我们能够不依赖于任何外物而形成关于上帝的观念。也就是说，不需要诉诸外部世界，那个具有自我意识的主体便能在他自己之内形成关于上帝的观念。就此而言，天赋观念正好与来自感官的观念相反，而我们之

---

① *M.*, 3; *A. T.*, VII, 51, cf. IX, 41.
② 同上。
③ genus 与 species 在中文当中既可以翻译成"种与属"，也可以翻译成"属与种"。动植物分类学上的一般译法是将前者翻译成"属"，将后者翻译成"种"，且前者在逻辑范畴上要大于后者。但是，在中文世界的西方哲学领域，对于这两个概念，我们却将 genus 翻译成"种"，将 species 翻译成"属"，此处译者参照的是既往中文译者对亚里士多德在《形而上学》与《工具论》中对这两个词的传统译法。所谓的"种加属差"也是在这种用法上而言的，所以经过权衡，本书也取此种译法。——译者注
④ *A. T.*, VII, 51, cf. IX, 41.

所以能够说上帝观念是天赋的，也正是在这样的一个意义上——它出自心灵自然与天生的能力，只不过它是潜在的，而非当下现实的天赋。在第三沉思中，笛卡尔提到，我对"我自身"的认知是这样的："他持续不断地去渴求一些他物，这些东西比他自身更好、更伟大。"[①] 这表明，在人类天生具有的对其主宰者和创造者的内在倾向（这种倾向表现在对比自我更完美的事物的渴望中）的驱使下，关于上帝的天赋观念会从潜在的变成现实的。并且，从这个角度，我也会非常自然地发现这些思想与奥古斯丁主义的传统存在一定的联系，而笛卡尔因为与枢机主教贝吕勒有交情，所以相当熟悉这一系的思想传统。

尽管如此，我们也很难看出关于上帝观念的那种内在天赋性是如何与笛卡尔的其他陈述相协调的。因为我们已经看到，在第三沉思中，他问道："除非我在内心之中拥有一些关于比我自己更完美的存在者的观念，与之相比，我认识到我天性的缺陷，否则，我怎么可能知道我在怀疑与渴望，亦即意识到我缺乏一些东西，并且不是完美的？"[②] 他还明确声明："无限这个概念的存在在某些方面要早于有限这个概念——也就是说，上帝的概念先在于我自身这个概念。"[③] 这部分引文清楚地表明，并不是因为意识到了我的欠缺与不完满以及自身对完满的渴求，从而让我形成了无限完满的存在者的观念；相反，因为我已经拥有完满的观念，我才意识到我的不完满。或许我们确实不能就此得出结论说，上帝观念是现实的天赋观念；但我们至少可以说，完满无限的存在者的观念是在自我的观念之前作为一个现实的观念而产生的，即使它只是潜在的"天赋"观念。并且，在这个意义上，似乎可以推出，笛卡尔在第二沉思和第三沉思中所持的思想立场是变化的。完满性的观念取代了"我思，故我在"的优先地位。

当然，我们可以说"我思，故我在"是一个命题或判断，关于完满的观念却不是。而且笛卡尔从未否认，"我思，故我在"预先设定了一些观念。比如，它预设了一些关于自我的观念。因此，它也可以预设关于完

---

① *A. T.*, VII, 45–46, cf. IX, 36.
② *A. T.*, VII, 45–46, cf. IX, 36.
③ *A. T.*, VIII B, 361.

满的观念。不过"我思,故我在"作为基础性存在判断的优先地位却并未因此而被削弱。因为,即便关于完满的观念先于这一判断,对上帝存在的确证却仍在这一判断之后。

不过我认为,我们应该区分一下第二沉思与第三沉思之中所说的"我思,故我在"。在前者中,我们所拥有的是一个不充分且抽象的自我观念和对自我之存在性的确证。而在后者中,我们所拥有的自我观念更充分,即这个自我是作为拥有完满观念的主体而存在的。此外,论证的起点并非与上帝观念无关的、赤裸裸的"我思,故我在",而是在"我思,故我在"中确认了拥有完满观念的存在者之存在,且这一存在者在这一完满观念的光照下意识到了自身的不完满、有限性及缺陷。因此,基准点不是赤裸裸的自我,而是与无限完满的存在者具有表象性相似的那个自我。

以上这些评论的目的并不在于表明,笛卡尔对上帝存在性的论证能够完全豁免批判。譬如,他可以通过《反对一种确定纲领的笔记》对天赋观念的解释,避开认为他预设了现实的天赋观念的那些批评。在他看来,天赋观念是这样一种观念:"它除了我们的思维能力之外没有其他源头,它也因此与这种能力一道内在于我们,这就是说,它总是潜在地内在于我们之中。因为,任何能力(faculty)意义上的存在都不是现实的而仅是潜在的,因为这个特称词汇'能力',除了指称一种潜能,几乎别无其他含义。"① 但很明显,任何人都可以坚持认为,即使在这个意义上,关于上帝的观念也不是天赋的。同时,在对笛卡尔所说的东西展开有价值的批判之前,我们必须先试着去发现笛卡尔真正的意思。只是去指出笛卡尔的前后不一致性非常容易;但隐藏在这种不一致背后的,才是他试图表述的观点。且他的观点似乎并不涉及这样的意图,即用第三沉思中完满观念的优先性去代替第二沉思中"我思,故我在"的优先性。这一点毋宁说是对"我",对那个在"我思,故我在"中被确证了的存在的一个更充分的阐释,表明它是一个拥有完满观念的思想着的自我。并且这也是上帝存在证明的基础。"我在这里用来论证上帝存在的最强有力的部分,主要就在于

---

① *A. T.*, VIII B, 361.

我意识到如果上帝并不真的存在，那我就不可能拥有这样的天性，也不可能在自身之中拥有对上帝的观念。"①

5. 在《沉思集》中，笛卡尔从上文所提到的两种关于上帝存在的证明中得出结论：上帝不是骗子。上帝这个最完满的存在者不会受到任何错误与瑕疵的损害。并且"由此可见，他不可能是骗子，因为自然之光告诉我们，欺诈和欺骗必定来自一些缺陷"②。而上帝是完满无缺的，所以他不会骗人。因此，我清楚明白地看到的那些命题必然是真的。对上帝存在的确定，使我能够在现实中普遍并且自信地运用真理之标准，这一标准是由对那个优先性命题"我思，故我在"的反思而得出的。

但在继续踏出任何一步前，我们都必须考虑这样一个问题，即在对上帝存在的证明过程中，笛卡尔是否陷入了某种循环论证呢？因为他使用的标准要由论证的结论来保证。这个问题非常简单。笛卡尔必须先证明上帝的存在，然后才能向自己保证，在"我思，故我在"之外使用"清楚明白"的标准是合理的。但在不使用这个标准的前提下，他证明了或能够证明上帝的存在吗？假如他使用这个标准，那他在证明上帝存在时所采用的标准只有上帝的存在已经被证明的前提下才能被确立。

似乎只有当笛卡尔对上帝存在的其他论证——所谓的本体论论证被概述时，这个问题才应该被提出来。不过，我却不这么认为。确实，毋庸置疑，在《哲学原理》中，本体论证明先于其他几个证明被给出。但在《沉思集》中，笛卡尔专门关注了"认知秩序"或"发现秩序"，直到第五沉思，他才给出本体论证明。此时，他的那个确定性的真理标准已经建立起来了。因此，在这个专门的论证中对这个标准的使用，并不会使笛卡尔陷入循环论证。所以我认为，最好将关于笛卡尔陷入循环论证的指控，限于他在第三沉思中所给出的那两个论证。

这一批评非常鲜明地出现在阿尔诺所提出的第四组反驳之中。"我只剩下一个疑虑了，那就是，他说，只是由于上帝事实上存在，我们才肯定我们所清楚明白地认识的东西是真的，如此，他要怎样辩护才能免于陷入

---

① *M.*, 3; *A. T.*, VII, 51–52, cf. IX, 41.
② *M.*, 3; *A. T.*, VII, 52, cf. IX, 41.

循环论证。我们之所以肯定上帝存在，只是因为我们对这件事认识得非常清楚明白，因此，在我们肯定上帝存在之前，我们就必须肯定我们认识得清楚明白的东西都是真的。"①

为了把笛卡尔从循环论证的泥潭中拉出来，人们已经提出过许多方法，但笛卡尔本人却试图通过分殊我们在此时此地清楚明白地察觉到的对象，与我们所记得的在过去某一时刻清楚明白地觉察到的对象，来直面挑战。在对阿尔诺的回应中，他说："我们确信上帝存在，因为我们已经注意到，有一些证据确立了这个事实；而此后，这足以使我们记起我们也曾经清楚明白地察觉过的一些东西，以便确信这些东西的真理性。但除非我们知道上帝是存在的，并且他不会蒙蔽我们，否则这样一种判断就是不充分的。"②同时，笛卡尔指出，这个说法已在对第二组反驳的回应中给出了，在那里他是这么说的："当我说'除非我能首先认识到上帝的存在性，否则我就不可能获得任何确定的东西'的时候，我在此所用的那些专门的名词，对我来说，只是被用来表达对于那些结论所做的科学认知，这些结论并不需要进一步依赖那些使得我得出它们的证明便能在记忆中重现。"③

笛卡尔说他做出了这样的区分，这是完全正确的。因为他在第五沉思的结尾处也是这样做的。譬如，他在那里说："当我考虑三角形的性质时，我显然知道三角形三角之和等于二直角之和，而且当我用我的思维证明它的时候，我不可能不相信这一点；可是，只要我的注意力稍微离开证明，虽然我记得我清清楚楚地理解了它的三角之和等于二直角之和，不过假如我不知道有一个上帝，我还是很可能怀疑它的真实性，因为我可以说服我自己：大自然使我生来就很容易在即使我以为理解得最明显、最可靠的东西上弄错……"④

但在以上这段引文中，我们并未被告知是上帝的真实性确保了记忆

---

① *A. T.*, VII, 214, cf. IX, 166.
② *R. O.*, 4, 2; *A. T.*, VIII, 246, cf. IX B, 190.
③ *R. O.*, 2, 3; *A. T.*, VII, 140, cf. IX B, 110.
④ *M.*, 5; *A. T.*, VII, 69—70, cf. IX, 41.

绝对和普遍的有效性。实际上，笛卡尔也并不这么认为。在《布尔曼的访谈》(Entretien avec Burman)中，他谈道："每个人都必然经历一些事情，不论他是否拥有一个好记性。假如他对自己的记忆有所怀疑，他就应该通过记笔记或用其他方法来帮助自己。"[1] 上帝的真实性所确保的只是：在我认为那些我记得已经被我清楚明白地感知到的命题为真之时，我不会受蒙蔽。不过，它却不能确保，譬如说，那些被我重新回忆起的在某次谈话中我所说过的内容是正确无误的。

所以，问题也就产生了：笛卡尔在第三沉思中所给出的关于上帝存在的证明是否牵涉到对某些公理或原则的利用？人们只需阅读它们，就可以看到情况是这样的。而如果这些法则被运用到证明之中是因为它们的有效性在此之前就已经被清楚明白地看到，那么在这种情况下，循环论证是很难被避免的。因为只有在论证的结论之中，当上帝的存在已经被阐明，我们才能确认那些我们所记得的、已经被清楚明白地看到的命题为真。

显然，笛卡尔必须说明，记忆对于证明上帝的存在来说并非必需。他也许会说，此类证明并不太依赖心灵由此及彼的步步演绎与运动。所谓步步演绎，也就是当我们进行第二步时，第一步的有效性依然被记得，作为对予料的一种审视。也就是说，拥有完满观念的自我的存在会逐渐增加其充分性，直至自我与上帝的关系被完全意识到。同样必须坚持的是，那些看起来作为证明之预设的公理与原则并非是之前看到过的，并非因为某人记得其曾经看到过它们的有效性，所以使用它们，而是说，它们是在此时此地的这一具体情形中被看到的，因此，对予料的总体性审视包含了在一个具体的应用中对这些公理与原则的觉知。事实上，这也就是笛卡尔想要在《布尔曼的访谈》中指出的。而当笛卡尔自己被人指控在证明上帝存在的过程中，借助了一些其有效性仍不确定的公理，因而陷入了循环论证的时候，他回答道，第三沉思的作者当时在那些公理上面并未受到任何蒙蔽，因为他正将他的注意力集中在这些公理上面。"只要他这样做，他就确信自己没有被蒙蔽，就不得不对它们表达赞同。"[2] 但有人因此反驳说，

---

[1] Ch. Adam 编，《布尔曼的访谈》，第 8—9 页。
[2] 同上，第 9 页。

某人在某一时刻不能设想一个以上的东西。笛卡尔对此的回应是，这根本不是真的。

尽管如此，我们却仍很难说以上这种回应化解了所有反驳。正如我们看到的，笛卡尔通过一个虚构的邪恶精灵假设，将怀疑强行推到了一个"夸张的"基点之上。尽管"我思，故我在"可以免于任何怀疑的侵袭，因为我们能说"我怀疑，故我在"，但笛卡尔似乎仍想表明：我们至少可以设想，在关于任何其他我们此时此地清楚明白地感知到的命题的真理性上，我们是有可能被蒙蔽的。的确，他并不常常就这方面来讲，但那个邪恶精灵的假设看起来就指向这一方面。[①] 随之而来的问题是：对循环论证问题的解决是否能使他消除那种"夸张的"怀疑？因为，即便在对上帝存在的证明中，我也不运用我的记忆，而只是通过在此时此地关注它们来感知这些公理的真理性，这一感知似乎仍会受到夸张的怀疑的影响，除非我证明了不会蒙蔽人的上帝的存在。但是，如果这个结论所依赖的公理或原则在这个结论被证明之前本身就会受到怀疑，那么我怎么能保证这个结论的真实性呢？在断言上帝存在的命题中，如果上帝存在这一结论的有效性，被用来使我确信这一结论所依赖的原则的有效性，我似乎就陷入了循环论证。

为了回答这个疑难，笛卡尔必须把"夸张性"怀疑解释为只对清楚明白地看到过某个命题的记忆有影响。换言之，他应该使他关于夸张性怀疑的理论与他对阿尔诺的回应比表面上更为一致。这样，他就能够避开对他陷入循环论证的指责了，因为记忆对于证明上帝的存在并不是必需的。或者，他将不得不表明，对他所认为的上帝存在的证明所依赖的公理的清楚明白的认识，本身包含在以"我思，故我在"来表达的那个带有基础性和优先性的直觉之中。

[①] 一些历史学家解释说，笛卡尔对于认识事物的方式做了一个区分：在一种单纯的心灵图景的活动中对于事物的认识，和在一种完满的科学的意义上对于事物的认识。就此，尽管无神论者知道三角形的内角和等于两直角之和，他们却无法在一个完满的科学意义上来认识这一点，除非他确证了上帝的存在性。此外，笛卡尔也确实说过，虽然无神论者能清楚地认识到三角形的内角和等于两直角之和，但是"在他这边的这种知识却不能够建起真正的科学"。(R. O., 2, 3; A. T., VII,140–141, cf. IX B, 110–111.) 而他之所以如此认为，理由在于"能够引起怀疑的知识，不应该被称作科学"。(同上)

毫无疑问，更多的疑难因此而产生。譬如，假设我现在跟随着一条依赖记忆的数学性思考线索来推理，抑或假设我只单纯地使用我记忆中的那些在过去某一时刻已经清楚明白地意识到的数学命题，那么，到底是什么确保我能够自信地依赖我的记忆呢？是对我曾经证明了上帝的存在这个事实的记忆吗？抑或是我必须回忆起关于上帝存在的实际证据吗？在第五沉思中，笛卡尔说，甚至当我回忆不起使我确证上帝存在、上帝不蒙人以及所有我因此而清楚明白地知觉到的东西都是真的这三点的原因时，我也可以对上述最后一个命题拥有正确和确定的知识。因此，我只要能回忆起我过去曾清楚明白地意识到了这一命题的真理性，"就没有任何的反对理由能够使我去怀疑它的真理性了"①。对上帝存在的确认消除了那个"夸张性"怀疑，并且我也能因此摒弃由这一怀疑而来的所有假设。尽管如此，我们仍然要问一句，笛卡尔的回答是否真的解决了由他那多种多样的论说方式所带来的一切疑难？

　　确实，笛卡尔的体系能够通过这样一种修正来解决循环论证的问题，无论这个循环论证是实际的还是表面上的。譬如，假如笛卡尔使用上帝的真实性来确保与我们的观念相一致的物质之物的存在，那么阿尔诺的反驳就会被釜底抽薪。我们可能想要批判似乎被预先假定的知觉表象理论，但其中也不存在循环论证。因为笛卡尔在证明上帝存在时，并未假设任何物质之物的存在。因此，过分重视恶性循环问题可能是个错误；而且我似乎在这一主题上使用了不成比例的大篇幅。同时，当我们在关注这样一个哲学家的时候，比较重要的问题是去弄清楚他是否已经达到他的目标。因为，笛卡尔的思想旨归就是建立一个非常严密的体系，其中每一个环节都能逻辑地从前一个环节推论出来，并且所有被给出的前提从方法论的视角来看都完全合理。而上帝存在之证明的这个范例（就上述层面而言）显然是个至少应该存疑的例子。然而，假如笛卡尔能够成功地将证明确立在并不必然需要运用记忆的情况下，且对与该证明有关的一切公理的感知都能以某种方法统摄于那个基础的与优先的直观下，那么他就能使自己摆脱阿

---

① *M.*, 5; *A. T.*, VII, 70, cf. IX, 55—56.

尔诺的攻击。不幸的是，笛卡尔并未以一种明晰且前后一贯的方式达到这一点。当然，这也就是历史学家们会对他的地位做出不同评价的原因。

6. 不过，假设我们已证明上帝的存在与真实性，那么关于真理性问题的讨论也需要经历一个转变。现在，问题不再是我如何能够确信我已经在"我思，故我在"之外获得了确定性，而是产生的错误应该如何被解释。假如是上帝创造了我，那么我就不能将我所犯的错误归因于我的理解力或意志之类的东西。因为若强调错误的必然性，则将得出上帝需要对错误负责的结论。而我已经确认，上帝不会蒙人。

"那么我的错误是从哪里产生的呢？它们是从这里产生的：既然意志比理智大得多、广得多，我却没有对意志加以同样的限制，反而把它扩展到我所理解不到的东西上去，意志对这些东西既然是无所谓的，我就很容易陷于迷惘，并且把恶的当成善的、把假的当成真的来选取了。这就使我弄错并且犯了罪。"① 所以，只要我能够克制住在我并未清楚明白地看到的东西上妄下判断的欲望，我便不会陷入错误之中。不过尽管"理解的觉知只能被放到很少的一些对象上，这些对象会将自身展现在这一觉知面前并且范围总是非常有限，而在另一方面，意志在某种程度上来说却是无限的……以至在某种情况下，我会很容易将其拓展到那些超越于我清楚明白理解之范畴以外的东西上"②。意志会延伸到个人从未拥有过的事物上面，甚至是理智所不能理解的事物上面。因此，我们很容易被引导去判断我们并没有清楚理解的事情。这不是上帝的错，因为意志的"无限性"并不必然导致错误。"正是不正确地使用自由意志，使构成了错误的那种缺陷产生"，这种缺陷能够在"由我自身而引起的"的运用中被发现，"而不在于我从上帝接受过来的能力，也不在于从上帝而来的运用"③。

7. 笛卡尔确信，只要他严格地将自己的判断限制在他能够清楚明白地意识到的东西上，他就不会犯错误。因此，他进而确证了我们对纯数学之确定性的信念。和其他思想前辈（譬如柏拉图和奥古斯丁）一样，笛

---

① *M.*, 4; *A. T.*, VII, 58, cf. IX, 46.
② *P. P.*, I, 35; *A. T.*, VIII, 18, cf. IX B, 40.
③ *M.*, 4; *A. T.*, VII, 60, cf. IX, 47–48.

卡尔震惊于这样的事实：譬如，我们只能发现而不能发明一个三角形的性质。在纯粹数学之中，我们对永恒的本质或天性及其相互关系有一个渐进的洞察；数学命题的真理，绝不依赖我们的自由选择，而是强加给我们的头脑，因为我们清楚明白地看到它。所以我们①可以认为，当我们论断那些由我们已经清楚明白地看到的命题演绎而来的数学命题时，我们不会被蒙蔽。

8. 人们可能会想，在已经搞清楚了那两个存在性判断（即"我思，故我在"和确证上帝存在的命题）是具有确定性的真理，以及所有被清晰明白地给出的、关于理想秩序的命题也都是具有确定性的真理之后，笛卡尔将立即着手去考虑我们关于物质之物的存在与本质可以说些什么。然而事实上，他继续阐述了关于上帝存在的本体论证明。而连接这一主题与上述内容的关键，就是下面这些思考。假如"凡是我清楚明白地认识到是属于这个东西的都实际属于这个东西，那么难道我不可以由此得出关于上帝存在的一个论据和一个论证性的证明吗？"②譬如，我知道所有我能清楚明白地感知到属于三角形本质的那些性质，都实际属于三角形。那么，通过对包含在上帝观念之中的完满的思考，我能证明上帝的存在吗？

对此，笛卡尔答道：这是可能的。因为存在本身是上帝的诸多完满性之一，且包含于上帝的本质之中。当然，尽管我不得不承认三角形的内角和等于二直角之和，但我确实可以构想一个直线三角形，而不赋予其存在性。对此的解释非常简单。存在性不在三角形观念的本质完满性之中。从我不能构想一个其内角和不等于两直角之和的直线三角形这一事实，我只能得出，如果存在一个平面直线三角形，它的内角和必定等于两直角之和；但这并不一定意味着存在任何一个直线三角形。尽管如此，作为最高之完满的神之本质本身却包含着一种存在性，存在性是完满性的一部分。因此，除非将其构想为现存的，否则我就不能构想上帝。这就是说，我不能在否认上帝之存在性的同时，去理解那个表达其本质的上帝观念。所以，我们必然将上帝构想为存在的，这种必然性存在于这个对象自身之

---

① 似乎更准确地说来是"我"，因为笛卡尔从未证明过复数性之自我的存在。
② M., 5; A. T., VII, 65, cf. IX, 52.

中，存在于上帝的本质之中，因此，以我的思想不能将必然性加诸事物这一点来反驳是无用的。"虽然我可以随便想象一匹不带翅膀或带翅膀的马，可是我并不能随便领会一个没有存在性的上帝，也就是说，我不能随便领会一个缺少一种至上完满性的至上完满的存在体。"① 因此，上帝观念在这个意义上也是一个最优先的观念；它占据着独一无二的地位。"除了上帝以外，我不能领会有别的什么东西的存在是属于② 它的本质的。"③

我们将在莱布尼茨为了捍卫它而对其做出的修正中，以及康德对其所做的针对性批判中，再次面对这一论题。不过，关于笛卡尔对这个论证的评论，在这里提出下述几点显然是极有价值的。

第一，笛卡尔拒绝承认本体论的论证可以被化约为只与词语定义有关的问题。因此，在他对第一组反驳的回应中，他否认他仅仅想要表明，当"上帝"这个词的意义被理解的时候，上帝在现实之中的存在性也与他在我们心灵中的观念一道被理解了。"这里有一个形式上的明显错误，因为人们只应当得出这样的结论：当人们懂得并且理解上帝这个名称意味着什么的时候，人们理解的是它意味着一个东西，这个东西存在于事实中，同时也存在于理智中；而被一个词句所意味着的东西并不因此就是真的。然而，我的论据是这样的：被我们清楚明白地领会为属于什么东西之不变且真正的本性、本质、形式的事物，可以真正被说成或被肯定是属于这个事物的；可是，在我们足够仔细地追究上帝是什么的时候，我们清楚明白地领会他的存在是属于他的真正的、常住不变的本性的，所以我们能够真正肯定他是存在的。"④ 所以，笛卡尔相信我们对上帝的本性或本质有一种正面的洞察力。实际上，没有这个假设，本体论论证就不能确立起来；然而，它也构成了接受这个论点之有效性的主要困难之一。莱布尼茨看到了这一点，并且试图解决这一困难。⑤

---

① *M.*, 5; *A. T.*, Ⅶ, 67, cf. Ⅸ, 53.
② 法语版中有"必然"一词。
③ *M.*, 5; *A. T.*, Ⅶ, 68, cf. Ⅸ, 54.
④ *R. O.*, 1; *A. T.*, Ⅶ, 115–116, cf. Ⅸ, 91.
⑤ 还有一个困难被康德所探讨，这一困难关于下述信仰，即存在性能够被恰当地视为一种完满性。

我想要提到的第二点已经被间接提及了。正如我们看到的那样，笛卡尔直到第五沉思才开始详细阐述本体论证明，而此时他已经证明了上帝的存在性，并且确立了我们能够清楚明白地看到的东西就是真的这一标准。而这意味着，尽管这一论证阐释了关于上帝的一个真理，即上帝的存在是必然的，或上帝的存在是由于上帝的本质，但这个论证对于那些还不确定他所清楚明白地感知到的一切是真实的的无神论者来说，是没有用的。并且，除非无神论者相信上帝存在，否则他们就不可能将其清楚明白地意识到的东西看作真的。所以，笛卡尔所提供的关于上帝存在的真正证据，似乎包含在第三沉思中，而本体论论证的功能仅仅是为了阐明一种关于上帝的真理。另一方面，甚至在第五沉思（法语版）中，笛卡尔也将本体论论证当作"对于上帝之存在性的阐明"[1]。而在这一沉思的结尾，他似乎想要表明，我们能够从中得出一个结论，即我们可以清楚明白地看到的一切东西就是真的；这一结论意味着，这个论证是对上帝存在的一个完全有效的证明，独立于其他已经给出的证明。进而，在《哲学原理》[2]中，他首先给出了本体论的论证，并且清楚地表明，这是对上帝存在的证明。由之而来的问题就是：我们是否有两个互不相容的对本体论论证的评价，或者，我们是否能够找到对笛卡尔的论证步骤的一些解释，使上述两种明显不同的论说方式有可能协调一致？

对我来说，笛卡尔的这两种不同的论述方式似乎不能完全协调一致。同时，假如我把笛卡尔关于两种秩序（即"发现秩序"，也就是发现的秩序或哲学家对其主题进行分析性研究的那种秩序，和"教导秩序"，也就是教授或系统性地阐释已经被发现的真理的秩序）的区分牢记在心，那么我是能够找到一条协调两者的一般路径的。[3] 在发现的秩序中，就明确的知识而言，我们在知道神的完满性之前就知道了自己的不完满。所以，发现的秩序似乎需要一种关于上帝存在的经验性证明；而这就是第三沉思给出的。本体论证明则被留到了后面，它被用来阐释关于上帝的真理，并且

---

[1]　*A. T.*, IX, 52.
[2]　I., 14; *A. T.*, VIII, 10, cf. IX B, 31.
[3]　参见 Ch. Adam 编，《布尔曼的访谈》，第 27—29 页；*A. T.*, V, 153。

它依赖已经被确立起来的原则——我们清楚明白地意识到的任何东西都是真的。然而，根据教导秩序，就其代表的本质秩序或存在秩序而言，上帝的无限完满性先于我们的不完满；所以在《哲学原理》中，笛卡尔才会由基于上帝之无限完满性的本体论论证开始他的论述。在这样做时，笛卡尔似乎忽略了他自己的这一学说，即在我们能够将对清楚明白这一标准的运用延伸到"我思，故我在"之外前，上帝的存在性必须先得到证明。但是，如果笛卡尔将第三沉思中的证明看作"我思，故我在"所表达的那种原始直观的延展和继续，那么他可能也以同样的眼光看待本体论论证。

笛卡尔对关于上帝存在的知识的处理，可能结合了两种未加足够分辨的态度或视角。首先是"理性主义"的观点，根据这个观点，论证实际上是推理过程。如果从这个角度看，笛卡尔很好地将本体论论证与第三沉思的经验证明分开了，尽管与此同时，关于后者的恶性循环问题变得尖锐起来。第二种是"奥古斯丁主义者"的观点。一个人并不真正认识自己——在"我思，故我在"中被确证的自我，除非它被理解为一个关于"自我-上帝"这个总的关系的术语。这种观点所要求的不是一个推理论证的过程，而是对予料的长期而深刻的观察。我们之所以能够知道自我的不完满，只是因为在关于完满的天赋观念中，我们有关于上帝的隐约的意识。并且本体论论证的一个功能就是通过引入完满性观念（它是原始予料的一部分），来表明上帝并不仅仅存在于与我们的关系之中，而是因为其本质，上帝必然并且永远存在。

第四章

笛卡尔（三）

身体的存在性——实体及其主要属性——心灵与身体的关系

1. 就前文来看，我们可以确定为真的只有那两个存在性命题——"我存在"以及"上帝存在"。不过，我们也知道，我们能够清楚明白地认识到的所有事物，都属于可能性的范畴。也就是说，上帝能够创造它们，即便我们不知道它们是否已经被如此创造出来了。因此，正如笛卡尔所说，这足以得出下述结论：我们（或者更准确的说法是我）应该能够通过对于某物不同于另一物这一点所具有的清楚明白的把握，而确认此二者是真正的不同之物，且此一物能够在完全无关另一物的情况下被创造出来。

所以一方面我能看到，根据"我思，故我在"，除了我是一个思考着的并且无广延的东西，没有什么属于我的本质；另一方面，我能清楚明白地将身体视作一个有广延且不能思考的东西。因此，我们可以得出："这个我，也就是说我的灵魂，也就是说我之所以为我的那个东西，是完全、真正跟我的肉体有分别的，灵魂可以没有肉体而存在。"①

当然，在这一情况下，我作为一个正在思想之物的存在本身，并不能证明我的身体的存在，更不用说其他物体的存在了。但我在自己身上发现了某些能力和活动，如改变位置和一般的局部运动的能力，这清楚地暗

---

① *M.*, 6; *A. T.*, VII, 78, cf. IX, 62.

示了物质的或带有广延性的实体的存在，也就是身体的存在。^①因为，这样一种对于活动性清楚明白的知觉必然以某种方式将广延包含在内，思想或理智则不在其中。进而，知觉还牵涉了某种被动性，因为我接收对"观念"的印象，并且我所接收到的印象为何，也不仅仅或唯一地依赖于我自己。知觉能力并不需要将思维作为预设前提，它必定存在于自我（即那个被认为在本质上是一个思想着的和无广延的东西）之外的某个实体之中。再者，因为我接收到那些印象，并且有时候这种接收违背我的意愿，所以我不可避免地倾向于去相信它们来自物体，而非来自我自己。并且，因为不蒙人的上帝已经给了我一个"非常大的倾向性，使我相信它们（即印象或者说感觉"观念"）来自物体性的东西，那么如果事实上这些观念不是来自或产生于物体性的东西而是来自或产生于别的原因，我就看不出怎么能辩解它不是一个骗局。因此必须承认有物体性的东西存在"^②。它们可能并不完全如感官所显明的那样；但无论如何，就我们清楚明白地对它们感知到的一切而言，它们必定是作为外在对象而存在的。

笛卡尔对有形之物的存在处理得相当概略。在《沉思集》和《哲学原理》中，他都没有专门地处理我们对其他心灵之存在的认识。而他在这个论题上的一般说法是：我们接收那些印象以及"观念"，并且因为上帝赋予我们一种自然的倾向，即将这些印象与"观念"归因于外在物质性原因的活动，所以外在物质之物必然存在。因为，假如上帝给了我们这种自然倾向，却同时由他自身的活动直接当下地创造了这些印象，那么上帝就是在蒙人了。所以，如果有需要，笛卡尔无疑会给出一个类似的论证，即通过诉诸上帝的诚实去证明其他心灵的存在。

因此，我们可以摒弃那种夸张的怀疑形式，在前文中那种怀疑假设我们的生活也许是一个梦，并且假设对应于我们观念的物质之物并不存在。"我应该把我这几天的一切怀疑都抛弃掉，把它们都当作言过其实、荒谬绝伦的东西，特别是把有关我过去不能把醒和梦分别开来的那种非

---

① 应该注意的是，笛卡尔是如何假设这些能力和活动性就必定是那些实体的能力和活动性的。
② *M.*, 6; *A. T.*, VII, 78—80, cf. IX, 63.

常普遍的不确定态度抛弃掉……"① 所以，心灵与身体的存在都可以确定，因此我们能够更进一步地去探寻它们各自的本质以及此两者之间的关系。

2. 笛卡尔将实体定义为："一个现存着的东西，并且其存在不依赖除其自身以外的任何东西。"② 不过，假如从严格的字面意义来理解，则这个定义只能适用于上帝。"谈到真理，除了上帝没有什么能够当得起这种说法，因为只有上帝是作为完全自我维持的存在者而存在的；而且我们也觉察到，不存在能够脱离上帝权能的维持而存在的被造物。"③ 但笛卡尔并未因此得出斯宾诺莎的那种结论，即只存在唯一的实体——上帝，且所有的造物都只是这一实体的样式。相反，他得出结论说，"实体"这个词在一种独一无二的意义上被用来指谓上帝，与其在其他事物上的用法不同。因此我们可以说，笛卡尔的路径与经院学者相反。因为后者往往首先将"实体"这个词用在自然物上，即用在经验对象上，然后在一个类比的意义上将之用于上帝；笛卡尔则首先将这个词用于上帝，随后在一个类比的意义上，将其用到被造物之上。这样一种次序与他宣称的从原因到结果而非相反的思考方式相一致。不过，尽管笛卡尔本人在任何意义上都不能算一个自然神论者，我们依然能够很自然地发现他为斯宾诺莎的实体概念的发展迈出了第一步。当然，这样说并不意味着笛卡尔会赞同这个概念。

尽管如此，如果我们暂且不考虑上帝，仅去思考将实体概念运用于被造物之上的问题，那么我们可以说存在两种不同的实体，并且这个词在一个同样独一的意义上被用来指谓这两类东西。"然而，不论是物质还是思维，都可以在这一普遍的概念之下（作为造物的实体）被构想；因为它们都只需要上帝的许可便能获得存在。"④

然而，我们所能感知到的并非实体本身，而是实体的属性。并且因为这些属性根植于不同的实体中并表征着实体，所以它们给予我们与实体有关的知识。但不是所有的属性都在地位上平等。因为"实体总是有一个

---

① *M.*, 6; *A. T.*, VII, 89, cf. IX, 71.
② *P. P.*, I, 51; *A. T.*, VIII, 24, cf. IX B, 47.
③ *Ibid.*
④ *P. P.*, I, 53; *A. T.*, VIII, 25, cf. IX B, 47.

主要性质，它构成了这一实体的本性与本质，并且所有其他的属性都有赖于它"①。实体观念不依赖于任何其他事物，这是一个普遍理解（当然就被造物来说，被造物要依赖于上帝用来使之持存的那种活动性），但它不能被用来将一种实体与另一种实体区分开来。我们只能通过对实体的属性、特性以及特质的思考，来进行这样的区分。经院学者也认同这一点。不过，笛卡尔进而给每一种类的实体都分派了一个主要的属性，并且把这个属性与实体本身的方方面面联系起来。因为他确定某一特定类型实体的主要属性的方法，就是去追问我们能够清楚明白地将该事物不可或缺的属性视为什么，以至所有其他属性、特性以及特质都被视为是以这种属性为前提并依赖于它。因此结论似乎是，在实体及其主要属性之间做出区分是不可能的。它们在所有方面都是同一的。下文还会提到，这一观点将使得笛卡尔陷入某些神学上的疑难之中。

我们已经看到，在笛卡尔看来，精神实体的主要属性是思维。并且他也将坚持这样的观点，即在某种意义上精神实体总是处于思维状态之中。所以，笛卡尔对阿尔诺说："我不怀疑精神一渗入一个小孩子的身体里就开始思维，从这时起他就知道他思维，虽然他以后不记得他思维什么，因为这些思想的特有形式（specific forms）②没有长驻于记忆之中。"③因此，他再次质问伽桑狄："不过，既然灵魂是一个在思维的实体，它为什么不一直在思维？如果我们不记得在我们母亲肚子里或在昏睡时我们思维了些什么，这也没什么奇怪的，因为我们连当我们成年、健康、清醒的时候甚至对于我们明明知道曾经思维的事都想不起来。"④确实，假如灵魂的本质是思维，那么显然，它必须要么总是处于思维之中，尽管有时乍看之下它并非如此，要么当不再思维的时候它就不存在了。笛卡尔的这个结论来自他的前提。而这个前提是否正确，就是另一个问题了。

而什么是物质之物的主要属性呢？那必然是广延。比如说，我们不

---

① *P. P.*, I, 53; *A. T.*, VIII, 25, cf. IX B, 48.
② 这个词的词源是经院哲学的专有词汇"属"（species），乃是作为一种心灵上的样态或观念来使用的。
③ *R. O.*, 4, 2; *A. T.*, 240, cf. IX, 190.
④ *R. O.*, 5, 2, 4; *A. T.*, VII, 356–357.

能在没有广延的情况下构想形状或运动；反之则可以。"所以在长度、宽度和高度中存在的广延性构成了物质实体的本质。"①这里，我们所拥有的其实是物质之物的几何学概念，且并未涉及位移与能量。

　　这些主要属性与它们所表征的实体是不可分的。不过也有一些属性样态是可分的，这不是说它们能在与其所表征的实体分开之后继续存在，而是说实体能够在没有这些特殊属性样态的情况下继续存在。譬如，思维是心灵的本质，并且后者会相继出现不同的思维。也就是说，虽然思维不能离开心灵而单独存在，但后者却能够在缺少这个或那个具体思维的情况下继续存在。同样，虽然广延是物质实体的本质，但某一专门的量或形状却不是。一个事物的尺寸和形状可以变化万千。思维和广延的各种属性样态，则被笛卡尔统称为"样式"（mode）。实际上，他是这样说的："当我在这里说到样式的时候，我只不过想要表达在其他地方用属性或性质这类词所指代的那个意思。"②但他继续区分这些术语的用法，并进而谈道：因为上帝不会改变，所以我们不应该将"样式"或"性质"这类词用在他身上，而只能使用属性这个词。并且，当我们将思维与广延作为实体的"样式"进行思考的时候，我们其实是认为它们可以有不同的变化。因此，在实践中，"样式"这个词应该被严格限定在被造物的可变属性上。③

　　3. 由上文我们可以很自然地得出一个结论：人类是由两个相互独立的实体构成的，并且心灵与身体的关系和船员与船的关系类似。在经院哲学的亚里士多德主义中，人类被视为一个统一体，灵魂之于身体正如形式之于质料。进而，灵魂也不能被化约为心灵，即在一种生物学的、感性的以及理智的生命法则的意义上来理解它。至少，在托马斯主义看来，灵魂将存在性给予了肉体，也即，灵魂是使得一堆肉成为人类身体的关键。显然，这种灵魂观有助于坚持人类自身的统一性。灵魂与肉体共同构成一个完整的实体。而在笛卡尔的理论看来，要坚持这两者之间具有某种本质

---

① *P. P.*, I, 53; *A. T.*, VIII, 25, cf. IX B, 48.
② *P. P.*, I, 56; *A. T.*, VIII, 26, cf. IX B, 49.
③ 笛卡尔声称：在作为被造物的实体之中，存在着一些不变的属性。"譬如说在当下现存并且会持续存在的东西之中，必定带有存在和绵延这两种属性"（*P. P.*, I, 56; *A. T.*, VIII, 26, cf. IX B, 49）而这些属性不应该被称作样式。

性关系是非常困难的。因为，如果笛卡尔本人的思考也是从"我是一个实体，这个实体的全部本质就是思"这个命题开始的，而肉体不能思，同时肉体也不包含在我关于我自身作为一个思考着的东西的清楚明白观念之内，若上述说法成立，那我们似乎就可以得出下述结论：肉体不在我的本质或本性的范畴内。并且，在这个意义上，我们还可以说，"我"是一个暂住在肉体中的灵魂。确实，如果我能够驱动我的肉体或控制肉体的一些活动，那么这两者之间至少存在如下关系：灵魂之于肉体正如施动者之于受动者，身体之于灵魂正如工具之于工匠。如果上述说法成立，那么前文中将灵肉关系比作船长或船员之于他们的船的关系，也是恰当的。因此，我们就非常容易理解阿尔诺在第四组反驳中的评论：我清楚明白地认识到自己仅仅是一个思考着的存在者——这一理论导致了如下结论，即"凡肉体的皆不在人类的本质范畴之内，人因此完全是精神性的，而他的肉体仅是灵魂的载具；并由此得出人的定义——使用着某具身体的灵魂"[1]。

然而事实上，笛卡尔在第六沉思之中也已提到，自我并不只是像一个在船上的海员那样暂住于肉体中。他说：只要是自然教给我们的东西，那必为真。因为在狭义上，自然指的是上帝给予我们的纷繁复杂的事物，但在一个宽泛的意义上，自然指的是上帝或上帝用来造物的秩序。而正如我们所见，上帝是不会骗我们的。因此，假如自然教导我们说：我有一具这样的躯体，它会受到疼痛的刺激，并且能感觉到饥饿和干渴，那么我显然没有怀疑以上这些感觉之真实性的理由。并且"自然也用疼、饿、渴等等感觉告诉我，我不仅住在我的肉体里，就像一个舵手住在他的船上一样，而且除此之外，我和它非常紧密地联结在一起，融合、掺混得像一个整体一样。因为，假如不是这样，那么当我的肉体受了伤的时候，我，这个仅仅是一个在思维的我，就不会因此感觉到疼，而只会用理智去知觉这个伤，就如同一个舵手用视觉去察看是不是在他的船上有什么东西坏了一样"[2]。

笛卡尔似乎处于一个两难的位置。一方面，他对清楚明白这一真理

---

[1] *A. T.*, VII, 203, cf. IX B, 158.
[2] *M.*, 6; *A. T.*, VII, 81, cf. IX, 64.

之标准的应用，导致他必须强调在灵魂与肉体之间存在一条事实上的鸿沟，甚至将它们各自描述为一个完整的实体。另一方面，他又不想接受似乎由此而来的结论，即灵魂只是暂住于肉体之中，只是将肉体作为一种载具或工具。而他并不只是为了避免神学上的批判才拒绝这个结论。因为他还意识到，经验也将对这一结论的真理性产生否定作用。换句话说，他发现肉体能够影响灵魂，灵魂同时也影响着肉体，并且此两者必定在某种意义上构成了一个统一体。他并不准备否认这些事实上的交互作用，并且，众所周知，他试图确定交互作用的点。"为了更完美地去理解世界上的一切事物，我们必须了解灵魂是真正融于整个身体之内的，并且，我们也许可以这样说，我们也不能认为灵魂能够存在于任何其他与'此身'相左的东西之上，因为灵肉一体，且在某种程度上密不可分……（不过）同样，我们也有必要认识到：尽管灵魂真正融于整个肉体之内，但肉体中仍有某一部分比起其他部分，获得了一些更专门的思想功能；我们一般认为这一部分就是大脑，或者也有可能是心脏……但在小心查验这些情况的过程中，我好像已经清楚地查明了灵魂将其自身功能所直接作用于肉体的那部分绝不可能是心脏，但也不可能就是整个大脑，它仅仅只存在于大脑的最深处——对理智这种东西来说，对应的是处于大脑实体性意义上的中心位置的某个非常小的腺体，它被动物精气①借以运动的那些管道所支撑，精气凭借这些管道沟通大脑的前腔与后腔，发生在腺体之中的非常微小的活动都会在非常大的程度上影响那些精气的运动轨迹；反之，精气在运动过程中所发生的微小偏折也都会极大地影响这个腺体本身的活动。"②这种非常具有局限性的身心交互模型实际上完全无法解决非物质之灵魂与物质肉体之间的关系所带来的问题；而且从某种角度而言，这种解释实际上加强了心物之间的鸿沟。然而很明显，笛卡尔并不打算否认交互作用。

笛卡尔对阿尔诺的回答，反映了这两条思想线索的结合：对于心物

---

① 这里所引的"动物精气"一词乃是指进入大脑的前腔的"血液中最有生气并且最稳定的那一部分"。"它们是极其细微的物质之物"，并且"移动非常快速，就好像从火炬之中腾跃而起的那些火舌粒子一般"；并且它们乃是"神经和肌肉通过对于肉体在其可能范围内所进行的驱动"而产生的。（*P. S.*, I, 10; *A. T.*, XI, 334–335）

② *P. S.*, I, 30–31; *A. T.*, XI, 351–352.

之间区别的强调,和对于人作为一个统一体以及身心交互作用的接受和阐释。此外,灵魂与肉体被笛卡尔称作不完全的实体,"因为它们不能依赖自身而存在……我坦承,对我来说,将它们认作实体存在矛盾之处……如果单就各自来看,它们可以说是完全的(实体)。同时,我也明白,一个思维着的东西的完满性是不会少于那些拥有广延的东西的"[①]。笛卡尔在这里的"灵魂和肉体是完全的实体"的说法,强调了它们之间的那种区分。同时,"在另一个意义上,我们也能够将它们称为不完全的实体;在实体这个定义的意义上来看,它们缺乏完满性;不过这种说法仅是相对于它们之外的其他实体而言的,这也与它们能构成的一个独立而又持存的东西的情况一致……相对于人类这个由它们一起构成的统一体,心灵和肉体确实不能算作完满"[②]。

鉴于这种无法令人满意的平衡理论,我们很容易理解为什么如赫林克斯这样的笛卡尔主义者提出了偶因论,该理论认为身心之间并不存在真正的因果交互关系。这只是一个巧合,在上帝移动我的手臂之时,我正好就是这么意愿的。事实上,偶因论的种子是笛卡尔自己种下的。譬如,在《反对一种确定纲领的笔记》中,他提道:外在对象通过感官传送给心灵的那些东西并不是观念,而是"使心灵有机会通过一种内在的能力在此刻而非其他时刻形成这些观念的东西"[③]。这种说法不可避免地暗示了这样一种情况:存在着两个事件序列,心灵序列中的观念和肉体序列中的活动,当后者出现时,前者也恰巧在心灵之中被创制出来。并且,由于笛卡尔强调上帝在世界之中不断的保护活动,当这种保护活动被理解为一种不断更新的创造时,我们可以得出结论说,上帝是唯一的和直接的动力因。当然,我并不是想要暗示笛卡尔本人会赞成偶因论,因为正如我们所看到的那样,笛卡尔坚持身心交互的存在。但是可以理解的是,他对这个论题的处理导致了偶因论的提出。偶因论部分地是作为对"身心交互"真正含义的阐释,并且其提出者坚持笛卡尔关于心灵的本质和状况的一般观念。

---

① *R. O.*, 4, 1; *A. T.*, VII, 222, cf. IX, 173.
② *Ibid.*
③ *A. T.*, VIII B, 359.

第五章

笛卡尔（四）

物质之属性——笛卡尔与圣餐变体论——空间与位置——运动——绵延与时间——运动的根源——运动的规律——神在世界中的活动——有生命之物

1. 我们可以发现，在笛卡尔看来，物质实体的主要属性是广延，"所以，在长度、宽度、高度之中体现出来的广延[1]也就构成了物质之物的本质"[2]。因此，我们可以将大小以及形状视为具有客观性的自然表象。因为它们是广延的样式或不同的样态。不过对于那些被称为"第二性质"的颜色、声音、味道之类的性质，我们又该如何定义呢？它们是否客观地存在于物质实体之中呢？

笛卡尔对这个问题的回答类似于伽利略曾给出过的那个答案。[3]这些性质不是外部事物中的某物，"而是这些物体的不同配置，它们能以各种方式触动我们的神经"[4]。光、色、嗅、味、声以及触觉带来的那些性质"不是别的，就我们所能知道的而言，它们只不过是构成大小、形状以及运动的某种物质的性质特征而已"[5]。因此，第二性质存在于作为感觉主体

---

[1] "通过广延，我们可以理解任何具有长、宽、高的东西，而不必去追问它是一个真实的物体或只是一个空间。"(*R. D.*, 14; *A. T.*, X, 442.) 这是关于广延的基础性观念。
[2] *P. P.*, 1, 53; *A. T.*, VIII, 25, cf. IX B, 48.
[3] 参见《科普勒斯顿哲学史》第3卷，第287页。
[4] *P. P.*, 4, 198; *A. T.*, VIII, 322–323, cf. IX B, 317.
[5] *P. P.*, 4, 199; *A. T.*, VIII, 323, cf. IX B, 318.

的我们之中，而非存在于外在事物之中。后者，即处于运动之中的带有广延的事物，是在我们里面引起颜色、声音等感觉的原因。这就是笛卡尔在他更早期的研究中所说的，物质之物可能并不完全像它们看起来的那样。譬如，我们能读到这样的话："因此必须承认有物体性的东西存在。虽然如此，它们也许并不完全像我们通过感官看到的那样，因为感官的知觉在很多东西上是非常模糊不清的。"① 广延是我们清楚明白地感知到的属于物质实体的本质或天性的东西。而我们关于颜色和声音的观念并不是清楚明白的。

因此，似乎可以很自然地得出这样一个结论：我们关于颜色、声音等的观念不是内在天赋的，而是偶然的观念，来自外部世界，也就是说，是由外在物质之物引起的。笛卡尔坚持认为，在物质之中存在着无法被察觉到的粒子，不过这些粒子不是类似德谟克利特的原子那样的不可再分之物。② 因此，这也就很自然地指向了这样的论断，即，在笛卡尔看来，这些运动中的粒子刺激了感觉器官，进而导致了我们对颜色、声音以及其他第二性质的觉察。而阿尔诺也确实是从这个层面来理解他的。"这些感性的性质，笛卡尔先生一律不承认，他只承认围绕着我们的小物体的某些不同的运动，由于这些不同的运动，我们感觉这些不同的印象，我们以后称之为颜色、滋味、气味等。"③ 而在其回应中，笛卡尔主张，诸如此类的刺激感官的东西仅是"被感官感觉或知觉的物体体积最外层的表面"，因为"除非有所接触，否则就不可能对感官产生刺激"并且"接触只能发生在表面上"。④ 他随后继续指出：我们必须不把表面仅理解为手指感觉到的物体的外部形状。因为，在物体内部存在着无法被感知的微小粒子，并且物质的表面直接包覆着这些相互独立的粒子。

然而，在《反对一种确定纲领的笔记》中，笛卡尔主张，"没有任何东西能够超越某种物质运动，通过感官由外在对象那里到达我们的心

---

① *M.*, 6; *A. T.*, VII, 78, cf. IX, 62.
② *P. P.*, 4, 201–202; *A. T.*, VIII, 324–325, cf. IX B, 319–320.
③ 《第四组反驳》(*Fourth Objection*); *A. T.*, VII, 217, cf. IX, 169。
④ *R. O.*, 4; *A. T.*, VII, 249, cf. *IX*, 192.

灵"。随后他得出结论说,"疼痛、颜色、声音等观念(一定)是内在天赋的"①。因此,假如第二性质的观念是内在的,那它们就几乎不可能同时又是偶然的。物质运动刺激了感官,而在这种运动出现的那一刻,心灵也产生关于这一物的颜色之类的观念。从这个意义上说,这些观念是天赋的。确实,笛卡尔在《反对一种确定纲领的笔记》中讲过这样的话:所有观念都是天赋内在的,甚至关于物质运动的观念本身也是。因为我们无法以它们确切的存在形式来构想它们。所以,我们必须在物质运动和我们在受到它们的刺激时所形成的关于它们的观念之间,做一个区分。

这种说法很自然地指向了一种感觉表象理论。尽管所表象的对象外在于心灵,感觉到的东西却在心灵之中。这种表象理论显然也带来了一些问题。不过,除了这一点,如果所有的观念都是内在天赋的,那么天赋的、偶然的以及人为的观念之间的区别就被打破了。笛卡尔似乎一开始就企图将天赋观念限定为清楚明白的观念,使它们与那些偶然和模糊的观念区别开来,但后来笛卡尔开始认为,所有观念都是内在的,当然在这种情况下,并非所有内在观念都是清楚明白的。而在对观念所进行的这些不同方式的论述,与笛卡尔对身心关系的不同说法之间,显然存在着某种联系。因为假如身心之间能够存在真正的因果关系,那么就一定存在偶然性的观念,而基于偶因论的预设,所有观念都必然是天赋的——笛卡尔意义上的那种"天赋"。

然而,假如我们忽视笛卡尔不同的论说方式,只选择他思想的一个方面,我们可以说,他将身体几何化了,也就是说,他将身体自身的存在化约为广延、形状以及大小。确实,这种解释本不应该被压制;但笛卡尔有这样的思想倾向:他想要去分殊物理学家意义上的世界和常识感觉意义上的世界。前者忽略所有颜色之类的性质,除非它们能在某种意义上化约为粒子运动。真理的关键就在于纯粹的理性直观。我们不能简单地说感觉是错乱虚妄的;但它必须服从于纯粹理智的最终判断。数学精神在笛卡尔的思想中是最重要的。

---

① *A. T.*, VIII, B, 359.

2. 在这一点上,我想要简单地提及笛卡尔在他的物质实体理论中牵涉到的一个神学难题。这个难题其实在上一章已经模糊地提到过,乃是关乎"圣餐变体论"的。根据特伦特会议所定下的教义,在弥撒中使用的面包和葡萄酒之实质会变成耶稣的血和肉,面包和葡萄酒的偶性(accidents)[1]却依然存在。但是,根据笛卡尔所坚持的说法,如果广延等同于物质实体,并且偶性是主观的,那么似乎可以得出这样的结论:在实体发生转换之后,原来的任何偶性都不会继续存在。

阿尔诺在第四组反驳中"能够给神学家们引起疑难的东西"这一标题下提出了这一问题。他说:"面包的实体一旦离开了圣体的面包,就只剩下一些偶性了,这被我们当作信条。那么这些偶性就是广延、形状、颜色、气味,以及其他感性的性质。这些感性的性质,笛卡尔先生一律不承认,他只承认围绕着我们的小物体的某些不同的运动,由于这些不同的运动,我们感觉到这些不同的印象,这些印象,我们以后称之为颜色、滋味、气味等。这样一来,就只剩下形状、广延和可动性了。但是笛卡尔先生否认这些功能可以不经它们所依附的实体而被理解,且它们因此也不能离开实体而存在。"[2]

而在对阿尔诺的回应中,笛卡尔提到,他发现特伦特会议中所用的是"属"(species)这个词,而不是"偶性"(accidens)[3],并且他将"属"理解为"外表"(semblance)。也就是说,面包和葡萄酒的"外表"或表象在圣餐实体转换之后依然存在。那么,"属"只能意味着对感官产生作用所需的东西。而刺激感官的是物体的表面,即"被设想为物体的各个分子和围绕它们的物体之间的东西的这个界限,这个界限除了样态之外没有别的实体"。[4]并且,当面包的实体以这样的方式转变成其他实体时,这个新的实体"完全被包含在与之前其他实体相同的限制范围内,或者它存在于面包和酒以前存在过的同一地方,或者毋宁说(由于它们的边界在

---

[1] 实际使用的那个词是属(species),而非偶性(accidentia)。
[2] *A. T.*, VII, 217–218, cf. IX, 169.
[3] accidens,偶性的拉丁文拼法。——译者注
[4] *R. O.*, 4; *A. T.*, VII, 250–251, cf. IX, 193.

不断地移动），如果它们存在的话，它们就会存在于那个地方，其结果必然是，这个新的实体将以完全相同的方式作用于我们的感官，就像面包和酒在没有发生变化的情况下所起的作用一样"①。

笛卡尔尽量避免了神学上的争论。"关于耶稣基督的广延在圣餐之中这件事，我没有解释，因为我没有义务这样做，也因为我尽我所能地远离神学的问题。"② 然而，他在另一封信中却这样做了。③ 不过，这是因为阿尔诺已经提了这个问题，所以笛卡尔感到他有责任去弥合他的样式理论与圣餐变体论教义之间的分歧，或者更确切地说，他想要表明被他视为确定的真理的样式理论是如何能令人满意地坚持并解释圣餐变体论的。不过，尽管笛卡尔从未否认过这条教义（假如他否认了，显然也就不存在弥合理论和教义的问题了），他根据自己的样式理论对于圣餐变体论的内涵所做出的解释，却并未得到天主教神学家们的认可。因为，尽管特伦特会议所使用的词确实是"属"而非"偶性"，但很显然，"属"所表示和指向的是"偶性"，而不仅仅指非常宽泛的"外貌"，这一点也十分清楚。对此，笛卡尔的态度非常明确。"如果说我胆敢在这里说出我不想说的真话，那么我冒昧地希望，承认实在的偶性这个意见将被神学家们所遗弃，他们会认为它在信仰上是靠不住的，是与理性相矛盾的，完全是不可理解的；而我的意见将会代替它，被当作可靠的、无可置疑的，这样的时刻将会到来。"④ 当然，笛卡尔的这一期望从未实现。

可以看到，除去神学上的联系及影响，笛卡尔对这一问题的讨论清楚地表明，尽管他在谈论"实体"和"样式"，但我们不能就此错误地认为，笛卡尔是在经院哲学的实体与偶性概念的基础上来使用它们的。对笛卡尔来说，"实体"真正的意思是：某人能清楚明白地感觉到的某物的基本属性。而以"样式"代替"偶性"这个词，则有助于指出，笛卡尔不相信那种实在的偶性，在与使得它们成其为偶性的那些实体相分离之后，还

---

① *R. O.*, 4; *A. T.*, VII, 251, cf. IX, 193–194.
② 《给皮埃尔·梅兰的信》(*Letter to Pere Mesland*); *A. T.*, IV, 119。
③ *A. T.*, IV, 162–170.
④ *R. O.*, 4; *A. T.*, VII, 255f, IX, 197.

能独立存在（虽然通过上帝的权能，它们真的能够）。

也许还有必要加上一句，尽管天主教神学家们认为圣餐变体论教义能很好地解释实在的偶性是存在的，但这并不必然意味着物质之物是在一种形式的意义上获得（譬如说）颜色这类性质的。换句话说，这一教义并不能被用来解决第二性质的问题。

3. 如果物质实体的本性或本质在于广延，那么我们应该如何解释空间呢？笛卡尔的回答是："空间，即内在的场所（internal place），同空间之中所含的物质实体，在实际上并没有差异，只在我们惯于设想它们的方式上存在差异。"① 假如我们将一个物质之物（譬如，一块石头）中所有那些对于它作为一个物体来说非本质性的东西去除，那么剩下来的就只有作为广延的长、宽、高了。"这种东西是包含在我们的空间观念中的，而且它不只包含于充满物体的空间观念中，也包含于所谓虚空的空间观念中。"② 尽管如此，我们对空间和物质之物的构想方式仍存在着差别。因为当我们思考空间的时候，我们其实是这么想的：譬如说实际由一块石头填充的广延，当石头被移除时，可以由其他物体填充。换句话说，我们并未将广延视作构成某一特定的物质之物的实体的东西，而只是在一般性的意义上来理解它的。

就场所而言，"场所和空间这两个词同'占场所的物体'这个词所指示的并不真正相异"③。一个物体的场所不是另一个物体。然而，在"场所"和"空间"这两个术语之间存在着差异，前者表示位置，即与其他物体相关的位置。我们常常可以看到，笛卡尔声称，某物取代了另一物而占据了它的场所，虽然前者没有与后者相同的大小与形状，因此不占据相同的空间。并且，当我们说以这样的方式发生场所的变化时，我们考虑的是某物和他物之间相对的位置关系。"当我们说一件事物'在'一个特殊的场所中存在时，我们的意思只是说，它相对于一些别的物体来说占有某种

---

① *P. P.*, 2, 10; *A. T.*, VIII, 45, cf. IX B, 68.
② *P. P.*, 2, 11; *A. T.*, VIII, 46, cf. IX B, 69.
③ *P. P.*, 2, 13; *A. T.*, VIII, 47, cf. IX B, 69–70.

确定的位置。"① 重要的是要注意,没有绝对的场所,也就是说,没有不动的参照点。假如一个人乘舟渡河,且在整个渡河过程中都坐在舟上,如果我们以舟作为位置参照物的话,那他就可以被认为一直在同样的场所——虽然相对于河岸来看,这个人存在的场所改变了。并且,"假如最终我们确认在宇宙中不存在不动的点,正如目前所表明的那样,这是可能的,那么我们就应该得出结论说,任何事物,除了在我们思想中使之固定不变外,都没有恒常的位置"②。位置是相对的。

我们已经认识到,空间或内在场所与构成物质实体之本质的广延之间并不存在真正的区别。由此我们可以得出,在严格意义上,应该是不存在空的空间的,也就是说没有虚空存在。因为,一个罐子被用来装水,当没有水在它里面时,我们说它是空的;但它里面依然是有空气的。换句话说,一个绝对空的空间、一个什么也没有的空间是不可能存在的。"因此,假如有人问,要是上帝强行移除某个容器内的所有东西,并且也不允许其他东西来填充这些多出来的空间,那将会发生什么?我们的回答是:这个容器的各边将会因此而立即贴合在一起。"③ 它们之间将不会存在间隙,因为间隙是广延的一种样式,而没有可延展的实体就没有广延。

笛卡尔从"广延是物质实体的本质"这种说法出发,也得出了一些其他结论。第一,在严格意义上不可能有原子存在④。因为任何物质粒子都必须有广延,而假如它是有广延的,那它在原则上就可再分,即使我们没有办法把它物理地分开。因此,如果原子存在,那也只能是在一种相对的意义上存在,相对于我们分割物质的能力。第二,因为世界不能有可定义的界限,所以它是无限延伸的。因为如果我们想象世界的界限,我们就会想象超越这个界限的空间;但空的空间是无法被想象的。第三,假如物质实体和广延在最基本的意义上是同一的,那么天体与地球必然是由同一物质构成的。旧有的理论认为天体是由一种特殊种类的物质构成的说法应

---

① *P. P.*, 2, 14; *A. T.*, VIII, 48, cf. IX B, 71.
② *P. P.*, 2, 13; *A. T.*, VIII, 47, cf. IX B, 70.
③ *P. P.*, 2, 18; *A. T.*, VIII, 50, cf. IX B, 73.
④ 这里的原子显然是德谟克利特原子论意义上的原子,也就是物质不可再分的最小单位。——译者注

该被抛弃。最后，多重世界也就是不可能的。因为一方面，那些本质是广延性实体的物质填充在一切我们能够想到的空间之内，而另一方面，我们同时也不可能去想象任何其他种类的物质了。

4. 将物体看作广延的此类几何学概念，其本身带给我们一个静态的宇宙。但显然，运动是一个事实，我们需要思考运动的本质。不过，我们只需要讨论局地位移运动问题就够了，因为笛卡尔声称他无法设想其他类型的运动。

根据一般的说法，运动就是"一个物体由此地到彼地的活动"[①]。并且我们可以说，根据我们采用的不同参照点，被给定的某物在同一时间既动又不动。船上的人相对于他正在远离的岸来说处于运动之中，但同时他相对于船的各个部分来说却是不动的。

然而，确切来说，运动是"物质的某一部分或某一物体，从与之紧相邻接的物体（或被我们视为静止的物体）附近，移至别的物体附近"[②]。在这样一种定义中，专名"物质的一部分"以及"物体"意味着处于位移中的全部东西，即便这个全体是由许多自身也处于运动之中的部分构成的。而"位移"这个词必须被理解为，它意味着运动存在于物体之中，而不存在于推动它运动的事物中。运动与静止只是物体的两种不同样式。进而，某物对于其相邻之物的位置变化，这种对位移的定义也就意味着这个运动着的物体只处于一种运动情况之中；而假如使用"场所"这个词，我们所描述的就是同一物的若干运动情况，因为场所能够相对于不同的参照物来加以理解。最后，在这个定义中，"被我们视为静止的物体"界定了"与之紧相邻接的物体"的含义。

5. 时间概念是与运动概念相关的。不过我们必须区分时间与绵延（duration）。后者是一个被视为能持续存在的东西的样式。[③]然而，时间被描述为（这里笛卡尔使用了亚里士多德主义的用词）衡量运动的尺度，这就在一般的意义上与绵延区分开来。"不过为了在一个共同尺度之下来了

[①] *P. P.*, 2, 24; *A. T.*, VIII, 53; cf. IX B, 75.
[②] *P. P.*, 2, 25; *A. T.*, VIII, 53; cf. IX B, 76.
[③] *P. P.*, 1, 56; *A. T.*, VIII, 26; cf. IX B, 49.

解一切事物的绵延，我们就把它们的绵延和那些最大而最有规则的运动加以比较（即那些创造了年与日的规则运动），并将这种规则运动称为时间。因此，被我们称为时间的那种东西不是加于一般绵延上的一种东西，乃是一种思想方式。"① 因此，笛卡尔才会说时间仅是一种思想方式，或者正如法语版《哲学原理》中所解释的，"仅是一种关于绵延的思想方式"②。事物拥有绵延或持续性，而我们可以通过比较来思考这种绵延，于是，我便获得了时间这一概念——它是一种衡量不同绵延的共同尺度。

6. 综上，我们已经讨论了其本质被认为广延的处于物质世界之中的物质实体及其运动。但正如我们已经提到过的，如果以几何概念来考虑物质实体本身，那么我们会获得一个完全静态的世界观念。因为广延观念本身并不能包含运动概念。所以，运动看起来必然是由某些东西加诸物质实体上的。并且，确实，对于笛卡尔来说，运动就是物质实体的一个样式。所以，我们必须要去探究运动的缘起。也正是在这个意义上，笛卡尔引入了上帝及其神圣的推动。也就是说，上帝是世界运动的第一因。此外，上帝还保证了宇宙中的动量守恒，也就是说，尽管运动在不断发生，其总量却仍旧不变。"在我看来，非常明显的事实是，唯有上帝通过他的全能创造了物质，且物质的各个部分或运动或静止。至今他仍通过调谐，使现在宇宙中的运动和静止与他创造世界时放置于其中的等量。因为，虽然运动只是那些被推动之物的一种样式，但物质会保持一定的总动量，不会增加也不会减少，尽管它某些部分的动量可能随着时间消长……"③ 我们可以说，上帝以确定数目的能量创造了这个世界，尽管能量不断地从此物传递到彼物，但这世界之中的总能量不变。

我们可以通过上文注意到，笛卡尔试图从形而上学的前提中演绎出总动量守恒这一命题，也就是想要从对上帝之完满性的思考中得出这一命题。"我们也知道上帝之完满不仅在于上帝的本性是不可改变的，还在于他行动的方式永不会改变。因此，除了我们在世界之中看到的变化和那些

---

① *P. P.*, 1, 57; *A. T.*, VIII, 27, cf. IX B, 49–50.
② *Ibid.*
③ *P. P.*, 2, 36; *A. T.*, VIII, 61, cf. IX B, 83.

我们相信是上帝揭示给我们的变化（并且就我们所知，这些发生着的或已经发生了的变化并未影响上帝这一创造者分毫），我们不应该在他的工作中假定任何其他的变化，因为我们害怕将变易性归于上帝。就此我们可以得出，因为当上帝创造这个世界的时候，他以不同的方式推动了物质的各个部分的运行，还因为他将一切事物（及其部分）都置于他在创造它们之时所制定的那同样的形式与定律的监护之下，所以他不间断地确保了总动量在一切事物中的守恒。"[1]

7. 笛卡尔还提到，运动的基本定律可以直接从形而上学前提中被演绎出来。"上帝是永恒不变的，且永远以同样的方式行动，正是基于这一事实，我们才能获得被我们称为自然法则的确定知识。"[2] 而同样，这段内容的拉丁文版本是："因为上帝那同样的不变性，确定的自然规则或法则才能为人所知……"[3] 这种观念自然契合于本书第二章所论及的笛卡尔的观点——物理学依赖于形而上学，因为基本的物理学法则是可以从形而上学前提中推论出来的。

第一条法则是：任何事物，就其自身而言，总是延续其原本的静止或运动状态而永不改变，除非有其他物对其施加了作用。静止的物体，单凭其自身是永远不可能进入运动状态的，而处于运动状态的物体单凭其自身也永远不可能停止运动。这一命题的真理性可以为抛投体的运动表现（轨迹）所例证。如果有一个球被扔向空中，为什么在脱离投掷者的手以后，它还能继续保持运动状态呢？原因是，根据自然法则，"一切处于运动状态的物体都会继续运动下去，直到它们的运动被其他物体所阻碍"[4]。在这个球的例子中，是空气阻力逐步消减了球的运动速度。就此而言，亚里士多德主义的"外力"运动（'violent' motion）理论和 14 世纪的推动力理论都变得不再适用。[5]

而第二法则是，每一个运动着的物体都试图保持其原有的运动方向。

---

[1] *P. P.*, 2, 36; *A. T.*, VIII, 61–62, cf. IX B, 84.
[2] *P. P.*, 2, 37; *A. T.*, VIII, cf. IX B, 84.
[3] *A. T.*, VIII, 62.
[4] *P. P.*, 2, 38; *A. T.*, VIII, 63, cf. IX B, 85.
[5] 参见《科普勒斯顿哲学史》第 3 卷，第 157—160 页。

假如描绘出的运动轨迹是圆形的，那么这个运动着的物体必定受到了其他物体的影响。以这种方式运动的物体总是倾向于远离它运行轨迹中间的那个圆心。笛卡尔首先给出了这种运动规律的形而上学根据。"这条法则与前一条法则一样，依赖这一事实，即上帝是不动的，且总是通过一种非常简单的运作在保存事物的运动性……"①但他之后就开始援引一些对这一法则的经验性证明。

"我在自然中观察到的第三条法则就是：假如一个运动着的物体碰到了另一个物体，并且保持其原有直线运动的力量要弱于另一物体阻碍它的力量，那么除了运动方向会改变，不会有其他任何损失；反之，如果它的运动力量更强，那么它会带着另一个物体一起运动，且它失去的动量等于它施于那个阻碍它的物体的动量。"②同样，笛卡尔试图援引上帝的不变性与行动方式的恒定性，以及经验性证据来论证这一法则。笛卡尔声称在上帝的不动性、恒久性与他的运动法则之间存在着联系，但很难说这种联系能够支持他的这一观点——基本的物理定律能够从形而上学中演绎出来。

8. 所有这一切都暗示了一个自然神论的世界概念。这样一个图景将会很自然地浮现在我们的心灵之中——上帝把世界创造为一个由运动着的物体构成的系统，然后让它自己运行。实际上，这样一种自动展开的图景正是帕斯卡尔在《思想录》中所提到的问题："我不会原谅笛卡尔。他在其全部哲学之中都想撇开上帝。然而他又不得不要求上帝来推动一下，以便这个世界运动起来；除此之外，他便再也不需要上帝了。"③不过，正如我打算在下文中提到的，帕斯卡尔的这一批评有所夸大。

我们看到，笛卡尔坚称，为了使这个被创造的宇宙继续存在，上帝对它的保存十分必要。这种保存被认为等同于永恒不断的再创造。现在，这个理论又与他的运动和时间之中没有连续性这一理论紧密相连。"因为我的全部生存时间可以分为无数部分，而每一部分都绝对不取决于其余部分。这样，从不久以前我存在过这件事上并不能得出我现在一定存在这一

---

① *P. P.*, 2, 39; *A. T.*, VIII, 63, cf. IX B, 86.
② *P. P.*, 2, 40; *A. T.*, VIII, 65, cf. IX B, 86—87.
③ *P.*, 77.（可参看本书第七章相关内容。——译者注）

结论，除非在这个时候有什么原因重新（姑且这样说）产生我、创造我，也就是说保存我。事实上，这对于凡是要仔细考虑时间的性质的人来说都是非常清楚、非常明显的，即一个实体，为了在它延续的一切时刻里被保存下来，需要同一的力量和同一的行动，这种行动是为了重新产生它和创造它所必要的，假设它还没有存在的话。因此，自然的光明使我看得很清楚，保存和创造只有从我们的思想方法来看才是不同的，而从事实上来看并没有什么不同。"① 时间是不连续的。在《哲学原理》中②，笛卡尔说：时间或物质的绵延是"这样的——它的各部分并不相互依赖，也从未同时存在"。在给沙尼（Chanut）的信中，他说："它的（世界的）绵延之中的每一刻都互相独立。"③ 因此，绵延中的每一刻都是独立的，我存在的每一刻也都是互相独立并分离的。因此，永恒不断的再创造是必要的。

不过笛卡尔从未设想，我们在现实中的生命本身没有连续性，抑或我们是由许多离散而没有普遍统一性的自我所构成的。并且，他也不认为在运动和时间之中没有连续性。他认为是上帝通过其自身永不停歇的创造活动支撑起了这种连续性。并且这种想法也指向了一个与上文所提到自然神论完全不同的世界图景。自然秩序与笛卡尔归之于自然法的那些先后次序，看起来都依赖于上帝的这种永不停歇的创造活动。并且，正如不仅我的存在之起因依赖于上帝的活动，而且我的继续存在与自我的连续性也都依赖于上帝的活动，物质之物的继续存在和运动的连续性也都依赖于此。似乎这个宇宙的每一个确定的部分与时刻都依赖于上帝。

9. 迄今为止，我们认为，自我的本质是思想，物质实体的本质是广延。但对于有生命之物（living bodies），却并没有任何明确的说法，因此我们有必要探讨一下笛卡尔对于它们的看法。这个问题的范围被以上陈述明确界定了。因为只存在两类被创造的实体——精神和物质。所以问题是，有生命之物应该属于哪一类实体。进而，对这个问题的回答在这一起始点上也就非常明白了。因为有生命之物很难被归为精神实体，所以它们

---

① *M.*, 3; *A. T.*, IX, 39, cf. VII, 49.
② *I.*, 21; *A. T.*, VIII, 13, cf. IX B, 34.
③ *A. T.*, V, 53.

必然属于物质实体。并且,如果物质实体的本质是广延,那么有生命之物的本质也必然是广延。就此而言,我们的任务就是对这一结论的意蕴进行探究。

首先,笛卡尔坚称,并没有什么合理的依据将理性归诸动物。对于认为动物是基于理智而说话或它们能如此的说法,他大声疾呼:这缺乏明确的证据!事实上,有些动物的器官可以让它们说话。譬如鹦鹉就能说话,就好像它们能吐出词语一样。但是没有证据显示,鹦鹉说话是因为它们自身的理智,或者说它们在思考它们所说的内容,它们能理解它们所吐出的那些词语的意义,或它们能发明一些符号来表达它们的思想。动物会表现出它们的感觉,确实如此,但有证据表明这是一个无意识的过程,而不是一个理智的过程。而在另一方面,人类,即便是最笨的人,也能组织词语来表达自己的思想,并且哑者也能够理解或发明一些交流符号来表达他们的思想。"这就证明禽兽并不只是理性不如人,而是根本没有理性,因为学会说话是用不着多少理性的。"[1] 虽然我们可以确认,许多动物在某些行为上能表现得比人类更加灵敏,但这并不能证明这是它们心灵作用的结果。如果真的如此,那它们更胜一筹的灵敏度应该表现为一种精神上的优越才对,然而,这样就又不能解释它们在语言上的无能了。它们的那种灵敏"确定无疑地表明了它们毫无半点理性可言,是它们身上器官装配的本性在起作用:正如我们看到一架时钟由齿轮和发条组成,就能指示钟点、衡量时间,做得比我们这些非常审慎的人还要准确"[2]。

因此,动物并无理性或心灵。对这一点,经院哲学应该也是赞同的。不过,笛卡尔因此就得出结论说动物是机器或自动机,这一观点显然与亚里士多德经院哲学认为动物拥有感性"灵魂"[3]的理论大相径庭。假如动物没有人类意义上的心灵,那它除了是运动着的物质,就不可能是其他的什么东西了。当阿尔诺反驳说,若没有"灵魂"概念(只在相对物质的意义上,而非在不朽的意义上),则动物的行为就无法解释,笛卡尔回应

---

[1] *D. M.*, 5; *A. T.*, VI, 58.
[2] *D. M.*, 5; *A. T.*, VI, 59.
[3] 当然笛卡尔也否认在植物中存在某种"草木灵魂"或精神原则。

说:"动物的所有行为都与我们人类的那些完全不需要心灵协助便可以发生的行为相类似。因此,我们可以得出这样的结论:我们在动物里事实上不认识任何别的运动原则,只认识器官的支配和动物精气的不断流入。这种动物精气是心脏的热产生的。心脏的热减缓和稀化血液。"[1] 在1649年2月5日写给亨利·摩尔的回信中,笛卡尔坚称:"我并未剥夺任何动物的生命。"这句话在此的意思是:他并不反对将动物描述为有生命之物,不过他给出的理由是,他将生命定义为"仅在心口有那么一丝温暖的东西"[2]。此外,"我也并不否认它们因其所有的那些肉体器官而拥有感觉"[3]。因为注意到动物的很多行为与我们的行为相类似,所以我们倾向于将动物的生命看作比纯粹的物质之物有更多内涵的东西;并且,由于我们将自己的身体运动归因于我们的心灵,因此,我们也很自然地倾向于将动物的运动归因于某种生命原则。但研究表明,不需要引入任何心灵概念或无法被观察到的生机活力原则,动物的行为也能被详尽地描述清楚。

笛卡尔因此企图表明动物就是机器或自动机。他也试图这样看待人类的肉身。许多身体上的活动过程都可以在不涉及心灵的情况下继续下去——呼吸、消化、血液循环,所有这一切都会自动进行。确实,譬如我们可以做到有意地走路;但心灵其实并未直接驱动肢体;它只是影响了处于松果腺中的精气,并且这样一种行动也未创造任何新的运动或者能量,而只是变更了运动方向或者说将来源于上帝的那种动量运用到了现实之中。因此,人体类似于一部机器,这部机器能够在很大范围内自动运转,而我们作为操作人员能以不同方式来运用它的能量。"活着的身体与尸体的区别,就好像那些上足发条并且在自身中已经包含了那些机械运动规则的钟表或其他自动运行机(某种能自动运转的机器),与同样种类却已毁坏或其中的机械运动规则已不再起作用的钟表和自动运行机之间的区别一样。"[4]

---

[1] *R. O.*, 4,1; *A. T.*, VII, 230, cf. VII, 178–179.
[2] *A. T.*, V, 278.
[3] *Ibid.*
[4] *P. S.*, 1, 6; *A. T.*, XI, 330–331.

我们可以从如下两个角度来观察笛卡尔的动物理论。从人本主义的视角来说，这是一种对人的颂扬，或者说是对人类在世界上所占据的独一无二之地位的重新审视，这种审视针对的是那种企图将人禽之别下降为量化程度上的区别的想法。这种对笛卡尔的注解不是后世史家的发明；因为笛卡尔自己给出了这种说法的根据。譬如在《谈谈方法》中，他发现，"除了那些否认上帝的人的错误外……还有一种错误，最能使不坚定的人离开道德正路，就是以为禽兽的灵魂跟我们的灵魂本性相同，因而以为我们跟苍蝇、蚂蚁一样，对身后的事情没有什么可畏惧的，也没有什么可希望的；反过来，知道我们的灵魂跟禽兽的灵魂大不相同，也就更加明白地了解，为什么我们的灵魂具有一种完全不依赖身体的本性，因而绝不会与身体同死"①。在写给纽卡斯尔侯爵（Marquis of Newcastle）②的信中，他暗示了蒙田和沙朗所犯的错误，他认为前者将人类的劣处比之于动物的长处，后者的错误则在于，他认为聪明人与普通人的差别也就等于普通人与动物的差别，这意味着动物和人只存在一种量上的差别，而不存在根本的区别。

而在另一方面，笛卡尔对动物本质给出的机械性解释，尽管可能有些粗疏，但确实契合于他对精神和物质这两个世界所做的原初区分。这表明或者说预示着笛卡尔那种想要将科学化约为物理学的企图，他说，除了那些几何学或抽象的数学原则外，他在物理学中不接受也不期盼任何其他的原则。③整个物质世界都能被当成一个机械力学系统，并且除了动力因，也不再需要引入或考虑其他任何东西了。终极目的因是一个神学概念，并且，不论其多么真实，物理学中仍显然没有它的位置。借助于终极因、"灵魂"、神秘的生命原则以及实体形式而获得的阐释，无助于促进自然科学的进步。因此，用来阐释无生命之物的那些原则，同样可以用来阐释有生命之物。

---

① *D. M.*, 5; *A. T.*, VI, 59.
② *A. T.*, IV, 573–575.
③ *P. P.*, 2, 64; *A. T.*, VIII, 78–79, cf. IX B, 101–102.

第六章

笛卡尔（五）

人对自由的意识——自由与上帝——暂时性的伦理学和道德科学——激情及其控制——善的本质——对于笛卡尔之伦理观念的评价——对于笛卡尔的总体评述

1. 人类所拥有的自由意志，或者更严格地说，我所拥有的自由意志，是一个最优先的予料，因为我对自由意志的意识在逻辑上先于"我思，故我在"这个命题。正是因为拥有自由，我才可以沉溺于那些夸张的怀疑中。我很自然地倾向于相信物质之物是存在的，且数学证明是正确的，而去怀疑这些事物（特别是去怀疑后者）需要努力或深思熟虑的选择。因此，"不论创造我们的生命是谁，不论他如何有力，如何骗人，我们依然意识到自己有一种自由，通过这种自由，我们可以避免将那些尚不确定的事情当作真实的、无可争辩的，这种自由因而防止我们受骗"①。

我们拥有这种自由，这一点是自明的。"这一点已经表现得很明白了，因为我们在试图怀疑一切事物时，我们纵然假设了创造我们的那一位，曾用其无限的权力，在各方面来欺骗我们，可我们还是觉得自己有一种自由，可以不相信那些稍不确定、稍可怀疑的事物。可是在这种时候，我们所不能怀疑的事物（自由），仍同我们一向所能知道的任何事物一样自明，一样清楚。"② 能够运用普遍怀疑方法这一能力本身，就预设了这种

① *P. P.*, I, 6; *A. T.*, VIII, 6, cf. IX B, 27.
② *P. P.*, I, 39; *A. T.*, VIII, 19–20, cf. IX B, 41.

自由。实际上，对自由或自主的意识是一种"天赋观念"。

自由行动的能力是人类最伟大的完满性，通过对自由的应用，"我们能以一种特殊方式支配我们的行为，并因而应受赞美或惩责"①。实际上，因行为而对我们自己或其他人进行赞美或惩责这种普遍实践，表明了人类自由的自明性。我们都能很自然地察觉到，人是自由的。

2. 因此，我们确定人类拥有自由，并且这种确定性在逻辑上先于上帝存在的确定性。可一旦上帝的存在被证明，我们就有必要根据我们对上帝的了解重新审视人类的自由。因为我们知道，上帝不仅在永恒中知道所有现存的或将要存在的事物，而且还预先安排了它们。所以，问题随之而来，人类的自由如何统一于上帝的预定。

在《哲学原理》中，笛卡尔没有对这个问题给出一个正面的解答。这种回避与他明确决定避开神学争论的态度一致。我们可以确定两件事。第一，我们确定我们是自由的。第二，我们可以清楚明白地意识到上帝是全能的并且预定了一切事情。但这并不意味着我们可以将其理解为，上帝的预定使人的自由行动变得不确定。因为上帝的预定就否认自由，这是荒谬的。"如果我们仅仅因为自己无法理解那些从其本性而言就明知不可被理解的事物，就去怀疑那些我们已经在自身之中理解和经验过的事物，那么这是荒谬的。"② 最明智的做法是，承认解决这一问题超出了我们的理解能力。"我们也可以摆脱这些迷惑，倘使我们记得我们的心是有限的，而上帝的权力是无限的；他不但可以凭其权力永远知道现在或未来，而且可以意欲它或预定它。"③

然而事实上，笛卡尔并不满足于这种立场。因为他在与人类自由有关的神学论题中提出了自己的看法。更重要的是，他对这一问题在不同场合的表述是不一致的。例如，他在荷兰新教教徒之间的争论中表达了自己的观点，说他赞同戈马尔（Gomar）的追随者而非阿米尼乌斯派教徒

---

① *P. P.*, I, 37; *A. T.*, VIII, 18, cf. IX B, 40.
② *P. P.*, I, 41; *A. T.*, VIII, 20, cf. IX B, 42.
③ *Ibid.*

（Arminians）[①]。这等于说笛卡尔更倾向于一种严格的预定论。而当牵涉到耶稣会（的立场）之时，笛卡尔表达了他与他们之间的分歧，[②]并且看起来相对于莫林纳主义（Molinism），他更倾向詹森主义。[③]詹森主义者认为神圣恩典是无可抗拒的，且他们真正承认的唯一自由就相当于自发性。一个行为可以在没有任何限制的情况下发生，不过即便如此，它依然是受到尘世或天国之"愉悦"（delectation）的吸引而产生的。而莫林纳主义者认为，是自由意志的配合使得恩典有效，而且人的中立（indifference）之自由并不会因上帝的预先知道而被削弱或摧毁。笛卡尔对詹森主义表示同情，这并不令人奇怪，只要当我们想到笛卡尔所说的："自由并不意味着，我必须要在两个相反的东西之间选择这一个或那一个上抱中立的态度；而是，我越是倾向于这一个（无论是由于我明显地认识到在那里有善和真，或者由于上帝是这样支配了我的思想内部），我就越是自由地选择并接受了这一个；毫无疑问，上帝的恩宠和自然的知识不但没有减少了我的自由，反而增加和加强了我的自由。因此，当由于没有任何理由迫使我倾向于这一边而不倾向于那一边时，我所感觉到的这种中立的态度不过是最低程度的自由。这种中立的态度与其说是表现出意志的完满性，不如说是表现出一种知识上的缺陷。"[④]事实上，假如笛卡尔想要通过这种说法来阐释那些中立之自由的拥护者的思想，那他显然错误地表达了他们的意思。因为，他似乎期望通过这一说法来表明，是一种知识上的缺陷带来了这种中立的状态，然而他们的意思是，即使包括知识在内的进行理智选择的必要条件都具备，我们也有选择两个相反事物中任何一个的能力。同时，他也很自然地认为，意志越是倾向于客观上更好的选择，无论是通过上帝的恩典还是自然知识，我们的自由就越大；并且他也似乎暗示了那种做出其

[①] 戈马尔指的应该是荷兰神学家弗朗西斯科斯·戈马尔乌斯（Franciscus Gomarus，1563—1641）。他是一个原教旨加尔文主义者，对阿米尼乌斯主义抱有强烈的反对态度。阿米尼乌斯主义是以荷兰神学家雅各布斯·阿米尼乌斯（Jacobus Arminius）的思想命名的。其主要观点是希望对加尔文主义进行某种改良。——译者注
[②] 《布尔曼的访谈》，Ch. Adam 编，第81页。
[③] 莫林纳主义，因16世纪的耶稣会神学家莫林纳（Molina）而命名，其主要思想在于力图将上帝的全能与人的自由统一起来。詹森主义请参看本书第七章相应内容。——译者注
[④] *M.*, 4; *A. T.*, VII, 57–58.

他（不是最好的和合适的）选择的能力在本质上并不属于真正的自由。因此在给梅森的信中，他这样说道："我朝向某一个客观对象运动的自由度，与那些迫使我如此运动的理由的数量成正比，因为我的意志在这种情况下能更为舒适与自然地被放置在这个运动中，这毋庸置疑。"①

但是在与波希米亚公主伊丽莎白的通信中，笛卡尔却以一种大相径庭的方式来谈论这个问题，采取了一种更类似于耶稣会的立场。因此，他给出的是一个类比。两个众所周知互为仇敌的人，某日都因国王的命令来到某处。国王知道，随之而来的必定是一场争斗；并且我们要说，这正是国王想要的，即便这会违反他自己定下的法令。不过，虽然国王预见并且意愿这样一场争斗，可他没有以任何方式决定这两个人的意志。这两个人的行动出于他们自身的选择。同理，虽然上帝预见并且"预定"了所有人类的行为，但他没有决定人类的意志。换句话说，上帝之所以预见到了一个人的自由行为，是由于这个人打算这么去做；但这个人这么去做不是因为上帝预见了他会这么做。

实际情况似乎是，在面对自由意志在神学问题上所引起的分歧时，笛卡尔或多或少有一些即兴发挥，而没有真正试图去保证这些回答的前后一致性。②他真正感兴趣的是关于错误的问题。他希望强调，人有自由在有任何怀疑余地的情况下不同意某一命题；同时，当一个命题的真理性被确切地感知时，也有自由去允许自己不可避免地同意它。我们能自由地选择犯错或者不犯错。因此上帝并不对此负责。而清楚明白地被觉知到的真理会在心灵中如神启般地展现其自身。

3. 在人类自由这一前提下，我们可以探究一下笛卡尔的道德学说。在《谈谈方法》中③，笛卡尔在着手展开他的系统性怀疑之前，为自己提出了一套暂时性的伦理规范。他决心遵从国家的法律和习俗，坚定果敢地采取行动，并且忠实地遵守甚至可疑的意见（也就是仍然未能在怀疑范畴

---

① *A. T.*, VIII, 381–382.
② E. 吉尔松的《神学与笛卡尔作品中的自由》(*La liberté chez Descartes et la théologie*) 或许是很好的参考，请一并参看本书参考书目。
③ 3; *A. T.*, VII, 22–28.

之外被确立起来的意见），只要他对这些意见下了决心。他还决心永远征服自己而不是征服命运，改变自己的欲望而不是改变世界的秩序。最后，他决心毕生致力于培养自己的理性，并在追求真理的过程中尽可能取得进步。

显然，这些座右铭或决定，构成了一个简单可行的个人人生规划；这些内容与"那些最高的和最完美的道德科学还有非常远的距离，而这些道德科学在对其他科学拥有完整知识的前提下，就意味着一种极致的智慧"①。但笛卡尔其实从未给出一个完美的道德科学体系。毫无疑问，他不觉得自己有能力这样做。无论如何，不管出于何种原因，且尽管上文所提到的人生规划构成了某种道德的核心，伦理学在笛卡尔主义的体系中实际上仍然是缺失的。

然而，笛卡尔确实写了一些伦理学的以及与伦理主题相关的东西。我们可以首先考虑他关于激情所做的论述，因为这涉及道德哲学。

4. 笛卡尔对于激情（passions）的分析牵涉到他的身心交互理论。也就是说，他认为激情是由身体在灵魂中激发或引起的。"在灵魂中的激情通常说来就相当于身体中的行动。"② 一般而言，"激情"这个词与知觉（perceptions）的意思相同。"我们通常把我们身上所有种类的知觉或认识称为激情，因为通常并不是我们的灵魂使它们成为如此这般的样子，而是我们的灵魂从这些知觉或认识所表象的事物那里接受了它们。"③ 但如果从狭义上来理解，"激情"这个词的意义如下："我们可以一般地把这些激情确定为一些知觉，或一些感觉，或一些灵魂的情感，它们特别地相关于我们的灵魂，而且是被一些动物精气的运动所引发、维持和增强的。"④ 而在对这个异常晦涩的定义的阐释中，笛卡尔提出了以下几个要点。当激情被用来表示所有不是灵魂之活动的思维时，激情可以被称作知觉（因此清楚明白的知觉是灵魂的活动）。我们也可以将激情称作感觉（feelings），因

---

① *P. P.*, Prefatory Letter; *A. T.*, IX B, 14.
② *P. S.*, 1, 2; *A. T.*, XI, 328.
③ *P. S.*, 1, 17; *A. T.*, XI, 342.
④ *P. S.*, 1, 27; *A. T.*, XI, 349.

为它们是被接受到灵魂之中的。我们可以更准确地将激情称作情感，因为在灵魂所能有的一切思维中，情感（emotions）最容易使得灵魂心摇神荡。而引文中的从句"它们特别地相关于我们的灵魂"，是为了排除类似嗅、声、色之类的外在感觉与类似于饥饿、干渴以及疼痛这类直接与我们肉体相关的感觉。而之所以提及具有因果关系的"精气"活动，是为了排除那些由灵魂本身引起的欲望。因此，激情是由肉体导致的灵魂之情感；当然，它们必须区别于我们对这些激情的知觉。恐惧这种情感和对恐惧及其本质清楚的知觉，并非一回事。

笛卡尔说，激情"从其本性上来说都是好的"①，不过它们是有可能被误用的，并且它们也有可能变得过量而偏激。因此，我们应该控制它们。而激情"绝对地相关于引发它们的一些身体活动，并且只能被灵魂间接地改变"②。这就是说，激情依赖于一些生理条件，或者说，受到一些生理条件的刺激：它们都是由动物精气的某些活动引起的。因此，结论很自然地就是：想要控制激情，我们就应该去改变那些产生了它们的身体原因，而非试图在不涉及对身体原因做出任何改变的情况下直接控制它们。因为，当身体原因还在时，灵魂的躁动也仍然存在，此时，我们所能做的最正确的事情是："不屈从于它的影响，并且尽力去控制那些它强加于身体的运动。例如，当生气使得我们举起手试图击打别人的时候，意志一般可以使我们有所克制；当害怕驱动我们的下肢准备逃跑，意志则可以让我们停下来，等等。"③然而，尽管看起来我们似乎可以很自然地解释说，我们是在能力所及的范围内通过影响产生激情的那些身体条件，进而间接控制激情；笛卡尔在这一点上却给出了一个完全不同的阐释。因为他说我们的激情可以"间接地被一些东西的呈现所激发或取消，这些东西习惯性地与我们所需要的激情相结合，并且与我们想要拒绝的激情正好相反。由此，为了在自身中激发起勇气并赶走害怕的情绪，只靠意志是不够的，人们还需要努力去思考一些理性的东西，去想象一些能够说服我们相信危险其实并

---

① *P. S.*, 3, 211; *A. T.*, XI, 485.
② *P. S.*, 1, 41; *A. T.*, XI, 359.
③ *P. S.*, 1, 46; *A. T.*, XI, 364.

不很大的事情或例子……"。① 不过，以上这种阐释并未否认第一种解释，倒不如说，这是当我们不能很轻易地直接影响激情的外部原因时，不得不使用的一种手段。

5. 但是，因为这些激情"只有在借助它们所激发起来的渴望的时候，才能使我们有所行动，因此，我们需要特别关注一下这个渴望，而道德的主要用处恰恰就在于此"。② 因此，随之而来的问题就是：它何时产生善的欲望，何时又产生恶的欲望呢？笛卡尔的回答是：当欲望来自真知时，它是善的；当它建立在错误之上时，它就是恶的。但具体是什么知识带来了善的欲望呢？笛卡尔对此却似乎并未说清。事实上，他只告诉我们，"人们在涉及渴望时通常所犯的错误就是，人们对那些完全取决于我们的东西和那些根本不取决于我们的东西没有给予很好的区分"③。不过，认识到某事取决于我们的自由意志，并且认识到它并不只是碰巧发生在我们身上的一件事情，而我们也不必最好去忍受它，这并不一定会使我们对它的渴望成为善的渴望。当然，笛卡尔也意识到了这个问题，因此补充说我们必须"努力去清楚地认识和专心地思考那些值得渴望的事物的长处之所在"④。也许他想要表达的是，道德选择的第一条件是，将那些在我们影响范围内的东西，与那些不受我们控制的东西区分开来。后者是由上帝决定的，因此我们不得不对其屈膝低头。不过，对于已经确定出于我们权能范围之内的东西，我们必须区分它们何者为善，何者为恶。而追求美德就是要履行那些我们所认定的、最好的行为。⑤

在 1645 年写给伊丽莎白公主的信中，笛卡尔在对塞涅卡（Seneca）的《论幸福生活》（*De vita beata*）的评价中，阐释了这一主题。拥有幸福，生活在幸福之中，"就是让我们的精神完全地充实而又满足，除此之外别无其他"。⑥ 那么，能够给予我们这种至高满足感的东西又是什么呢？

---

① *P. S.*, 1, 45; *A. T.*, XI, 362–363.
② *P. S.*, 2, 144; *A. T.*, XI, 436.
③ *P. S.*, 2, 144; *A. T.*, XI, 436.
④ *P. S.*, 2, 144; *A. T.*, XI, 437.
⑤ *P. S.*, 2, 144 and 148; *A. T.*, XI, 436 and 442.
⑥ *A. T.*, IV, 264.

它们有两类。第一类依赖于我们自己,即美德与智慧。第二类是荣誉、财富与健康等,它们不依赖于(至少不完全依赖于)我们自己。不过,尽管这种至高的满足感需要两类善同时存在,但我们只关心第一类的善,即那些依赖于我们自己,且所有人都能获得的善。

为了获得这种意义上的幸福,我们需要遵守三条法则。在笛卡尔看来,它们就是在《谈谈方法》中给出的那些法则;但实际上,他更改了第一条法则,即用知识代替了那些临时性教条的位置。第一条法则是,在生命的每时每刻都要尽一切努力去认知什么是应该做的,什么是不应该做的。第二条法则是,要坚定不移地贯彻理性的命令而不被激情或欲望所影响。"这种坚定不移的决心,我认为就是美德。"① 第三条法则是,将一切我们不拥有的善认作是处于我们能力范围之外的,并且让自己习惯于不去渴求它们;"因为除了欲求与遗憾之外,再没有什么能妨碍我们获得满足"②。

然而,并不是每种欲望都与幸福不相容,只有那些伴随着焦躁和哀伤的欲望会导致这一点。"同样,我们的理性也并非永不会出错。但只要我们的良知证明我们从未想要以决心和美德去实现所有我们以为最好的东西,这就够了。因此,单只美德便足以让我们获得生命的满足。"③

显然,通过对道德内容的这些观察,我们并没有获知更多关于理性的具体命令的内容。不过,笛卡尔认为:在详细阐述一种科学的伦理观念之前,首先必须建立一种关于人性本质的科学;并且他并未佯装这件事情已经完成了。因此,他并不认为自己能够去建立他的思想体系所要求的那种科学的伦理学。可尽管如此,在另一封写给伊丽莎白公主的围绕伦理学这一主题的信件中,他提到,他将抛下塞涅卡的观点,给出自己的意见,并进而指出,正确的道德判断需要两个条件,一个是关于真理的知识,另一个是在需要这种知识的任何时刻,都能回忆并且确证这种知识的习惯。这种知识与对上帝的知识有关;"因为这种知识教导我们,要从好的方面

---

① *A. T.*, IV, 265.
② *A. T.*, IV, 266.
③ *A. T.*, IV, 266–267.

领受一切发生在我们身上的事,正如神所指示我们的"①。再者,必须认识灵魂的本质,即那个自我存在、独立于肉体、超越于肉体的不朽之物。其三,我们应该意识到宇宙的延展性,而不是去想象一个明显为了我们的便利而造的有限世界。其四,每个人都应该意识到,他构成了一个更大整体(宇宙)的一部分,或者更具体地说,国家、社会和家庭的一部分,同时他也应该更倾向于维护这个整体的利益。当然,还有一些知识,也是值得追求的;譬如,激情的本质,以及我们社会伦理规则的特征等。一般来说,正如笛卡尔在其他书信中所言,至善乃"在于对美德的实践;或者说,至善(同样地)在于对一切完美的拥有,并且依赖于我们的自由意志;至善也在于获得这些完美之后的心灵满足"。②并且"只有不带激情地去查验并且沉思一切完满之物的价值,才能算真正地将我们的理性运用到了生活方式之中,我们的这种努力能够使得我们同时获得肉体和心灵的价值,以便我们在一般的情况下可以决定去放弃我们自身中的哪一部分来成就另一部分,在价值都被确认的情况下,我们总能做出最好的选择……"。③

6. 对笛卡尔写给伊丽莎白公主的那些随意的评论进行过度解读,是没有价值的。不过,其中仍然有一些要点是需要注意的。

首先,笛卡尔很显然赞同传统理论,即人类生命的目的是获得"至福"。不过,对于像托马斯·阿奎那这样的中世纪思想家来说,至福,或者至少应该被称作完满的至福,意味着在天堂里的上帝图景;而对于笛卡尔来说,它意味着通过其自身的努力,在今世可以获得的灵魂安宁或满足。当然,我并不是试图暗示,笛卡尔否认人类拥有一种除非通过恩典就无法获得的超验宿命,或者就其终极意义来说,至福是指天堂里的福分。我想引起大家注意的是这样一个事实,即笛卡尔脱离了纯粹的神学主题,以及神圣启示与图景,来独立地思考自然伦理,思考一种纯粹的哲学道德理论。因此我们不能用"发展"一词形容他的理论。然而,历史之中

---

① *A. T.*, IV, 291.
② *A. T.*, IV, 286–287.
③ *A. T.*, IV, 305.

的托马斯·阿奎那的道德理论体系，并没有从启示教义中如此明晰地被抽离出来。①

其次，我们也很难忽视古代道德学家们，特别是斯多亚派的著作与观念对笛卡尔思考的影响。尽管事实上，在《论灵魂的激情》的开篇中，他照例贬损地提到了一些古人，但这并不意味着他没有受到这些古人的影响；我们已经提及他在给伊丽莎白公主的信中对塞涅卡的论述。实际上，将美德概念当成生命的目的，强调面对激情时的自我控制，并且要求耐心忍受所有碰巧发生在我们身上，并超越于我们的控制范围的事情，将其看作神圣之天命的展现，以上种种内容所表现的，都是斯多亚派的主要思想。当然，笛卡尔不仅仅是一个斯多亚主义者。这是因为，他将更多的价值赋予那些外在的善，这与斯多亚主义是相悖的；并且在这方面，他更接近亚里士多德，而非斯多亚派。当然，另一方面，他在伦理理论上的整体思想线路——强调有美德之人的自我满足，以及不断区分什么事情是我们力所能及的，什么事情不在我们能力范围之内——却确定无疑地透着斯多葛主义的灵感与气质。②

第三，我们必须注意笛卡尔伦理思想中的理智主义倾向。在1644年写给皮埃尔·梅兰的信中，他说，假如我们清楚地看到某个东西是恶的，"那么在我们以此种方式看待它的时候，我们不可能犯罪。这也就是为什么他们说，'一切罪孽皆是无知'（Omnis peccans est ignorans）"③。以上这段引文，似乎暗含了对苏格拉底式观念——"美德即知识，罪恶即无知"的认同。不过，虽然笛卡尔似乎已经确定，我们不可能清楚地看到某个东西是邪恶的却又选择它，但这种"清楚地看到"必须在某种程度上受到限制。笛卡尔认同经院主义的看法，即没有人真正选择邪恶；一个人会选择恶，只是因为他在某些方面把它表现为一种善。假如此时此地，他清楚地

---

① 我所谓的"历史之中的托马斯·阿奎那"乃是为了更清楚地表明我所指的乃是圣·托马斯本人而非某种因托马斯主义而产生的伦理理论，并且这些理论也并未明确援引过启示教义。
② 关于这个问题，请参看F. 斯特罗夫斯基（F. Strowski）的《帕斯卡尔及其时代》（Pascal et son temps），第1卷，第113—120页，并参看本书参考书目。
③ A. T., IV, 117.

看到了一个邪恶行为中的邪恶，辨认出它是恶的，以及为什么它是恶的，那么他就不会去选择它，因为意志总是趋于善的。不过，虽然他可能记得听说过某一行为是恶的，或曾亲眼看见它是恶的，这也不能阻止他此时此刻关注这一行为的某些方面，只要这些方面在他看来似乎是值得追求的并且是善的。并且因此，他可能选择去进行这一行为。此外，我们必须在真正清楚地看到善，与只是在表面上清楚地看到善之间，做一个区分。假如我们在做出选择的那一刻，是真正清楚地看到善，那我们毋庸置疑应该选择它。可是激情的影响可能会转移我们的注意力；并且，"我们总是自由地阻止自己追求我们清楚知道的善，或阻止自己承认某个明显的真理；只要我们认为，通过这样做来证明我们的自由意志，是一种善"①。

一般而言，我们可以说，笛卡尔并不仅仅认为，我们总是会选择那些善的或者看起来为善的东西，并且我们也不可能真正选择恶，他同样认为，如果在做出选择的那一刻，我们真正地并且完全清楚地看到，一个特定的善绝对地为善，那么我们就会毋庸置疑地选择它。而就现实情况而言，我们的知识并未完备到能排除激情所带来的影响。因此，这位理智主义者的论点就仍只停留在抽象层面。这种论点主张，假如满足某些条件，人们将会如何行为，而这些条件实际上并未被满足。

总之，虽然在对伦理问题所做的实际论述中，笛卡尔强调顺从的美德，但这并不意味着，他发展出的伦理科学——假如他真的发展出了一套伦理学——仅仅是一种关于顺从的伦理学。一个完美的伦理体系，要求我们先对其他种类的科学知识有完整的了解，这其中也包括生理学与医学。毋庸置疑，笛卡尔认为，基于这套完整的科学知识，人类才有可能给出对这套知识进行实践与现实应用的道德条件。这套知识不仅能使人们对科学法则以及不受人类自由意志控制的东西有透彻的了解，而且对于人类权能范围之内的东西，也能了然于心。一旦人类对那些处于人类权能范围之内的东西拥有了完整的知识，他就能够建立起一套全面的理论，来阐释人的自由意志应以何种方式被具体地运用。而通过这种方式，他将揭示一种动

---

① 《给梅森的信》(*Letter to Mersenne*); A. T., III, 379。

态的伦理学或带有行动力的伦理学,而不仅仅只是顺从的伦理学。

7. 我想没有人会去质疑笛卡尔作为法国哲学第一人的地位。他的影响贯穿于法国哲学的整个历史进程。譬如,其哲学最重要的特征之一,就是使哲学反思与科学之间建立起了紧密的联系。尽管更多的当代法国思想家并未跟随笛卡尔的做法去建立一个完整的演绎系统,但他们意识到了自己在传统中的位置,这一传统可以追溯到笛卡尔的思想灵感。因此,柏格森指出了笛卡尔思想中哲学与数学的紧密联系,并提请人们注意这一事实,即在19世纪,孔德、库尔诺(Cournot)、勒努维耶(Renouvier)等人从数学进入哲学,而他们之中还有一人,亨利·庞加莱(Henri Poincaré),更是一个数学天才。[1] 此外,笛卡尔对清楚明白观念的沉思,被他所使用的相对简单的语言强化了。从整体而言,这一点也从法国哲学写作的清晰性中反映了出来。诚然,某些法国思想家主要受到来自国外的影响,而使用了更为晦涩的风格与措辞;但绝大多数法国哲学家,依然延续着笛卡尔主义的传统,力求表达的清晰,避免术语的晦涩。

笛卡尔的明晰性的确带有一些欺骗性。因为,对他的思想进行阐释,无论如何不总是一件容易的事。而且我们也很难说他总是前后一致。然而,在某种意义上,笛卡尔确实是一个明晰的作家,黑格尔则不算一个明晰的作家。以此为前提,一些哲学家力图去发掘笛卡尔更深层的意蕴,他思想中的那种深刻倾向,这种倾向拥有独立于笛卡尔主义那一整套体系的永恒价值。因此,黑格尔在他的《哲学史讲演录》中称颂笛卡尔是近代哲学的真正开创者,他的主要功勋在于,从一个没有预设的地方开始他的思想。当然,在黑格尔看来,笛卡尔主义仍有不足之处。因为尽管笛卡尔是从思维或意识出发的,但他没有从思维或理性本身演绎出意识的内容,而是以一种经验性的方式来接受它们。再者,笛卡尔的自我也只是一个经验的自我。换句话说,笛卡尔主义只是构成了哲学朝着绝对观念论[2]发展的一个阶段。但这个阶段非常重要;因为笛卡尔由意识或思想开始进行论述

---

[1] 《法国哲学》,第251页。载于《巴黎杂志》(*La Revue de Paris*),1915年5—6月刊。
[2] 这里指的应该是黑格尔的那个"绝对观念"概念。当然 idealism 传统上译作"唯心主义",出于上下文义考虑,这里并未用此译法。——译者注

的方法带来了一场哲学革命。

　　胡塞尔则以一种截然不同的方式来阐释笛卡尔的重要性。在他看来，笛卡尔的《沉思集》代表了哲学方法史上的一个转折。笛卡尔力图统摄所有的科学学科，并且看到了确立一个主观主义的思想起点的必要性。哲学必须始于对反思着的自我所进行的反思。笛卡尔通过"悬置"物质世界的存在性，通过将肉体之我与物质之物视作相对于主体（即有意识的自我）的现象，来开始他的思考。在这种意义上，笛卡尔可以被视作近代现象学的先驱。当然，他还意识不到自己使用的方法步骤的巨大意义。他只是发现，有必要去质疑对经验的"自然"解释，并且有必要让自己从一切预设中解放出来。笛卡尔并未将自我作为纯粹意识，并去探究"先验主体"领域（在这一领域，本质是一个纯粹的主体的现象），相反，他将自我解释为一个思想着的实体，并进而借助因果律发展出了一套实在论的哲学体系。

　　黑格尔将笛卡尔哲学作为绝对观念发展的一个阶段，胡塞尔将其当成现象学的先声，但他们两人都强调"主体性"是笛卡尔主义的起点。让-保罗·萨特先生也做了同样的事情，当然，他的哲学架构完全不同于黑格尔与胡塞尔。在他的关于"存在主义和人道主义"的讲演中，萨特主张哲学的起点必定是个人的主体性，并且首要的一条真理就是"我思，故我在"，这是一条意识把握其自身的绝对真理。不过之后他继续论证说，在"我思"中，我是通过其他人的存在来意识到我自己的。在"我思"中，我发现了其他人的存在，所以我们立即意识到我们身处一个主体间的世界。因此，值得注意的是：一般意义上的存在主义者们虽然是从自由的个人主体性出发的，却将主体的意识描述为对在世界之中的自我，以及对他者的存在的一种意识。因此，虽然他们的起点与笛卡尔颇具相似性，但他们并非如笛卡尔一样，认为外部世界没有在自我意识中被给予，并陷入对外部世界之存在性的证明之中。换句话说，他们并非从一个自身闭合的自我开始思考的。

　　当然，黑格尔、胡塞尔与萨特，只是后世思想家对笛卡尔主义的运用的三个例子。此外，我们还可以找到许多其他的例子。譬如，一个可以被引述的典型是迈内·德·比朗（Maine de Biran）用"我意志，故我在"（*Volo, ergo sum*）来替代"我思，故我在"。但所有这些思想家都有一个共同点，那就是他们是从某种哲学的功能这个角度上阐释笛卡尔主义的内在意义和恒久价值，而不是基于笛卡尔哲学本身的功能。我不是以一种批判的方式来讨论这个问题的。黑格尔、胡塞尔以及萨特也都是哲学家。上文确实提及了黑格尔的《哲学史讲演录》。但这本书是黑格尔思想体系不可或缺的组成部分：它不是一部纯粹的历史注疏式样的著作。一个哲学家自然有权利从自己的观点出发，决定笛卡尔哲学中哪部分仍具生命力，而哪部分已失去生命。同时，如果笛卡尔可以被解释为一个绝对观念论者、一个现象学者、一个存在主义者，抑或如拉美特利所说，是一个走错了路，并且错误地认识了"实在"的意义、"真正"的现实以及他自身的思维方向的唯物主义者，那么，人们便要冒无法从历史角度来看待他的风险。笛卡尔当然试图将他的哲学建立在"主体性"上，如果我们将这理解为，他试图基于"我思，故我在"这个命题来建立他的哲学体系。并且毋庸置疑，这带来了一场重要的变革。同时，当我们回顾哲学发展的历程时，我们的确可以看见，这一变革与后来的观念论之间存在着某些联系。然而，虽然在笛卡尔主义中存在着某些观念论的因素，但纯粹将笛卡尔主义描述为一个观念论系统，却是对其最大的误解。因为，笛卡尔是将他的哲学建立在一个存在命题之上的，并且他最关注的是如何去建立一套对于实在的客观阐释，并且他并未将这一实在还原为意识活动。此外，如果有人仅仅强调笛卡尔对物质实在的机械性解释与18世纪法国启蒙运动中的机械唯物主义之间的联系，那么他就掩盖了这样一个事实——笛卡尔试图将"几何的"世界观，与对上帝、上帝的活动以及人类灵魂的灵性的信仰统一起来。甚至，就其历史背景而言，这个问题才是笛卡尔哲学最重要的方面之一。

在某种意义上，笛卡尔的哲学乃是一项极其私人的事业。《谈谈方法》的自述部分就已经清楚地表明了这一点。他并非只被一种无关痛痒的求知欲所鼓动，而是受到了追求确定性的激情与渴望的引导。他认为，拥有一套真正的哲学体系对人类的生活至关重要。但他所追求的是客观的确定性、自明的真理与被证明的真理。笛卡尔对作为其思想出发点的"主体性"（在后世的意义上使用的意思）的坚持，切不可与主观主义混淆起来。获得像数学真理那样客观的、非个体性的真理，仍然是他的目标。在这个意义上，他渴望超越传统。也就是说，他希望建立一种依赖纯粹理性而非过往传统的真正哲学，并且这种哲学将摆脱时空之限。当然，事实上我们可以发现，笛卡尔的方法仍旧受到了传统以及当时时代状况的影响，但这并不是什么让人惊讶的事情。如果我们未能发现这类影响，反而才是应该惊讶的。尽管笛卡尔主义在很大程度上已经过时，但这一现实并不妨碍他因其主张而被认为是前康德时代的近代哲学之父。

第七章
帕斯卡尔

帕斯卡尔的生活和心灵——几何学方法及其范畴与界限——"此心"——帕斯卡尔的护教理论——人的柔弱与伟大——赌博论证——作为哲学家的帕斯卡尔

1. 从笛卡尔转向帕斯卡尔,我们将遇见一个拥有完全不同心灵特质的人。尽管事实上,这两人同为数学家,也都是天主教徒,但前者首先是一个哲学家,后者则首先是一个护教论者。虽然在某种程度上,人们也将笛卡尔看作一个宗教护教论者,因为至少他清楚地意识到了自己思想中的宗教和道德内涵。但是人们很自然地首先将其视为一个体系化的哲学家——他试图展开"理性的秩序",并试图阐述一个有机联系的、合理建立的、合乎逻辑的,并且能够无限发展的哲学真理体系。如果我们用理性主义这个词来指一个拒绝神启和超自然观念的人,那么笛卡尔并不能算是一个理性主义者。我们是在这样的意义上说他是一个理性主义者的,即他致力于追求真理,并且认为这些真理是通过人类心灵的哲学和科学反思能够达到的。说笛卡尔是一个天主教哲学家,是因为他是一个哲学家,又是一个天主教徒,但他并不是一个主要关心捍卫信仰之真理这个意义上的天主教哲学家。然而,帕斯卡尔关注的是,如何使用基督教神启来解决人类处境中出现的问题。他致力于引起人们对这些问题的注意,并揭示这些问题,就此而言,也许他应该被称作一个"存在主义"哲学家——假如我们期望在一个宽泛的并且可能极具误导性的意义上使用这一术语。然而,他致力于强调，只要关于这些问题的答案是可获得的，就都是由基督教的启示和生活所提供的，在此意义上，他可能更应该被归为基督教护教论者，而非哲学家。因此，我们至少可以理解，为何一些人将他视为最伟大的法国哲学家之一，而另一些人拒绝称其为哲学家。比如，亨利·柏格森和维克多·德尔博斯（Victor Delbos）就将帕斯卡尔和笛卡尔比肩，将他们视为法国两个不同思想路线的主要代表；而雅克·舍瓦利耶（Jacques Chevalier）将其视作伟大的哲学家，是因为他关心的是"一个人直面死亡时所提出的问题"①。而另一方面，勒努维耶认为帕斯卡尔是个太过个性化的思想家，以至无法承受哲学家这一头衔；埃米尔·布雷耶（Émile Bréhier）则有力地宣称："帕斯卡尔不是哲学家而是一个学者和护教论者。"② 以上这些论断显然都片面地依赖于个人对于哲学和哲学家之定义的不同理解。但同时，他们也强调笛卡尔与帕斯卡尔之间的不同之处，并且这种不同也被帕斯卡尔自己清晰地意识到了。事实上，在他的某些著名箴言中，帕斯卡尔明确地拒绝使用"哲学"，这个词被他用来意指笛卡尔试图去做的事情，或者说帕斯卡尔所理解的笛卡尔想做的事情。在帕斯卡尔看来，这个伟大的理性主义者太专注于物质世界，却又对"同样不可或缺的东西"缺乏关心，而对智慧的真实之爱会将人们的注意力引向它。

布莱士·帕斯卡尔（Blaise Pascal）出生于1623年，他的父亲是奥弗涅的克莱蒙费朗地区的间接税最高审理法院院长，法国国王的钦点代表。人物传记作者们已经详述了帕斯卡尔童年时代的生活环境——奥弗涅坚硬荒凉而又山石峻峭的地质风貌——对他个性的影响。在他们1631年搬迁到巴黎之后，帕斯卡尔直接受教于父亲；而从幼年起，帕斯卡尔就显示出在智力和精神方面的超常天赋。据说在其父教授他拉丁语和希腊语时，他重新发现了几何学。但是，无论这个故事是真是假，他对数学和物理学的兴趣和天赋很早就表现出来了。并且，在1639年，他写了一篇关于圆锥曲线的论文并于次年付梓。后来，他还发明了一个加法机，或机械计算机。在其父于鲁昂任公职期间，他期望帮助父亲核定税收的愿望成

---

① 《帕斯卡尔》（*Pascal*），第14页。
② 《哲学史》（*Historie de la Philosophie*），第2卷，第一部分，1942年，第129页。

为这一灵感的来源。随后，他进行了一系列重要实验，来确证托里拆利（Torricelli）在真空方面的实验发现，这些实验反过来又为阐明流体静力学的基本原理提供了基础。此外，在他短暂的生命即将结束时，当他全神贯注于神学和宗教问题时，他依然奠定了微分论、积分论以及概率论的基础。有人说帕斯卡尔的禁欲主义把他从所有的"世俗"活动中转移出来，并挫败了他的数学天才，这并不完全正确。

在1654年，帕斯卡尔有了一次灵性经历，这被记录在他的《追思录》（Memorial）里。这一经历使得他对于位格性的上帝，以及基督在他生命中的地位有了全新的认识。从那刻开始，他的生命被打上了深刻的宗教烙印。但这并不意味着我们能够非常合理地将他的生命划分成两个连续而独立的阶段：科学的阶段和宗教的阶段。因为，即便在把自己的全副身心都奉献给上帝之时，他也没有放弃哪怕一丁点儿对于"世俗"的科学与数学的兴趣。相反，他是以一种新的眼光来看待他的科学活动，将其作为侍奉上帝的一个部分。如果他使数学从属于道德，使自然道德从属于超自然的上帝之爱，那么他就仅仅是接受了任何一个虔信的基督徒所持有的观点。

然而，尽管帕斯卡尔对宗教的"皈依"并未致使他完全放弃对科学以及数学的兴趣，但这毋庸置疑使他的心灵转向了神学性的主题。1652年，他的妹妹雅克利娜（Jacqueline）成为圣母天使要塞（the stronghold of Mère Angélique）王家波院共济团（the community of Port Royal）的一名成员。而在1654年的灵性体验之后，帕斯卡尔也开始与波院的圈子关系密切起来——这一圈子的成员是著名的《奥古斯丁》的作者、耶普拉斯（Ypres）地区主教詹森（Jansenius）的支持者们。1653年5月，罗马教廷谴责了这部作品中的一些主张；阿尔诺和其他一些属于波院圈子的詹森支持者虽然接受这一谴责，却拒绝承认教皇所做出的圣裁——以这些在詹森著作中所出现的命题而将他们定为异端。在罗马教廷看来，他们的言论等同于一种装腔作势的遁词，本身应受到斥责。而就帕斯卡尔本人而言，他从未坦承自己支持哪一宗派或党派的观点——无论是詹森自己的观点，还是其他一些波院成员较为温和的看法。帕斯卡尔声称自己并不属于波院，而是属于天主教会，而且我们也没有足够的理由去质疑他的诚实。因而，假如在一个严格的意义上使用"詹森主义者"这个词，即用这个词来指称那些接受并捍卫受到谴责的命题的人，那么在此前提下，将帕斯卡尔视为一个詹森主义者就是错误的。如果说帕斯卡尔也曾一度试图去接近那些命题所代表的思想立场，那他也肯定使自己从中脱身出来了。同时，帕斯卡尔也在某种程度上同情詹森主义者。虽然帕斯卡尔避免了詹森主义者所认为的在接受或者拒绝上帝恩典时自由意志并不起任何作用的观点，但同他们一样，他也强调在堕落之后人类本性的毁坏，以及人类不能做任何事情讨上帝的喜悦，除非有上帝的恩典。他之所以被波院的詹森主义者所吸引，与其说是因为这个或那个特定的信条，不如说是因为基督教的"整体主义"以及拒绝与世界精神相妥协的一般态度。帕斯卡尔认为，在一个被自然神论的人文主义、理性主义怀疑论以及自由思想所浸染的社会里，关于人的毁坏，以及关于上帝恩典的必要性与力量的观念，应该首先得到强调，并且最高的基督教理想应该是保持其纯洁，绝不向人类的软弱妥协或者尝试去适应它。正是在这种精神的指引下，他写出了著名的《致外省人信札》(*Lettres provinciales*，1655—1657)，尽管这本著作在 1657 年上了（罗马教廷）禁书审定院的目录。

这些信札最为人所知的就是它所包含的对耶稣会道德神学的批判。帕斯卡尔将那些道德神学家所使用的决疑法（即道德原则在具体情况中的应用）看作道德败坏的证据，并且认为它是一种不合理企图，认为它想要使或多或少有些世俗的心灵更容易接近基督教。在帕斯卡尔关于这一主题的著作中，他有选择性地提及并批判了某些作者道德绥靖主义的一些极端例子，并且倾向于将决疑法和对其的滥用混为一谈。此外，他还倾向于将本不属于道德神学家们的动机归诸他们。总而言之，《致外省人信札》缺乏一种平衡的判断，并且未能在基础且有效的道德神学原则与对于决疑法的滥用之间做出区分。尽管如此，其隐含的主要议题依然非常清晰。耶稣会士们认为，在当下的世界里，基督教的人文主义一面应被强调，并且，当基督徒的理想生活被应用到个人处境中时，如果没有很好的理由认为存在某种义务，就没有必要去主张这种义务。耶稣会士们的动机不是想扩大自己对良心的控制，而是想将尽可能多的信徒包括在敬虔的基督徒之列。

但另一方面，帕斯卡尔则倾向于将人文主义视同异教；并且在他看来，任何类似上帝对不幸之人的宽厚的说法都是对于纯洁的基督教理想的一种不能容忍的亵渎。此外，他还斥责了耶稣会士们的虚伪。从某种意义上，他在这场思想争论中占了上风。但这只是因为他那无与伦比的文采，而他的对手们显然没能力写出可与《致外省人信札》相提并论的回应性著作。但从长远的历史眼光来看，帕斯卡尔却是那个输家。因为道德神学和决疑法在被耶稣会士们倡导之前就已经经历了漫长的历史发展过程。

在那次"皈依"后不久，帕斯卡尔似乎就形成了为基督教辩护的想法，以改变他那个时代的自由思想者、怀疑论者以及不遵守基督戒律的天主教徒。但这一计划并未完成。至 1662 年帕斯卡尔去世时，他只留下了一幅作品的草图，主要由格言和笔记组成，尽管其中也有一些更为宽泛的段落。这些思想内容被集结成著名的《思想录》(*Pensées*)。①

2. 笛卡尔倾向于相信一种普遍适用的至高无上的方法，即数学方法。在他看来，那种理想的态度或精神为数学家所独有。但正如前文关于笛卡尔的章节所指出的那样，笛卡尔的这类思想主张在一些方面被夸大了，它们的成立也需要一些限定条件。但我认为，毫无疑问，它们代表了笛卡尔作品留给人们的一般印象。并且，它们也代表了帕斯卡尔对笛卡尔的看法。帕斯卡尔完全无法认同这位伟大的理性主义者对数学方法和数学精神的推崇。因此，当发现一些哲学史将帕斯卡尔列在笛卡尔的门徒之中时，人们多少会感到有些吃惊。因为，一个将笛卡尔评论为"无用且靠不住"②的人，应该很难被认为是积极的笛卡尔主义者。

尽管如此，上述观点并不意味着帕斯卡尔蔑视数学方法，或者他曾经试图抛弃自己在自然科学和数学方面的成就。在其自身有限的应用领域内，定义与逐步证明的几何学方法③是至关重要的。"所有人都在寻求一

---

① 在下文中我将用斜体字母"*P.*"作为这本书的缩写，页数则根据 1914 年布伦士伟格（Léon Brunschvicg）版的帕斯卡尔的《思想录》。
② *P.*, 2, 78, 361.（中间的数字为《思想录》标准章节编号，读者可据此对照相应的中译本。——译者注）
③ 帕斯卡尔是在一个相当宽泛的意义上使用"几何"这个词的，包括狭义的力学、算术和几何学。(《论几何学的精神》，第 173 页。)

种可靠的方法。逻辑学家以获得这种方法为业,但只有几何学家才能达到它。并且除了几何学和对其的模仿,不存在真正的证明。"[1] 一个理想的数学或几何学方法实际涉及定义所有术语和证明所有命题;[2] 但这一理想方法超出了我们的能力范围。"因为这一超越于几何学的东西也超越了我们。"[3] 虽然如此,这并不意味着几何学是不确定的。在帕斯卡尔看来,几何学家并不能定义诸如空间、时间、运动、数量以及等量等术语,但原因是,当"时间"这个词被说出时,所有人的思想都被引向同一个对象。定义并不能使这个词语的所指更清晰。我们没有能力证明所有的命题,因此我们必须牢记一个事实,即基本的命题或原则是凭直觉知道的。它们不能被证明,但它们同样是显而易见的。正是这个事实使数学摆脱了皮浪主义或者说怀疑论的侵蚀。事实上,"理性"(即心灵中分析与演绎的那种能力)会遇到一些无法定义也无法证明的事物。这意味着,仅仅依靠理性,我们并不能证明数学是一门提供确定性的科学。"但此心[4](指直接的感知或直觉)可以觉察到,空间有三个维度,以及数字有无限多……我们直觉到原则并且推导出命题;以上这些都具有必然性,尽管是以不同的方式。所以,若理性向此心要求,只有在此心证明了其首要原则的前提下,(理性)才能对其加以承认;那这就好比说,此心要求理性必须首先直觉到其所论证的全部命题,然后才准备接受它们,两者都同样徒劳无益且荒唐可

---

[1] 《说服的艺术》(*De l'art de persuader*),第 194 页。[这里作者指的实际应该是帕斯卡尔在 1657 年所写的《几何学精神和说服的艺术》(*L'Esprit de la géométrie: de l'art de persuader*)一文的后半部分。——译者注]
[2] 必须要注意的是,当帕斯卡尔在这里提及"定义"的时候,他的意思是:"用已知的词语为清楚指定的事物命名;笔者所说的也仅仅是这一意义上的'定义'。"(《论几何学的精神》,第 166 页。)因此,帕斯卡尔才能够说,几何学的定义乃是主观的和习惯性的,并且不常发生矛盾与争议。换句话说,他在此讨论的是对于被用来指称某物的习惯性的符号的使用,而并非那些能够给出或想要给出事物本质的命题。假如某人宣称"时间"乃是一个被造物的运动,如果这等同于他决定在这个意义上使用"时间"这个词,那么这个陈述就是一个定义。他可以在这个意义上自由地使用这个词,如果他选择如此,只要他不使用同一个词来指其他的东西。但是,假如某人是想要说,作为一个对象的"时间",即众所周知的那个"时间",等同于"一个被造物的运动",那么这一陈述就不是一个"定义",而是一个有可能引起争论与矛盾的"命题"了。除非它是自明的,不然一个命题是必须要求证明的,之后它才能成为一条公理或定则。(参见《论几何学的精神》,第 170—171 页。)
[3] 《论几何学的精神》,第 165 页。
[4] 这是帕斯卡尔专门定义的一个词,这个词 the heart 并不只有一般意义上的心灵之意思。所以直译为"此心"。——译者注

笑。"① 关于这些原则的证据，足以使它们有资格履行其被要求的功能。

　　值得注意的是上文所引述的帕斯卡尔的评论，即尽管逻辑学家宣称自己找到了一种可靠的方法，但实际上只有几何学家做到了。而在其他地方，他是这样讲的："也许逻辑是在没有明了几何的力量之前就已经借用了那些几何规则。"② 帕斯卡尔说的这一理想的方法乃是数学方法，而非亚里士多德和经院哲学的逻辑方法。在这一点上，帕斯卡尔和笛卡尔的意见一致，他也接受笛卡尔对经院哲学的逻辑所抱有的普遍的批评与轻视性态度。然而，这里必须一提的是：在逻辑与数学之间的关系问题上，在后文中莱布尼茨持完全相反的立场。对他而言，数理逻辑是统摄于普通逻辑之下的一个特殊类型。

　　帕斯卡尔和笛卡尔一样主张在演绎和证明的领域中，数学方法至高无上，不过，尽管在这方面他算得上是一个"笛卡尔主义者"，但他却也绝不认同笛卡尔在数学的适用性与有用性方面所抱有的信念。譬如说，帕斯卡尔认为，我们不可能从纯粹先验的方法中发展出自然科学。我们必须意识到我们的前提性假设所具有的可能性特质。并且，在建立经验事实时，经验或者说实验方法，必须是我们的指南。因为信仰的玄奥要远迈于人类理性所能达至的领域之外，所以神学知识来源于绝对的权威。而我们的数学与科学知识的来源却不在此。自然界将它的秘密严严实实地隐藏起来，经验与实验则能逐渐揭开这些秘密。经验"是物理学的唯一法则"③。由此我们可以推论出，我们的知识仅限于我们的经验。"当我们说钻石在所有事物中最坚硬的时候，我们实际是在说我们知道的所有事物；我们显然不能够也不应该将那些我们对其一无所知的东西包括在内。"④ "因为对于其证据存在于经验中而不是演绎推理中的一切事物，除了对所有部分或所有不同情况进行一般的枚举，人们不可能对它做出任何一般性的论

---

① *P.,* 4. 282, p. 460.（"此心"代表着一种直觉性的灵明，因此要求此心有一逻辑理性上的根据是可笑的；反之，由于理性本身依赖于逻辑推演的方法，所以要求其在推演出结果前先对于结果有一种直觉式样的感知与把握也是可笑的。——译者注）
② 《说服的艺术》(*De l'art de persuader*)，第194页。
③ 《论真空的论文残篇》(*Fragment d'un traite du vide*)，第78页。
④ 同上，第82页。

断。"① 而在关于虚空或真空的存在性或可能性问题上，他认为只有经验才能决定是否存在或可能存在真空。权威不能解决这个问题。先验的数学论证对此同样无能为力。

几何学方法在形而上学领域同样无效。比如关于上帝的问题就是如此。帕斯卡尔乍一看似乎自相矛盾。因为，一方面他断言："因此，我们认识有限的存在及其本性，因为我们也像它一样是有限的和广延的。我们认识无限的存在而不知道它的本性，因为它像我们一样是广延的，但又不像我们这样是有限度的。但是，我们既不认识上帝的存在也不认识上帝的本性，因为他既不广延，也没有限度。我们却依据信心而认识他的存在，依据荣光（帕斯卡尔意义上的恩典之光，*lumen gloriae*）而可以认识他的本性。"② 他还提道："现在就让我们按照自然的光明来谈谈吧。假如有一个上帝存在，那么他就是无限地不可思议，因为他既没有各个部分又没有限度，所以与我们没有任何关系。因此，我们就既不可能认识他是什么，也不可能认识他是否存在。"③ 这里帕斯卡尔似乎明白无误地表达了下述观点，即人类的自然理智没有能力证明上帝存在，只有信仰才能保证我们在此问题上获得真理。而另一方面，他在一些章节段落中又承认，存在或可能存在一些关于上帝之存在性的有效哲学证明。乍一看，这似乎涉及一个矛盾。而他对此的解释又异乎寻常地简单。首先，"上帝存在之形而上学证明是如此之背离人类的推理而又如此之混乱，所以很难打动人。而且当其可能对某些人有用时，那也只是在他们看到这种证明的那一瞬间才有用，一小时以后他们就又要害怕自己被骗了"④。同样，虽然基于自然奇迹的证明可能会吸引信徒对于上帝工作的关注，但它们对无神论者没有任何作用。相反，企图基于有关天体运动的论证来说服无神论者的做法，只是"提供了一个理由使他们相信我们宗教的证据竟是那样脆弱罢了。我根据理智和经验可以看出，没有更适宜于使他们产生这种蔑视的东西了"⑤。换

---

① 《论真空的论文残篇》，第 82 页。
② *P.*, 3, 233. p. 436.
③ 同上。
④ *P.*, 7, 543, p. 570.
⑤ *P.*, 4, 242, p. 446.

句话说，假如证明上帝存在是为了说服那些无神论者和不可知论者，那么抽象的形而上学证明方法完全无用，物理学的论证则更糟。这两种类型的推理在此问题上皆一无是处。

不过，帕斯卡尔却有更深刻的理由去反对传统上的上帝存在证明。人心里关于上帝的知识，都是在作为中保与救赎者的基督里面揭示出来的，这种关于上帝的知识回应着人对于自身悲惨不幸的深切意识。但是，对上帝的纯哲学性知识，既不涉及人对于救赎的需要，也与救主基督无关。它可以与人的傲慢和人对于上帝的无知共存，上帝则是人的至善与最终目的。基督宗教"就把这两个真理一起教给了人类：既存在着一个上帝是人类能够达到的，又存在着一种天性的腐化使他们配不上上帝。对人类来说，认识这两点同等重要；一个人认识上帝而不认识自己的可悲，与认识自己的可悲而不认识能够救治他的救主同样危险。这两种认识若只有其一，就会造成要么是哲学家的高傲，他们认识上帝，却不认识自身的可悲；要么便是无神论者的绝望，他们认识自身的可悲但不认识救主"[①]。换句话说，上帝存在的哲学证明非但不足以说服那些"最顽固的无神论者"[②]，而且是"无用而又空洞的"[③]，因为如此获得的关于上帝的知识里没有基督。这些证明其实是自然神论式的，而自然神论却是非基督宗教的。"基督徒的上帝并不单纯是个创造几何学真理与元素秩序的上帝——那是异教徒与伊壁鸠鲁派的立场……凡是到耶稣基督之外去寻求上帝并且停留在自然界之中的人，要么便不能发现任何可使他们满意的光明，要么便走向为自己形成一套不要媒介就能认识上帝并侍奉上帝的办法。并且，他们便由此不是陷入无神论就是陷入自然神论，而这两种东西几乎是基督宗教所同样憎恶的。"[④]

因为帕斯卡尔只关注作为人类超自然目的的上帝，以及作为中保和救主的基督所揭示的上帝，所以他把自然宗教和哲学上的有神论完全排除

---

① *P.*, 8, 556, p. 580.
② *Ibid.*, p. 581.
③ *Ibid.*
④ *Ibid.*

在自己的思考范畴和讨论目标外。很显然，几何方法并不能引导人在这个意义上获得关于上帝的知识。帕斯卡尔毋庸置疑夸大了哲学家们的上帝与"亚伯拉罕、以撒和雅各的上帝"之间的区别；但由此，他也清楚无疑地告诉了我们，他所说的"上帝知识"到底意味着什么。他对于笛卡尔的态度因此也就可以理解了。"我不能原谅笛卡尔；他在其全部的哲学之中都想撇开上帝；然而他又不能不要上帝来轻轻碰一下，以便使世界运动起来；除此之外，他就再也用不着上帝了。"① 我并不是说帕斯卡尔对待笛卡尔的态度是公允的，因为我认为他并非如此。但他的态度是可以理解的。在他看来，笛卡尔的哲学删除了那"必要的唯一"（*unum necessarium*）。这是他写出下述箴言的一个理由："要写文章反对那些对科学穿凿过分的人。笛卡尔。"② 因此我们才能明白，为何帕斯卡尔在他写给伟大的法国数学家费马（Fermat）的信中说，"在我看来，几何学是心灵最高的训练，是世上最美的事业"，但同时，心灵又是如此"无用"以至于"我根本无法将一个几何学家与一个能干的匠人区别开来"③。

假如哲学并不能确立上帝的存在，至少假如其唯独不能在一个具有价值的意义上确立上帝的存在，那么哲学也自然不可能为人类揭示那真正的幸福所在。"斯多亚派说：'返求你们自身之内吧！正是在这里面，你们会找到你们的安宁。'但这并不是真的。又有人说：'走出自身之外吧！向你们的欢乐中去寻求幸福吧。'但这也不是真的……幸福既不在我们的身外，也不在我们的身内；它在上帝之中，既在我们身外，又在我们身内。"④ 本能促使我们在自身之外寻找幸福；而且外在的事物在吸引着我们，即便我们没有意识到。"所以哲学家尽管高谈：'返求你自己吧，你将在其中找到自己的美好。'可我们却不相信他们，那些相信他们的人乃是最空虚而又最愚蠢的人。"⑤

并且，哲学家们既不能发现人存在的真正目的和道德律，也不能对

---

① *P.*, 2, 77, pp. 360–361.
② *P.*, 2, 76, p. 360.
③ *P.*, p. 229.
④ *P.*, 7, 465, p. 546.
⑤ *P.*, 7, 464, p. 546.

此达成一致意见。尽管自然法是现实存在的，人类本性的腐朽却阻碍了我们对这些自然法的清晰认识。例如，即便我们通过哲学反思认识到什么是真正的"正义"，我们也不可能在没有神圣恩典的情况下去实践它。"自爱与人类的自我，其本性就是只爱自己并且只考虑自己。"① 事实上，"盗窃、乱伦、杀子和弑父，这一切在有德的行为中都有其地位"②。"纬度高三度就颠倒一切法理，一条子午线就决定真理……以一条河流划界是多么滑稽的正义！在比利牛斯山的这一边是真理的，到了那一边就是错误。"③ 人是盲目的、堕落的。而哲学家们并无医治这种病症的良方。他们中的一些人，例如斯多亚主义者们，确实给这个世界增加了很多高妙著述；但他们的狂傲却更多地污染并且腐蚀了他们的德行。

因此，不论帕斯卡尔宣称，"我们认为应该将所有的哲学都评价为不值得去费一点力气"④，或是宣称，"能嘲笑哲学，才真是哲学思维"⑤，都不值得大惊小怪。他所说的"哲学"主要是指自然哲学和科学，是关于外部事物的知识。通过对这种知识的贬低，他凸显了关于人的科学。而关键之处在于，我们单靠理性不能建立关于人的科学。因为没有基督宗教之光的照耀，人就无法理解他自己。理性有其自身的领域——数学和自然科学，或者说自然哲学；而那些真正对人至关重要的真理，人类的本质以及人类那超自然的宿命，都不能通过哲学或科学而获得。"我曾经长时期从事抽象科学的研究，而在这方面所能交流的人数之少使我失望。当我开始研究人的时候，我就看出这些抽象科学是不适宜于人的……"⑥

当帕斯卡尔贬低"理性"的时候，他是在一个比较狭义的意义上使用这个词的，他只是用它指心灵的那种抽象、分析以及演绎的能力，也就是我们能在"几何学"中发现的那些东西。他当然没有想去贬低对于广义上的那种理性（理智）的运用。他的基督宗教护教论的主旨显然意味着一

---

① *P.*, 2, 100, pp.375–376.
② *P.*, 5, 294, p. 466.
③ *P.*, 5, 294, p. 465.
④ *P.*, 2, 79, p. 361.
⑤ *P.*, 1, 4, p. 321.
⑥ *P.*, 21, 44, p. 399.

种思想理智上的努力。就此而言，不论我们是否认同这种观点，他对这种狭义上的理性的批判，在本质上仍是一种运用理性（理智）进行的批判。简单地说，帕斯卡尔想说两点。第一，数学与科学方法并不是我们认识真理仅有的方法。第二，数学和科学真理并不是对人类来说最重要的真理。而从以上这两个命题中都不能推出，一般的推理或对人类心灵能力的使用是应该受到谴责的。

3. 而当关注帕斯卡尔对于"此心"的看法时，我们也要牢记这一点。因为，假如我们将他在论辩中对"理性"的反对，视作对于理智和一切思维的反对，那么我们将倾向于仅仅在一种情感的意义上来解释"此心"。但对此心与理性的区分，并不意味着帕斯卡尔想要主张，人类应该放弃对自己心灵能力的运用，而完全置身于情感的掌控之下。那个著名的命题，"人心有其理智，那是理智所根本不认识的"[①]，也确实暗示了在思想与此心、理智活动与情感[②]之间存在一种对立。但是我们已经看到，根据帕斯卡尔的说法，我们是通过"此心"知道第一原则的，理性从这个第一原则出发得到其他命题。显而易见的是，此心在这里不仅仅意味着情感。因此，提出下述问题是完全必要的——"此心"这个专名在帕斯卡尔思想中的含义到底是什么？

很难说帕斯卡尔在任何一个明确定义的意义上使用了"此心"这个词。有时，这个词似乎与"意志"（the will）同义。当以这个意义使用时，它指的不是一种知识或直接的认知手段，而是一种渴望与兴趣的活动，它将理智的注意力引导到某个物体上。"意志是信仰的主要构成部分之一，这并不是因为它可以形成信仰，而是因为事物是真是假要随我们观察事物的方面而转移。意志喜好某一方面更有甚于其他方面，它转移了精神对意志所不喜欢见到的那些方面的性质的考虑；于是与意志并肩而行的

----

① P., 4, 277, p. 458.
② 心灵（mind）与此心（the heart）乃是帕斯卡尔本人所用的词语，作者以当代的语言习惯，使用"理性"（reason）与"情感"（emotion）来指代这两个词。不过，这种替换是有些片面的，需要做进一步的分析和定义。在下文中，作者对以上四个词乃是混用的，我们要注意区分其中的意义差别。——译者注

精神也就不去观察它所喜爱的那方面。"① 有时，"此心"这个词也被用来指称一种知识或认知的手段。这是帕斯卡尔对这个词的一种个性化使用。帕斯卡尔说，我们通过"此心"来认识第一原则，这是对该词的这种用法的很好例证。"我们认识真理，不仅仅由于理智，还由于内心。正是由于这后一种方式，我们才认识到最初的原理。"② 帕斯卡尔也使用"天性"（nature）和"本能"（instinct）这样的词语。"天性挫败了怀疑主义者，而理智又挫败了教条主义者。"③"本能与理智，两种天性的标志。"④"内心，本能，原理。"⑤

很显然，"此心"这个词即便在被用来指一种认知途径或直接的认知手段时，它在不同的语境中也有不同的含义。当帕斯卡尔说原则能够被此心所认识时，他明显是在谈论一种直观。在几何学的最初原理的例子之中，几乎不存在热爱这些原理的问题。但是，当他宣称"感受到上帝的乃是人心，而非理智"⑥ 的时候，他所考虑的实际是一种对上帝充满爱的理解。这种理解是那些对上帝存在的形而上学证明，甚至是对支持基督教的历史以及经验证明没有任何了解的人也能获得的。他所指的并不仅是情感，而是在真诚的基督徒身上能够发现的对于上帝的充满爱的理解。这本身就是上帝在灵魂中的作用，它是一种超自然的信仰，由爱或慈悲体现出来，它属于"爱与慈悲的秩序"，而不是"思想的秩序"。进而，正是通过"此心"或"直观"，我们知道醒着的生活并非一个梦境。一个人也许不能用清晰的论证来证明这一点，但这也并不意味着他不"知道"清醒的生活与睡梦中的情形之间的差别。因为，他能够通过"此心"来了解这一点。这里的专名"此心"意指对真理本能的、直接的和非理性的理解。帕斯卡尔的观点是，即便理性不能证明我们所确信的东西，我们仍然可以有确定性（在他看来是合理的确定性）。因为"理性"并不是我们认识真理的唯

---

① *P.*, 2, 99, p. 375.
② *P.*, 4, 282, p. 459.
③ *P.*, 7, 434, p. 531.
④ *P.*, 6, 344, p. 487.
⑤ *P.*, 4, 281, p. 459.
⑥ *P.*, 7, 278, p. 458.

一方法。倘若有人认为它是，这也只是理性主义者的偏见和骄傲。

很显然，帕斯卡尔并没有给出这样一个术语表，在其中对每个词的用法以及意义都进行了清晰的定义。有时，他对一个词语的使用是在暗示而非陈述的意义上来讲的。因此，类似"此心""本能"和"感觉"这样的词，实际上都是在暗示那种即时性、自发性、直接性。例如，就常识层面而言，我们对于外部世界的实在有着一种自发的、直接的理解和意识，由此而产生的确信或确定性是合理的，即便它没有理性证据的支持。而就几何学的层面而言，我们对那些公理原则拥有一种直接的认知。即便这些原则不能被证明，但我们的确定性是合理的，建立在演绎推理的基础之上。在道德生活的层面，我们拥有对于道德价值自发的、直接的理解，尽管这种理解可能是腐朽而模糊的。而在宗教生活的层面，那些虔诚的信徒对于上帝拥有一种充满爱的理解，这种理解不受怀疑论攻击的影响。总之，"此心"代表着一种智性本能，它根植于人类灵魂的最深处！

4. 我们如果想要探讨帕斯卡尔的方法，就不得不同时提及"此心"与"理性"。这里容易产生的一个误解是——帕斯卡尔好像想要用感觉来替代理性，并且完全否定理性论证与理解宗教真理的相关性。在数学中，若不是因为对于明显的第一原则的直接理解，演绎与论证将失去确定性。但假如没有推论理性和演绎理性所做的工作，就不可能有数学。同样，虽然单纯、虔诚的基督徒通过对上帝充满爱的理解而拥有合理的确信，但这种确信是个人的事情；而且这种确信绝不意味着用于支持基督教的论证是不必要的。通过诉诸单纯、虔诚的基督徒内在地拥有的真理，我们无法令怀疑论者和不可知论者满意。并且，帕斯卡尔本人就写下了基督教护教论的文章，即对于基督宗教的理性辩护。他所引述的论据是基于经验和历史事实、基督教信仰作为经验事实的存在、神迹、预言，等等。但这些论证本身都是合乎理性的。在帕斯卡尔看来，我们不可能通过"几何学"，即先验的演绎推理，来证明基督教的真理。因此，我们不得不转向那些经验材料，并且表明这些材料的汇集是如何正确无误地指向基督教真理的。但对这种汇集进行阐述的过程，乃是思维的工作。

对于上述事实的强调完全必要，因为帕斯卡尔关于感觉的那些箴言很容易给人们留下错误的印象。同时,"此心"这一概念即便在他对基督教的理性辩护中,也扮演着重要角色。尽管"此心"确实不能提供证据,但它能够让人们觉察到证据中所援引的那些事实所具有的重要意义,以及那些(材料的)概率收敛的重要性。假如有两个人都听到了这种"理性护教论证"并且都能理解这些字句,其中一人可能看到了这些论证中所蕴含的力量,另一人却不能。如果所有的"论证"都已被提及了,那么这两个人之间的差别,就并非是其中一个人听到了而另一个人没听到,而是其中一个人对于汇集在一起的这些论证的力量和意义有着直观的理解,另一个人却缺乏这种理解。因此,要建立一套护教论,必须以一种最有说服力的形式来展开自己的论证,但这不是为了说服人们去接受一个与头脑不一致的结论,而是为了推动"此心"的工作。

5. 任何对于帕斯卡尔基督教护教理论的冗长阐述与繁复讨论,在一部哲学史中都是不合适的。但同时,阅读关于帕斯卡尔这一章节的读者们如果期待寻找一些线索,也是理所当然的。如果不提及他的护教理论,我们就很难理解他总的观点。

帕斯卡尔最先着手去做的就是揭示"没有上帝之人的可悲",这实际是在说"人性的毁坏"①。而较之自然界,人到底是什么呢?"对于无穷而言人就是虚无,对于虚无而言人就是全体,他是无和全之间的一个中项。他距离理解这两个极端都是无穷之远,事物的归宿以及它们的起源对他来说,都无可逾越地隐藏在一个无从渗透的神秘里面;他所由之而出的那种虚无以及他所被吞没于其中的那种无限,这二者都同等地是无法窥测的。"② 人既不可能认知无限之大,也不可能了解无限之小。他也不可能对介于这两个极端之间的事物有完全的了解。因为万物在相互关系中被联系在一起,对任何一个部分的完全的认识,都需要关于整体的知识。他的理智能力是有限的,也很容易被感觉与想象引入歧途。进而,他将习俗认作自然法;在社会生活中,他将权力的统治误认为正义的统治。他被自爱所支配,这种自私的倾向使他对真正的正义视而不见,这也是社会与政治生

---

① *P.*, 2, 60, p. 342.
② *P.*, 2, 72, p. 350.

活混乱的根源。再者，人还困顿于自相矛盾，他对于自己就是一个谜。只有无限能让他真正满足，但事实上，他不可能找寻到完全的满足。

在他关于人类之悲惨可怜的图画中，帕斯卡尔的说法依赖的是皮浪主义与怀疑论的著作，而在某一点上，他又站在了沙朗与蒙田一边！他说，蒙田的可贵之处在于，他挫败了那些将许多东西都归功于人类本性以及那些忽视了人类之腐朽与堕落的人的骄傲。我们也必须记得，帕斯卡尔想要揭示的是那些无上帝之人的可怜。他的目的不是提倡怀疑主义并且为了人自身的利益使幻想破灭，更不是要鼓吹绝望，而是想要通过揭示远离上帝之人的处境，使人们更愿意去思考基督教的主张。帕斯卡尔非常清楚地意识到，想要说服那些缺乏必要的宗教倾向的人，仅仅进行论证是非常无力的。

但是，我们还需要考虑人的另外一面——他的伟大。他的伟大甚至可以从他的可怜中得出。"人的伟大是那样地显而易见，甚至从他的可悲里也可以得出这一点来。因为对动物而言是天性的东西，对人而言则称之为可悲。由此我们便可以认识到，人的天性中既然有似于动物的部分，那么他就是从一种为他自己一度所固有的更美好天性里面堕落下来的。因为，若不是一个被废黜的国王，有谁会由于自己不是国王就觉得自己不幸呢？"① 即使是人过分的行为，也显示出他对无限的渴望。能够意识到自身的可悲本身也标志着他的伟大。"人认识到自己是可悲的：他是可悲的，因为他本来就是；但他又确实是伟大的，因为他认识到了可悲。"② 因此，"思想形成人的伟大"③。"人只不过是一根苇草，是自然界最脆弱的东西；但他是一根能思想的苇草。用不着整个宇宙都拿起武器来才能毁灭他，一口气、一滴水就足以致他死命了。然而，纵使宇宙毁灭了他，人却仍然比致他于死命的东西要高贵得多；因为他知道自己要死亡，以及宇宙对他所具有的优势，宇宙对此却一无所知。"④ "由于空间，宇宙便囊括了我并吞

---

① *P.*, 6, 409, p. 512.
② *P.*, 6, 416, p. 515.
③ *P.*, 6, 346, p. 488.
④ *P.*, 6, 347, p. 488.

没了我，有如一个质点；由于思想，我却囊括了宇宙。"① 人对幸福永远欲求不满且贪得无厌，而这种渴望正是一个不幸的源泉。因此，"无限的深渊只能被一种无限的、不变的对象所填充，也就是说只能被上帝本身所填充"②。因此在这里，人的悲惨再次体现了他的伟大，体现了他接纳上帝的能力。

所以，我们面临着这样一个矛盾——人的可悲与人的伟大。我们必须在思想中使这些矛盾彼此协调。因为正是这些矛盾的同时存在才构成了问题。"因而，人是怎样的虚幻啊！是怎样的奇特、怎样的怪异、怎样的混乱、怎样的一个矛盾主体、怎样的奇观啊！既是一切事物的审判官，又是地上的蠢材；既是真理的贮藏所，又是不确定与错误的渊薮；是宇宙的光荣而兼垃圾。谁能来排解这场纠纷呢？"③ 哲学家们不能！而怀疑主义者使人虚无，还有一些人却把人看作神。人其实兼具伟大与可悲。

假如人解决不了这个根源于自身天性的问题，那就让他倾听上帝吧。但是哪里才能找到上帝的声音呢？不在那些异教的信仰中。它们缺少权威与证据，且只会带来罪恶。在犹太教之中吗？在那里我们确实可以从圣经对堕落的描述中获得对人类之可悲的一种解释。而旧约也确实预见了其自身以外的一些东西；并且其中的预言也为基督所实现——正是基督提供了一种犹太教所无法实现的救赎。到这儿，我们才有了一位中保与救主，他被先知们所预言，并且借着神迹与教义的庄严，他的权威得到证明。"认识上帝而不认识自己的可悲，便形成骄傲。认识自己的可悲而不认识上帝，便形成绝望。认识耶稣基督则形成中道，因为我们在其中既能发现上帝，又能发现我们的可悲。"④

6.《思想录》⑤ 中有一个著名的赌博论证。帕斯卡尔进行这个论证的意义与目的并不完全明确，因此历史上的评论者们给出了许多完全不同的诠释。然而似乎很显然的是，帕斯卡尔提出此一论证并非为了证明上帝的

---

① *P.*, 6, 348, p. 488.
② *P.*, 7, 425, p. 519.
③ *P.*, 7, 434, p. 531.
④ *P.*, 7, 527, p. 567.
⑤ *P.*, 3, 233, pp. 434–442.

存在。他也从未试图以这一论证代替基督教的证据。这一论证似乎是写给这样一类特殊人群的——他们虽然并不相信怀疑论者与无神论者的观点，但对基督宗教真理也并未确信，因此他们处在那种悬而未决的状态中。帕斯卡尔期望向那些发觉自己处于此种状态的人们说明：信仰是他们的幸福和利益所在；因为假如相信与否完全取决于他们自己的意志，那信仰将是唯一合理的行动方式。但这并不意味着他仅仅要求他们把信仰作为赌注争论的结果。他所想的，倒不如说是为他们的思想做准备，以及使有利于信仰的倾向的产生，这些倾向被热情和对这个世界中事物的依恋所阻碍。帕斯卡尔对他们说，应该依据自然之光，也就是说根据他们的自然理性或常识来做出判断；他不认为信仰只是一个自私自利的赌注，一个对客观不确定性的赌注，即如果它是真的，那么为它立下赌注便对一个人有利。如果他是这样认为的，我们就无法解释他对基督教的理性捍卫，或者他对上帝亲自赋予信仰之光这一点的确信。

上帝存在，或不存在。不论如何，怀疑论者都会对基督徒产生怨怼，因为基督徒在这个问题上选择了一个确定的结论，尽管理性并不能对这一结论的真理性做出说明。"我应该责怪他们，因为没有做出这个选择，而选了那个……正确的方法是不赌。""是的，"帕斯卡尔说，"但是你必须赌。这不依凭你的意志；在这件事上已经是开弓没有回头箭。"换句话说，置身事外或悬置选择，这本身也是一种选择——选择站在上帝的对立面。因此，不论一个人情不自禁地选择了这条道路或其他道路，他都应该考虑的一个关键问题是，他的利益在哪里。这里会牵涉到什么呢？一个人的理性和意志，他的知识和幸福。不论选择哪一条道路，都不会比选择另一条道路对他的理性造成的伤害更大，因为他必须选。至于幸福，在上帝身上下注显然是有利可图的，因此也是合理的。"假如你赢了，你就赢得了一切；假如你输了，你也并未失去什么。""这里，赢得无限幸福生活的概率其实无限大，而与之相对，换来失败的机会只是一个有限的数字；你的赌注则更有限。"现在，有限相较于无限而言，近乎于无。所以，这个问题显然不需要再进一步斟酌了。

可以说，为上帝下注意味着为不确定的事情而冒确定的风险。为了一个确定的无限的好处而冒着失去一个有限的好处的风险，显然是值得的；然而当问题是，为一个不确定的无限之利益，而放弃一个确定的有限之利益时，失去的确定性与获得的可能性相平衡。就此而言，当一个人甚至不知道有一种可能获得的无限的好处时，他最好保留自己实际地拥有并且确定地拥有的东西，而不是放弃它去追求无限的好处。所以，帕斯卡尔对此的回答是，每个赌徒都以一个确定的东西去搏一个不确定的东西，并且他这样做"并未违背理性"。再者，即便一个将赌注押在上帝身上的人放弃了一些快乐，但他也会收获另一些快乐，并且将赢得真正的美德。"在这条路的每一步，你都会看到，你所获得的是如此确切，你所冒的风险是何等微小，最终，你会知道，你为之而下注的事情是确定而无限的，并且你没有为此付出任何代价。"因此，这里首要的一件事是去押注，去开始，这不是通过累积一堆对上帝存在的论证而实现的，而是通过减少人类的激情，并且跟随那些信仰者的行为来行动而实现的。换句话说，虽然一个人不能自己产生信心，但他仍能做很多事情来预备自己，倘若他果真如此做了，那上帝会将他所寻求的信心赐给他。

　　帕斯卡尔在言语之间确实常常暗示宗教缺乏一个理性的支撑。"如果除了确定的东西之外，就不应该做任何事情，那么我们对宗教就只好什么事情都不做了；因为宗教并不是确定的。"① 但他认为，其实我们不断地在为不确定的事情而冒险，在战争中、交易中、旅行中皆是如此。而且，在人类生活中也没有什么是完全确定的。我们不能确定明天会怎样，但没有人会认为根据我明天依然可能活着的假设来行动是非理性的。"可是比起我们会不会看见明天到来，宗教却还有着更多的确定性呢。"② 去追寻真理是唯一合乎理性的事；因为假如我们死的时候却没有任何对于上帝的崇慕，我们便会迷失。"但是，"你会说，"如果上帝愿意我崇拜他，他就会留给我他那意志的标志。""他已经这样做过了，你却错过了它们。因此，努力去追求它们吧，这才是最值得的事。"③ "我要向你说：'假如你抛

---

① *P.*, 3, 234, p. 442.
② *Ibid.*
③ *P.*, 3, 236, p. 443.

弃欢乐，你会立刻就有信仰。'因此，就要由你来开始了。如果我能够，我就给你以信仰，然而我不能够做到……但是你却很可以抛弃欢乐并验证我所说的是不是真的。"①完整的赌博论证显然是一个因人而设的证据（argumentum ad hominem），是一种使怀疑论者放弃那种无动于衷的态度并尽其所能地让自己进入有可能真正相信的状态中去的方法。不过，虽然帕斯卡尔本人常常表述这一方法，但他却并非想要去否定那些关于基督教真理的神迹，这些神迹汇集在一起就形成一个明显的证据。但在帕斯卡尔看来，除非一个人首先摆脱那种无动于衷的状态并竭力自我克制，否则，他不可能恰切地认知这些神迹，也不可能觉察到当它们汇集在一起时，其中所蕴含的力量。因之，我们需要这一赌博论证。

7. 显然，帕斯卡尔是作为一个虔诚的基督徒而写作的。他并非想要说服人们去相信有神论，而是想要劝人皈依基督教。并且，他意识到确定的道德气质是使皈依之所以可能的必要条件。我们当然可以选择并强调一些陈述，在这些陈述中，他以某种夸张的程度降低了理性的效用。因此，有人将他指控为信仰主义和内在主义。但是，如果我们从一个更宽泛的角度来看这个问题，并且能够记得他所主要关注的其实是想要把人带到上帝自身能够起作用的那个点上，并且在他心里有的只是基督信仰而非哲学上的有神论，那我们就必须承认，至少在我看来必须承认，他作为基督教护教者的原创性与天才性本身准确地表现在他对信仰之道德准备的重视上。作为一个基督教护教论者，他的这一主要思想倾向在重要性和持久的有效性方面的价值，要远超他的思想中被天主教神学家认为是可怀疑的或应被非难的部分。如此一叶障目而不见森林，并且忽视帕斯卡尔在基督教护教史上的重要性与影响是非常可惜的。

但是，如果帕斯卡尔一方面是著名的数学家和科学家，另一方面又以基督教护教论者之名而称誉于世，我们是否能得出结论说他不是一个哲学家呢？无疑，这一问题的答案取决于我们如何理解哲学家。如果我们把哲学家理解为一个仅仅通过理性方法来着手创造一套概念系统的人，且这

---

① P., 3, 231, p. 444.（商务版中译本《思想录》此段引文在240节，不知孰是。——译者注）

一系统乃是企图将实在表象为一个整体，那么我们当然不能称帕斯卡尔为哲学家。因为他认为，若没有信仰，理性就不能解决任何问题。同时，他还相信，即便心灵已被信仰之光照亮，依然存在着一些神秘的事物超越于心灵的理解能力。人类的理性是绝对全能的，这一看法显然有悖于他的理念。但正如我们所看到的，他对人类知识的不同模式与方法，以及那些不同的"秩序"——肉体的秩序、心灵或科学的秩序、仁爱的秩序——都有着一个理性认知。即便他没有从一个应用科学的角度来阐发这些观念及其区别，我们在这里依然获得了一些具有认识论以及哲学价值的理论。他对人的分析显然能够被称为一种关于人的哲学，即便这种哲学在很大程度上会产生一些不借助神启就无法解决的问题。但正是在思考这一关于人的哲学的过程中，出现了许多与伦理和政治分析有关的思想。

"分析"这个词理所当然能应用到帕斯卡尔的思想上。例如，我们有理由说他分析了"知道"（knows）这个词的不同意义，并且表明，从它的一般用法来看，将它仅限于数学知识和类似数学的知识，是不合理的。一个普通人会很自然地说他"知道"外部世界是真实存在的，而且他清醒时所经历的生活并非梦境。如果有人说他不"真的"知道这一点，那这个人一定将知识默认为那种仅与数学范畴相关的知识。

但将帕斯卡尔描述为一个哲学式的分析者，与将他描述为一个体系化的形而上学家一样，都是一种误解。因此，这里我们还有可能像某些人所做的那样，将他视为一个存在主义思想家吗？当然，他确实在关注存在着的人及其可能性，尤其是人是否选择将自己置于上帝面前的可能性，而且他使用的是存在主义的语言。但是若我们此处是在当代的含义下使用"存在主义者"一词，也是相当具有误导性的，虽然它可能比"分析家"和"形而上学家"还稍好一些。在任何情况下，说他是一个"存在主义"思想家，只是因为他是一个宗教思想家，他首要的兴趣是人与上帝之间的关系，以及这一关系对其生活的支配。帕斯卡尔不像笛卡尔那样，只是一个身为基督徒的思想家；而说帕斯卡尔是一个基督教思想家，这句话的确切含义是：基督教是他思想的灵感来源，宗教还统一了他对人和世界这两者的看法。因此，如果他是一个哲学家，那他就是一个宗教哲学家，更确切地说是一个基督教哲学家。帕斯卡尔是他那个时代的基督教哲学家，因为他向同时代的人传递信息，并且使用他们能听懂的语言。当然，这并不是说，他的思想没有持久的启发意义。也许这就是帕斯卡尔主要的思想遗产，他那些片段式的文字留下了丰富的灵感和刺激，可供进一步发展。确实，不是所有人都能感受到这种刺激。一些人甚至觉得他是令人厌恶的。另一些人则将帕斯卡尔抬到了与笛卡尔比肩的高度，认为他是最伟大的两位法国哲学家之一，并为他深深地折服。但若与事实相较，上述这两类评价可能都有失公允。前者不及，后者则过头了。

第八章

笛卡尔主义

笛卡尔主义的传播——赫林克斯和身心交互性

1. 笛卡尔主义最初传播于荷兰并在那里找到了支持者，笛卡尔也曾以荷兰为第二故乡，并在那里待过相当长的一段时间。进而，作为笛卡尔拥趸的亨利·雷尼耶（Henri Regnier，1593—1639）从1636年起被乌得勒支大学授予学院哲学教席。同样，雷尼耶的后继者亨克里斯·雷吉乌斯（Henricus Regius），或称为亨利·勒·罗伊（Henri Le Roy，1598—1679），也是笛卡尔的一位忠实支持者，尽管只是在一段时间内。此人早年追随笛卡尔，为他辩护并反对神学家佛提乌斯（Voëtius），到后期则放弃了笛卡尔主义的立场，并写了一个宣言，这引出了笛卡尔的《反对一种确定纲领的笔记》。让·德·雷埃（Jean de Raey）以及阿德里安·海雷伯尔德（Adrian Heereboord）都在莱顿任教。前者是《自然哲学汇编》（*Clavis philosophiae naturalis*，1654）的作者，而后者是《亚里士多德与笛卡尔的哲学对照》（*Parallelismus aristotelicae et cartesianae philosophiae*，1643）的作者。不过，在这些人中，克里斯托弗·维蒂希（Christopher Wittich，1625—1687）更为重要，他试图表明笛卡尔主义与正统基督教教义之间的一致性，并批判了斯宾诺莎。1688年，他的一卷本《注释与沉思》（*Annotations and Meditations*）出版，而在第二年，他的《反对斯宾诺莎》（*Antispinoza*）付梓。此外，关于赫林克斯，下文将另行论述。

笛卡尔主义在德意志的影响相对要弱一些。在德意志地区的笛卡尔主义者中，值得一提的是约翰·克劳贝格（John Clauberg，1622—1665），《由实体或本体智慧而来的形上学》(*Metaphysica de Ente sive Ontosophia*)一书的作者。但他执教于荷兰，在黑博恩以及杜伊斯堡都教过书。另外一位是巴尔萨泽·贝克尔（Balthasar Bekker，1634—1698），他写了一本名为《由笛卡尔哲学而来的明晰建议》(*De philosophia cartesiana admonitio candida*)的著作。他本人因为反对迫害女巫而名噪一时，他还认为魔法之类的论调纯属无稽，因为精神不可能直接在物质上进行活动。

在英国，一个来自杜埃的法国人安东尼·勒格朗（Anthony Legrand），或应被称为安东因·勒·格兰德（Antoine Le Grand），出版了《哲学教科书》(*Institutiones philosophicae*，1672年和1678年)，并努力在牛津推介笛卡尔主义。同时，他却有一个学术劲敌——牛津地区主教萨缪尔·帕克（Samuel Parker），在后者眼里笛卡尔和托马斯·霍布斯一样是一个异端。但是，事实上除了那些神学上的敌人，笛卡尔主义对这个国家的影响也就不剩什么了。也就是说，尽管安东尼的物理学受到了广泛的认同，但此人的哲学（在这个词的当代意义上）几乎悄无声息。而笛卡尔主义在意大利也不是非常成功，至少这其中的部分原因，毋庸置疑地在于笛卡尔的所有著作在1663年都上了教廷的禁书目录，必须在加以删改后才可阅读[①]。我们一般将米歇尔·安杰洛·法尔代拉（Michel Angelo Fardella，1650—1718）和枢机主教热尔迪（Cardinal Gerdil，1718—1802）归为意大利笛卡尔主义者的代表人物；不过，他们其实更多地受到了马勒伯朗士的影响。

在荷兰，笛卡尔的影响主要限于大学的教授和讲师圈子，这些教授和讲师出版了各种介绍笛卡尔哲学的刊物。同时，面对神学家们对笛卡尔的攻击，他们也尽力为其辩护。但在法国，笛卡尔主义已经成了一种大众性的时髦，变成了一种时兴的哲学理论。皮埃尔·西尔万·雷吉斯（Pierre Sylvain Régis，1632—1707）通过在各大中心城市（包括巴黎）举

[①] 当笛卡尔的那些著作仍列在禁书目录上的时候，没有人能够自己去读到这些著作的正确版本。那些修正版本主要依据的是来自正统神学解释的立场观点，例如与变质论教条相关的解释。

办讲座，为笛卡尔哲学在大众之中的普及做了许多工作。同时，物理学家雅克·罗奥（Jacques Rohault，1620—1675）则努力想要根据笛卡尔的思想方法建立一种科学，来替代亚里士多德物理学。（他的《物理学》在剑桥颇有影响，这本书直到牛顿的《原理》[1]出版才被扫进历史的故纸堆。）在 1666 年，路易斯·德·拉·福尔热（Louis de la Forge）出版了《论人类灵魂，及其在 R. 笛卡尔原则之下的功能与职能以及其与肉体的统一》（*Traité de l'âme humaine, de ses facultés et fonctions et de son union avec le corps suivant les principes de R. Descartes*）一书，并且也是在同一年，格劳德·德·科尔德穆瓦（Géraud de Cordemoy）的《对灵魂与肉体的区分》（*Discernement de l'âme et du corps*）面世。奥拉托利会的一些成员们在笛卡尔哲学的"唯灵论者"那一部分中发现了与奥古斯丁思想的亲缘关系，因之而偏好笛卡尔主义。并且，尽管笛卡尔主义的精神倾向与詹森主义有非常巨大的差别（关于这一点我们可以从帕斯卡尔的著作中看到），但一些重量级的詹森主义者也深受笛卡尔的影响。这种情况所造成的结果就是，第四组《反驳》的作者安托万·阿尔诺（Antoine Arnauld，1612—1694）以及皮埃尔·尼科拉（Pierre Nicole，1612—1695）在《思维艺术》（*L'art de penser*，1662）[本书也被称为"王家波院逻辑"（logic of Port Royal）]中化用了笛卡尔主义的观点。不过，那些耶稣会士却对这一新哲学普遍抱有敌意，虽然笛卡尔一直在努力争取他们的支持。

笛卡尔主义尽管在法国的普罗大众中获得了成功，在正统官方层面却面临着相当多的反对之声。上文已经提到，笛卡尔的著作在 1663 年上了教廷的禁书目录。十年后，巴黎的国民议会则打算通过一项决议来禁止教授笛卡尔主义，还好这一决议被布瓦洛（Boileau）的《荒唐的判决》（*Arrêt burlesque*）的出版所消解，他在其中嘲弄了那些对于理性持反对意见的人，而当时笛卡尔哲学正代表着理性。[2]尽管如此，昂热大学在 1675 年已经开始着手禁止对这一新哲学的教授，1677 年卡昂大学也采取了类似的行动。此外，帕斯卡尔批评笛卡尔的体系带有自然神论的特征，而伽

---

[1] 这里作者指的应该是牛顿那本著名的《自然哲学的数学原理》。——译者注
[2] 布瓦洛的美学理论就深受笛卡尔主义的影响。

桑狄（Gassendi）[①]，那位复兴了伊壁鸠鲁原子论的哲学家，则站在经验主义的立场上对这一哲学提出商榷。此外，阿夫朗什的主教皮埃尔·丹尼尔·于埃（Pierre Daniel Huet，1630—1721）在他的《对笛卡尔主义哲学的意见》（*Censura philosophiae Cartesianae*）以及其他一些著作中，都抱持着这样的立场：唯有宗教信仰能够克服怀疑论，而笛卡尔主义者的理性主义做不到这一点。

到 18 世纪早期，笛卡尔的著作几乎就已成为正式的大学哲学教科书了。即便受到官方的阻拦与查禁，笛卡尔哲学的影响仍然渗透到了教会的神学院之中。然而，到了那个时代，笛卡尔主义在一个严格的意义上已经是强弩之末。作为前康德时代推动欧洲大陆形而上学发展的主要源泉之一，笛卡尔主义当然具有重大而持久的影响。但在 18 世纪，其他一些哲学已经开始取代笛卡尔主义，且更能引起人们的兴趣与关注。

2. 有人说，事实上笛卡尔主义并未获得如笛卡尔原来所期盼的那种发展。笛卡尔曾认为，他已经很好地并且真正地（为科学）打下了形而上学基础，同时他希望后人能够在科学上以一种富有成效的方式运用他所留下的方法。但除了一两个类似罗奥这样的著作者，笛卡尔主义者们自身似乎很难实现这一期盼——他们对笛卡尔主义中的形而上学与认识论部分投入了更多关注。而在这些问题中，身心交互关系是一个被特别关注的问题。笛卡尔从未否认过灵魂与肉体之间存在着交互关系；不过他虽然如此断言，实际却很少解释这样一种交互关系的发生到底如何可能。他试图去指出身心交互作用的那个点，但这并未解决这个由其哲学引出的问题。因为，如果事实上人被分为两个不同的实体——精神性的心灵与广延性的肉体——那去解释它们之间如何发生作用就成了一个非常迫切的问题；并且，声称这是一种现实发生的情况，以及试着去指出这一交互作用发生的点，都不能解决这一问题。

处理该问题的一个方法应该是，先承认这种交互性在事实上存在，就像笛卡尔所做的那样，之后再对该理论中会导致这一解释难题的部分

[①] 参见《科普勒斯顿哲学史》第 3 卷，第 263—264 页。

加以修正。但使用这种方法就意味着放弃笛卡尔主义的一个主要特征。不过，那些全身心投入这一问题的笛卡尔主义者们选择的却是另一条道路——给笛卡尔的二元论留下位置，同时去否认这种交互作用的实在性。路易斯·德·拉·福尔热与格劳德·德·科尔德穆瓦就曾勾画了如此处置这一问题的方法。而在这一方法上，尤其要提到的两个名字是赫林克斯与马勒伯朗士。

阿尔诺·赫林克斯（Arnold Geulincx，1625—1669）曾在鲁汶大学当教授；但是在 1658 年，因为一些未知的原因，他被迫放弃了教职。随后，他到了莱顿并在那儿成为一名加尔文派信徒。一段时间之后，他重新在大学里获得讲师资格。他出版了自己的一些著作。不过，那些更重要的作品却在他去世后方得以问世。这其中包括《伦理学》(*Γνῶθι σεαυτόν sive Ethica*)、《真物理学》(*Physica vera*)、《真形而上学与论无常的心智》(*Metaphysica vera et ad mentem peripateticam*)，以及《R. 笛卡尔哲学原理评注》(*Annotata in Principia philosophiae R. Cartesii*)。

在赫林克斯看来，有一个非常明显的原则——在一切真正的活动中，施动者一定知道是他自己在施动，并且知道自己是如何施动的。我们从这一点很显然可以推论出下述结论：一个物质之物不可能成为一个真正的原因，无论它是要对另一个物质之物还是对一个精神实体产生影响，因为物质之物没有意识，所以它自然不可能知道自己在行动以及是如何行动的。同时，我们还可以得出这样的结论：我——作为一个精神的自我，并未真正在我自己的身体或其他身体中产生那些（按照我自然的思考方式而言）我自以为是由我产生的影响。因为我并不知道这些结果是如何产生的。对于我的身体产生的那些变化和运动，我是一个旁观者，而非一个行动者或真正的施动者，尽管我会有内在的意志活动。因为我并不清楚，在我的意志活动与随后的肉体运动之间，存在着怎样的联系。同样，尽管我也可以在我的意识范围内意识到我的感觉与知觉的产生，但它们并不是由我的身体或任何外部物质产生的。

不过，如果身心交互性因此而被否定，那我们将要如何解释这样一些事实：意志后面跟随着肉体的运动，肉体的变化后面跟随着意识的感觉和知觉。对上述质疑的解释是，我的意志活动只是一个偶因；也就是说，它只是碰巧跟上帝在我们的肉体中所创制的这些变化与运动相一致。同样，在我的肉体中所发生的那些物理性事件，也只是碰巧和上帝在我的意识中所造成的那些精神性事件相一致。肉体与灵魂就像是两台时钟，它们本身并不互相影响，但因为上帝在不断地校准它们的走动，所以它们保持了时间上的完美同步。赫林克斯似乎倾向于这种类比，虽然后来莱布尼茨著作的某些段落提出了另一种类比，即这两个时钟最初就是被构造为，它们将永远保持完美的一致。

这一"偶因主义"理论，如果被全盘接受，显然能有比身心关系这一特定情境更广泛的应用空间。因为这一理论完全依赖下述原则而得出，即个人的自我并不会对其他人的自我和任何物质之物产生影响，物质之物也不会对其他物质之物和任何心灵或自我产生影响。有人也许因此简单地得出结论说，因果关系只不过是一种前后继起的规律；赫林克斯却得出了这一结论——上帝才是唯一的真正动因。这个理论也得到了路易斯·德·拉·福尔热的认同。实际上，一旦有人认同这一结论，那他就必然而不可避免会滑向斯宾诺莎主义。因为，假如内在于我的那些绵延不绝的观念是由上帝所导致的，同时，对于上帝在我之中所产生的那些影响，我只是一个旁观者。并且，假如这个物质世界的一切变化与运动也都是由上帝造成的结果，那么得出这样一个结论并不难：心灵与物质皆是上帝的样式（modes）。我的意思并不是说，赫林克斯真的已经走向斯宾诺莎主义；但他的确已经非常接近了。并且，他的伦理观念也与斯宾诺莎有着相似之处。我们只是旁观者：我们不能改变任何事情。所以，我们应该在自己的内心中培育起一种对于有限之物的真正轻蔑，以及一种对于上帝和那些由神圣原因所引起的事物之秩序的彻底顺从，克制我们的欲望，并遵循理性所规定的谦卑而又恭顺的道路。

这种偶因理论当然受到了批判。如果真正的因果活动被定义为，那个施动者既知道他造成了这一活动，又知道他是如何造成这一活动的；那么这一理论便会接踵而至。但这个定义本身显然就是一种独断，也不带有任何自明性。然而，如前所述，如果这一原则或理论在一个可能更进一步的意义上被接受，那它就会通向斯宾诺莎主义。但同时，它也有可能被归于非斯宾诺莎式的宗教性形而上学理论中。这就是马勒伯朗士所做的事情。不过，因为马勒伯朗士自身是一位极具影响力的原创性哲学家，所以把他的思想简单地归入这一关于笛卡尔主义的章节似乎并不恰切，尤其是，如果这意味着过分强调了他哲学的某个特征。因此，我将在下文中对马勒伯朗士另立篇幅，单独对待。

第九章

马勒伯朗士

生平和著作①——感觉，想象，理解；避免错误与获得真理——作为唯一的真正动因的上帝——人类的自由——在上帝之中的那个永恒真理之图景——灵魂的经验性知识——关于其他心灵与物质之存在的知识——上帝的存在与属性——马勒伯朗士与斯宾诺莎、笛卡尔、贝克莱之间的关系——马勒伯朗士的影响

1. 尼古拉斯·马勒伯朗士于1638年生于巴黎。他最初在拉马什（La Marche）学院学习哲学，但对那里教授的亚里士多德主义兴趣不大，后来转去了索邦②攻读神学。他于1660年加入了奥拉托利会，并在1664年被任命为神父。也正是在那年，他接触到了笛卡尔的遗著——《论人类》。这部作品当时已经被路易·德·拉弗格（Louis de la Forge）出版；他对此书的作者产生了巨大的倾慕之情，而此前他对笛卡尔的哲学从未有过第一手的了解。因之，他开始着手研读笛卡尔的著作，并且终生将其视为哲学导师。或许值得一提的是，最初引起他兴趣的文章实际上是一部关于生理学的著作，而且，马勒伯朗士不遗余力地提升自己的数学知识，以便更好地理解笛卡尔的哲学。就他对数学与科学的兴趣而论，马勒伯朗士可谓继承了笛卡尔的精神。

---

① 本书索引的马勒伯朗士著作，《真理的探索》（*De la recherché de la verite*）以下简称 *R. V.*，《形而上学对话》（*Entreliens sur la metaphysique*）以下简称 *E. M.*。
② 指索邦神学院，即如今的巴黎大学。——译者注

同时，他也和奥拉托利会神父一样，具有强烈的奥古斯丁主义的思想倾向，或者更一般地说，柏拉图-奥古斯丁主义的思想传统。这种结合了笛卡尔主义与奥古斯丁主义的精神气质，是马勒伯朗士哲学的主要特征。在他以及和他具有同样观点的人们看来，对这两种思想的结合并非一种强行糅合；因为巴黎的奥拉托利会成员们总是在笛卡尔哲学"唯灵论"的部分中看到他与奥古斯丁思想的密切联系。但是，这当然也意味着，马勒伯朗士是站在一个基督教哲学家的立场上的，他并未严格区分神学和哲学，并且试图在基督信仰的光照之下来阐释这个世界以及人类的经验。说他是一个笛卡尔主义者，是因为在他看来，笛卡尔哲学基本上可以被当作真理，并且他毋庸置疑地认为，这种哲学作为解释经验与实在的工具，要比亚里士多德主义更优越。但是，马勒伯朗士并不认为笛卡尔主义是一个充分并自足的思想工具；他的形而上学也带有强烈的上帝中心主义性质。他当然不是像帕斯卡尔那样谴责笛卡尔哲学的人，但他也并非蔑视理性力量的人。然而，他毋庸置疑是一个基督教思想家，而非一个碰巧是基督徒的哲学家。至少，在一些方面，他给我们留下的印象是一位奥古斯丁传统的思想家，他接受了17世纪的数学与科学成就，并且将笛卡尔主义看作构建一个思想上新的综合的工具。换言之，他是一位原创性思想家，无论将"笛卡尔主义者"或"奥古斯丁主义者"的标签贴在他身上，都将带来一种错误印象。他身兼两者；但这种综合是马勒伯朗士心灵的创建，而不是对异质思想元素的人为并列。然而，必须加以提及的是，尽管马勒伯朗士通常将他的哲学表述为对奥古斯丁与笛卡尔思想的综合，并且公开批判经院哲学；但中世纪经院主义对他思想的影响，远甚于他所能意识到的。

在《真理的探索》(*De la recherche de la vérité*, 1674—1675) 一书中，马勒伯朗士研究了受骗与错误的产生原因，并探讨了获得真理的正确方法。随后《对"真理的探索"的澄清》(*Éclaircissements sur la recherche de la vérité*, 1678) 问世。在《论自然与恩典》(*Traité de la nature et de la grâce*, 1680) 中，他关注的主题是偶因论在超自然层面的应用，以及人类自由与神圣恩典之有效性的调和。《基督宗教沉思》(*Méditations Chrétiennes*, 1683) 这本书的题目本身更是不言而喻地说明了他的思想关注点。而在《论道德》(Traité de morale，1684)中，马勒伯朗士开始着手阐明，只存在唯一的一种道德，基督徒的道德；其他的道德系统，例如斯多亚主义，从真正的道德标准来看，显然不能令人满意。随后在《关于形而上学的对话》(Entretiens sur la métaphysique，1688)中，他总结出了自己的体系。《论运动的交互性》(Traité de la communication des mouvements，1692)则是一本纯粹的科学性著作。在《论爱上帝》(Traité de l'amour de Dieu，1697)中，马勒伯朗士以一种受到波舒哀高度赞同的方式，讨论了费奈隆的上帝之纯爱理论。而在《一个基督教哲学家与一个中国哲学家的对话》(Entretien d'un philosophe chrétien avec un philosophe chinois，1708)中，他论及了与上帝的存在和本质有关的主题。他还在《对于物质推动的反思》(Réflexions sur la prémotion physique，1715)中，回应了布尔西耶那本带有鲜明詹森主义色彩的作品《上帝在生命上的活动与在物质推动上的活动》(L'action de Dieu sur les créatures ou de la prémotion physique，1713)。

可以说，马勒伯朗士的写作生涯始终伴随着大量争议。阿尔诺专门驳斥了他的哲学思想，并且批评了他关于恩典的理论。阿尔诺甚至直接向罗马教廷揭发他。虽然马勒伯朗士为自己的立场做了辩护，但他的《论自然与恩典》依然在1689年底上了禁书目录。费奈隆也不断批评马勒伯朗士。并且，正如我们看到的那样，甚至马勒伯朗士于1715年去世前完成的最后一部著作，仍是为了回应布尔西耶的批评而写的。

2. "错误是人类之可悲的根由。正是这条糟糕的法则，使得这个世界充满了恶。正是错误在我们的灵魂中滋生并且温养着那使得我们饱受折磨的万恶；同时，即便我们非常努力地避免错误，也无望去保有坚实的、真正的幸福。"[1]但错误对人来说并非必然：不论怀疑论者如何巧言令色，实际上，人始终具有获取真理的能力。有一条普遍的法则可以被立刻确定下来，即"除了我们清楚明白地看见的事物，我们永远不能对任何事物给出完全的肯定"[2]。确实，单就信仰中所被揭示的那种神秘而言，我们有责

---

[1] R. V., 1, 1.
[2] R. V., 1, 3.

任顺从权威,但权威在哲学中却无立足之地。如果我们认为笛卡尔比亚里士多德更高明,这并非因为他是笛卡尔,而是因为他所坚持的这个带有非常明晰之特征的真命题:"对一个虔诚的基督徒来说,其信仰必定是盲目的;但对一个哲学家来说,其思想必定是明鉴的。"[1] 实际上,我们必须在那些必然真理(例如数学、形而上学以及"甚至物理学与伦理学的大部分领域"[2])和那些或然真理(例如历史学的命题)之间做出区分。同时,我们需要牢记的是,在道德、政治以及医学,乃至所有实践性科学领域,我们必须满足于或然性;这不是因为它们的确定性无法获得,而是因为在确定性的获得之前我们就不得不采取行动。但此点并不会改变这样一个事实——假如我们不对任何真理性尚不明确的命题做出完全肯定的判断,我们就不会犯错。因为,肯定一个可能的真理可能为真,并不是给出了一种完全的肯定,也不会使我们陷入错误。

然而,尽管错误对于人类来说并非是必然的,而是依赖于我们对自由意志的使用,但是,我们还是会陷入错误的深渊,这是一个经验事实。对感觉进行反思,显然是我们细究错误之根由的最好开端。因为感觉是人类的三种知觉能力之一,想象力与纯粹的理解力则属于另外两种。

"不是我们的感觉欺骗了我们,而是我们的意志以它那种莽撞的判断蒙蔽了我们。"[3] 马勒伯朗士在此的意思是,我们并非使用自由意志去阻止自己对外在事物做出的鲁莽判断——也就是将我们与事物之间的那些关系,看作是一种确定无疑地对事物自身之本质的表达。"当某人感到温暖的时候,他相信他确实感到了这种感觉,那是完全没有问题的……但假如他就此论断说,他所感到的这种温暖的感觉存在于感受着它的灵魂之外,那他显然就被蒙蔽了。"[4] 这里,马勒伯朗士继承了笛卡尔的立场——否定了第二性质的客观性。这些性质,作为意识的对象,只是经过心灵修饰之后的产物,而非事物本身的客观性质。假如我们屈从自然的倾向,认为它

---

[1] *R. V.*, 1, 3.
[2] *Ibid.*
[3] *R. V.*, 1, 5.
[4] *Ibid.*

们是事物自身的客观性质,那我们就会陷入错误之中;但实际上,我们拥有阻止自己做出此类鲁莽判断的能力。同样,我们对第一性质的知觉,也不足以反映事物本身是怎样的。一个最简单的例证是:"月球在我们的视野下看来比最大的恒星依然要大得多,但毋庸置疑,相较于恒星,月球其实要小得多。"① 再者,可见的动与静、快与慢,实际都是相对于人而言的。总之,我们"永远不要依凭感觉对事物本身做出判断,我们所能做出的唯一判断仅在于它们与我们的身体之间的相对关系"②。

马勒伯朗士一开始就接受了笛卡尔关于两类实体的区分——精神的、无广延的实体,以及物质性的实体或广延。后者能够被塑造成各种形状,且可以被推动。③ 从对带有广延性的物质或有形实体之定义出发,他对于物质的性质得出了与笛卡尔相同的结论。但这并不意味着,马勒伯朗士对感觉的审视只是简单地重复了笛卡尔的观点。他对物质做了详尽的探究与细致的区分。例如,他主张④感觉可以顺次细分为以下四个不同要件——首先是物质对象的活动(比如微观粒子的运动),然后是这一活动在感觉器官、神经与大脑之中引起的变化,之后是灵魂里的感觉或知觉,最后是灵魂做出的判断。这里,我们必须进一步区分以下两种判断:1. 必然与感觉相伴随的本能判断或者无意识判断;2. 自由的判断。后一种判断是我们可以加以避免的,即便困难重重。可是,当上述这些不同的感觉要件一起出现,并且仿佛瞬间发生的时候,我们就将它们混淆在一起了,并且没有看到,感觉作为一个心理事件,存在于灵魂之中,而非存在于我们自己或者任何其他人的身体之中。马勒伯朗士最终得出的结论是,我们的感觉"在建立我们和我们周围的一切事物之关系方面是非常准确与可靠的,但它们并不能告诉我们这些事物的物自身是什么。如果我们想要很好地利用它们,我们就一定只能将其用在对自身健康与生命的保全方面……我们应该很好地去了解我们的感觉对我们的身体所给予的保护……"。⑤

---

① *R. V.*, 1, 6.
② *R. V.*, 1, 5.
③ *R. V.*, 1, 1.
④ *R. V.*, 1, 10.
⑤ *R. V.*, 1, 20.

马勒伯朗士关于感觉的生理过程的观点，同样基本承袭自笛卡尔。也就是说，他认为神经是某种极细微的隧道或管道，"动物精气"在其中通过。当一个外在对象刺激到感官之时，神经外缘立即开始进入运动状态，同时动物精气将这一刺激的印记传递到大脑。然后感觉中的心理要件开始发挥作用，而且这些要件是灵魂所专属的。然而，在这样一个生理过程中，是"精气"在大脑中印下了"刻痕"，这些"刻痕"还深浅不一。所以，如果动物精气进入运动状态是因为其他一些原因，而非因为一个外在对象对于感官的刺激，那么这些被印下的"刻痕"显然就是一个心理性想象的产物。一个人可以期望某些图像的产生或重现，这种意志的活动本身将导致动物精气的运动。当印在大脑纤维上的刻痕被改变时，图像就会产生。但除了意志的活动，还有其他一些原因会导致精气的运动，图像随之也会不由自主地产生。有趣的是，马勒伯朗士是以一种机械论的方式来解释图像之间的关联的。如果我看见一些东西互相关联在一起，那么大脑中相应的刻痕之间就产生了联系，并且对其中一个刻痕的刺激也和对其他刻痕的刺激关联起来。"举个例子，假如某人出席一个公共典礼，并且注意到了当时周边环境的所有情况与所有出席典礼的大人物，典礼的时间、地点、日子以及所有其他细节，那么只要回忆起仪式的地点，甚至是一些更不起眼的东西，对于他而言，就足以代表其他一切。"[①] 这种联系或关联有着深远的意义。"刻痕之间的相互联系，以及因此而来的观念之间的相互联系，不仅是修辞学的基础，还是在伦理学、政治学以及其他所有一般意义上与人有关的科学中那些近乎无穷多的更为重要的东西的基础。"[②] 进而，"我们的大脑中存在着的那些刻痕，很自然地相互联结在一起，并且与某种特定的情绪联系在一起，因为这对于生命的自我保护是必需的……比如，人站在非常高的高处向下看，感到有坠落危险的感觉所产生的刻痕，以及被一些巨大的物体砸到和压到之危险的那些感觉所产生的刻痕，都很自然地与代表着死亡的那种刻痕，以及那种促使我们飞翔与产生飞翔之欲望的情绪联结在一起。这种联动是永恒不变的，因为它必须始终保持

---

① *R. V.*, 2, 1, 5.
② *Ibid.*

不变；它存在于我们从出生就有的大脑纤维的结构中"。[1] 而记忆也据以被解释为刻在大脑纤维质之上的某种印记，并且同时是指一段"精气"在那些它们不会受到任何阻力的神经隧道中通过所形成的习惯。

想象是指在物质对象缺席的情况下产生或再现那些物质之物的形象的能力，在这个意义上，想象与感觉是并列的；这就是说，我们正在讨论的，可以根本不是当下实际知觉之物。相应地，我们关于感觉的错误所做的论述，也可被应用到与想象有关的错误上。如果我们认为物质事物的形象代表着事物自身所是的样子，而非处在与我们的关系中的事物，那么我们的判断就是错误的。但是，想象很自然地成为额外产生的那些错误的来源和因由。通常，想象的产物较之实际的感觉更为虚弱，并且我们总能因其如此而辨认出它们。不过，有时候它们是如此生动，并且从心理的角度看来，几乎拥有与感觉同等的力量。于是，我们就会把想象中的对象当作实存的对象，虽然它们并非如此。

人们通常仅仅将想象理解为对形象的某种再现，而相比之下，马勒伯朗士将更丰富的内涵赋予这个词。我们已经看到，他把对记忆的研究涵盖在其中；并且这使得他能有充分的理由详尽展开对与"纯粹理解"相比更重视记忆功能的经院学者、历史学家以及评论家的批判。这类人都是那些长期致力于审视一些哲学论题（比如亚里士多德关于不朽的观点）是否正确，而很少或根本没有时间去探究人的灵魂是否真的不朽的人。所以，那些将亚里士多德或其他什么人视为哲学上的权威的人就错得更离谱了。"在神学问题上，我们应该尚古，因为我们要爱真理，而真理是在古时被发现的……反之，在哲学问题上，我们则应该热爱新鲜事物，而这是出于同样的理由——我们应该永远热爱真理并寻求之。尽管如此，相较于古代的哲学家们，理性也并非想让我们更多地去相信那些新近哲学家们的言辞。理性实际希望我们用心去审视他们的思想，直至我们对他们不再有丝毫怀疑，才接受其观点……"[2] 所以，马勒伯朗士实际上试图将一种开明的思想态度和哲学上的"近代性"，与对于传统的天主教教义的崇信相结

---

[1]　*R. V.*, 2, 1, 5.
[2]　*R. V.*, 2, 2, 5.

合；也就是说，教父们的著作和共识是对神学真理的见证。

在关于想象之论说的第三部分，马勒伯朗士探讨了"那种强烈想象的传染能力——我的意思是某些心灵拥有一种力量，能够将其他人卷入他们的错误之中"①。一些人的大脑从不重要的或相较而言不太重要的对象那里，获得了非常深刻的"刻痕"。尽管这本身并没有什么错误，可一旦让想象占据了主导地位，它就会成为错误的源头。比如说，那些具有非凡想象力的人也许会给人留下深刻印象，并向其播撒自己的思想。德尔图良（Tertullian）就是这种情况的典型范例。"他对孟他努斯（Montanus）及其女先知的敬奉，毋庸置疑地证明了他在判断力上的虚弱。这种对微不足道之物的激越与激情，清楚无误地标志着一种无序的想象。在他的那些夸张与隐喻中，包含着多少不合规范的蠢动啊！有多少浮夸、光鲜的论证啊，它们仅通过眩惑感官而被证明，仅以吸引和迷惑心灵的方式进行劝服！"②蒙田是另一个以其自身之想象力而非切实的、令人服膺的论述来对他人产生影响的作者。

"感觉与想象的错误来源于肉体的本性与构成，这些错误之所以能被发现，完全出于我们对于灵魂依凭肉体这一情况的沉思。而那种'纯粹理解'所导致的错误，也就只能通过对心灵本身的反思，以及对作为理解客观对象的必要条件的那些观念的反思才能加以揭示。"③而这个专名"纯粹理解"到底意味着什么呢？马勒伯朗士告诉我们，他在这里所用的这个词意味着那种认识外在对象，却不在大脑中形成它们具体形象的心灵能力。④我们的心灵是有限的。如果不把这一事实铭记在心，就会导致错误。例如，异端的产生就是由于人们不愿意承认这一事实，并且不愿相信他们无法理解的东西。此外，还有一些人没有在他们的思想中找到并且贯彻正确的方法。他们总是将自己直接投入到对那些被遮蔽之真理的研究中，而没有发现，除非先认识其他一些真理，否则这些真理就不可能被认识；他

---

① *R. V.*, 2, 3, 1.
② *R. V.*, 2, 3, 3.
③ *R. V.*, 2, 1, 1.
④ *Ibid.*

们也没有清楚地区分明确的东西与可能的东西。亚里士多德是造成这一方面问题的罪魁祸首。而数学家，特别是那些使用韦达①与笛卡尔所确立的代数与分析方法的数学家，才是在正确的道路上前行的人。心灵的能力与范围是不能被随意扩大的——"也就是说，人类灵魂是一个早已被确定下来的思想之量度或份额，它有自己无法超越的界限。"②但这并不意味着心灵不能在一定程度上更好地发挥它的作用。而数学是训练心灵的最好方法，它使心灵从清楚明白的观念开始，继而以一种秩序井然的方式思考。算术和代数，"这两门学科是其他所有科学的基础，它们还带来了一种获得所有精确科学的真正方法；因为就发挥心灵能力的最大效用而言，没有什么比算术，尤其是代数做得更好了"。③

马勒伯朗士因之进一步定下了一些只要想寻求真理就必须遵守的法则。那条最主要的普遍性法则是：我们应该只对那些我们拥有清楚观念的事物进行推理，我们的思想应该总是从最简单和最容易的东西开始。④毋庸置疑，仅就方法而言，马勒伯朗士遵循了笛卡尔的理想。他认为，我们应该将对真理的寻求建立在对清楚明白的观念的觉知，以及以一种秩序井然的方式进行思考的基础之上，而这种秩序类似数学家们所观察到的秩序。比如说，"在研究广延性的时候，我们应该像笛卡尔先生所做的那样，从那些最简单的相互关系开始，并且逐步地从简单到复杂；这样做不仅是因为这种方法是自然的，并且有助于心灵发挥其效用，而且更是因为上帝的行动通常是有秩序的，并且他使用最简单的方法来行动，这种审视我们的观念及其关系的方式，会使我们更好地理解上帝的作品"⑤。所以，笛卡尔便好似英雄，亚里士多德则是恶棍。像那个时代其他的"近代"哲学家一样，当马勒伯朗士在谈论亚里士多德及其错误的时候，他说的显然是那些亚里士多德主义者。对于亚里士多德的历史意义，和他在其时代所取得的成就，他们毫不赞同——以"亚里士多德主义"为代表的亚里士多德是

---

① 韦达（Vièta, 1540—1603），法国数学家。——译者注
② *R. V.*, 6, 1, 5.
③ *Ibid.*
④ *R. V.*, 6, 2, 1.
⑤ *R. V.*, 6, 2, 4.

他们主要反对的权威。所以,马勒伯朗士谨慎地附加一个澄清:他并不试图使笛卡尔代替亚里士多德,成为新的权威。

3. 前文中已经提过,外在对象刺激感官,然后精气在大脑的纤维质上产生"刻痕",想象与观念正是由这一心理过程导致或产生的。同样,我们也提到过,灵魂驱动着"精气"的移动,并因此激发起想象,或使肢体的某一部分运动(视情况而定)。但是我们这种谈论的方式是使用日常的语言,而日常语言似乎很难准确表达马勒伯朗士的理论。因为他也认同笛卡尔主义关于精神与物质、思想与广延的二元论,并且也得出了此二者互不直接发生作用的结论。他确实在谈论灵魂（*l'âme*），但这个专名并不意味着亚里士多德意义上的那个灵魂,而是心灵（*l'esprit*）的意思。并且,尽管他曾论及灵魂对于肉体的依赖以及二者之间的紧密联结,但在他的理论中,心灵和肉体依然是两个东西,它们之间还存在着某种相应性（corresponding）而非交互性（interaction）关系。心灵能思,但实际上它不能驱动肉体。肉体是一架机器,上帝使它与灵魂相协调,而非如亚里士多德所认为的那样,肉体受灵魂的影响。的确,马勒伯朗士用了大量篇幅来追溯生理事件与心理事件的对应关系,例如发生在大脑中的变化与发生在灵魂中的变化的对应关系。不过他所持的观念是身与心的平行,而非交互。"对我来说毋庸置疑的是,精神性存在物的意志没有能力驱动存在于这个世界上的哪怕最小的物质。因为很明显,比如,在我们想要移动手臂的意志与手臂的移动之间,不存在必然的联系。的确,它会在我们愿意的时候移动,因此我们是手臂运动的自然因。但自然因并非真正的动因,它们不过是偶因,它们起作用实际上只因为上帝之意志的力量与效用,正如我方才解释过那样。"①

因此,马勒伯朗士并不否认,在某种意义上,我是我的手臂运动的自然因。不过,"自然因"这个指称在这里却意味着"偶因"。我的意志怎么可能不是偶因呢?当我移动我的手臂之时,我确实不知道我到底是怎样让它动起来的。"没有人知道他必须怎样做,才能借由'精气'来移动

---

① *R. V.*, 6, 2, 3.

自己的某根手指。因此，人们到底如何移动他们的手臂呢？尽管这些事情对于那些只愿意感知的人来说难以理解，但对于我来说，它却非常清楚明白，并且在我看来，对每个愿意去思考这一问题的人来说，它也都是清楚明白的。"①这里，马勒伯朗士也给出了那个疑窦重重的赫林克斯假设——一个真正的施动者知道他做了什么以及他是怎么做到的。因此，"我应该是我手臂运动的真正动因"就是一个自相矛盾的论断。"一个真正的动因应该是这样的，即心灵能在该动因和它的效果之间觉察到某种必然的联系。所以，这就是我对这个名词的理解。"②一个真正的动因就是一个具有创造力的施动者。没有哪个作为人的施动者能够创造。上帝也没有将这种力量赐予人类。因此，我们必然只能得出，是上帝在移动我的手臂，并且碰巧我也想让我的手臂移动。

所以，上帝并且只有上帝是真正的动因。"在永恒之中，上帝无时无刻不拥有自己的意志，并且他将继续意愿下去，直到永远。上帝已经以其意志施动了无尽的时间，并且他也将永远无尽地继续施动下去——或者，更准确地说，上帝的意志不会停止。如此，它也就没有那些在时间之中发生的变化、承续或因果。"③但是，比如，假如上帝想要创造一把椅子并且使之持续存在，那么在任意给定的时刻，他必须意愿它在某个地方，而不是其他地方。"因此，认为一个物体能够移动另一个物体是自相矛盾的。我的意思是，即使你说你能移动你的扶手椅，这句话其实也是自相矛盾的……没有什么力量能使它移动到一个上帝不想让它移动到的位置，或使它存在于一个上帝不想让它存在的位置……"④当然，在某种意义上，存在一种自然的秩序，举例来说，上帝意愿乙总是跟随着甲，这一秩序一直显现为如此这般，只因为上帝想要它如此这般地显现。因此，表面看来，似乎是甲导致了乙。形而上学的反思却表明，甲只是一个偶因。在事件甲发生时，上帝总是导致事件乙的发生，这一事实并不能说明甲是乙的真正

---

① *R. V.*, 6, 2, 3.
② *Ibid.*
③ *E. M.*, 7, 9.
④ *E. M.*, 7, 10.

动因。只是在这一时刻，上帝根据自己的计划，创造了事件乙。

这里，我们将经验主义的因果分析，与形而上学理论巧妙地结合了起来。就甲乙之间的关系而言，我们只能发现一种有规律的前后继起关系，如此而已。但是，对于马勒伯朗士而言，这并不意味着因果关系一般只是有规律的前后继起关系。这意味着，自然因并非真正的动因；唯一的真正动因一定是一位超验的施动者——上帝。这一普遍原则显然有助于解释人的灵魂与肉体之间的关系——它们平行而不互相影响。马勒伯朗士因此得出结论说："我们的灵魂并没有像一般的观点所认为的那样与肉体结合在一起。灵魂只是即刻地且直接地与上帝相连接。"①

4. 假如上帝是那真正的动因，似乎人类的自由就必须被否定，因为上帝甚至是我们意志活动的原因。可是，马勒伯朗士并不否认人类的自由与责任。因此我们有必要简单解释一下，他是如何使人类自由的主张与将一切真正有效的原因都归诸上帝的说法相调和的。

马勒伯朗士力图在物质世界与精神世界之间，以及在自然秩序与超自然秩序之间，发现一种平行对应与类比的关系。在物质世界，在肉体之中，我们发现的是运动；而在精神世界中相对应的是意向倾向。"因此，对于我而言，精神倾向之于精神世界，就等于运动之于物质世界。"②假如我们的本性没有因为堕落而被腐蚀，我们应该立刻意识到我们灵魂的基本倾向。然而，目前的实情是，我们不得不通过反思与论证来获得这种知识。除了上帝自身外，上帝在他的行为中并无其他的终极目的。作为造物主，他自然是想要他所创造的这些存在物能持存并且是善的；但"上帝意志的主要目的是他的荣耀，上帝的意志也指向他所造之生命的持存，但也只为了他自身的荣耀"③。因此，生命的基本倾向必定契合于这一创造者的意志与筹划。因此，上帝在灵性生物中植入了一种朝向上帝自身的基本倾向。它表现的形式是倾向于普遍的善，并且它也是我们永远不能对任何一个或一些有限之善感到满意的原因。我们会遇到一些有限之善，并且由于

---

① *E. M.*, 7, 15.
② *R. V.*, 4, 1.
③ *Ibid.*

我们对于普遍之善的基本倾向，我们渴求并热爱它们——尤其是那些与我们生命的持存与幸福之获得密切相关的善。因为，说我们拥有对普遍之善的倾向，和说我们有对获得幸福的自然倾向，归根结底是一样的。不过，没有哪种有限之善可以满足我们对普遍之善的倾向；因此，我们也就不可能在上帝之外找到幸福。所以，虽然堕落带来的盲目与混乱使我们不能直接意识到这一趋向于上帝的运动，但我们依然必须承认，我们的意志在根本上是趋向于上帝的。

因此，如果上帝在我们的意志中植入了一种对于普遍之善的不可改变的意向倾向，一种只能被至高的和无限的善（即上帝自身）所满足的倾向，那么，显而易见的是，我们自身就不可能是这种意向倾向和内在运动的动因了。这是一种必然的意向倾向，不受我们的自由意志支配。进而，"我们对于特定善的倾向，尽管在所有人当中表现得并非一样强烈，但它们的确是一切人类所共有的。例如，我们对自身生命的保存以及对那些和我们在本质上是同类的生命的保存的倾向，也是上帝的意志印刻在我们之中的结果。因为，我不加区分地称之为'天性之意向倾向'（natural inclinations）的所有这些从天性中带来的印记是每个灵魂所共有的"[1]。并且这些倾向也是自然的和必然的。

那么，留给自由意志的还有什么呢？或者，更确切地说，一旦有了上述前提，自由意志意味着什么呢？"在这里，我想用'意志'这个词指代一种印记或自然的运动，它会将我们带向那种不能确切界定的善——普遍之善。而通过'自由'这个词，我所理解的是精神所拥有的一种力量，这种力量能够将这一印记转移到那些给我们带来快乐的对象之中，从而使我们的自然倾向终止于某个特定的事物。"[2] 向普遍之善或一般之善的运动倾向是无法抗拒的，而这一运动实际上是朝向上帝的运动或倾向。"唯有上帝是那普遍之善，因为只有在上帝自身中才包含着一切的善。"[3] 但是，相对于那些特定的有限之善而言，我们依然是自由的。这可以在马勒伯

---

[1] *R. V.*, 4, 1.
[2] *R. V.*, 1, 1, 2.
[3] *Ibid.*

朗士所举的例子中得到说明①。一个人将其自身的一些人格尊严表象为善。他的意志是如此直接地为之所吸引；也就是说，他对于普遍之善的趋向，会使他趋向这一特定的对象——自尊。因为他的心灵已经将它表象为一种善了。但事实上，这种自尊并不是普遍的善。并且，心灵也不能如普遍之善一般清楚明白地认识自尊（"因为心灵永远不可能清楚地看到它不是什么"）。所以，特殊之善并不能完全止息我们对于普遍之善的渴望。意志自然超越于这一特定的善，人并非必然或无可避免地热衷于自尊。但他依旧是自由的。"因此，他的自由在于，因为他不能充分地相信这种自尊包含了他所能热爱的一切善，因此他可以悬置他的判断与热爱。此外，通过与那个普遍之物或包含一切善的对象的合一，他得以去思考其他事物，并且因此而去热爱其他的善……"②换句话说，一旦我将某物理解或思想为善，那我的意志就会趋向于它。但同时，我也有能力不去屈从于这一意志的运动或冲动，因为它是被导向某一特殊的有限之善的。

为了更清楚地理解马勒伯朗士的自由理论，我们需要记住，在他看来，人类的堕落导致原本的灵魂与肉体之"统一"，变成了灵魂对于肉体的"依赖"。在堕落之前，亚当拥有一种异乎寻常的力量，可以中止平行法则的运行；但是在堕落之后，在大脑的主要部分造成"痕迹"的一系列物理事件，必然引起灵魂中心理事件的出现。所以，平行法则的运行必然带来以下结果，即不论何时，只要一个物质之物在大脑中造成了一个"刻痕"，那么灵魂中的运动就会发生。在这个意义上，灵魂受到肉体支配。所以，人类在堕落之后对上帝不再有清晰的意识，并且其注意力被感觉之物所吸引。"灵魂，在罪（原罪）出现之后，就开始趋向于肉体。它对感觉之物的爱欲不断削弱它与可理解之物的关联或联系。"③一切罪孽都来自这种对肉欲的屈从。但同时，理性也仍在分享着神圣理智，意志也仍自然而然地趋向于那普遍之善——上帝。因此，尽管人依旧为那些有限之善所吸引，特别是为那些源自肉体的快乐所吸引，但他仍然能够明白有限之

---

① *R. V.*, 1, 1, 2.
② *Ibid.*
③ *R. V.*, 1, 13, 4.

善并不等于普遍之善，并且也能够不去屈从那些指向有限之善的倾向和爱欲。无人可为一有限之善所惑，除非他自己选择如此。

5. 因此，意志是一种主动的力量。这一活动实际上是内在的，因为即便我可以去意愿或不去意愿一个有限的善，但我的意志本身不能产生外在的结果。外在的结果实际是由上帝在意志活动发生的瞬间带来的。但意志仍是主动的，而不是一种纯粹被动的力量。然而，心灵或纯粹理智，是一种被动的力量或能力。它并不能产生观念：它只能接受它们。于是，问题就产生了：观念是从哪里产生的呢？这些与我们不同的事物的观念是如何进入我们的心灵的呢？

这些观念不可能来自它们所表象的那些物质之物。同时它们也不可能是由灵魂自身产生的。因为假如是人类自身使它们得以产生，那人类就需要预设一种人类所不曾拥有的力量——造物之力。并且我们也不能假设说：上帝从一开始就将一整套内在观念放在了我们的灵魂之中。在马勒伯朗士看来，对我们所拥有的观念之来源唯一合理的解释是："我们在上帝之中看到了一切的东西。"[1] 马勒伯朗士宣称援引自奥古斯丁的这一著名论述，是他的哲学中最个性化的特征之一。

上帝在其自身之中拥有"一切他所创造的事物之观念；因为，若非如此，他就不可能创造它们"[2]。进而，他以如此直接而又切近的方式向我们展现它们，以至于"可以将他认作是灵魂的居所，正如以同样的方式将空间在某种意义上认作是身体的居所一样"[3]。因此，根据马勒伯朗士的说法，心灵能够在上帝之中看见上帝的造物，只要上帝愿意向心灵揭示关于它们的观念。并且，上帝确实有此意愿的事实可以通过各种论证来表明。例如，当我们渴望看见所有的存在物时（我们有时看到这个，有时候又看到那个），"可以肯定的是，所有的存在物都呈现在我们的心灵之中；并且，除非上帝呈现在我们的心灵之中，否则它们不可能都呈现在我们的心灵之中，也就是说，上帝将一切事物都包含在了他自身的那个清楚明白的

---

[1] *R. V.*, 3, 2, 6.
[2] *Ibid.*
[3] *Ibid.*

存在中了"。① "我不认为我们能很好地解释心灵认识各种抽象和一般真理的方式,除非上帝能以无限的方式照亮心灵。"② 进一步来说,观念作用于我们的心灵,照亮它们,使它们快乐或不快乐。但只有上帝能够改变我们心灵的样态。"一定是如此,即我们的一切观念都存在于那个神圣实体之中,只有神圣实体是可以理解的,或者能够照亮我们;因为唯有它能对我们的知性产生影响。"③

马勒伯朗士认为,这并不意味着我们看到了上帝的本质。"上帝的本质是他绝对的存在,心灵也不可能认为神圣实体是绝对的存在,而只是认为它是与被造物有关的,或者是由被造物参与的。"④ 因此,马勒伯朗士试图避免这样的指责,即认为他将天堂之中的灵魂才能得到的福分,不加区分地归于所有人,并且他还在使这一点自然化。但在我看来,很难说对神圣本质自身与造物对于这一本质的外在模仿之间的区分,在这方面有实际的作用。

不论如何,假设我们确实在上帝中看到了我们的观念,那么我们看到的是什么呢? 这些观念是什么? 首先,我们看到的是那个被称为永恒真理的东西。更确切地说:我们看到了这些真理的观念。一个像命题"二乘以二等于四"这样的真理不可能等同于上帝。"所以我们并不是说,我们在认知那些真理的时候看到了上帝,正如奥古斯丁所说,我们只是在认知那些真理之观念的时候,看到了上帝。因为,观念是实在的;而观念之间的那种等价,仅仅为真,而非实在的……当某人说'二乘以二等于四'时,这其中的数字观念是实在的,存在于数字之间的等式则仅是一种关系。因此,就我们自身来看,当我们认知永恒真理的时候我们看见了上帝;但这也并不意味着这些真理就是上帝,而只是因为这些真理所依赖的观念在上帝之中。也许,即便奥古斯丁也是以这种方式来理解这件事。"⑤

其次,"我们也相信,人能从上帝之中认知到那些会变易和腐朽的事

---

① *R. V.*, 3, 2, 6.
② *Ibid.*
③ *Ibid.*
④ *Ibid.*
⑤ *Ibid.*

物，尽管奥古斯丁仅仅论及了那些永恒和不朽的事物"[1]。不过，马勒伯朗士的上述说法很容易造成误解。在我们关于物质之物的知识中，我们可以区分感觉因素与纯粹观念。实际上，前者是由上帝造成的，但其自身却不能在上帝之中被看到。"因为上帝当然也了解可感的事物，但他却并未感知它们。"[2] 感觉因素并不能表象物自身。物自身之中的广延属性，正是我们在上帝之中看到的那个纯粹的观念。这是否意味着我们在上帝之中看到的是单个物质之物的不同观念呢？答案显然是否定的。实际上，我们在上帝之中看到的仅仅是可被把握的广延的纯粹观念，此乃物质世界的原型。"物质只不过是广延而已，这是非常清楚明白的"[3]；因为在我们清楚明白的物质观念中，我们能觉察到的只有广延。并且，物质或身体在上帝那里也必定有其原型。当然这并不意味着上帝是物质的和广延的；而是意味着，在上帝之中存在着关于广延的纯粹观念。并且，在物质世界中具体呈现出的可能的互相关系，都被完美地包含在这一作为原型的观念之中。"当你沉思这一可被认知的广延时，你只会看到我们身处其中的这个物质世界的原型，以及其他无限可能世界的原型。实际上，你随后就会看到那个神圣实体。因为，仅有神圣实体是可见的，或者说是可以照亮心灵的。但你看到的却不是神圣实体自身，或者说你不能按它所是的认识它。你只能根据它与被造物的关系，以及它参与到被造物中或表象被造物的那一部分。所以，实际上不能说你看到了上帝，而只可以说，你看到了上帝所能造出的事物。"[4]

其三，"最后，我们相信所有心灵都能在上帝中看到那永恒的道德律以及其他事物，但方式有所不同"[5]。例如，我们能够看到永恒的真理，是由于我们的心灵与上帝之道的统一。但是，道德秩序之所以能够被认知，却是因为我们不断地从神圣意志中获得朝向上帝的运动倾向。正是由于这种自然的并且永远存在的倾向，我们才知道"我们应该趋善避恶，我们应

---

[1] *R. V.*, 3, 2, 6.
[2] *Ibid.*
[3] *R. V.*, 3, 2, 8, 2.
[4] *E. M.*, 2, 2.
[5] *R. V.*, 3, 2, 6.

该爱正义胜过爱一切富贵,并且比起掌管人类与其他数之不尽的自然律而言,服从上帝才是最好的"①。因为,作为我们终极目的的关于对上帝的基本信仰的知识,包含了自然道德律的知识。我们所能做的,仅是去查验这一信仰的内涵,以便了解这一道德律及其所蕴含的强制性特征。

6. 因此,马勒伯朗士认为,我们所拥有的在上帝之中的那个图景包含着关于永恒真理的知识,还有作为物质世界之原型的可理解的广延的知识,以及关于自然道德律的知识,尽管它是在不同的意义上来说的。但是,"灵魂却不一样。我们不是通过它的观念来认识它的,在上帝之中也完全找不到它;我们仅能通过意识自觉来发现它"②。但这并不意味着我们对灵魂本身有一个清晰的洞察。"对于我们的灵魂,我们仅知道我们所感知到的发生在我们身上的事情。"③ 如果我们从未经历过痛苦等感觉,那我们就应该对于灵魂是否具有类似的样态感到完全无知。而只有通过经验才能获知,它可以有这些样态。然而,假如我们能够通过在上帝中的灵魂之观念来认知灵魂,那我们本应能先验地认知它所拥有的一切性质及其样态,正如我们能先验地认知广延的性质一样。这并不是说,我们对于灵魂的存在,以及其作为一个可以思维之存在的本质完全无知。实际上,我们所拥有的关于它的知识,已经足以使我们确证灵魂的精神性与不朽之特征了。同时,我们必须承认的是:"我们对灵魂的本质的认识,并不像我们对身体的本质的认识那样完美。"④

这也许不是我们原本很自然地期待从马勒伯朗士那里获得的结论。但是他分析了我们关于物质之物的知识,并据此对上述结论给出了理由。"我们通过意识自觉所获得的关于灵魂的知识是不完全的,这确定无疑,没有半分虚假。反之,我们通过感觉或意识(如果我们把发生于我们身体之内的事情的感觉称为"意识")获得的关于肉体的知识,不仅是不完满的,而且是错的。所以,对于我们来说,必须要有关于肉体的观念来修正

---

① *R. V.*, 3, 2, 6.
② *R. V.*, 3, 2, 7, 4.
③ *Ibid.*
④ *Ibid.*

我们与其相关的感觉。但我们并不需要有一个关于灵魂的观念,因为我们所拥有的关于灵魂的意识,丝毫不会将我们牵扯进错误之中。为了使我们免于在关于灵魂的知识上受到蒙蔽,只要我们不把它与肉体混淆起来就够了。而我们可以用理性来避免这种混淆"①。所以,我们没有必要在上帝之中找到关于灵魂的图景,类似于我们在上帝之中发现的可被理解的广延之图景。

7. 那么,我们对其他人和纯粹的知性存在者或天使有什么了解呢?"很显然,我们对它们的了解只是凭空猜测。"② 我们无法在其他人自身之内来了解其灵魂,也不能通过它们在上帝之中的观念来认识它们。并且,因为它们不同于我们,我们也无法通过意识来认识它们。"我们仅凭猜测认为其他人的灵魂应该与我们的灵魂相类似。"③ 实际上,我们也有一些关于其他灵魂的确定性知识。例如,我们知道每个灵魂都寻求幸福。"不过我之所以确定无疑地知道这一点,是因为这是上帝启示我的。"④ 通过启示,我才对其他灵魂或心灵有了确定性知识。可当我依照自己的情况对其他人去下结论的时候,却常常会犯错。"因之,假如我们仅仅通过我们自身所具有的感觉(知觉)来判断他人,那么我们对他人的了解极易出错。"⑤

显然,马勒伯朗士必须对我们关于其他身体存在的知识,做出一个类似的论述。一方面,感觉并不能表象物自身。并且,在任何情况下,一系列身体刺激后面出现的心理事件,都是由上帝引起的,因此没有绝对有力的证据证明,它们实际上是由外部事物的存在引起的,除非我们首先假设整个偶因链条的存在。而这包括假设身体的存在。另一方面,我们在上帝之中看到的可被理解的广延观念本身并不能向我们保证任何外物的存在。因为它是所有可能物体的无限原型。因此,看来马勒伯朗士必须借助于启示,将其作为关于身体确实存在的确切知识的来源。他实际上也是这

---

① *R. V.*, 3, 2, 7, 4.
② *R. V.*, 3, 2, 7, 5.
③ *Ibid.*
④ *Ibid.*
⑤ *Ibid.*

么做的。"有三种存在者,我们能获得关于它们的一些知识,还能和它们产生一些关联:上帝,或者说那个无限完满的存在者,是一切物的起因与原则;精神,我们只能通过天生的内在感觉来认识它;物质,通过我们所拥有的神启,我们能确证其存在。"①

马勒伯朗士认为,物质的存在性是不能被证明的。相反,对其进行证明的不可能性本身是能被证明的。因为,在物质的存在与导致它们存在的那个原因(上帝)之间,并没有必然的联结。我们通过神启知道它们的存在。但在这里我们必须区分自然启示与超自然启示。假设我的手指被针刺破了,并且我也感到了疼痛,"那我所具有的这种疼痛的感觉就是一种神启"②。疼痛并不真的是由针刺导致的,实际上它由上帝在针刺的那一刻所导致。但鉴于上帝建立了偶然因果关系的规则秩序,他导致的这一疼痛就是对于物质之存在性的暗示,或者说是一种"自然神启"。然而,这个论证本身并不能产生绝对的确定性。并不是说它本身就有缺陷;但我们可以对它产生怀疑。因为,比如说,在我们目前的状态下,我们可以在一些特殊情况下得出结论说:一个精神事件是在一个身体的存在和"活动"的时候引起的,而这并不是真的。所以,假如我们想要对外物的存在有更大的确定性,我们必须依赖于超自然的神启。圣经非常明晰地揭示了事物的现实存在性。"为了使你完全摆脱思辨的怀疑,信仰为我们提供了一个无法抗拒的证明。"③然而,在实际生活中,"自然神启"已经足够了。"我敢肯定,你不需要我刚才对你所说的一切,就可以确信你和西奥多罗斯(Theodorus)在一起。"④

8. 因此,要确信物质的存在,我们需要知道上帝的存在。可是我们如何能知道这一点呢?正如笛卡尔已经给出的那样,马勒伯朗士的主要论点是对安瑟伦所谓的"本体论证明"的修改,笛卡尔也使用过这一证明。我们拥有无限的观念。但没有任何有限的东西表象或能表象无限。并且我

---

① *E. M.*, 6, 3.
② *Ibid.*
③ *E. M.*, 6, 8.
④ *Ibid.*

们也不能通过累加有限，来构成关于无限的观念。相反，我们通过对无限观念的限制来设想有限。所以，这个无限的观念，或者说无限的存在物的观念，不可能是仅通过我们的心灵而被构造出来的：它是被给予的，是上帝存在的证据与结果。我们能看到，在这个观念之中必然地包含了存在。"人能看到一个圆、一座房子、一个太阳，即便它们并不存在。因为一切有限之物都能在无限之中被看到，无限之中包含了有限之物可被理解的观念。但无限只能在其自身之中被看到。因为没有任何有限之物可以表象无限。所以，假如人能思考上帝，那上帝就一定实际存在。而其他存在物，尽管也能被认知，却不一定实际存在。我们可以在它们不存在的情况下，看到它们的本质，并且能在不需要它们的前提下，看到它们的观念。但是，我们却不能在无限之物不存在的情况下，看到它的本质，在不需要这一存在物的前提下，看到它的观念。因为任何存在物的观念都不能表象它。没有一个存在物的原型包含了其全部可理解的存在性。它是它自己的原型，并且它在其自身之中包含了所有存在物的原型。"① 因此，在我们所拥有的无限观念中，我们看到了上帝。"我确定我看到了无限。因为我看到了它，并且除了在它自身之中我不可能看到它，所以无限存在。"② 诚然，我对无限的知觉是有限的，因为我的心灵是有限的；但我知觉到的却是无限。"因此，你能很清楚地看到，'上帝存在'这一命题本身是所有命题中最清晰的，并且它保证了其他一切事物的存在；它甚至与'我思，故我在'这个命题具有同等的确定性。"③

所以，上帝的观念就是那个关于无限的观念，那个关于无限的观念就是关于无限、完满的存在物的观念。"你能这样定义上帝，正如他对摩西所说的那个自我定义一样——上帝是其所是……是无限的存在者，一个完全绝对的存在者，这就是上帝的观念。"④ "上帝"这个词的内涵给了我们一把认识神圣属性的钥匙，只要这些知识对于我们是可能的。"很显然，

---

① *E. M.*, 2, 5.
② *E. M.*, 8, 1.
③ *E. M.*, 2, 5.
④ *E. M.*, 2, 4.

如果上帝这个词仅是'无限完满的存在者'的缩写，那么下述说法就是一个自相矛盾的说法——如果我们仅仅把我们所清楚看到的与无限完满的存在者有关的东西归于上帝，我们就可能被欺骗。"① 我们有理由预言上帝的任何完美，即那些我们所认为的真正的完美，或不必然受限于或者掺杂了不完美的完美。"因此，上帝或那无限完美的存在物独立（于所有原因）并且永不改变。他也是全能的、永恒的、必然的并且无所不在……"② 当一个无限的完美超越了我们的理解，这也并不是我们不将它归诸上帝的有效理由。人们很自然地倾向于使上帝人格化，并因此形成关于上帝的拟人化概念；还有一些人想要去除他所有无法被理性所认知的属性。③ 但我们必须承认，例如，"根据（这些属性的）世俗观念，上帝既非良善，也非慈爱或忍耐。这些普通与日常的属性，与一个无限完美之存在者不相匹配。但上帝拥有这些属性，因为理性告诉我们这一点，并且，不可能被驳倒的圣经也使我们相信这一点"。④ 同时，我们必须意识到，上帝拥有与无限完美的存在者相关的一切完美，即使我们不能理解它们。例如，上帝能够在他自身之中认知一切事物，我们却不能理解这些神圣知识。

马勒伯朗士坚持认为，自由也是一个神圣属性。上帝必然爱那至高无上、无限可爱之物——他自己的本质，无限的良善。并且，倘若如此，这一无限的良善足以满足神的旨意。因此，如果上帝创造了有限之物，那他实际是出于爱与良善，而不是出于需要。因为，被造物并不能为无限增加任何它所缺乏之物。上帝自由地创造了这个世界，并且自由地使之持存。"创造这一世界的意志并未包含任何必须如此的因素，尽管（正如上帝其他的内在活动一样）它是永恒不变的。"⑤

但如何能使上帝的自由与上帝的永恒不变相统一呢？自由不就意味着可变么？不就意味着在一个人的行动之外的那种推动力量么？对此，马勒伯朗士回答说：上帝永远地意愿着创造这个世界。实际上，在上帝之

---

① *E. M.*, 8, 1.
② *E. M.*, 8, 3.
③ *E. M.*, 8, 9.
④ *E. M.*, 8, 15.
⑤ *E. M.*, 7, 9.

中并无过去和未来，只有一个永恒的创造活动。这一活动是不变的。同时，上帝也永远而自由地创造着这个世界。因此，一旦我们假定对这个世界的创造和维护是出于上帝自由的决定，那我们就可以像过去那样依赖一个稳定的秩序。因为，上帝并未改变他的法令。这并不意味着神迹是不可能的。因为在上帝对于这个世界及其秩序的亘古选择中，也包括了对我们称之为神迹的那些事件的选择。然而，上帝在永恒中就定下法令创造了世界的这一事实，以及这一法令是永不改变的这一事实，与颁布这一法令的自由是不矛盾的。"在永恒之中，上帝无时无刻不拥有自己的意志，而且他将继续意愿下去，直到永远。——或者，更准确地说，上帝的意志不会停止——如此，它也就没有那些在时间之中发生的变化、承续或因果。所以，他永恒的法令虽然是简单的与不变的，却是必然的，仅仅因为它是。它不可能不是，因为它是。而它是，仅仅因为上帝意愿如此。"① 因此，只有通过"假想"，神圣法令才是必然的，这一假想即，上帝已经颁布了这些法令；并且他是自由地颁布这些法令的。"现在你坐着。你能站起来吗？绝对地来讲，你能；但根据这一假想（你正坐着），你实际不能……（所以上帝）意愿颁布法令，并且建立了简单而普遍的法则，用一种合乎他的属性的方式来管理这个世界。但这些法令一旦被假想，那就是不可改变的。绝对地来讲，它们并非必然的；它们是通过假想而成为必然的……（上帝）永恒不变；这是他本质上的完满性之一。尽管如此，在他所做的一切外在的事情上，他是完全自由的。他不能通过一个简单而一贯的活动来改变（这些旨意），因为他所意愿的那个意愿没有前后继起性。但是，他却能不这样意愿，因为他自由地意愿他真实地意愿的东西。"②

9. 在关于上帝的自由这一主题以及关于上帝的永恒不变与上帝的自由之间的统一的问题上，马勒伯朗士只是在重复中世纪神学家和哲学家的老生常谈。他对这个问题的解决，确实毫无新意。然而，考虑到他与"亚里士多德主义者"频繁的争论，他重复前人的做法或许值得注意。尽管如此，作为一个天主教神学家，他不可能说一些完全不同于他实际所说的

---

① *E. M.*, 7, 9.
② *E. M.*, 8, 2.

话。而他对上帝的自由的坚持具有更大的重要性，正是这一点体现了他与斯宾诺莎的不同。由于马勒伯朗士将上帝作为唯一的真正动因，再加上他将无限的"可被理解的广延"置于上帝之中，因此一些历史学家将他视作联结笛卡尔与斯宾诺莎的一个中间环节。这种论点当然完全合理。但同时，他在上帝的自由问题上的坚持足以清晰地表明，他是一个有神论者而非泛神论者。

至于笛卡尔，我们有机会注意到马勒伯朗士对这位伟大学术前辈的赞誉之情。笛卡尔激发了马勒伯朗士对数学的倾慕，也激发了他在探寻真理时对正确方法的寻求。马勒伯朗士所坚持的一些重要理论显然源自笛卡尔主义，例如将物质分析为广延。进而，笛卡尔主义所带来的思想与广延的二元论问题，也给马勒伯朗士的偶因学说提供了一个理论出发点。并且，总的来说，马勒伯朗士对清晰明确的观念以及那种类似于数学的、毋庸置疑的明证的热爱，显然是由笛卡尔主义所结出的精神果实。

然而，尽管笛卡尔对其思想产生了毋庸置疑的影响，但马勒伯朗士的哲学具有与笛卡尔主义完全不同的特质。也许此种不同可以通过这一方式来加以表述。笛卡尔的思想倾向于使用正确的方法来发现新的科学真理。他所希望的是，其他人能在富有成效的演绎法与科学性研究方法方面延续他自己的思考。因此，尽管上帝概念对他的哲学体系是必不可少的，我们却很难将他的哲学称为上帝中心主义。这毋庸置疑地为信仰的奥秘留下了空间，但也可以说对（近代）科学的建立产生了强力的推动；并且这种情况并不会因为笛卡尔提出的那个值得商榷的"科学的方法"概念而改变。但与此相反，马勒伯朗士的哲学带有明确的上帝中心主义特征。将上帝视为普遍和唯一的真正动因，以及我们能在上帝之中看见上帝——这些教条明确地表现了这一特征。这是因为在马勒伯朗士看来，人们在因果关系上所得出的错误观念是与那个错误的上帝概念紧密相连的。而偶因理论和关于上帝的真正观念是一致的。当我们意识到这一点的时候，我们就能够从一个真实的角度来看这个世界，即，这个世界每时每刻都依赖于那无限的神性，上帝的神性不仅赋予世界存在性，也是其运动的原因。并且，一旦我们意识到了被造物对那个超越的、无所不在的上帝（一切存与运动的唯一源泉）的彻底依赖，我们就更应该做好准备，以倾听那神圣的启示，即便这启示包含了难以理解的奥秘。心灵只是在被动地接收着观念；所以用我们所接收到的那些观念，来反对我们所接受的这些观念的泉源——上帝之道，显然是愚人所为。

我们或许可以把马勒伯朗士与贝克莱做如下类比。贝克莱在18世纪显然完全站在由洛克创立的经验主义原则的立场上，并且较洛克更为激进——例如，他认为不存在物质实体。因此，比起他的先辈来，贝克莱被誉为将经验主义的发展带上了一个新台阶。同时，贝克莱提出了一种彻底的上帝中心主义的哲学，还将这样一个形而上学体系的基础至少部分地建立在对经验主义原则的应用上。所以，把贝克莱说成是一个使用经验主义来为一种上帝中心主义哲学服务的人，是不无道理的。同样，马勒伯朗士早年也认同笛卡尔所提出的许多原则，但他也得出了许多与笛卡尔本人大相径庭的结论，比如他认为灵魂和肉体之间并不存在真正的交互作用。在这个意义上，他可谓发展了笛卡尔主义。同时，他却用笛卡尔主义的一些原则以及从这些原则中得出的结论，服务于一种彻底的上帝中心主义的体系，这个体系有其自身的特殊性。因此，给马勒伯朗士简单地贴上笛卡尔主义者的标签，就好似简单地将贝克莱认作一个经验主义者一样具有误导性。这两个人都建立了一套上帝中心主义的形而上学体系，并且这两个体系在一些方面明显相似，尽管它们也有显著的不同。至少这种不同的部分原因是，其中一个体系与笛卡尔主义相联系，另一个体系与英国经验主义相联系。

10. 马勒伯朗士的哲学取得了令人惊异的成功。因此，奥拉托利会的托马森（Thomassin，1619—1695）就被公认为受了他的影响，虽然托马森在论及上帝中的图景之类的问题时从未提及马勒伯朗士。而在那些本笃会士中，猛烈批判斯宾诺莎上帝观念的弗朗索瓦·拉米（François Lamy，1636—1711）也深受马勒伯朗士的影响。而那位马勒伯朗士传记的作者，耶稣会士伊夫·马里·安德烈（Yves Marie André，1675—1764）对马勒伯朗士事业的标榜，使自己陷入困境之中。在安德烈看来，亚里士多德-托马斯主义关于我们知识的感觉来源的学说摧毁了科学与道德。此外,《关于心灵起源的形而上学沉思》(*Méditations métaphysiques sur l'origine de l'âme*, 1683)的作者,数学家和物理学家勒内·法迪埃(René Fédé),也可以被视为马勒伯朗士的一个拥趸,尽管在某些方面他更倾向于斯宾诺莎主义。总的来说,马勒伯朗士的这些法国后继者都努力地为他辩护,反对任何认为他的哲学导向斯宾诺莎主义或与后者具有相似性的指控;他们也使用他的体系来拒斥经验主义所带来的影响,这种影响当时在欧洲大陆已经开始被觉察到。

1694年,马勒伯朗士《为寻求真理》的英文译本在英国出版。在随后的一年里,洛克就写了一部回应性著作——《对于马勒伯朗士能在上帝之中看到一切事物的意见的一个审查》(*An Examination of Malebranche's Opinion of Seeing All Things in God*),洛克在其中针锋相对地批判了这种意见。而这部著作直到1706年,也就是在洛克去世两年后才得以出版。与此同时,约翰·诺瑞斯(John Norris,1657—1711)却在他的著作《对于理想的或可被理解的世界的一个理论论说》(*An Essay Towards the Theory of the Ideal or Intelligible World*,1701—1704)中站在马勒伯朗士一边,在这本书的第二部分中,他还批评了洛克的经验主义立场。

到了18世纪,马勒伯朗士的观念同样被一些意大利著作者用来反对经验主义。这其中,尤其值得一提的是马蒂亚·多瑞亚和枢机主教热尔迪①——前者是《反对G. 洛克先生以捍卫形而上学》(*Difesa della metafisca contro il signor G. Locke*,1732)的作者,而后者在1747年出版了他的《对心灵的物质性证明的驳斥:反对M. 洛克》(*Immatérialité de l'âme démontrée contre M. Locke*),并在第二年出版了《捍卫P. 马勒伯朗士在观念之起源及其本质方面的意见并针对洛克的审查之辩护》(*Défense du sentiment du P. Malebranche sur l'origine et la nature des idées contre l'examen de Locke*)。

---

① 尽管枢机主教热尔迪出生于萨弗埃,但他大半生都是在意大利度过的。

第十章

斯宾诺莎（一）

生平——著作——几何学方法——其他哲学对斯宾诺莎思想的影响——对斯宾诺莎哲学的一些说明①

1. 巴鲁赫·斯宾诺莎（Baruch Spinoza，或 Benedict Spinoza，或 de Spinoza，或 Despinoza），1632年11月24日出生于阿姆斯特丹。他来自一个葡萄牙裔犹太人家庭，他们于16世纪末期移民到荷兰。他的祖上也许是马拉诺派（Marranos）信徒，换句话说，斯宾诺莎的祖先是那些在15世纪末为了避免被驱逐出境而被迫改信基督教，但内里仍信奉犹太教的犹太人。不过，这家人在移民荷兰之后，又公开恢复了自己的犹太信仰。因此，斯宾诺莎也就依照犹太传统在阿姆斯特丹的犹太社区长大。虽然他的母语是西班牙语（他很小的时候也学过葡萄牙语），但他的启蒙教育内容却是旧约与塔木德。他还熟知受新柏拉图主义影响的充满犹太教神秘猜想的作品，后来又研习了一些犹太哲学家的著作，包括摩西·迈蒙尼德（Moses Maimonides）的作品。②他最初跟一个德意志人学了点拉丁文，后来跟随一名基督徒弗朗西斯·范登·恩德（Francis Van den Ende）继续学习这门语言。在后者的教诲之下，他还研习了数学以及笛卡尔哲学。此外，他也学了些希腊语，虽然他对这门语言的掌握远不及他对拉丁文那般熟稔。同时，他还熟悉法语和意大利语，当然还有荷兰语和希伯来语。

---

① 本章开头有五个小节的标题，但实际只分为四小节，原文如此。——译者注
② 关于迈蒙尼德，参看《科普勒斯顿哲学史》第2卷，第203—204页。

虽然接受的是犹太教的传统教育，但斯宾诺莎很快发现自己无法认同犹太神学及其对圣经的解释，因此在 1656 年，当只有 24 岁时，他便被正式革除教籍，也就是说，被逐出了犹太社会。在此后的岁月里，他以磨制用于光学设备的镜片为生。正因如此，他才能过上作为一名学者和哲学家的那种隐遁且安宁的生活。他于 1660 年搬到了莱顿附近居住，并开始与伦敦皇家学会秘书亨利·奥尔登堡（Henry Oldenburg）信笺往来。1663 年，他搬到了海牙附近，并在 1676 年受到了莱布尼茨的拜访。斯宾诺莎一生从未担任过任何学术职务。在 1673 年，海德堡大学给他提供了一个哲学教席，但他拒绝了，毋庸置疑，这主要是因为他期望自己能够保持绝对的自由。但无论如何，他从未想要成为众人瞩目的焦点。斯宾诺莎在 1677 年死于肺结核。

2. 斯宾诺莎一生只出版过两部著作，其中只有一部以他自己的名字出版。他对笛卡尔《哲学原理》一书中的部分内容所进行的"几何学"阐释（《笛卡尔哲学原理；依几何学方法证明，附录形而上学思想》，*Renati des Cartes Principiorum philosophiae partes prima et secunda more geometrico demonstratae. Accesserunt Cogitata metaphysica*）于 1663 年问世，而他的《神学政治论》（*Theological-Political Treatise*）则于 1670 年匿名出版。斯宾诺莎去世后不久，他的《遗著》（*Opera posthuma*）付梓，其中包括了他在莱顿期间写的《知性改进论》（*Tractatus de intellectus emendatione*）以及他最重要的那本《几何学伦理学》（*Ethica ordine geometrico demonstrata*，一般简称《伦理学》）[①]，同时还有《政治论》。而他的那本一般以《简论》之名而称行于世的《简论神、人及其幸福》（*Tractatus brevis de Deo et homine ejusque felicitate*），直到 1851 年才为人所知。此外，斯宾诺莎的全集中还包括一两篇小论文以及书信集。

3. 斯宾诺莎哲学最引人注目的观点是，只有一种实体，即那个被等同于自然的无限神圣实体，也就是神或自然（*Deus sive Natura*）。他的哲

[①] 以下对于本书的引用之中，其书名缩写为 "E."。"P." 代表书中的部分，"def." 代表书中的定义，而 "prop." 代表书中的命题。（此外，下文中出现的 "note" 代表附释，"lemma" 代表附证，"corollary" 代表绎理，"appendix" 代表附录。——译者注）

学有一个非常瞩目的特征,即使用几何学式的论述方法,这一点鲜明地体现在《伦理学》一书中。这部著作一共分为五个部分,它们的具体论题如下:论神;论心灵的性质和起源;论情感的起源和性质;论人的奴役或情感的力量;论理智的力量或人的自由。在第一部分的开篇中,我们会发现八组定义,紧随其后的是七条公理。第二部分则以七组定义与五条公理开始。同样,第三部分有三组定义和两条公设。第四部分有八组定义与一条公理。而最后一部分则只给出了两条公理。① 在每一部分中,这些定义、公理或者公设之后都是带有编号的命题及对该命题的证明,这类论证推演最后总以"此证"(Q.E.D.)和必然的结论结尾。

我们可以区分这种几何学式样的论述表达与将神和自然统一于一个无限实体的核心观念。笔者会在下一节详述第一个主题,而在本节中,我将谈谈到底是何种影响导致了斯宾诺莎形而上学核心思想的形成。

毋庸置疑,笛卡尔主义对斯宾诺莎的思想有着不容忽视的影响力,并且至少在某种程度上,它也是斯宾诺莎构造其哲学体系的工具。首先,笛卡尔主义为斯宾诺莎提供了方法论。其次,它为斯宾诺莎提供了大量术语。譬如,将斯宾诺莎对于实体与属性的定义和笛卡尔的定义相比较,我们就能非常清楚地看到,斯宾诺莎如何受惠于那位法国哲学家。第三,毋庸置疑,笛卡尔的某些特别的观点也对斯宾诺莎产生了正面影响。譬如,笛卡尔认为在哲学中我们应该只探寻动力因而不应去寻求目的因的主张②,以及他对于神存在的本体论证明,显然都对斯宾诺莎产生了影响。第四,笛卡尔主义似乎有助于确定斯宾诺莎所面临的问题本质,譬如在心灵与肉体之间的关系问题上便是如此。

不过,我们尽管有理由说斯宾诺莎深受笛卡尔的影响,却不能直接说他的一元论倾向也源自笛卡尔哲学。当然也不可能有人认为,他是从笛卡尔主义中衍生出他的一元论,亦即他是从笛卡尔那里借鉴或采纳了它。因为,笛卡尔显然不是一元论者。不过,有人认为,斯宾诺莎其实是在一元论的方向上发展了笛卡尔主义的逻辑内涵。在前文中我们已经看到,笛

---

① 在第二、第三、第四和第五部分中,定义和公理前面有序言。
② 《哲学原理》,第1章,第28页。

卡尔用一种特别的方式定义了实体，并且确切地说，这个定义仅适用于神。因此，我们也就可以理解为什么有些历史学者会宣称斯宾诺莎在笛卡尔的这一定义的影响下建立了一元论。毕竟，在当时的许多人看来，斯宾诺莎主义是对笛卡尔主义进行逻辑的和一贯的思考所导致的结果。并且，尽管笛卡尔主义者拼命地抵制任何将斯宾诺莎挂靠在笛卡尔名下的企图，但下述说法仍然值得商榷，即正是因为斯宾诺莎主义可以被合理地描述为笛卡尔哲学的逻辑发展这一事实令他们感到不安，所以他们才越发激烈地反对斯宾诺莎主义。在写给奥尔登堡的信中，斯宾诺莎指出："蠢笨的笛卡尔主义者因为有人认为他们支持我，就到处攻击我的观点和论著，以便能够摆脱嫌疑，甚至到现在还一直如此。"① 不过，尽管从理论上来讲，哲学可以通过对笛卡尔思想的反思而得到发展，② 但是，这并不一定意味着，斯宾诺莎事实上正是以这种方式得出了他形而上学的核心观念的。相反，有许多理由让我们认为他并未如此做。

首先，有理由认为，斯宾诺莎在关注笛卡尔主义之前，有过对某些犹太作家的研究，这使他至少倾向于泛神论的一元论。当然，他的犹太教育背景是他使用"神"这个词来指代终极实在的根本原因，尽管他的神与自然同一的说法显然并不来自旧约的作者们，因为他们从未把这二者等同起来。不过，在斯宾诺莎的青年时代，他认为信仰一位自由地创造了世界的、具有位格的、超越的神，在哲学上是站不住脚的。尽管他也承认，表达这种信仰的神学语言，对于那些无法理解哲学语言的人来说有着宝贵的价值；不过他也认为，使用神学语言只能引导人们采取某种行动，而不能传递关于神的真理。他反对迈蒙尼德，认为在圣经中寻找哲学真理是徒劳的，因为它们所使用的语言不同，除了一些简单的真理，在那里根本找不到什么哲学真理，但他同时也认为，真正的哲学和圣经之间不可能有重大的矛盾。哲学带给我们的真理是纯粹理性的，而不是图像描绘式的。譬如，哲学让我们了解到终极实在是无限的，因此这个实在必然将一切存在

---

① 《书信》第 68 封。
② 我的意思并不是说斯宾诺莎主义是笛卡尔主义在逻辑上的一个必然结论。

者都包含在自身之中。因此，神不可能是与这个世界完全相离的。这种认为神是在这个世界之中表达自己又将这个世界包含在自身之中的无限存在者的观点，至少受到了他所研读过那些犹太神秘主义以及卡巴拉学派著作的影响。

确实，我们应该谨慎，不要夸大甚至强调犹太神秘主义对斯宾诺莎思想的影响。因为，事实上，斯宾诺莎对于犹太神秘主义的认同非常有限。"我读过并且了解一些'犹太教神秘主义轻浮之辈'的思想，他们的疯狂让我感到无法停歇的惊恐。"[1] 斯宾诺莎在这些著作中发现的只是一些幼稚的观点，而非神的奥秘。但是正如迪南-博尔科夫斯基（Dunin-Borkowski）所说，我们也不能依此推论出，斯宾诺莎泛神论一元论的种子并非是在阅读这些著作时撒下的。并且，即便我们想要忽略犹太神秘主义的后期著作对斯宾诺莎的影响，但至少有一些证据（而非猜测）表明犹太作家对他的思想产生了某种结构性的影响。因此，在论及广延样式和这一样式的观念是同一的东西，只是表述方法有所不同之后，斯宾诺莎补充道："这个道理有些犹太人似乎隐约见到了，因为他们说，神的理智和神所知的对象是同一的东西。"[2] 此外，斯宾诺莎还明确提到了[3] 查斯代·克莱斯卡斯（Chasdaï Crescas）[4]，一位中世纪晚期的犹太学者。他认为物质在某种程度上预先存在于神之中，其所依据的原则是，除非某物在其自身之中包含另一物，否则它就不可能是那一物的原因。这种观念可能促使斯宾诺莎确立起广延乃是神的一种属性的想法。斯宾诺莎可能也受到了克莱斯卡斯宿命论观点的影响；克莱斯卡斯认为，人类的任何选择都不能以动机或者个性来加以解释。

对斯宾诺莎造成影响的另一个来源可能是他对文艺复兴时期具有泛神论倾向的那些哲学家著作的研读。虽然布鲁诺（Giordano Bruno）的作品并未出现在斯宾诺莎藏书室的书目之中，但《简论》的某些段落似乎

---

[1] 《神学政治论》(*Theological-Political Treatise*)，9，34。
[2] *E.*, P. II, prop. 7, note.
[3] 《书信》第 12 封。
[4] 这里应该指的是哈斯代·克莱斯卡斯（Hasdai Crescas），作者可能将这位中世纪学者的名字拼错了。——译者注

很清楚地表明他确实了解布鲁诺哲学,并且早年也受到了布鲁诺思想的影响。此外,布鲁诺在"能动的自然"和"被动的自然"之间所做的区分,也是斯宾诺莎哲学体系的重要特征。

我们几乎不可能以任何确定的方式来解决如下争论:斯宾诺莎对犹太作者的研究和文艺复兴时期的自然哲学家(例如布鲁诺)对他思想的影响到底孰轻孰重?同时对这两种思想类型的研读,使斯宾诺莎倾向于神与自然的同一,且这一核心的观念也并非仅仅通过对笛卡尔主义的反思而获得——这样说似乎更为稳妥。我们必须记住,斯宾诺莎在任何时候都不曾是一个笛卡尔主义者。确实,斯宾诺莎以一种更具几何学色彩的方式阐述了部分笛卡尔哲学,但是诚如他的一位友人在一个序言中所说[①],他并不认同笛卡尔的观点。在他看来,笛卡尔主义只是给了他一种理想的方法,以及能够紧密联结和系统发展的哲学体系的范例。就此而言,这种哲学体系远比布鲁诺所讲的那种要优越,并且比那些"犹太教神秘主义轻浮之辈"的"疯狂"要多一些东西。毫无疑问,笛卡尔主义给斯宾诺莎留下了非常深刻的印象,但斯宾诺莎从未将其视作完满的真理。在给奥尔登堡的回信中(他问斯宾诺莎,笛卡尔与培根哲学的主要缺陷是什么),斯宾诺莎声称最主要的问题和缺憾在于,"他们已经远远偏离了对一切事物之第一因和根源的认识。"[②]

由上文可知,斯宾诺莎在对于术语和概念的使用上,相比人们一般所认为的要带有更多的经院哲学成分。不过,尽管斯宾诺莎对经院哲学有些了解,但这种了解似乎并不深入或深刻。他并非如莱布尼茨那样,对于经院哲学家的思想有广泛和第一手的了解。至于斯多亚主义,它对斯宾诺莎的影响显然在于其道德理论方面。斯宾诺莎至少读过一些古代斯多亚主义者的作品,并且毋庸置疑,他深深地意识到了斯多亚主义在文艺复兴时期的兴起。他的政治思想受到了霍布斯的影响,尽管在写给雅西·杰里斯(Jarig Jellis)的信中,他谈到了霍布斯与他的观点之间的差异。虽然追溯

---

① 这是在斯宾诺莎的一篇序言中所做的区分,参看他在《书信》第13封中所写的内容。
② 《书信》第2封。

其他哲学家对斯宾诺莎的影响是一件有趣的事情，但他的体系实际仍可算作是原创的。同时，对那些影响的史实性研究也不应遮蔽斯宾诺莎思想中所带有的那种原创性力量。

4. 如上所述，斯宾诺莎以一种更具几何学色彩的方法阐释了部分笛卡尔哲学，尽管他即便在那个时候也并非笛卡尔体系的拥护者。而这个事实也曾被用来证明，斯宾诺莎并不认为自己在《伦理学》中所使用的论说方式完全可靠。但在笔者看来，我们必须对此做一个区分。显然，斯宾诺莎实际上并未将这一方法的外在形式看得非常重要，譬如使用"此证"和"必然推论"之类的词语。真正的哲学可以不通过这种几何学的外表或形式来呈现自身。相反，一种错误的哲学也可能以几何学的形式来表达。因此，换句话说，假如只考虑几何学证明的外在形式，斯宾诺莎并不认为这一方法是完全可靠的。但是，如果一个人考虑的不是这一方法的几何学外表，而是从清楚明白的观念之定义和自明的公理出发，对命题进行的逻辑演绎，那么，在我看来，这样一种方法在斯宾诺莎眼中当然是发展真正哲学的可靠方法。例如，假如我们看一看他的定义，确实就措辞而言，它们仅仅表达了斯宾诺莎所选择的用来理解某个特定词汇的方式。譬如，"属性，我理解为由知性看来是构成实体的本质的东西"[1]。又或是，"所谓善是指我们确知对我们有用的东西"[2]。但斯宾诺莎相信，每一个定义都表达了一个清楚明白的观念，并且"每一个定义或清楚明白的观念都为真"[3]。因此，如果理智运用这些清楚明白的观念并且对它们进行逻辑演绎，就不可能犯错，因为它是根据其自身的本质，即理性自身的本质来运作的。所以，他批评培根的下述说法——"除感官的欺骗外，人的理智按其固有的本性也是易于受骗的。"[4]

有些人觉得，斯宾诺莎不认为自己的几何学方法是完全可靠的。这些人可能持以下看法。他将从清楚明白的观念出发进行的逻辑演绎当成

---

[1] *E.*, P. I, def. 4.
[2] *E.*, P. IV, def. 1.
[3] 《书信》第 4 封。
[4] 《书信》第 2 封。

对世界的解释性描述，并且将经验世界解释为可理解的。而这种看法又牵涉到一个假设，即因果关系与逻辑蕴涵关系相类似。观念的次序与因果次序相同。由一系列定义和公理出发进行逻辑演绎所产生的结论，同时是一个形而上学推论，并且为我们提供了关于实在的知识。但这还只是一个假定或假设。假如我们要求斯宾诺莎证明这一假设，他应该必定会回应说，这一假设是合理的，因为这个被建立起来的体系能够对世界做出一个一贯的、整体的解释，正如我们所经验到的那样。因此，他并没有简单地假定，对某种方法的使用一定会为我们提供关于这个世界的真正哲学。相反，运用这种方法的合理性是通过其结果来证明的。也就是说，其合理性在于，借助这一方法建立的体系能够做到它声称要做到的事情。

但是，在我看来，斯宾诺莎是否愿意谈论假定或假设，是非常值得怀疑的。在《伦理学》中我们读到，"观念的次序和联系与事物的次序和联系是相同的"。[1] 而在对这一命题的证明中，他声称，从第一部分的公则四（"认识结果有赖于认识原因，并且也包含了认识原因"）看来，这一命题是明白的。斯宾诺莎进一步说道："因为任何有原因的事物的观念都要依赖于对它的原因的认识，而这一有原因的事物就是它的原因的结果。"[2] 自然，这里存在的争议焦点是：即便我们承认，充分地认识一个结果包含了认识它的原因，这也并不意味着因果关系与逻辑蕴涵关系相类似。问题更关键的部分在于，斯宾诺莎似乎认为他所声称的这种对应关系是清楚的真理性事实，并非只是假定或假设。当然，他也很可能借助他发展起来的系统的一贯性和解释力来证明其真理性。进而，阐释真正的哲学并非必须使用演绎或综合的形式，他可能选择了其他的说明方式。但我深信，斯宾诺莎不认为他的这套体系需要依赖只能为实践或经验所证明的那种假设。在写给阿尔伯特·布尔（Albert Burgh）的信中，他说："我并未认为我已经找到了最好的哲学，我只是知道我在思考真正的哲学。"[3] 这一

---

[1] *E.*, P. II, prop. 7.
[2] *Ibid.*
[3] 《书信》第 76 封。

说法似乎很好地表明了他的态度。

在斯宾诺莎看来，正确的哲学论证次序要求我们由某种本体论上或逻辑上先在的事物出发，即，从神的本质或自然出发，然后一步一步地进行逻辑演绎。他也谈到了一些"不遵从这一哲学论证次序的思想家。因为神的本质本来应该首先加以考察，因为就知识的次序和事物的次序说来，神的本质都是在先的，他们却把它放在最后，反而相信所谓感官对象的事物在一切别的事物之先"。①

通过使用这种思想方法，斯宾诺莎使自己和经院哲学以及笛卡尔区别开来。比如，在托马斯·阿奎那的哲学之中，思想不是从神开始，而是从经验对象开始的，通过对后者的反思，心灵才上升到对神存在的确证。因此，就托马斯·阿奎那的哲学思考方法而言，神在观念次序之中并无优先地位，尽管他在本体论意义上或自然次序上是优先的。同样地，笛卡尔的思考起点是"我思，故我在"，而不是神。此外，不论是托马斯·阿奎那还是笛卡尔，都不认为我们能够从无限的存在者（也就是神）之中，演绎出有限的事物。然而，斯宾诺莎显然不承认经院哲学与笛卡尔的思考步骤。他认为，神之实体必须不仅在本体论意义上先在，而且在观念的意义上也先在。至少，当我们遵循一种恰当的哲学"论证次序"时，神必须被当成观念次序上的先在之物。

我们可以同时注意到两点。第一，如果我们想要从无限的神圣实体开始，并且，如果我们对于这一实体存在性的确证不只被认作一种假设，那就必然表明，在神圣的本质或神圣实体的定义之中，包含了它的存在。换句话说，斯宾诺莎必须致力于以某种形式先进行本体论证明。否则，神将不可能在观念上先在。其次，假如我企图从神这里展开思想，随后进入到对有限之事物的思考之中，同时将因果关系同一于逻辑关系，那么我就必须将偶然性从宇宙中排除掉。不过，要注意的是，上述说法并不能推出有限的心灵具有演绎出特殊事物之实存性的能力。斯宾诺莎也没有这么想过。但是，如果万物对神的因果依赖等同于逻辑依赖，那就没有自由创造

---

① *E.*, P. II, prop. 10, note 2.

的位置了，此外，物质世界的偶然性和人类的自由也将灰飞烟灭。任何看似偶然的事件都只是一种表象。并且，如果我们发现我们的行为依然具有某种自由，那也只是因为我们不知道它背后的必然性原因。

第十一章

斯宾诺莎（二）

实体及其属性——无限的样式——有限样式的产物——心灵与肉体——目的因的取消

1. 在对这个世界做出理性阐释的过程中，那些思辨形而上学家们总倾向于将多化归为一。并且，因为此种阐释意味着以因果关系来阐释，因此，说他们倾向于将多化归为一，实际是说，他们倾向于将有限之物的存在与本质阐释为某一终极因的结果。我之所以使用"倾向于"这个词，是因为并非所有的思辨形而上学家都假设了一个终极因。比如说，虽然在柏拉图的论辩中，他想要化多为一的意图也很明显，但至少没有足够的证据表明，柏拉图将绝对之善与"神"①（按照他对这个概念的意义的理解）等同起来了。然而，在斯宾诺莎的哲学中，我们发现，作为杂多的经验性存在物都可以在逻辑因果上最终被统一到那唯一的无限实体，也即斯宾诺莎所谓的"神或自然"（Deus sive Natura）上面。正如我们已经看到的，他将因果关系等同于逻辑蕴涵关系，并将有限之物描述为可以从无限实体中必然地推导出来的。他在此明确地与中世纪基督教形而上学家们撇清了关系，同时与笛卡尔划清了界限，因为在这个问题上，笛卡尔虽然也假定了一个终极因，却并未试图从这个原因之中演绎出有限之物。

为了认识某一事物，我们必须知道它的原因。"认识结果有赖于认识

---

① 因为斯宾诺莎哲学的自然神论特征，译者将酌情根据上下文在有关章节中将God这个词翻译为比较中性化的"神"，而非具有宗教特征的"上帝"。——译者注

原因，也包含了认识原因。"①想要阐释某一事物就意味着要搞清楚造成它的那一个或若干个原因。而斯宾诺莎将实体定义为："在自身内并通过自身而被认识的东西。换言之，形成实体的概念，可以无须借助他物的概念。"②但是，仅凭其自身就能被认识的东西，不可能有一个外在的原因。因此，在斯宾诺莎看来，实体是"自因的"——它能通过自身得到解释，而不依赖于任何外因。因此，这个定义意味着，实体是完全自足的东西——不论它的存在、属性还是样态，都不依赖于任何外在的原因。换句话说，其本质蕴涵了存在。"自因，我理解为这样的东西，它的本质即包含存在，或者它的本性只能被设想为存在着的。"③

在斯宾诺莎看来，我们拥有或者说可以拥有清楚明白的实体观念，在这观念中，我们会察觉到实体的本质蕴涵了其存在。"假如有人一面说他对实体有清楚明白的观念，亦即真观念，一面又怀疑这个实体是否具有存在性，那么他的错误与那种自称有了一个真的观念却又怀疑这个观念为假的人相同。"④"因为存在既然是实体的本性，那么实体的定义就必然包含存在；所以只从实体的定义中，我们就可以推出它的存在。"⑤在稍后的部分，他论证了存在并且仅仅存在一个实体，它是无限的、永恒的，而且这个实体就是神，此时，斯宾诺莎又回到了这条思想线路上。因为，神的本质"排除一切不完满性，又包括了绝对的完满性，所以神的实存性便没有任何值得被怀疑的理由，并且这种实存性反而被赋予了最大的确定性。我相信，人们只要稍稍留意，对于这个道理就可以了然"⑥。这里，我们看到了一个"本体论证明"，这个证明与安瑟伦的那个证明一样，都容易招致一些相似的反驳。

在斯宾诺莎看来，如果实体是有限的，那么就会受到一些拥有相同本质，亦即拥有相同属性的其他实体的限制。但是，不可能存在两个或更

---

① *E.*, P. I, axiom 4.
② *E.*, P. I, def. 3.
③ *E.*, P. I, def. 1.
④ *E.*, P. I, prop. 8, note 2.
⑤ *Ibid.*
⑥ *E.*, P. I, prop. 11, note.

多个拥有相同属性的实体。因为，假如存在着两个或多个实体，那么它们就一定是能够互相区分的，这意味着它们必然拥有不同的属性。"属性，我理解为由知性看来是构成实体的本质的东西。"① 而由所给予的这一定义出发，如果两个实体拥有同样的属性，那么它们也就拥有同样的本质，在这一情况下，我们似乎不能说它们是"两个"，因为我们根本无法区分它们。但是，如果不可能存在两个或更多个实体拥有同样的属性，那么实体就不可能是受到限制的，或者有限。因此，实体必然是无限的。

这种推理实在很难让人认同，在我看来，也是缺乏说服力的。首先，他对"相同"这个词的使用看起来是含糊不清的。斯宾诺莎的想法显然是，复数实体的存在是需要进行阐释的，"阐释"则又牵扯到原因。然而，实体已经被定义为，不可能是由外在原因所导致的结果。所以，我们最终必然会得到一个"自因"的存在者，它能够自己阐释自己，并且是无限的。因为，如果实体是有限的或者被限制的，那么它就能受到他物的作用，换句话说，它就是存在于因果活动中的一项。可是，如果实体有可能为外因所影响，那它就不可能纯粹地通过其自身而为人所认识——这与实体的定义相悖。因此，根据其定义，实体必然是无限的。

而无限的实体必然拥有无限的属性。"一物所具有的实在性或存在性越多，它所具有的属性就越多。"② 因此，一个无限的存在者必然拥有无限多的属性。而这个拥有无限多属性的无限实体，被斯宾诺莎称作"神"。"神，我理解为绝对无限的存在者，也就是具有无限多属性的实体，其中每一属性都分别表示永恒无限的本质。"③ 斯宾诺莎继续论证说，无限的神圣实体是不可分的、独一无二的和永恒的，并且，在神里面存在与本质是同一的。④

毋庸置疑，对于任何研读过经院哲学和笛卡尔主义哲学的人来说，以上说法听起来十分耳熟。经院主义经常使用这种"本质-存在"的说法

---

① *E.*, P. I, def. 4.
② *E.*, P. I, prop. 9.
③ *E.*, P. I, def. 6.
④ *E.*, P. I, props. 12–14 and 19–20.

和"实体"这个名词，而斯宾诺莎对实体和属性定义的构建，显然依赖于笛卡尔的相关定义。同时，我们也看到了斯宾诺莎是如何使用"本体论证明"的形式，来论证神的实存性的。此外，他对神的描述——无限的存在者、无限的实体、独一无二的、永恒以及单一（不可分，并且没有部分）——也就是传统的对神的描述。不过，我们不能得出结论说，斯宾诺莎对于神的观念与经院哲学家或笛卡尔完全相同。我们只要思考一下这一命题，"广延是神的一个属性，换言之，神是一个有广延的东西"①，就会立即发现他们的不同。这个命题表明，斯宾诺莎对于神与世界之间关系的看法，完全不同于经院哲学家所持的观点。在斯宾诺莎看来，经院哲学家和笛卡尔都没有理解一个无限的存在者或实体的本质到底有何含义。如果神和自然是截然不同的，并且如果除了神还存在着其他实体，那么神将不是无限的。反之，如果神是无限的，那么就不可能存在其他实体。离开神这一动因，有限的事物不可能被理解或阐释。因此，按照斯宾诺莎对"实体"的定义，它们不可能是实体。因此，它们必然在神之中。"一切存在的东西，都存在于神之内，没有神就没有任何东西存在，也不可能有任何东西为人所知。"② 如果这个命题仅仅意味着，每一个有限的事物在本质上都依赖于神，同时，神存在于一切有限事物之中并支撑着它们的存在，那么，持有神论观点的哲学家显然会赞同斯宾诺莎的这一命题。但斯宾诺莎的意思是：有限的存在者只是唯一的实体（神）的样式。神拥有无限多的属性，每个属性又都是无限的；而在无限多的属性之中，唯有两个能够被我们所认知，即广延与思维。有限的心灵是处于思维属性下的神之样式，而有限的肉体是处于广延属性下的神之样式。在本体论意义上，自然并非与神截然不同的；因为神是无限的。他必然将万事万物都包含在自身之中。③

---

① *E.*, P. II, prop. 2.
② *E.*, P. I, prop. 15.
③ 经院哲学家们意识到，主张上帝的无限性，又认为上帝与自然截然不同，是非常困难的。他们的回答是，虽然对于有限之物的创造增加了存在者（"存在者"这个词的意思应该在类比的意义上来理解）的数量，但是可以说却不会增加存在的总量。上帝与有限之物的存在完全不在一个可以互相比较的层面上，因为有限之物的存在并不会对无限的神之存在性与完满性有任何的增益。

2. 在逻辑推演进程中，斯宾诺莎并未从无限的实体直接得到有限的样式。可以说，在它们之间还有无限与永恒的样式，它们还可分为直接与间接的样式，这些样式逻辑地先在于那些有限的样式，关于此，现在必须做一些解释。首先，我们有必要去回忆一下斯宾诺莎的这一说法：我们所能觉察到的两种神之属性乃是思维与广延。而关于其他属性，我们不能再多说什么，因为我们无法认识它们。应该也有人注意到了，从对于拥有神圣属性的无限实体，即神的思考，到对于神的样式的思考，正是一个从"能动的自然"（*Natura naturans*）转向"被动的自然"（*Natura naturata*）的思想过程。换句话说，这也就是从神自身转向"被造物"的过程，尽管我们不能从最后一个短语中得出世界与神截然不同的结论。

当理智在思维与广延这两个属性的范畴之下思考宇宙时，它能够发现宇宙的某种不变与永恒的属性。首先，让我们来讨论广延的情况。在广延属性下，实体在逻辑上的先在状态是运动和静止。为了理解这句话的意思，我们必须记住，对于斯宾诺莎来说，运动不可能是由一个外在的原因强加给世界的。笛卡尔将神描述为在创造时将一定的运动赋予了具有广延的世界。但在斯宾诺莎看来，运动必然是自然本身的特征，因为在自然之外，不存在赋予或推动自然运动的原因。运动和静止是广延自然的最基本特征。并且，对于单个物质之物来说，运动与静止的比例总处于变化之中，但运动和静止的总体比例保持不变。用后世的话来说，宇宙中的总能量是宇宙的内在属性，它保持不变。因此，物理学意义上的宇宙是一个由运动中的物体组成的独立系统。运动和静止的总量，或者说能量的总和，被斯宾诺莎称作神或自然在广延属性下的"无限并且永恒的直接样式"。

复合物由粒子构成。如果将每一粒子都看作一个独立的物体，那么像人的身体或动物躯体这类东西，就是一种更高层次的个体，换句话说，它们是复杂个体。它们可能得到或失去某些粒子，在这个意义上，我们可以说它们发生了变化；但只要它们在复杂的结构中保持相同比例的运动和静止，我们就能说它们保持了同一性。所以，我们才能够越来越多地构想出复杂的个体之物；"如此无穷地推演下去，我们不难理解整个自然界是一个个体，它的各个部分，换言之，即一切物体，虽有极其多样的转化，但整个个体可以不至有什么改变"①。这"整个个体",即自然,被视为一个空间系统或物质体系,它在广延属性下是神或自然的那种无限并且永恒的间接样式。我们也可将其称为"宇宙的全貌"。

而在思维属性下,神或自然的那种无限且永恒的直接样式被斯宾诺莎称为"绝对无限的理智"②。显然,他的意思是,正如运动和静止是广延的基本样式,理智或理解力是思维的基本样式。譬如,它是爱情和欲望的前提。"思维的各个样式,如爱情、欲望以及其他,除非具有以上这些情感的个人有了所爱、所欲之对象的观念,否则它们便不能存在。但即便没有思维的其他样式,我们仍可以有观念。"③ 如果这种对于在思维属性之下的直接且永恒的样式的描述是正确的,那就意味着,"思维"这个词就其自身而言,普遍地涵盖了所有的意识活动(这与笛卡尔对于思维的定义一致),但"思维"的基本样式是理解力,其他一切样式都依赖于这个基本样式。

但斯宾诺莎并未说清楚在思维属性之下的那种无限且永恒的间接样式是什么。不过,因为对于斯宾诺莎而言,思维与广延属性是同一实体的不同属性,或者说是同一实体的不同方面,所以,他的思想图示似乎要求,实体在思维属性下的无限且永恒的间接样式,应该严格地对应于"宇宙的全貌",即物质的总体系统。在这种情况下,它就是心灵的总体系统。"显然,我们的心灵,就其拥有的理解能力而言,是思想的一个永恒样式或形态。这一思想的永恒样式是被另一个思想的永恒样式所决定的,而这另一个思想的永恒样式又再被第三个样式所决定,如此递推,以至于无穷。因此,思想的永恒样式的全体便构成了神的永恒无限的理智。"④ 虽然斯宾诺莎实际上并没有说过,这就是思维属性之下那种无限并且永恒的间接样式;但认为这就是他的看法,却也不无道理。尽管如此,需要注意的一点是:"神的永恒且无限之理智"属于"被动的自然"而非"能动的自

---

① *E.*, P. II, prop. 13, lemma 7, note.
② 《书信》第 64 封。
③ *E.*, P. II, axiom. 3.
④ *E.*, P. V, prop. 40, note.

然"。我们不能说，神就其自身而言有某种不同于无限的心灵系统的理智。假如我们这样说，那么"理智"这个词对于我们就没有任何意义。"如果理智与意志属于神的永恒本质，那么这两种属性，显然应与一般人所了解的理智与意志完全不同。因为构成神的本质的理智与意志与我们的理智和意志实有天壤之别，最多只是名词相同。就好像天上的星座'犬座'与地上能吠的动物'犬'一样。"①

3. 在斯宾诺莎看来，"从神的本性的必然性出发，我们必然可以得出处于无限多的样式之下的无限多的事物"②。并且，他认为这一命题的真理性，对于任何认为从一个被给定的定义中能必然地推出某些特质的人来说，都是"明晰"的。换句话说，这表明实体必然会有一些样式；并且他得出结论：因为实体是无限的，所以它必然会拥有无限多的样式。尽管如此，不论斯宾诺莎的这个"证明"有多大价值，很显然对于他而言，有限的样式必然是由神所导致的。"自然中没有任何偶然的东西，反之一切事物都受神的本性的必然性所决定而以一定方式存在和运作。"③此外，"万物除了在已经被产生的状态或秩序中外，不能在其他状态或秩序中被神所产生"④。而另一确定的事实是，"凡是由神产生的事物，其本质不包含存在"⑤。因为假如这些事物的本质中包含存在，那它们就将是"自因"的。事实上，这些事物都将是无限的实体，而这显然是不可能的。因此，有限的事物可以被称作"偶然的"，如果"偶然的"事物仅仅意味着那些其本质并不包含存在的事物。不过，假如这个词语的意思指的只是，这些事物是偶然地而非必然地从神的本质之中得出的，那它们便不能被称为"偶然的"。神导致了它们，但神必然地导致了它们，因为他不能不导致它们。他也不能产生其他事物或其他事物的秩序，而非他实际产生的那些事物和秩序。当然，我们确实无法知道一个被给予的事物是如何必然地从神之本质中产生的，而"之所以说一物是偶然的，除了表示我们的知识有缺陷外，

---

① *E.*, P. I, prop. 17, note.
② *E.*, P. I, prop. 16, note.
③ *E.*, P. I, prop. 29.
④ *E.*, P. I, prop. 33.
⑤ *E.*, P. I, prop. 24.

实在没有别的原因"①。

与此同时，斯宾诺莎又认为神是"自由的"。这一主张初看之下可能会令人惊讶；但它能很好地说明这一事实，即斯宾诺莎必是照着他自己的定义而非一般语境之下的普遍意义来理解某些词汇的。"凡是仅仅由自身本性的必然性而存在，其行为仅仅是由它自身决定的东西叫作'自由'，反之，凡一物的存在及其行为均按一定的方式为他物所决定，便叫作必然（necessaria）或受制（coacta）。"②因此，神是"自由"的，因为他自己决定自己的行为。但是他的自由并非是在下面这种意义上的，即他可能不创造世界，或创造其他的有限存在物而非已经创造了的那些。"由此可知，神并不依据意志的自由而活动。"③所以，作为无限实体的神与有限事物的区别在于，任何外因都不能决定神的存在或活动（没有任何外因能对神产生作用），而作为神的样式的有限事物，其存在、本质和活动都为神所决定。

上文中有限事物作为神的必然产物这种描述，容易引起对于斯宾诺莎思想的一个最大误读；我们必须警惕，不要让这种描述不可避免地使人联想到的图景干扰我们对于这一问题的理解。因为，一个人谈到神创造有限之物，以及有限之物由神引起和决定之时，会不可避免地倾向于去设想一幅这样的图景——超越的神在创造时，他的无限完满性必然显现在那些与他截然不同的有限存在者之中，尽管它们是必然地从他那里流溢出来的。譬如，斯宾诺莎自己也说："万物都是按照最高的圆满性为神所产生的，因为万物是从神的无上圆满性必然而出的。"④这类论述似乎表明，在斯宾诺莎的思想中存在着某种新柏拉图主义的流溢理论。但这种诠释可能是基于对斯宾诺莎所使用的特称名词的误读。神与自然同一。这其实意味着，我们能够在不提及其样态的情况下，将自然看成一个无限的实体，也可以将其看作一个样式的系统。但是，前一种对自然的思考方式，在逻辑

---

① *E.*, P. I, prop. 33, note 1.
② *E.*, P. I, def. 7.
③ *E.*, P. I, prop. 32, corollary 1.
④ *E.*, P. I, prop. 33, note 2.

上先于后一种。假如我们以后一种方式来思考自然（也就是将其认作"被动的自然"），那么我们就必须意识到，依斯宾诺莎所见，某个被给予的样式将会有一个或几个先在样式作为原因，而这些先在样式自身也有另外的样式作为原因，如此类推，以至于无穷。比如说，某个特定的东西被其他的一些东西所决定，而其他这些东西又有另一些东西作为原因，无穷无尽。毫无疑问，超越的神如其所是地"介入"并创造了个别的物质或个别的心灵。存在一条无穷无尽的具体事物的因果链条。而在另一方面，有限事物的因果链条在逻辑上与本体论意义上（这是一回事，因为观念次序与事物次序在终极意义上被看作是同一的）都依赖于那个被认作是自因的并且是自我决定的独一实体（能动的自然）。自然必然会在样态之中显现其自身，在这个意义上，自然是它的所有样式或样态的内因。"神是万物的内因，而不是万物的外因。"① 因为，万物都存在于神或自然之中。但这并不意味着，神存在于样式之外，且能影响有限事物的因果链条。有限事物的因果关系链条也就是神圣的因果关系；因为它是神的自我决定在样态中的表现。

因此，如果我们用"自然"一词代替"神"，这将有助于我们理解斯宾诺莎的思想用意。譬如，"特殊的事物只不过是神的属性的分殊，也就是以某种一定的方式表示神的属性的样式"②。若将这句话中的"神"解读为"自然"，其含义就会清晰起来。自然是一个无限的系统，在这个无限的系统中，有一个无限的特殊性因果链条；而这一整个无限的链条存在，只是因为自然的实存性。在逻辑依赖的次序上，人们可以将有限的样式与无限的样式区别开来，并且可以说，在某种意义上，神或自然是无限样式的最近因（proximate cause），同时是有限样式的远隔因（remote cause）。斯宾诺莎认为，假如将神称为个体事物的远隔因意味着暗示神在某种程度上与个别的结果并无直接联系，那么以上说法是不合理的。"我们通常把远隔因理解为与结果没有联系。但是，一切存在都存在于神之内，都依靠

---

① *E.*, P. I, prop. 33.
② *E.*, P. I, prop. 25, corollary.

神而存在，如果没有神，它们就既不能存在，也不能被理解。"① 个别的事物是不能脱离自然而存在的，并且因此它们完全以自然为其原因。但这不是说，它们完全不能以个别的因果联结来解释，只要我们还记得"被动的自然"不是与"能动的自然"截然不同的实体，就能明白这一点。虽只存在一个无限的系统，我们却可以从不同的视角加以观察。

4. 这个无限的系统是唯一的：不存在两个系统——心灵系统和物质系统。但我们可以用两种不同的视角来看待这一系统：它可以在思维属性之下或广延属性之下被理解。对每一个广延属性之下的样式来说，都相应地有一个处于思想属性之下的样式，后者被斯宾诺莎称为"观念"。因此，每一个有广延的事物都有一个与之相对应的观念。虽然我们很难不使用"对应"这个词，但它确实容易引起误解。因为这意味着，存在两种次序或两个因果链条，即物质的次序与观念的次序。但实际上，在斯宾诺莎看来，只存在一种次序，只是这种次序能够以两种不同的方式被认知罢了。"观念的次序和联系与事物的次序和联系相同。"② "所以，不论我们是借广延这个属性，或是借思维这个属性，又或者是借其他任一属性来认识自然，我们总会发现相同的因果次序或因果联系。换句话说，我们在每一观点下，总会发现同样的事物次序。"③ 这并不意味着我们可以通过观念来解释物质。因为，正如斯宾诺莎所说，如果我们将个体事物看作广延的样式，我们必须以广延属性来阐释整个物质系统。想要将物质化约为观念，或者将观念化约为物质，并没有什么问题。但这种化约实际上没有意义，因为事实上只有一种自然的次序。但是，假如我们将事物看作某一特定属性之下的样式，那么我们就应该持之以恒地这样做，并且不要以一种不负责任的方式轻易地改变我们的思想视角和语言。

如果仅有一种自然的次序，那么，我们就不能将人类的心灵与肉体看作是分属两种不同的次序。人是一个统一体。当然，"人是由心灵和肉

---

① *E.*, P. I, prop. 38, note.
② *E.*, P. II, prop. 7.
③ *E.*, P. II, prop. 7, note.

体构成的"① 以及"心灵与肉体乃是相联系的"② 这些说法都是正确的，但所谓的人类的肉体其实只是将人看作在广延属性下的样式，同样，所谓人类的心灵也只不过是将人看作在思维属性下的样式。因此，它们只是同一事物的两个方面而已。所以，就此而言，笛卡尔的那个"身心交互"的问题就是一个伪问题。正如去问作为神之属性的思维与广延是如何进行交互的一样毫无意义，因为它们同属于神的某一方面；同样，在关于人的问题上，追问身体与心灵是如何交互的也毫无意义。因此，如果我们理解了心灵与肉体的本质，那么，我们必定能意识到所谓的身心交互问题既不存在，也不应该被提出来。斯宾诺莎因此也就将这个让笛卡尔主义者困惑不已的问题完全取消了。在这里，他并不是通过对心灵与肉体进行相互化约的方式来解决这一问题的，而是宣称它们只是同一事物的两种不同样态。然而，我们仍旧可以提出一个疑问：斯宾诺莎对这个问题的解决是否只是在玩弄文字游戏呢？我在这里无法就灵魂与身体的关系问题本身继续展开讨论；但是，有必要指出的是，我们不能仅仅通过构造一种语言（而这个问题并不会出现在这种语言中）的方式，来消除这一问题。因为，如果真的想要以这种方式来解决问题，就必须表明所选用的这种言说方式最合适于充分表达或描述这一问题。我们当然也可以这样说，如果斯宾诺莎对于实体及其属性的那些具有普遍性的论述为真，那他所得出的关于身心关系的结论也就必为真。也许事实就是如此，但出现在此间的"如果"一词着实重逾千钧。

在斯宾诺莎看来，心灵就是关于肉体的观念。换句话说，心灵是广延的一个样式，即肉体在思维属性下的对应物。肉体又由许多不同部分组成，同样每个部分也有一相对应的观念（虽然更准确地说应该是，"每一对"相互投射的对应之物都是同一事物的两种不同样态而已）。因此，我们可以得出结论："人类心灵在形式意义上的存在不是由单一的观念构成，而是由许多观念组成的。"③ 而当人类的肉体受到外在事物的刺激时，人类

---

① *E.*, P. II, prop. 13, corollary.
② *E.*, P. II, prop. 13, note.
③ *E.*, P. II, prop. 15.

肉体中关于样态的观念同时是关于此外物的观念。因此,"人类心灵能够觉知许多物体的本质,如同其自身的肉体之本质一般"①。进而,心灵会将那些外物视为"现实存在或当下呈现其自身的,直到人的身体被另一个刺激所影响而呈现出另一种情况来排除这一(外在)事物的存在或当下呈现为止"②。并且,当刺激不再实际发生时,如果这一刺激所产生的影响依然在某人的肉体之中继续,那么,我们就会继续将此一外在之物认作是当下现存的,尽管实际上它已经不在了。此外,"假如人的身体曾经在同一时刻为两个或多个事物所刺激,那么当人类的心灵在随后回忆其中之一的时候,也会想起其他事物。③"斯宾诺莎以此方式来解释记忆,他说:"记忆不是别的,只是观念间的某种联系,这些观念中包含人类身体之外的事物的性质,这种联系与人类肉体的样态的次序或联系相对应。"④

除了"肉体的观念",即心灵之外,还存在着"心灵的观念",因为人类是可以产生有关他自身之心灵的观念的。这也就是他所享有的自我意识。我们可以思考一种思想的样式而不涉及这一思想的任何对象,获得关于这个观念的观念。"因此,假如某人在认识某事,同时他又认识到他在认识这一事实,之后他又认识到他认识到他在认识这一事实,如此可以无穷后推下去。"⑤而所有自我意识都有物质基础,因为"人心只有通过知觉关于身体样态的观念才能认识自己"⑥,所以对于我们所拥有的自我意识,斯宾诺莎并没有什么疑问。

斯宾诺莎的身心关系理论,在这里可以被看作他的属性与样式理论的一种特殊范例。但是如果有人去思考他的身心理论本身,我认为,其中最有趣之处在于他对心灵之物质性基础的坚持。如果人类心灵是关于肉体的观念,那么我们可以得出,心灵的完满性与肉体的完满性相一致。也许可以换一种方式将之表述为:我们的观念依赖于知觉。同时,我们也可以

---

① *E.*, P. II, prop. 16.corollary 1.
② *E.*, P. II, prop. 17.
③ *E.*, P. II, prop. 18.
④ *E.*, P. II, prop. 18, note.
⑤ *E.*, P. II, prop. 21, note.
⑥ *E.*, P. II, prop. 23.

得出这样的结论：与人类相比，相对不完满的动物心灵所依赖的是相对不完满的动物肉体。当然，斯宾诺莎不可能会认为母牛（譬如说）有着我们在一般意义上所谈论的那种"心灵"。但从他关于属性与样式的一般理论中可以得出，对于每一头母牛的肉体来说，存在着"相对应"于这一肉体的观念；也就是说，存在着一种在思维属性下的样式。而这一"观念"或"心灵"的完满程度也对应于肉体的完满程度。如果我们将这个心灵的物质性基础理论从它的形而上学整体框架中抽离出来，就可以将它看作一项确立心灵依赖于肉体的科学研究。毋庸置疑，斯宾诺莎自认为他的这个想法是一种先验的逻辑演绎的结果，而非对经验研究进行归纳的结果。但对于那些不愿去相信纯粹的演绎论证能够解决这些问题的人来说，这种观点唯一有趣的地方在于：这一假设在表面上能够为经验性研究给出一个暂时性的基础。心灵活动在多大程度上依赖于非心灵因素，是一个很难先验地回答的问题。但这个问题非常有趣，也很重要。

5. 在本章的结论部分，我想重点关注一下斯宾诺莎哲学中的一个关键性论点，也就是他对于目的因的取消。同时，我也希望将他的这一论点放到一个大的背景下。因为在我看来，这能更好地揭示斯宾诺莎思想的总体旨归。因此，这一部分可以说是由对于斯宾诺莎的神和世界观念的总体反思构成，并以他对目的因的取消为基础。

我们看到，斯宾诺莎对神的最初认知来源于犹太教。但他没过多久就否定了正统的犹太神学；正如上文指出的，我们有理由认为他对某些犹太哲学家以及文艺复兴思想家（譬如布鲁诺）的研究，影响了他的思想走向泛神论。然而，在建立自己的思想体系的过程中，斯宾诺莎却使用了一些源于经院主义和笛卡尔主义的术语和范畴。他的泛神论认为神是无限的存在者，并且将一切（有限）存在、实在都包含于自身之中，并且因为神是一个无限的实体，有限的存在者必定是这一实体的样式。因此，人们可以说斯宾诺莎思想中的泛神论因素，是源出于对神之观念的逻辑结果进行描绘的过程，其中神被认作是无限并且完全自足的存在者（这也就是实体这个词在斯宾诺莎定义中的确切意思）。假如我们将他的这一思想元素单独挑出来，那么我认为，我们就能说："神"这个词保有一些传统的含义。神是拥有无限多属性的无限实体，其中只有两种属性可以为我们所认识，并且"能动的自然"与"被动的自然"是有区别的。神并不与经验的自然相同一，而是与一个特殊意义上的自然——即那处于转瞬即逝的样式背后的无限实体——相同一。这个理论最大的困难在于，除非先假设实体必然在样式之中显现其自身，否则对"被动的自然"的逻辑演绎就是不可能的；而这恰好是应该被证明而非被假设的观点。并且，斯宾诺莎似乎本应得出一个自身中存有偶性的传统意义上的实体（上帝）观念，并毫不费力地为其贴上无限实体的标签。当然，他确实声称他拥有关于实体或上帝的客观本质的清楚明白的观念。在给休·伯克希尔（Hugo Boxell）的信中，他说他对上帝的观念与对一个三角形的观念一样清晰。① 而他也必须这么说。因为，如果他的定义不能清楚地表达客观的本质，那么他的整个体系就只是一种重言式。并且，即便想要从斯宾诺莎的实体定义之中推论出实体必然有样式也十分困难。一方面，他的思想开始于上帝观念。另一方面，他通过经验非常清楚地知道有限存在者是存在的，正如我们都知道的那样。因此，在这个演绎系统的确立过程中，他其实预先就知道了那个他想要得出的结论，并且看起来似乎正是那些有限之物的存在促使他相信他得出了一个对"被动的自然"的逻辑演绎。

假如"理智"和"意志"在任何意义上都不能以一种对我们有意义的方式来描述上帝，再假如因果关系在本质上就是逻辑关系，那么想要有意义地说上帝出于任何目的创造了世界似乎就是不可能的。斯宾诺莎说："万物都是按照最高的圆满性为神所产生的，因为它们必然是从出于一种给定的最完满的本性。"② 这一陈述看起来想要为上帝以某种目的创造世界的说法找一个意义根据，这个目的可以是上帝之完满性的显现，抑或对于善的广泛传播。但斯宾诺莎不认为这一说法，即上帝"在万物之中所进行的活动都是为了促进善"，有任何意义。③ 自然秩序必然地来自上帝的天性，此外就再不可能有什么其他的秩序了。因此说上帝"选择"去创世或有目

---

① 《书信》第 56 封。
② *E.*, P. I, prop. 33, note 2.
③ *Ibid.*

的地去创世都是不合理的。如果这样说的话，那上帝其实就被理解成了超人一类的东西。

人类的活动是有目的的。这使他们倾向于用自己的眼光来解读自然。如果他们不知道某些自然事件的原因，那么"他们只好凭借主观的臆想，以己之心度物之心，以自己平日里动作的目的来忖度自然事物的目的"①。此外，因为他们发现自然中的很多东西都对他们有用，所以他们倾向于去想象有一个超级权能者创造了这些东西以供人类之用。并且当他们在自然中发现让他们感到痛苦的东西——譬如地震或病害之时，他们就会将之归因于神的愤怒或不悦。假如向他们指出，类似地震或瘟疫这样的事情对于那些虔诚和不虔诚的人、好的和坏的人的影响都是一视同仁并无差别的，那么他们就会去谈论什么神意难测之类的话。因此，"这种说法，如果没有数学加以救治，实在足以使人类永远陷于不识真理的状态之中。因为数学不研究目的，仅仅研究事物的本质与特征，因此可以给人类提供另一种真理的典型"②。

虽然人类的行为是有目的的，但这并不意味着他们的行为就不是被命定的。"人们因为意识到自己有意志和欲望，便自以为是自由的，但同时对于那些引起意志与欲望的原因，却又茫然不知，甚至从未想过这些原因的存在。"③就斯宾诺莎而言，相信人类有自由这一结论表明了人对下述事实一无所知——他的欲望、理想、选择以及行为其实都被一些命定的原因所控制，这一点正如相信自然中的最终目的是由于对自然事件之真正缘由的茫然无知一样。因此，在任何情况下，相信目的论都仅仅是出于无知。一旦这一信仰的源头被找到，我们就能很清楚地知道"自然没有固定的目的，并且所有目的因都只是人类的虚构"。④事实上，有关目的因的说法歪曲了真正的因果概念。因为它使本来在先的动力因反而成了这个所谓的目的因的附属之物。"因此，它反而把本性上优先的东西当作是最

---

① *E., P. I, appendix.*
② *Ibid.*
③ *Ibid.*
④ *Ibid.*

后的东西了。"① 对以下这点的攻击是无用的，即如果所有事情都必然地来自神的本质，那我们就无法解释世界上的"恶"与"不完满"了。其实无须对"恶"做出解释。因为人们所说的"恶"与"不完满"，只是从人类的角度而言的。一场地震危及许多人的生命与财产，于是我们就认为这是"恶"的；但这个恶其实仅是相对于我们而言的，并且出于我们的视角，而非它本身是恶的。因此，除了动力因，它根本就不需要任何其他解释，除非我们有切实的理由去说明世界是为人类的幸福而被造的；而斯宾诺莎确信，我们没有任何理由这么认为。

我认为，可以从两个角度来探讨斯宾诺莎对于目的因的取消。首先是纵向的方面。"被动的自然"，即样式的系统，必然是由"能动的自然"，即无限实体或神所产生的，而这一过程并不带有目的因。其次是横向的方面。在无限的样式系统之中，任何被给定的样式或事件（至少在原则上）都能通过诉诸其他样式的因果性活动，以动力因加以解释。我之所以有意地论作两个"方面"，乃是因为它们在斯宾诺莎的整个体系中是互相联结的。首先，某个被给予的样式的存在性乃是整个样式系统的因果链条中的一环，同时它也可直接被归因于神，也就是说它是一个"被样式化"的神。人们完全可以合理地说：样式系统中的某一被给予的事物乃是神所导致的，当然这一结论的前提条件是，人们能够意识到这种说法并不意味着神会以某种方式来干涉这一系统；而是说，神就在此系统之中，这个样式系统就是被样式化了的神，因此说乙导致了甲，实际上就是在说是神导致了甲，换句话说，也就是被样式化为乙的神导致了甲。同时，我认为，各人从不同的思想方面出发，完全会带来迥然不同的关注内容。假如某人思考形而上学方面，那么他的注意力一定会被引向"能动的自然"相对于"被动的自然"的逻辑先在性，斯宾诺莎关于神的观念中的传统因素也会凸显出来。作为无限实体的神，显然是经验世界的至高和终极的原因。另一方面，假如某人只是去思考样式系统里各样式之间的因果联系，那么取消目的因似乎是研究动力因的一条路径，或是进行物理学与心理学

---

① *E., P. I, appendix.*

研究的必要假设。

因此，我认为，斯宾诺莎的体系具有两面性。一方面，关于无限的存在者在有限的存在者之中显现其自身的形而上学，是对旧有的形而上学体系的一种回顾。另一方面，认为所有有限存在者及其样态都能够用在原则上可以确定的因果联系来解释的理论，是对经验科学的一种希冀。这种经验科学事实上忽略了目的因的影响，并且试图以动力因来解释事物，不论"动力因"一词将被如何理解。当然，我不是想暗示，在思考斯宾诺莎所陈述的体系时，我们可以有意地偏废任何一方面的内容。实际上，我认为，这两个方面皆是需要注意的。如果过于强调形而上学的方面，那么我们就会倾向于将斯宾诺莎看作是一个"泛神论者"，他将神视为一个无限且完全自足的存在者，并且想要发展关于神的概念的含义，虽然并没有成功。如果过于强调我可能称之为"自然主义"的方面，那么我们将倾向于关注"被动的自然"，质疑称自然为"神"和将其描述为"实体"的适当性，并且在这个哲学系统中看到科学研究计划的草图。不过，我们千万不要忘记，斯宾诺莎本人是一个形而上学家，他心雄万夫地想要阐释实在，或使这个宇宙可被理解。他也许已经预见到了许多科学家所推崇的假设；但就其本人而言，他所关注的仍是科学家们并不关心的形而上学问题。

第十二章

斯宾诺莎（三）

斯宾诺莎对于知识层次或级别的划分——令人困惑的经验；普遍性观念；假象——科学知识——直观知识

1. 斯宾诺莎的知识理想，在某种程度上是对柏拉图的知识理想的复归。我们可以在斯宾诺莎的思想中发现与柏拉图类似的知识分层理论。这两位哲学家都为我们揭示了一种提纲挈领、逐级向上的知识层次系统。

在《知性改进论》[①]（*Treatise on the Correction of the Understanding*）中，斯宾诺莎将被他称为知觉之物划分为四个层次。第一层也是最低层的是来自"传闻"（hearsay）的知觉观念。对此，斯宾诺莎举例道："由传闻我知道我的生日、我的家世，和别的一些我从来不曾怀疑的事实。"[②] 实际上，我不可能通过个人经验知道我到底出生于哪一天，也永远不可能通过某些步骤去确证我的生日。关于我出生于某个确切的日子这件事，我是听别人说的，并且已经习惯将这一天当作生日。我毫不怀疑，我被告知了真相；但我只是通过"传闻"，通过他人的证词，得知这一真相的。

《知性改进论》中提到的第二层知觉观念，是指那些由泛泛的经验得来的知识。"由泛泛的经验，我知道我将来必死；我之所以能肯定这一点，是因为我看见与我同类的别的人死去，虽然不是所有的人都在同样的年龄死去或因同样的病症而死。由泛泛的经验，我知道油可以助火燃烧，水可

[①] 这部著作在下文的援引中被缩写为"*T.*"。
[②] *T.*, 4, 20.

以扑灭火焰。同样,我知道犬是能吠的动物,人是有理性的动物。其实,所有关于实际生活的知识大都得自泛泛的经验。"[1]

《知性改进论》中给出的第三层知觉观念是指由于这样的方式而得来的知识,即"一件事物的本质是从另一件事物推出的,但这种推论并不必然正确"[2]。譬如说,我能够总结出某一事物或事件存在着一个起因,虽然我对于这个原因,以及原因与结果之间的确切关系并无清楚的认知。

最后,第四层知觉观念是指"纯从认识到一件事物的本质,或纯从认识到它的最近因而得来的知识"[3]。譬如说,假如由于我知道某些事物这一事实,我知道了"我知道某些事物"是怎么回事,这就是说,假如在某一具体的认识行为中,我清楚地感知到了知识的本质,那么我就在享有这第四层次的知觉。另外,假如我拥有关于心灵的本质的知识,以至于我清楚地看到心灵与肉体在本质上是统一的,再假如,我只是从对自己身体的感觉之中得出结论,即我有一个心灵并且它以某种方式与我的肉体联结在一起,尽管我不知道联结的方式,那么,在前一假设中的知识观念之层次要高于后一假设。此外,数学知识也被认为是第四层次的。"但我们能够用这种知识来认识的东西至今还是很少的。"[4]

然而在《伦理学》中,斯宾诺莎给出了三个而非四个知识层次。"来自传闻的知识"不再被算作一个独立的知识层次,而在《知性改进论》中被划为第二层次的那种知识观念则成了《伦理学》中的第一层次的知识(cognitio primi generis),即意见(opinio)或想象(imaginatio)。我们一般习惯使用《伦理学》的说法,称其为斯宾诺莎的知识三分法。当然在用了这种说法之后,我显然应该更充分地去阐释一下,斯宾诺莎第一层次(以及最低层次)的知识意味着什么。

2. 人类的肉体会受到其他东西的刺激,而且刺激造成的每一种样态或状况都会反映在一个观念中。因此,这类观念与那些源于感觉的观念或

---

[1] *T.*, 4, 20.
[2] *T.*, 4, 193.
[3] *T.*, 4, 19, 4.
[4] *T.*, 4, 22.

多或少是一样的，斯宾诺莎将其称作想象之观念。它们不是从其他观念之中通过逻辑推演而得到的，[①]就这些观念所构成的那个心灵而言，它是被动的、非能动的。因为，这些观念不是源于心灵具有活动能力的那一部分，而只是反映由其他事物所造成的肉体变化与状况。这些观念具有某种"偶然性"：它们确实反映了经验，但这种经验是"模糊"的。某一独立的肉体受到另一些独立物体的刺激，其变化的状态反映在观念之中，而这些观念并不代表任何科学的、连贯的知识。在感官知觉层面，人也有关于他人的知识，但这种知识是把他人当作以某种方式对其产生影响的个体。这并不是什么关于他们的科学知识，而只是一些不充分的观念。当我通过感官知觉认识一个外物的时候，我对它的认识实际上仅是在我的肉体中所感受到的那些刺激。至少，只要它在刺激我的肉体，我就知道它是存在的，并对它的本质也有所了解；但我对于其本质或存在没有充分的知识。并且，只要我的身体受到其他物体的刺激，我就必然会意识到它，因为在我的身体中产生的状况会被反映在一个观念中；但这种知识是不充分的。因此，那些纯粹依赖于感官的知识被斯宾诺莎称为"不充分的"或"模糊的"。"我明白地说，当人心以自然的共同秩序感知事物时，它对于它自身、它的身体，以及外界物体都没有正确的知识，而仅有混淆的、片段的知识，换言之，只要人心常为外界所决定或为偶然的机缘所决定，以此来感知此物或彼物，那么它所获得的便仅有混淆的、片段的知识。"[②] 当然，观念之间存在某种联系，但就感官层面或"模糊"与令人迷惑的经验层面而言，这种联系是由我们肉体的相关样态决定的，而非由对事物之间客观因果关系的清楚认识所决定的。

需要注意的是，对斯宾诺莎来说，一般或普遍性观念都属于这一经验层面。一个人的肉体经常受到其他人肉体的刺激。而由此产生的反映肉体样态的观念合在一起，形成了一个十分含糊的关于"人"的一般观念，这一观念只是由一些混乱的、复合的形象所构成的。当然，这并不意味着

[①] 为了避免引起误解，在这里我显然需要郑重地指出，斯宾诺莎在这里所使用的"观念"这个词基本上等于我们所讲的"命题"。因此，从他的这一对于"观念"的理解出发，我们才能合理地去讨论源于观念的观念以及观念的真假问题。

[②] *E.*, P. II, prop. 29, note.

不存在充分的普遍观念；这只是表明，在斯宾诺莎看来，这类依赖于感官知觉的普遍观念是混乱复合的形象。"人的身体，因其有限，所以只能同时明晰地形成一定数量的形象。如果超过这个限度，这些形象就会混淆起来。如果人体所能同时明晰地形成的形象的数量超过太多，则所有的形象便将全部混同起来。"① 因此，才会有"存在者"以及"事物"之类的观念。"因为类似的原因，产生了那些被称为'普遍的'的观念，也即所谓的共相——譬如人、狗、马等。"② 这些普遍观念或复合形象，对于所有人来说不尽相同，因人而异；但它们也可以表明某种相似性，这种相似性事实上乃是根源于人类在结构上的彼此相似，并且也常常以相似的方式受到刺激。

如果不想误解斯宾诺莎"模糊或偶然的经验"的说法，有两点我们必须牢记。第一，斯宾诺莎虽然否认最低层次的知识的充分性，却并未否认它的实用性。在谈到通过"泛泛的经验"而来的知识时，他说："关于实际生活的知识大都得自泛泛的经验。"③ 此外，在例证他的知识分层理论时，他还提到如下问题。④ 假设有三个数，而要求找到第四个数，使得第四个数与第三个数的比值，等于第一个数与第二个数的比值。随后他说，对此，商人们将毫不犹豫地把第二个数与第三个数相乘并且以此二者之积来除以第一个数，因为他们并未忘记学校老师曾经教给他们的公式，尽管他们从未证明过这些公式，也无法对这一方法给出理性的解释。他们的知识只能算不充分的数学知识，但我们很难否认它的实际效用。第二，一个不充分的观念，在孤立地被给出的时候，并不必然就是错的。"在观念中没有任何确凿的东西使得它们成为错误的。"⑤ 斯宾诺莎举例说，当我们望向太阳，它看起来"离我们只有大约两百尺远"⑥。仅仅就我们所获得的这个印象本身而言，我们不能说它是错误的，因为太阳确实显得离我们很

---

① *E.*, P. II, prop. 40, note 1.
② *Ibid.*
③ *T.*, 4, 22.
④ *E.*, P. II, prop. 40, note 2.
⑤ *E.*, P. II, prop. 33.
⑥ *E.*, P. II, prop. 35, note.

近。不过，一旦我们不再谈论主观印象，而说太阳实际离我们仅有大约两百尺远，那我们显然是做了一个错误的表述。而导致这种错误的原因是一种缺乏，即我们缺乏关于我们的印象如何产生的知识，也不知道太阳与我们之间的真实距离。不过，这种缺乏显然不是导致我们错误的表述或"观念"的唯一原因；因为，除非我们有某种确定的印象或"想象"，否则我们就不会说，太阳与我们之间只有两百尺远。所以，斯宾诺莎说道："错误是由于知识的缺陷，而不正确的、片段的和混淆的观念，必定包含知识的缺陷。"[1] 想象的观念或含糊的经验并不表征自然之中真正的因果秩序：它们不是一种合于理性并前后一贯的关于自然的观点。因此，在这个意义上，它们是错误的；尽管，如果仅就它们本身而言只将它们当作一个反映肉体样态的孤立"观念"，它们也算不上绝对错误的。

3. 第二层次的知识（cognitio secundi generis）包含充分的观念，它是科学知识。斯宾诺莎将这一层次称作"理性"（ratio）层次，以区别于"想象"层次的知识。不过，这并不意味着只有科学家能获得第二层次的知识。因为，每个人都拥有某些充分的观念。在斯宾诺莎看来，所有的人类肉体都是广延属性之下的样式，而所有的心灵都是肉体的观念。因此，所有的心灵都将反映肉体的一些一般性特征；换句话说，就是广延之自然的普遍特质或广延的一般性特征。斯宾诺莎并未详细举例，但我们可以认为"位移"是广延的诸多一般性特征之一。假如某一特征对于所有物体（不论是对于其部分还是全体）都同等地普遍存在，那么心灵必然会觉知到它，并且有关它的观念也是一个充分的观念。"因此，有些观念或概念是每个人所共有的，因为，为一切物体所共有的相同之处，总是必定能为每个人所充分或者说清楚明白地觉知到。"[2]

这些一般性概念（notiones communes）绝对不能与前文中所提到的那些在"想象"层面之下的一般概念混淆起来。后者只是一些形象的复合，由一些模糊的"观念"构成，且这些观念之间并不存在逻辑相关性，而前者在逻辑上是理解事物所必需的。譬如，广延观念或位移观念就不能

---

[1] *E*., P. II, prop. 35.
[2] *E*., P. II, prop. 38, corollary.

算是形象的复合——它们是关于物质之物的一般性特征的清楚明白的观念。这些"一般性概念"同样是数学与物理学基本原则的基础。并且，因为从这些原则中合乎逻辑地得出的结论，也表现为清楚明白的观念，所以，"一般性概念"是关于世界的系统性与科学性知识得以可能的前提。不过斯宾诺莎显然并未将"一般性概念"一词局限于数学与物理学的基本原则；他用其来表示所有基本的，并且在他看来自明的真理。

斯宾诺莎认为，第二层次的知识必定是真的。[①] 因为它是基于充分的观念，而充分的观念被定义为，"单就其自身而不涉及对象来说，就具有真观念的一切特征及内在标志的一种观念"[②]。所以，在充分观念之外寻求这一观念的真假标准显然毫无意义：它是自身的准则，我们通过对它的拥有来知道它是充分的。"具有真观念的人，必同时知道他具有真观念，他决不能怀疑他所知道的东西的真理性。"[③] 因此，真理是其自身的标准与尺度。所以，由自明之公理出发，逻辑地得出的任何命题系统必然为真，且我们也知其为真。怀疑自明命题的真理性是不可能的。我们也无法怀疑由自明之命题所逻辑地推演出来的命题的真理性。

一个一般性命题的演绎体系所表征的正是第二层次的知识，它当然也具有抽象性的特征。譬如，关于广延或位移的一般性命题，并不会论及这个或那个广延之物或运动之物。在从第一层次的知识上升到第二层次的过程中，我们所面对的内容，也从没有逻辑关联的印象和令人困惑的观念，变成具有逻辑关联的、清晰的命题和充分的观念；同时，为了获得数学、物理学以及其他科学学科所具有的那种抽象概括性，我们也就放弃了具体的感官经验以及想象。实际上，斯宾诺莎在《伦理学》中所阐释的那种哲学体系，就其自身而言，至少在很大程度上是第二层面知识的一个范例。譬如，其中演绎出的是一切物体的本质性特征，而非某一个别物体的特征。当然，斯宾诺莎也完全意识到了，即便物质之物的本质性特征能够通过逻辑分析而被演绎出来或被发现，但对于自然之整体的阐释依然超出

---

① *E.*, P. II, prop. 41.
② *E.*, P. II, def. 4.
③ *E.*, P. II, prop. 43.

人类心灵的权能。而所谓自然之整体，就是含有一切具体样式，并且在逻辑上内在关联的系统。哲学演绎是对一般命题的演绎：它所处理的乃是无时间性的真理，而非转瞬即逝的个别样式之类的东西。然而，这意味着第二层次的知识不是可设想的最高并且最全面的知识层次。至少，作为人类心灵只能向之趋近的、带有限制性的理想，我们可以设想第三层面的知识，即"直观"知识，通过直观，整个自然系统的丰富性都在一个综合的视觉行为中被把握。

4. 第三层次的知识被斯宾诺莎称作直观知识（scientia intuitiva）。不过，很重要的一点是我们要意识到，这一层面的知识乃是由第二层面的知识上升而来的，并且这并非是通过一种跳跃或者依赖某种神秘的过程而达到的不连贯的跨越。"这种知识由对神的某一属性的形式本质的充分观念出发，进而达到对于事物本质的正确认识。"[1] 以上引文似乎表明，第三层次的知识与第二层次的知识类似，而斯宾诺莎的意思似乎是，第三层次的知识是第二层次的知识的一个（逻辑）结果。在另一处，他说道："万物在神之内并且通过神而被认识，因此，我们可通过神演绎出许多充分的知识，并因此形成第三层次的知识。"[2] 这似乎表明，斯宾诺莎认为，从神的属性出发对自然之本质以及永恒的结构所进行的逻辑演绎，为观察一切事物提供了必要的框架。呈现在具体实在中的自然之全体，作为一个大的系统，在因果上依赖于无限实体。如果此种解释是正确的，这意味着在第三层次的知识中，心灵似乎回到了个别的事物上，尽管在这个层次之下，心灵是在它们与神的本质关系中来知觉个别事物，而非如第一层次的知识那般把它们作为孤立的现象。要使这种看待事物的方式发生转变，唯有通过从第一层次的知识上升到第二层次的知识，而这是获得第三层次的知识不可或缺的准备阶段。"我们理解个别事物越多，我们理解神也就越多。"[3] "心灵最伟大的努力与最高的德性就是依据第三层次的知识来理解

---

[1] *E.*, P. II, prop. 35, note.
[2] *E.*, P. II, prop. 47, note.
[3] *E.*, P. V, prop. 24.

事物。"① 并且,"依据第三层次的知识来理解事物的努力或欲望不能起于第一层次的知识,而只能起于第二层次的知识"。②

正如我们在下文中将会看到的,第三层次的知识必定伴随着最高层次的满足与情感的充实。对此,这里还要补充的一点是,在神之中对万物的观想并非我们可以完全达到的,我们的心灵只能够趋近于它。"一个人获得的这个层次的知识越多,他便越能了解自己,同时也越能了解神,这就是说,他将更完满也更得福。"③ 但上述说法,只能以斯宾诺莎的一般哲学思想,特别是他将神与自然相同一的思想为基础来理解。我们所说的这种观想,实际是对于自然这个永恒且无限的系统以及人类自身在其中的位置的一种智性沉思,而不是对一位超绝之神的沉思,也完全没有任何一般意义上的宗教沉思之内涵。尽管斯宾诺莎的字里行间也确实透露出了一点宗教的弦外之音,但这更多地来自他的教育背景,当然也有可能来自他个人的某种虔敬,而在他的哲学体系中,宗教绝非必要的。

---

① *E*., P. V, prop. 25.
② *E*., P. V, prop. 28.
③ *E*., P. V, prop. 31, note.

第十三章

斯宾诺莎（四）

斯宾诺莎对人类情感与行为的阐释所要达到的目的——那种趋乐避苦的自然倾向——衍生而出的情感——被动与主动的情感——奴役与自由——对于神的理智之爱——人心的"永恒"——斯宾诺莎伦理学的一个不一致

238　　1. 在《伦理学》第三部分的开头，斯宾诺莎声称，大部分写文章讨论人类情感和人类行为的人似乎将人类视作一个国中之国，认为人类完全独立于并超越于一般的自然秩序。他本人则力图将人看作自然的一部分，并且以"处理线、面、体的方法来处理人的行为与欲望"[①]。因此，正如我们在前文中所看到的那样，对斯宾诺莎来说，身心交互性问题就不成其为一个问题，因为他把心灵与肉体看作"同一的东西，不过有时借思想的属性、有时借广延的属性去理解罢了"[②]。因此，我们没必要纠结这个问题——心灵到底是如何能对肉体产生影响并驱动肉体的？我们也不应该想象存在着自由选择，它们不能被动力因所诠释并且属于完全独立于肉体的心灵活动。因为心灵与肉体只是在不同属性下来设想同一物，所以我们的心灵活动与我们的肉体活动一样被决定。即便我们会很自然地倾向于去相信，我们有出于自身之意志而进行自由选择的可能，但这也只是因为我们不知道导致这些选择的原因是什么。由于对它们的原因没有认识，所以我

[①]　*E.*, P. III, preface.
[②]　*E.*, P. III, prop. 2, note.

们认为它们没有原因。诚然，也有人说，有些活动，譬如那些艺术性的创造活动，不能单以自然法（在广延自然的范围内）来阐释。但是，这些人其实"不知道身体是什么"[①]，也不知道它的能力。人类身体的构造"在艺术性方面远超任何种类的人造物，姑且不提我已经证明过的那无限多的事物，无论我们从哪一属性去观察，它都是出于自然的"[②]。

所以，在《伦理学》的后三部分中，斯宾诺莎力图给出一种关于人类情感与行为的自然化阐释。然而同时，他也希望揭示如何才能摆脱激情的束缚。而这种基于决定论的因果分析与道德唯心主义的结合，似乎涉及到两种不一致的立场，下文将在某种意义上对其加以论述。

2. 每一个个体性事物（因此不仅仅是人类）都会努力地坚持其自身的存在性，而斯宾诺莎将这种努力称为自然倾向（conatus）。一切事物都不能做除来自其天性之外的任何事情：它的本质或天性决定了它的行为。所以，这种力量或者"努力"（通过这种力量或努力，某物做它所做之事，努力它所努力之事）与它的本质相统一。"一物竭力保持其存在的努力不是别的，即是此物的现实本质。"[③] 因此，当斯宾诺莎说人类最基本的驱动力是努力去坚持他自身之存在性的时候，他并不只是在做一种心理学的归纳。他乃将这种说法应用到每一个有限事物，并且在他看来，这一说法的真理性是可以在逻辑上得到确证的。显然，所有事物都在试图保存其自身，并增加自身的力量与活动性。

这种倾向，即所谓的"自然倾向"，被斯宾诺莎称为"欲求"（appetitus），而这种欲求将同时涉及心灵与肉体。并且人类也有一种对于这种倾向的意识，这种对于欲望的意识被称为"欲望"（cupiditas）。此外，正如自我保存与自我完善的倾向反映在作为"欲望"的意识中一样，向更高或更低的生命活力或完满性状态的过渡也反映在意识中。前者，也就是说，对于过渡到更加完满的状态的意识的反思，被称为"快乐"（laetitia），反之，对于过渡到更加不完满的状态的意识的反思，被称为"痛苦"（tristitia）。根

[①] *E.*, P. III, prop. 2, note.
[②] *Ibid.*
[③] *E.*, P. III, prop. 7.

据斯宾诺莎的一般原则，人类心灵中完满性的增长，必定对应着人类肉体上完满性的增长，反之亦然。"如果一物增加或减少、促进或阻碍了我们身体的活动性力量，那么此物的观念也就会增加或减少、促进或者阻碍我们心灵的思想力量。"① 在斯宾诺莎看来，心灵完满性的增长与心灵活动性的增长成正比，而心灵活动性的增长指的是，构成心灵的那些观念更多地是在逻辑上相互联系，而不单是外在原因作用于身体而产生的状态变化所带来的反映。但我们并不清楚这是如何与"心灵是肉体的观念"这一一般理论相协调的，也不清楚在心灵的反思中肉体的状况是怎样的。然而，我们能够发现，从斯宾诺莎的定义可知，每个人都必然会去追寻快乐。不过，这并不意味着，每个人都有意识地将快乐作为其所有行为的目的或目标；它意味着，一个人必然会去寻求其存在的保存以及完满。对于一个人而言，这种存在的完满，从心灵层面看来便是快乐。当然，"快乐"这个词可以仅指"感官之乐"，但这并不是斯宾诺莎的意图。因为"刺激我们的对象有多少种"②，就相应地存在多少种快乐与痛苦。

3. 斯宾诺莎用"自然倾向"（等同于一物被决定了的本质）解释了快乐与痛苦这两种基本情绪，随后又从这些基本的情绪形式中引申出其他的情绪。譬如，爱（amor）"不是别的，乃是为一个外在的原因的观念所伴随着的快乐"，恨（odium）"不是别的，乃是为一个外在的原因的观念所伴随着的痛苦"。③ 并且，如果我想象另一个人（迄今为止我想此人时都不曾带任何情绪），此时，我想象他受到了某种情绪的刺激，那么我也受到了同样的情绪的刺激。对某一外在肉体的想象是我自己肉体的一个样态，关于此一样态的观念还包含了我自身之肉体的本质，和当下现存的那个外在肉体的本质。因此，假如此一外物的本质与我自身肉体的本质相似，那么关于这个外物的观念便关涉我自身肉体的一个样态，并且这个样态与此一外物之样态相似。所以，假如我想象一个人类同胞受到了某种情绪的刺激，那么这种想象也包含了我自身肉体对应于这种情绪的样态，结

---

① *E.*, P. III, prop. 11.
② *E.*, P. III, prop. 56.
③ *E.*, P. III, prop. 13, note.

果我也受到了这种情绪的刺激。而斯宾诺莎也正是以此种方式来解释同情，他说："这种对情绪的模仿，就其关于痛苦之感而言，便被称为同情。"①

因此，斯宾诺莎努力从欲望、快乐和痛苦的基本激情或基本情绪中演绎出各种情绪。这种解释同时适用于人和禽兽。"因此，既然禽兽的本性与人的本性不同，那么动物的情绪（emotion）就叫作无理性的情绪［因为我们既然已经清楚了心灵的起源，就绝不可能怀疑禽兽有感觉（feel）］，它与人的情绪不同。譬如，马与人一样都为生殖的欲望所驱迫，但马为马的欲望所驱迫，人为人的欲望所驱迫。同理，飞鸟鱼虫的冲动与欲求也必定各不相同。"② 当然，斯宾诺莎试图给出一个关于情绪的逻辑演绎。不过，如果我们愿意，我们可以将他对于情绪和激情的处理，看作一个更具经验性基础的现代心理学研究的思辨过程。譬如，在弗洛伊德心理学中，我们能够发现类似的企图，即试图用一种基本的驱动力来解释人类的情感生活。但不论如何，斯宾诺莎的解释完全是"自然主义的"。

这种自然主义也表现在斯宾诺莎对"善"与"恶"的解释中。"所谓善（bonum）指的是一切的快乐和一切足以增进快乐的东西，特别是指能满足我们欲望的任何东西。所谓恶（malum）指的是一切的痛苦，特别是一切足以阻碍我们的欲望的东西。"③ 我们并非因为认为某物是善的，所以欲望它，恰恰相反，我们将某物称作"善"，是因为我们欲望它。同样，因为我们对某物感到厌恶，或想要逃避它，所以我们才将它称为"恶"或"坏"。"所以每个人都是依据他自己的情绪来判断或估量，什么是善，什么是恶，什么是较善，什么是较恶，什么是最善，什么是最恶。"④ 而因为我们的情绪乃是注定的，所以我们对于何者为善与何者为恶的判断同样是注定的。我们并不总能意识到这点。而我们之所以不能意识到这一点，是由于我们对于因果联系的无知。一旦我们知道情绪的因果起源，就会明白，我们关于"善"与"恶"的判断早已注定。

---

① *E.*, P. III, prop. 27, note 1.
② *E.*, P. III, prop. 57, note.
③ *E.*, P. III, prop. 39, note.
④ *Ibid.*

4. 现在，我们显然需要对斯宾诺莎的道德理论的重点做一分殊。一切情绪都源自那些最基础的激情（欲望、快乐和痛苦）。并且一般来说，它们可以用关联来解释。当一个外在事物的观念在我的心灵中与快乐相联系时，也就是说，与我的活力的增强或自我保存的动力和力量的增强相联系时，我们就可以说我"爱"那个东西。我称之为"善"。此外，"任何事物都可以偶然地成为快乐、痛苦或欲望的缘由"①。在任何时刻，使得我快乐或痛苦的原因都依赖于我的"心理-生理"条件，并且，一旦一个被给定的事物和快乐或痛苦的因果联系被确立下来，我就必然倾向于爱或恨那一事物，并称其为"好"的或"坏"的。从这个角度来看，情绪（确切地说，它们是"激情"）是被动而消极②的。我则处在这些激情的支配之下。"同一对象，对于不同的人，可以引起不同的情绪；同一对象对于同一个人，在不同的时间内，可以引起不同的情绪。"③因此，同样的东西，有人爱之，有人恨之，有人赞之，有人恶之。但是，尽管我们能够根据他们的不同情绪而将每个人区别开来，但其中却不关道德判断什么事，一个人可以随心所欲地去感受，自由地决定自己对善与恶的判断。

不过，虽然"所有情绪都与快乐、痛苦或欲望有关"④，但并非所有情绪都是消极的。因为积极情绪也是存在的，它们并非仅是对肉体样态被动的反思，而是直接源自心灵的。就此而言，我们将其称为积极的，也可以说它们是理智的对象。然而，积极的情绪不可能与痛苦相关，因为"痛苦乃是表示心灵的活动力量之被减少或被限制"⑤，只有关于快乐与欲望的情绪，才能作为积极的情绪。它们是"充分的观念"，源自心灵；与此相对，消极的情绪是令人困惑的和不充分的观念。就心灵是能动与能认识的而言，所有出自于情感的行为，斯宾诺莎都称其为"坚韧"（fortitudo）；他还进一步将坚韧细分为两个部分。第一部分被他称为"勇敢"或"宽宏"（animositas），第二部分则被他称为"高贵"（generositas）。"我将每个人

---

① *E.*, P. III, prop. 15.
② 以下将酌情将 passive 这个词分别译为"消极"或"被动"。——译者注
③ *E.*, P. III, prop. 51.
④ *E.*, P. III, prop. 59.
⑤ *Ibid.*

仅仅基于理性的命令而努力去保存其自身之存在的渴望称为'勇敢'。"①节制、清醒、临危不乱，以及通常一切仅仅基于理性之命令而促进善的行为，都可以放到"勇敢"这个概念之下。"而所谓'高贵'，在我看来则是指每个人仅仅基于理性之命令，以努力帮助他人、赢得他人对他的友谊为欲望。"②谦虚、仁和等品格都可以放到"高贵"这个概念之下。因此，我们将可以预见，对于斯宾诺莎来说，一个世界的道德进步必定是摆脱消极情绪的过程，并且只要有可能，也是由消极情绪转化为积极情绪的过程。同时，我们发现事实也正是如此。因此，道德的进步与理智的进步是平行的，或者说，它是同一种进步的一个方面，因为消极的情绪被称为不充分的或令人迷惑的观念，积极的情绪则被称为充分的或清晰的观念。斯宾诺莎在本质上是个"理性主义者"。人们可能会将感觉与思维区分开来；但斯宾诺莎不会在它们之间做绝对的区分，因为就他总体的思想原则而言，每一种意识状态，包括某一种情绪要"起作用"，都涉及到一个观念。观念越是源自于进行逻辑思考的心灵本身，情绪也就越"积极"。

5."我把人在控制和克制情绪上的软弱无力称为奴役（servitude）。因为一个人为情绪所支配，行为便会由于没有自主权而受到命运的宰制。在命运的控制之下，他有时候虽然知道对他来说什么是善的，却往往被迫而偏去做恶事。"③上述引文似乎与斯宾诺莎对于"善""恶"这两个概念的阐释不一致。实际上，他不断地重复这样的信念："就善恶这两个名词而论，它们也并不表示事物本身的积极性质，它们亦不过是思想的样式，或我们通过比较事物而形成的概念罢了。"④但是，我们可以确立也确实确立起了关于人的一种普遍观念，一种人类本质，或者更准确地说，一种关于人类本质的理想。并且，我们可以如此来理解"善"，即"我们所确知的一种工具，可以帮助我们更接近我们所建立的人类天性之模型"；"恶"则意味着"我们所确知的足以阻碍我们达到这个模型的一切事物"。⑤同

---

① *E.*, P. III, prop. 59, note.
② *Ibid*.
③ *E.*, P. IV, preface.
④ *Ibid*.
⑤ *Ibid*.

理，我们也可以根据人们更接近或更远离这一模型，来说他们是更完满或更不完满的。所以，假如以这种方式来理解"善""恶"两个概念，那么我们就可以说，一个人可能知道何者为善，即那些确实能帮助他获得这种公认的人类之天性的模型或理想的东西，但他会去行"恶"，即那些确实会妨碍他去获得这种标准或理想的东西。之所以会这样，原因在于，依赖于外在原因的消极情绪所产生的欲望，可能比由"善恶之真知识"[①]而产生的欲望更为强烈，因为前者是一种情绪。例如，对于某种理想或设想中的未来目标之追寻的渴望，要远远弱于对当下能够带来快乐的那些东西的渴望。

一种理性的生活或者说一种智者的生活，才能对抗消极情绪的束缚。这也是一种有德性的生活。因为，"绝对遵循德性而行，在我们看来，不是别的，而就是在寻求对自己有用的东西的基础上，以理性为指导，去行动、生活并保存自我之存在（此三者意义相同）"[②]。对于我们确实有益的，是那些真正有利于理解的东西；对于我们确实有害或邪恶的，是妨碍我们理解的东西。理解能使我们脱离情绪的奴役。"一种作为激情的情绪，一旦我们对它形成清楚明白的观念，它便不再是一种激情了。"[③]因为，它变成了心灵活动的一种表现，而非它的被动表现。以仇恨为例。在斯宾诺莎看来，仇恨不可能成为一种积极的情绪；因为仇恨在本质上就是一种消极的情绪或激情。不过一旦我认识到，人是出于其本质之必然而行动的时候，我将更容易克服自己因为某人伤害了我而生出的对他的仇恨。此外，一旦我意识到，仇恨源于对以下事实的无知，即人性相近且有共同的善，我将不再希望别人遭殃。因为我发现，希望别人遭殃是非理性的。那些被混乱而不充分的观念所辖制的人，才会感受到仇恨。如果我能认识神与世人之间的关系，那么我就不会仇恨任何一个人。

6. 因此，理智是使人从激情的奴役之下被释放出来的途径。而心灵最高的功能就是去认识神。"心灵最高的善是对神的知识，心灵最高的德

---

① *E.*, P. IV, prop. 15.
② *E.*, P. IV, prop. 24.
③ *E.*, P. V, prop. 3.

性是认识神。"① 因为人类不可能用理智把握任何比无限更伟大的东西。并且只要他越多地去认识神,他就会越多地爱神。而实际情况可能恰恰相反。因为,当我们认识到神是一切事物的原因时,我们会意识到,他同样是痛苦的原因。"但对此我们可以回答,只要我们的理智认识到痛苦的原因,痛苦就将不再是消极的情绪了。换句话说,痛苦也就不再是痛苦了。所以只要我们理解了神是痛苦的原因,我们也会感到愉快。"②

很重要的一点是,我们不要忘记,在斯宾诺莎看来神和自然是等同的。只要我们把事物设想为包含在上帝之中,并且是从神的本质的必然性中产生的,也就是说,只要我们在它们与自然的无限因果系统的关系中来设想它们,那么我们就是在一种永恒的形式之下(*sub specie aeternitatis*)③来构想它们的。我们将它们构想为逻辑地联系在一起的无限系统的一部分。当我们以这种方式来构想自己和其他事物时,我们就是在认识神。进而,从这种关于神的知识中,会产生心灵的快乐或满足。这种快乐,与作为永恒原因的神之观念相伴,即是"对神的理智之爱"。④ 对神的理智之爱"就是神借以爱他自身的爱,这并不是就神的无限而言的,而是就神在人的心灵之本质中的显现而言的,而且人的心灵之本质处于永恒的形式之下"⑤ 事实上,"神对人的爱和心灵对神的理智之爱是同一的"⑥。

斯宾诺莎声称,这种对神的爱是"我们的救赎、福祉或自由"⑦。但是,这种对神的理智之爱,显然绝不能在一种神秘主义的意义上加以阐释,也不能被阐释为对一个位格性存在的爱。斯宾诺莎所使用的语言通常是宗教性语言;并且这种语言也许还表明了一种个人的虔敬。但是,若果真如此,那么这种个人的虔敬根植于他的宗教教育背景,而非他的哲学体系。单就他的哲学体系而言,他所论及的爱更类似于科学家达到对自然的完满解释时所产生的快乐或精神满足,而不是人与人之间的爱。并且,如

---

① *E.*, P. IV, prop. 28.
② *E.*, P. V, prop. 18, note.
③ 也就是前文所说的第三层次的知识。——译者注
④ *E.*, P. V, prop. 32, corollary.
⑤ *E.*, P. V, prop. 36.
⑥ *E.*, P. V, prop. 36, corollary.
⑦ *E.*, P. V, prop. 36, note.

果考虑到对斯宾诺莎来说，神与自然同一，我们就不会惊异于他的那句名言了——"凡爱神的人决不能指望神回爱他"①。歌德则将这种说法视为斯宾诺莎那种无边之无功利性（boundless disinterestedness）的表现。这一评论也有道理。但同时，非常清楚的是，根据斯宾诺莎关于神的概念，他不可能说神是"爱"人的，任何我们日常意义上所理解的那种"爱"都不可能。实际上，鉴于他对"神"的理解，他所说的这种观点就完全正确——一个人渴求神的回报之爱意味着他渴求"他所爱的神不是神"②。

7. 斯宾诺莎不止一次声称，离开了被认为处于绵延中的肉体，人类的心灵并不拥有任何实存性。他举例说："只有当我们的心灵包含着身体的实存性时，我们才能说它具有绵延，它的存在才可以用某种确定的时间加以限制。"③一般认为，斯宾诺莎并不赞同心灵在肉体死亡后还会作为一个独立的存在物而永存。假设人类的心灵是由关于肉体之样态的观念所构成的，再假设心灵与肉体是同一事物在思维属性或广延属性下来看的结果，那么，我们确实很难理解在肉体崩坏之后，心灵如何作为一个独立的存在物而存在。

同时，斯宾诺莎也谈到，心灵作为一种存在，在某种意义上是"永恒的"；只不过要准确地理解他在这里想要表达的意思并不容易。"我们现在确知，就心灵能在永恒的形式下认识事物这一点来说，它是永恒的。"④这种主张似乎表明，只有那些享有第三层次知识的心灵才是永恒的，并且，它们只有当在永恒的形式之中对一切事物进行直观时才是永恒的。然而，他在某种程度上也暗示并没有这种限制，换句话说，在某种意义上，永恒是从属于心灵之本质的，也就是说，永恒从属于每一个心灵。斯宾诺莎认为："人类的心灵并不会完全随肉体的毁灭而毁灭，其中某些部分仍旧永恒。"⑤此外，"我们也能感觉到并同时认识到我们是永恒的"⑥。

---

① *E.*, P. V, prop. 19.
② *E.*, P. V, prop. 19, proof.
③ *E.*, P. V, prop. 23, note.
④ *E.*, P. V, prop. 31, note.
⑤ *E.*, P. V, prop. 23.
⑥ *E.*, P. V, prop. 23, note.

我怀疑斯宾诺莎的意图是否能得到一个完全令人满意的、能够恰当处理他关于这一主题的所有论述的解释。但不论如何，我们都没有充足的理由说，斯宾诺莎并不承认心灵永恒的观念，并且认为永恒只是心灵"此时此地"的性质。因为我们并不清楚"心灵在此时此地是永恒的"到底是什么意思。而这正是最需要加以解释的部分。而由于斯宾诺莎对词语的使用可谓十分审慎，所以我们可以通过考察他对"永恒"的定义而获得一些启示。"我将永恒理解为存在自身，就存在被设想为只能从永恒事物的定义中必然地推出而言。"[①]斯宾诺莎随后解释说："这样的存在也可以设想为永恒的真理，有如事物的本质。"因此，当我们将人类的心灵设想为由实体或神的本性必然地得出时，它是"永恒的"。因为，自然之中的联结类似于逻辑联结，所以人们也可以将自然的无限体系看作一个逻辑的、永恒的系统。在这个体系之中，每个人的心灵都表现着关于广延之样式的观念或真理，都是一个必要的瞬间。在这样一个无限体系中，我占据着一个不可剥夺的位置。在这个意义上，每个人的心灵都是"永恒的"！同时，只要一个心灵上升到第三种或第三层次的知识，并以永恒之形式来观察事物，它就能意识到它的永恒性。

当斯宾诺莎说人类心灵在本质上是永恒的时，他指的似乎就是这个意思。此外，他似乎还表达了更多的东西；但是，如果真如此，我们却无法说出那是什么。在某种程度上，我们可以说他的理论保留着既往理论的痕迹，即认为心灵的"核心"是神圣且永恒的。但是，对于这个问题，最保险的做法是根据斯宾诺莎关于永恒的定义来阐释。绵延只适用于被认为是前后继起的有限事物。[②]而就绵延而言，我们的心灵不可能在肉体死亡之后还存在。从绵延的视角来看，从过去的角度说，我应该存在；从现在的角度说，我正在存在；从将来的角度说，我已经存在了。但如果一个人搁下绵延的视角，将事物看成是从永恒之实体（即神）之中必然地得出的，而不涉及时间——正如他将数学定理的结论看作是从前提中无时间性

[①] *E.*, P. I, def. 8.
[②] 经查阅，斯宾诺莎自己对"绵延"的定义为："绵延就是存在的不确定延续。"参看贺麟译，《伦理学》第二部分，界说五。——译者注

地且必然地推出的——那么他可以说，他的存在在某种意义上是一个永恒真理。这也就是为什么斯宾诺莎会说，心灵的永恒性不涉及任何与时间的关联：心灵作为一个独立的有限存在物，在身体存在"之前"和"之后"都是永恒的。①"我们并不将绵延归因于对肉体（物）之持存的保存"②，但当我们在永恒的形式之下思考时，心灵可被视为神的自我意识的一个必然瞬间，正如对神的理智之爱是神对于其自身之爱的一个瞬间。这一切是否完全合理则是另一个问题。不过，看起来斯宾诺莎似乎认为，心灵，就其能积极地理解而言，是"思维的一个永恒的样式"，而思维的永恒样式的全体"构成了神的永恒无限的理智"③。至少非常清楚的一点是，斯宾诺莎否认基督教的不朽理论。并且一个人也很难想象，当他将心灵称为"永恒"时，他想要说的只是当智者享有第三层次知识时他们享有第三层次知识。从某种意义上来看，似乎对于斯宾诺莎来说，所有人的心灵在本质上都是永恒的。不过，如何理解斯宾诺莎在这个问题上所要表达的确切意蕴却仍然晦暗不明。

8. 斯宾诺莎的道德理论与斯多亚伦理学之间存在着明显的亲缘关系。斯宾诺莎的智者理想，他对于知识的强调，他对理解个体事物在整个自然的神圣系统中的位置的重视，他对于知识可以使智者免受人世的兴衰变迁和命运的打击对心灵的扰乱的确信，他对于根据理性来生活以及因其自身之故而获得美德的强调，以上种种，皆与斯多亚哲学存在着类似的主旨。此外，虽然我们在斯宾诺莎那里并没有发现斯多亚派作者们所持有的认为所有人作为上帝之子存在亲缘关系的高尚言论，但他也不仅仅是一个个人主义者。"人要保持其自身的存在，最有价值的事，莫过于力求所有人都和谐一致，使得所有人的心灵与肉体都好像是一个人的心灵与肉体一样，人人都团结一致，尽可能努力去保存他们的存在，人人都追求全体的公共福利。由此可见，凡受理性指导之人，亦即以理性作指针而寻求自身利益之人，他们所追求之物，也即他们为别人而追求之物。因此他们都

---

① Cf. *E.*, P. V, prop. 23, note.
② Cf. *E.*, P. V, prop. 23, proof.
③ *E.*, P. V, prop. 40, note.

公正、忠诚而高尚。"① 这段引文可能不及爱比克泰德（Epictetus）② 与马可·奥勒留（Marcus Aurelius）③ 所能达到的高尚程度；但它至少表明，当斯宾诺莎断言，自我保存的倾向是人的基本内驱力时，他并不是想要因此而教导或提倡个人利己主义。事实上，与斯多亚思想类似，他的一元论在逻辑上导致了某种人类集体主义。

尽管如此，我想要关注的他们之间的相似点在于，斯宾诺莎主义与斯多亚主义都认同决定论。对人类自由的否认，产生了一个很重要的伦理学问题。假如我们赞同决定论，那道德理论何以可能？不论如何，这都是一个问题：假如每个人的行为都是被决定的，那么劝诫人们按照某种方式行动还有什么意义呢？尽管斯宾诺莎可以回答说，这个劝诫者的劝诫是被决定的，而且这个劝诫是决定被劝诫者之行为举止的一个因素。进而，假如一个人不能自由选择其行为，那么因为他的某个行为而责罚他有任何意义吗？所以，假如一个人将"道德理论"理解为一种劝诫式样的伦理学，它告诉人们应该以何种方式行动，尽管即便在同样的处境下人们也可以采取其他行动，那么，他必定会说，接受决定论意味着取消了道德理论存在的可能。另一方面，如果"道德理论"是指一种关于人的行为的理论，包括对不同类型的人的行为方式的分析，那么至少乍一看，即使决定论被接受了，道德理论也是完全可能的。

当然，斯宾诺莎并不否认，我们常常会感觉到"自由"，也就是说，我们感觉到要对做出的某个决定或采取的某个行动负责。很明显，我们经常可以给出以某种方式行动的动机；而且很明显，事实上，我们有时会对我们的行动计划深思熟虑，最后做出决定。这些心理事实如此明显，斯宾诺莎不会试图否认它们。然而，他所坚持的是，我们感到自己是自由的，是因为我们不了解我们行动的原因，以及决定我们渴望某些东西和有某些动机的原因。假如我们想象一块正在下落的石头突然被赋予了意识，它可能会认为它是出于自己的意志而落下的，因为它不会察觉到它运动的原

---

① *E.*, P. IV, prop. 18, note.
② 古代斯多亚派哲学家。——译者注
③ 同上。

因;并且即便认识到它正在下落这个事实,它也不能自由地停止这种下落。① 正是基于这种决定论的立场,斯宾诺莎声称,他无意解释劝诫,只提供了一种分析伦理。

当然,也有很多可以支持斯宾诺莎这一主张的证据。在写给奥尔登堡的信中,斯宾诺莎说,虽然所有人都是可以原谅的,但这并不意味着所有人都是有福的。"一匹马因其为马才可被宽恕,但作为人则不可;然而,无论如何,其必然只能是马而不能是人。而对于一个被狗咬伤而身染狂犬病的人来说,他的疯狂是可被宽恕,然而他却因此必定将会窒息。最后,对于一个无法控制自己的欲望,也不能由畏惧法律而节制欲望的人,即使他的软弱可以受到宽恕,但他却不能享受心灵的宁静以及对神的知识和爱,而且必然要自我毁灭。"② 换句话说,即便所有人都是被宿命所决定的,并因此是"可饶恕的",但在那些为激情所奴役的人和那些"有福"的人之间,有着一种客观的区别,即对于神的理智之爱。此外,在写给凡·布林堡的信中,斯宾诺莎说:"在哲学语境下,我们是不能够说神想要任何人的任何东西的,也不能说有任何东西能够取悦神或激怒神,所有这些都属于人的特质而与神无涉。"③ 但这并不意味着杀人犯和施舍者同样完美。类似的说法也出现在他给冯·钦豪森(von Tschirnhausen)④的信中。有人批评说,在斯宾诺莎看来,所有邪恶都是可以原谅的。对此斯宾诺莎反驳道:"那又如何呢?邪恶的人当他们必然是邪恶的时候,既不会减少一些可怕,也不会减少一些危害。"⑤ 在《伦理学》中,斯宾诺莎认为,只有在市民社会中,人们普遍接受的那些含义才会被赋予"好"、"坏"、"罪"(他说,所谓的罪不是别的,只是国家对于不服从之人的惩罚)、"功勋"、"公正"以及"不公"等词。他的结论是:"公正与不公,

---

① 《书信》第58封。
② 《书信》第78封。
③ 《书信》第23封。(这显然与基督宗教系统中上帝需要献祭的相关记述正好相反。但同样,斯宾诺莎的上帝也就没有宗教意义上的扬善惩恶的最终审判者的形象与功能。——译者注)
④ 德意志哲学家,在当时的各个学科领域皆有造诣。——译者注
⑤ 《书信》第58封。

功勋与罪孽，都是外在的概念，而不是表明心灵性质的属性。"①

当然，我们只能寄希望于斯宾诺莎有时会以另一种方式说话，因为自由和道德义务的语言太过深植于我们的日常语言，以至于我们无法避开它们。譬如，我们发现他说，他的理论"可教导我们在命运攸关之时应该以何种方式行动"，并且"还可教导我们不要去鄙夷、憎恨或奚落任何人，也不应心存愤怒或妒忌他人"②。不过，这不单单是一个短语的问题，或孤立陈述的问题。在《知性改进论》中，斯宾诺莎就力图表明一种获得真正知识的指南。"我们首先必须尽力寻求一种方法来医治知性，并尽可能于开始时纯化知性，以便知性可以成功地、无误地、尽可能完善地认识事物。由此，人人都可以见到，我志在使一切科学皆集中于一个最终目的，就是达到我们上文所说的人的最高的完善境界。因此，各门科学中凡是不能促进我们目的实现的东西，我们将一概斥为无用；换言之，我们的一切行为与思想都必须集中于实现这唯一的目的。"③对于斯宾诺莎来说，虽然一些人拥有较低层次的知识，另一些人则拥有较高层次的知识，但对前者来说，通过外界的某种力量使他们的观念充分起来，从而摆脱激情的奴役，是可能的。他显然也认为，通过努力，理智的进步是可能的。并且对于斯宾诺莎来说，通过纯化混乱和不充分的观念，道德可以得到提高。他很明确地说道，人因受到激发而去"寻找使他变得更完满的途径"④，并"奋力"去获得一个更好的本性。⑤《伦理学》的结语尤其适用于此。"尽管我所指出的足以达到这目的的道路，好像是很艰难的，但这的确是可以寻求得到的道路。这条道路很少被人发现，足以表明这道路诚然是很艰难的。因为如果解救之事易如反掌，可以不劳而获，那又怎么会几乎为人人所忽视呢？但一切高贵的事物，其难得正由于它们的稀少。"⑥不论观者如何评价，我们都很难将上述结论与一种一以贯之的决定论相调和。可以

---

① *E.*, P. IV, prop. 37, note 2.
② *E.*, P. II, prop. 49, note.
③ *T.*, 2, 16.
④ *T.*, 2, 13.
⑤ *Ibid.*
⑥ *E.*, P. V, prop. 42, note.

说，这里涉及观点的改变，而非行为的改变。就斯宾诺莎而言，行为的改变依赖观点的改变；而一个人若非是自由的，他如何改变自己的观点呢？也许可以这样回答：有些人命中注定会改变自己的观点。倘若如此，为什么还要给他们指明道路并说服他们照此而行呢？我们很难避免这样的印象：斯宾诺莎试图两者兼得。他一方面坚持一种基于形而上学理论的决定论，另一方面，他又认同一种只有在决定论并不绝对的情况下才有意义的伦理学。

第十四章

斯宾诺莎（五）

自然权利——政治社会的基础——君权与政权——国与国之间的关系——自由与宽容——斯宾诺莎的影响以及对其哲学的不同评价

1. 斯宾诺莎的政治理论与霍布斯的非常类似，后者的《论公民》（*De Cive*）和《利维坦》（*Leviathan*）他都研读过。他们都相信，每个人因其天性而追寻自己的利益；他们也都试图表明，政治社会的形成固然限制了人类的自由，但从理性或开明的自利角度而言，它是正当的。人类是被如此构造的，为了避免由无序和混乱所带来的更大的恶，他必须与其他人一起参与到一种有组织的社会生活之中，甚至不惜以限制他做任何他能做的事的自然权利为代价。

与霍布斯一样，斯宾诺莎也谈论"自然法"与"自然权利"。而为了理解斯宾诺莎对于这些名词的用法，我们有必要完全抛开"自然法"与"自然权利"这两个经院哲学概念的神学背景。当斯宾诺莎论及"自然法"时，他所考虑的不是一种用来回答人性问题的道德法则，而是一种在道德上要求他作为一个自由人以某种方式行动的道德法则：他所考虑的是所有有限之物（包括人类）因被自然所决定而必然会去追求的那种行为方式。"我所说的自然权利和自然法，仅指这样一些情况：根据这些自然法，我们认为每个人都受自然的制约，以某种特定的方式生活和行动。"[①] 譬如，

[①] 《神学政治论》（*Theologico-Political Treatise*），第16页。本书在下文中被缩写为"*T-P.T.*"。

鱼类以这样一种方式受自然制约，即"大鱼以其绝对的自然权利吞食小鱼"[1]。为了理解斯宾诺莎的意思，重要的是要记住，说大鱼有吞食小鱼的"权利"，仅仅是指大鱼可以吞食小鱼，而且它们是如此被构造的，因此它们一有机会便会吞食小鱼。"因为可以确定的是，自然，就其抽象的意义而言，有权做任何她能够做的事情；换句话说，她的权利与她的能力是一致的。"[2] 因此，对于任何个体来说，他的权利之界限也就是他的能力之界限。他的能力的界限又为他的本质所决定。所以，"正如智者有权利……根据理性法则来生活，无知而愚蠢的人同样有权利……根据欲望法则来生活"[3]。一个无知或愚蠢的人不会按照开明的理性来生活，"正如一只猫不可能按照狮子的本性来生活一样"[4]。

没有人可以合理地指责斯宾诺莎没有把他的"实在论"立场说得非常清楚。不论一个人为理性还是激情所引导，他都有权利去寻求和获取他认为对自己有用的事物，"不论通过暴力、狡诈、乞求，抑或其他途径"[5]。原因是，自然不受人类理性规则的限制，人类理性规则的目的是人类的生存。自然的目的，就我们所能论及的部分而言，"指的是自然的永恒秩序，在其中人的存在细若微尘"[6]。如果在我们眼里，自然之中存在任何邪恶或荒谬的东西，那也只是因为我们对自然体系的无知，以及对这个体系之中各个部分的相互依赖关系的无知，也是因为，我们想要让每样东西的安排都契合人类的理性与利益。如果我们能够以一种非拟人化与非人类中心主义的态度来看待自然，我们就会明白，自然权利只受限于欲望与能力，欲望与能力则受制于某个特定个体的本质。

相同的论调也出现在了《政治论》中。斯宾诺莎在这本书里重申了他的这一论点，即只要我们论及自然普遍的能力或权利，我们就会意识到，由理性导致的欲望和由理性之外的其他原因导致的欲望是没有区别

---

[1] *T-P. T.*, 16.
[2] *Ibid.*
[3] *Ibid.*
[4] *Ibid.*
[5] *Ibid.*
[6] *Ibid.*

的。"整个自然的自然权利,以及由此而来的每个个体的自然权利,都延伸到其能力的范围之内。因此任何人依照他自身之本质的法则所做的任何事情,都是按照无上的自然权利来做的,而且他对自然的权利与他所拥有的能力同样多。"① 人们更多地被欲望而非理性所引领。所以我们才会说,自然能力和权利被欲望而非理性所限制。实际上,自然所"禁止"的只是我们并不欲求的东西,以及没有能力去获得或做的事情。

因为每个人都有自我维持和自我保存的冲动,所以他自然享有权利去做任何他认为有助于他的自我保存的事情。并且,他有权将任何阻止他实现这一自然冲动的人视为敌人。实际上,因为人们很容易被愤怒、妒忌以及憎恨之类的激情所影响,所以"人就其本质而言便意味着互相为敌"②。

斯宾诺莎在《伦理学》中所说的,公正与不公、罪过与功劳都"只是一些外在概念"③,在最后一章被引用了;而现在我们可以在一个合适的背景之中来理解它。在自然状态下,对于我来说,获取任何在我看来有益于我的自我保存和福利的东西都是"公正"的:"公正"以能力与欲望作为其衡量尺度。然而,在一个有组织的社会中,通过公共协议,"公正""不公"以及"权利"之类的名词被赋予了确切的含义,财产权以及财产转移规则也已被确立。当以这种方式理解它们时,它们"仅仅是外在的概念",并不指行为本身的特征,而是在考虑行为与由协议所设立或依赖于协议的规范和规则的关系。此外,我们可以补充一句,协议的约束力取决于强制执行它的能力。在自然状态下,与他人达成了协议的人有权利"因其本质"直接撕毁这一协议,只要他认为(无论是对是错)这么做有利于自己。④ 这种学说只是对斯宾诺莎理论的一种逻辑应用,即如果我们只是从一个整体的自然角度来看待事物,那么对"权利"的唯一限制就是欲望和能力。

---

① 《政治论》(*Political Treatise*),2,4。本书在下文中被缩写为"*P. T.*"。
② *P. T.*, 2, 14.
③ *E.*, P. IV, prop. 37, note 2.
④ *P. T.*, 2, 12.

2. 然而,"每个人都希望尽可能安全地生活,不受恐惧的侵袭,而只要每个人都做他喜欢做的事,而且理性的要求被降低到与仇恨和愤怒的要求同等的程度,那么前述的希冀便是不可能的……当我们想到,缺乏互助或理性的引导的人必然会过着最悲惨的生活时,我们将清楚地看到,人们必须达成协议,尽可能安全地生活在一起。"① 此外,"没有互助,人类就很难维持生活并陶冶心灵。②"因此,一个人的能力和自然权利经常有失效的危险,除非他与其他人联合起来形成一个稳定的社会。因此,可以说,自然权利本身就指向有组织的社会的形成。"如果这就是为什么经院学者们会说人是一种社会性动物——就我的理解而言,乃是因为处于自然状态的人很难独立——我没有任何想要反对他们的地方。"③

因此,社会契约基于一种开明的自利,并且比起自然状态的危局来,一种有所限制的社会生活显然能更好地保障人类的福祉,这是合乎理性的。"人类天性的普遍法则就是,任何人都不会忽视他认为是善的事物,除非他希望获得更大的善或害怕更大的恶;任何人都不能忍受恶,除非是为了避免更大的恶或获得更大的善。"④ 所以,除非是为了获得更大的善或避免更大的恶,否则没有人会去签订契约。"因此,我们可以得出这样的结论:契约之所以有效,完全在于它能带来效用,否则它就是无效的。"⑤

3. 在缔结一项社会契约时,各人将其自然权利让渡给统治之权。"而统治权的拥有者,不论是一人或多人,抑或是整个政体,都有权强制执行任何他所希望的命令。"⑥ 实际上,将所有的能力或权利都移交出去是不可能的;因为有些东西必然是从人的本性中来的,不能被权威的命令所改变。譬如,统治权的拥有者想要命令人们不要去爱他们所喜欢的东西其实是无用的。但除了此类情况,每个主体必须遵循政治权威之命令。正是通过君主颁布的法律,正义和不公才得以产生。"除非在某个统治之下,

---

① *T-P. T.*, 16.
② *P. T.*, 2, 15.
③ *P. T.*, 2, 15.
④ *T-P. T.,* 16.
⑤ *Ibid.*
⑥ *Ibid.*

否则我们无法去思考做错事这个概念……因此，正如严格意义上的做错事以及服从的概念，除非在某个统治之下，正义与不公也是无法被设想的。"①

然而，斯宾诺莎并不打算为专制政府辩护。在他看来，正如塞涅卡所说的那样，"无人可常持残暴之政"②。因为如果君主以完全反复无常、专横和非理性的方式行事，他最终会激起反对并失去执政的权力。而失去执政的权力意味着失去执政的权利。因此，为了自身的最大利益，君主在行使权力时不可能超过合理的限度。

在《政治论》中，斯宾诺莎讨论了三种一般的"统治方式"——君主制、封建贵族制以及民主制。当然，此间在他所讨论的这个问题上进一步深入是没有必要的。更令人感兴趣的是他的一般原则，即"联邦制是最有力量的并且也是最独立的，因为它基于理性并且由理性所引导"③。建立市民社会的目的"不是别的，而是使人们拥有安定和平的生活。因此，最好的统治可以使人们和谐地度过一生，使法律也一直发挥效用"④。在《神学政治论》中，他声称，最理性的国家也一定是最自由的，因为自由的生活就意味着"在理性完全的指导下而生活，并且这种生活是被充分认可的"⑤。而在民主制下，这种生活才是最有保障的，"而这种体制可以被定义为能够作为一个整体来行使其一切权力的社会"⑥。而所谓民主就是"一切形式的政府中最自然、最符合个人自由的。在这样一种政府组织形式下，没有人能如此绝对地让渡其个人的自然权利，以致他在事务中没有进一步的发言权。他只是把自己的自然权利交给这个社会（他也是其中一员）中的多数人。因此，所有人都是平等的，正如他们在自然状态下一样"⑦。斯宾诺莎说，相比其他的社会制度，处于民主制中的人们更少去担心非理性政令的产生。"因为多数人民（特别是假设人民的基数很大的话）几乎不可能会认同任何非理性的计划。进而，民主的基础与目的也就是防

---

① *P. T.*, 2, 19 and 23.
② *T-P. T.*, 16.
③ *P. T.*, 5, 1.
④ *P. T.*, 5, 2.
⑤ *T-P. T.*, 16.
⑥ *Ibid.*
⑦ *Ibid.*

止非理性激情的干扰，并使人们尽可能地处于理性的控制之下，因此他们可以和谐、平静地生活。"①

4. 斯宾诺莎在以先验的方式讨论体制的最佳形式时，追随了亚里士多德等前辈的脚步。如果从历史发展的立场来看，斯宾诺莎的说法并没有什么新的建树。他与那些伟大的古希腊政治学者和经院哲学家的区别在于他对于暴力（power）②的强调。在自然状态下，权利只被暴力所限，而在市民社会中，统治权也依赖于暴力。一个国家的国民确实应该遵守法律，但其根本原因是，这个国家的统治权拥有者能够强制执行法律。当然，以上并不是事实的全部。斯宾诺莎在某些方面是一个强硬的政治"实在论者"；但同时，他强调国家的职能是提供一个框架，使人们能够理性地生活。他认为，可能大多数人是被激情而非理智所驱使的，并且，在某种程度上，法律最根本的目的就是遏制激情。当然，他的理想是，法律应该是合理的，并且人的私人行为和对法律的服从，应当由理性而不是恐惧来引导。尽管如此，暴力依然是政治权威的基础，即便这种暴力从未被滥用。假如暴力消失，对权威的要求也将消失。

斯宾诺莎对国家暴力的重视，也清楚地表现在他对国与国之间关系的看法上面。不同的国家可以彼此签订协议，但没有一个权威可以强制执行这一协议，而一国成员之间所签订的协议却有这种强制执行的权威。因此，国与国之间的关系不是被法律所约束的，只受到暴力与自利的控制。"只有在危险或利益依然在发生效力的前提之下，国与国之间的条约才是有效的。除非存在着对善的希望或对恶的恐惧，不然没有人会订立规约，并接受这一规约的约束：如果这一基础被移除，那么契约也将变得毫无意义。这一情况已经为大量经验事实所揭示。"③因此，国与国之间的关系就等于不同个体间的关系，在其中没有社会契约，也没有契约产生的有组织的社会。斯宾诺莎认为经验事实可以证明他的理论，而为了确定它表达了

---

① *T-P. T.*, 16.
② 这个词（power）在上下文中被酌情翻译成能力、暴力或者力量。在斯宾诺莎的意义上，这个词可以指一种人类欲望和理性所带来的驱动力量以及能力范畴，也指一种国家的强制性暴力，以及国家力量。——译者注
③ *T-P. T.*, 16.

历史事实，人们只需反思一下当代对于确立国际权威之必要性的讨论。

5. 虽然斯宾诺莎非常重视暴力，但如我们在前文所见，他的理想还是一种理性的生活。他坚信，一个理性组织的社会的主要特征之一就是宗教宽容。与霍布斯一样，斯宾诺莎也对宗教战争与宗教纷争的思想充满恐惧，只不过他用以消弭这类问题的方法与霍布斯非常不同。霍布斯只是试图将宗教置于国家暴力的控制之下，也就是说，他所持的是一种彻底的国家至上主义①，而斯宾诺莎则强调对于宗教信仰的宽容。当然，这种态度很自然地是来自他自己的哲学原则。由于他对哲学语言和神学语言做了严格的区分。而后者的作用不是给出科学的信息，而是促使人们去接受某种行为模式。因此，只要一套宗教信仰自然导致的行为准则不损害社会的利益，就应该允许人们自由地在这种信仰中寻求帮助。在谈到荷兰境内所享有的宗教自由时，他说，他想要表明的是："不仅可以在不损害大众和平的情况下赋予人们宗教自由，而且如果没有这种自由，虔诚就不能实现并且大众和平也就不能确保。"② 所以，他总结说："每个人都应该自由地为自己选择信仰的根基，并且据此来确定他自己的信仰。"③

我们下判断、感觉以及信仰的权利，是任何社会契约都不能剥夺的。每个人"都因其不可剥夺的自然权利，而是自己的思想的主人"，并且"除非会导致灾难性后果，不然没有什么能强迫他的言论合乎最高权力的命令"④。斯宾诺莎说，实际上，"政府的真正目的是自由"。因为，"政府的目的不是将作为理性之存在者的人变成禽兽或傀儡，而是使人们在安全的环境中发展自己的身心，并使得他们不受约束地使用自己的理性"。⑤因此，宽容不应该被局限于宗教的领域。如果一个人批评统治者是出于他理性的判断，而非故意捣乱或想要煽动叛乱，那么他应该被允许自由地发表他的意见。考虑到公众的福祉，人们需要对言论自由做一些限制；只有骚乱、煽动叛乱或不遵守法律，以及扰乱社会和平的行为不能被合理地允

---

① 即国家主权高于宗教神权的理论。——译者注
② *T-P. T.*, preface.
③ *Ibid.*
④ *T-P. T.*, 20.
⑤ *Ibid.*

许。但理性的讨论和批评是有益的，而不是有害的。企图消灭自由、严控思想与言论，都会造成极大的危害。压制一切思想自由是不可能的；如果压制言论自由，其结果就是愚昧之人、奉承者、虚伪者和无耻之徒的猖獗。此外，"自由对于科学和人文学科的进步是绝对必要的。[1]"最能确保自由的制度就是民主——"最自然的政府形式"。在民主制中，"每个人都服从政府权威对其行为的控制，而不是对其判断和理性的控制。[2]"

谈论斯宾诺莎政治理论的这一方面是有益的。因为过于专注他的理论中那些与霍布斯相同的观点，很容易给人一种错误的印象：这会遮蔽这样一个事实，即理性的生活才是斯宾诺莎的理想，而且他从未因权力自身而对权力加以称颂，尽管他坚信，权力是政治生活中最重要的部分，并且因为形而上学与心理学上的理由，权力也必须处于这个位置。此外，虽然斯宾诺莎本人显然不相信关于可言说的真理的明确的神圣启示，因此他的前提与那些相信神启的人迥然不同，但他所讨论的问题是一个对所有人都有意义的真问题。一方面，信仰在任何情况下都是不可强迫的；试图强迫它会带来恶果。而另一方面，如斯宾诺莎所见，完全和无限的宽容没有现实实践之可能。譬如，显然没有政府能容忍政治暗杀或肆无忌惮地宣传会直接导致犯罪活动的信仰。与近代的一些人类似，斯宾诺莎的问题是，将最大可能的自由与公共利益结合起来。很难想象，所有人会就宽容的确切限度达成一致；在任何情况下，这个问题都很难只从先验的角度来解决，而不涉及任何具体的历史情境。举一个非常明显的例子，一切有理性的人都会同意，当国家处于战争或其他危机的时期，可能必须以某种平时不会想要的方式来限制个人自由。政府应该呵护而非摧毁自由，以及自由是真正的文化发展的必要条件，这些一般原则在如今和在斯宾诺莎宣布它们时一样有效。

6. 在斯宾诺莎死后相当长的一段时间内，他常被称为"无神论者"，而且人们对他的关注通常都是为了攻击其思想。当然，他之所以被称为无神论者，主要原因是他将神与自然统一。实际上，当代许多欣赏斯宾诺莎

---

[1] *T-P. T.*, 20.
[2] *Ibid.*

的人都愤怒地拒斥这样一种无神论指控；可这个问题并非如此简单，它也不可能因任何一方的激烈措辞就被解决。而唯一合理的解决方法，是搞清楚"神"这个概念的含义，然后再来看斯宾诺莎是否确实否认了被如此理解的神的存在。但即便这一过程，也并非如表面上看起来的那么容易实行。我们有理由说，假如"神"这个词是在犹太-基督教的意义上来理解的，即作为一个超越于自然的位格性存在，那么"无神论"的指控是合理的。因为，斯宾诺莎确实否认存在一位超越于自然的位格性存在。所以，当斯宾诺莎的人物传记作者，路德派的约翰·科莱鲁斯（John Colerus）在他所写的《斯宾诺莎的生平》(Life of Benedict de Spinoza) 一书中说，我们的这位哲学家"完全凭其喜好使用'神'这个词，并且在一种不为每个基督徒所知的意义上使用这个词"，并且因此其学说是一种无神论时，可以说，如果我们将"无神论"理解为否认基督徒所理解的神的存在，那么上述论断显然是对的。对此，斯宾诺莎可能会回应说，他将神定义为绝对无限的存在者，基督徒同样将神理解为无限的存在者，尽管在他看来，他们并不理解这个定义的含义。他可能会说，他将神与自然相统一并非表达了无神论思想，而是对"神"这个词的意义的正确理解，如果"神"被定义为绝对无限的存在者。不过即便如此，事实却仍旧是，不论是否是哲学家，基督徒都会肯定神的超越性，并且不认同将神与自然统一起来。并且如果在所有基督徒（无论他们是不是哲学家）所理解的意义上来理解"神"这个词，可以说，斯宾诺莎是一个"无神论者"，因为他否认如此理解的神的存在。我们很难解释，如果这样理解，无神论的指控为何会激起愤怒？那些对于这一指控愤愤不平的作者们，要么是因为在这种指控中夹杂有大量的侮辱性语词，要么是反对完全在基督教的意义上使用"神"这个概念。

但斯宾诺莎并非只遭到了神学家的批评与贬斥。培尔在他的《历史批判辞典》(Dictionary) 里，不仅将斯宾诺莎表述为一个无神论者，还将他的哲学斥为荒谬。而狄德罗在《百科全书》(Encyclopaedia) 中关于斯宾诺莎的文章也或多或少抱有相同的立场。实际上，法国启蒙运动的哲学家们虽然尊重斯宾诺莎的为人，也都很高兴能够有这样一个品德高尚却又完全非正统的思想家典范，但他们并未将他们的尊重扩展到他的哲学上面。他们只是将斯宾诺莎的哲学视为一种晦涩的诡辩术，是对于几何学与形而上学术语和公式的套用。休谟则认为"斯宾诺莎的无神论的基本原则"在于他的一元论，并且他称之为"一种可怕的假设"①。不过，由于休谟是将这一点与下述主张联系起来的，即"将一个思维着的实体看作是一种非物质的、简单的、不可分的东西的学说，必定是一种真正的无神论，并且这一学说有助于为斯宾诺莎由此获得的普遍污名提供辩护"，因此，人们可能会对休谟对于斯宾诺莎"假设"的恐惧产生某种怀疑。但很显然，在休谟看来，不论是笛卡尔非物质性的思维实体还是斯宾诺莎的独一实体理论都是荒谬的。

由于同时遭到神学家和哲学家的攻击，斯宾诺莎的哲学似乎不值得我们认真思考。然而，随着时间的推移，人们的看法也开始转变。1780年，莱辛（Lessing）和雅各比（Jacobi）②进行了一次著名的谈话，在其中他表达了对于斯宾诺莎的欣赏与感激。赫尔德（Herder）③也欣赏斯宾诺莎，诺瓦利斯（Novalis）④则用一个后来常被引用的短语来描述斯宾诺莎——"一位陶醉于神的人"。海涅（Heine）以一种温暖的笔触来描写斯宾诺莎。歌德则说他颇受这位犹太哲学家的影响，还说《伦理学》给他的灵魂带来了沉静与顺从，而且这本著作揭示了一种关于实在的宽广与无私的观点。一般意义上的德国浪漫主义者（我并非想要暗示歌德可以贴上"浪漫"这个标签，尽管他确实有过一些浪漫主义的表述）发现或认为，他们在斯宾诺莎身上找到了一种相似的精神。由于他们那种整体性的感觉以及使用一种诗意与类神秘主义的观点来解释自然的倾向，在他们看来斯宾诺莎是"泛神论者"，他并没有将神置于一种遥远的超越性之中，而是在自然中看到了神性的显现或神的内在显示。浪漫主义运动的哲学家

---

① 《人性论》（*Treatise of Human Nature*），第1卷，第4章，第5节。
② 这里指的应该是德国诗人约翰·格奥格·雅各比（Johann Georg Jacobi，1740—1814）。——译者注
③ 这里指的应该是德国诗人、哲学家约翰·戈特弗里德·赫尔德（Johann Gottfried Herder，1744—1803）。——译者注
④ 这里指的应该是德国诗人诺瓦利斯（Novalis，1772—1801）。——译者注

们，比如德国哲学家谢林与黑格尔，就将斯宾诺莎主义纳入欧洲哲学的主流。在黑格尔看来，斯宾诺莎的体系是欧洲思想发展过程中不可或缺的重要一环。但斯宾诺莎把神看作物质的观念是不充分的；因为神应该被作为精神。但无神论的指控是没有根据的。黑格尔说："斯宾诺莎主义也可以表述为'无宇宙主义'（Acosmism）[1]，或者说这样描述更好一些，因为对他来说，实在性与恒久性不能被归于世界、有限的存在以及宇宙之类的概念，只能被归于神这个实体。"[2] 在英国，柯勒律治（Coleridge）[3]也热烈地书写斯宾诺莎，雪莱（Shelley）则翻译了《神学政治论》。

尽管斯宾诺莎被早期的批评者视为无神论者，被浪漫主义者视为泛神论者，但许多现代作者却更乐意将他描绘成一个抱有完全的科学世界观的思辨先驱。因为他一直试图对事件做出自然主义的解释，而没有诉诸超自然的和超越的或目的因的解释。不过，尽管他们强调斯宾诺莎思想中的这一方面，但他们没有忘记他是一个形而上学家，旨在对世界做出"终极"的解释。但是他们认为，斯宾诺莎的自然观念，即自然是一个有机的宇宙且对自然的理解不需要假定任何自然以外的东西，这种观念可以被认为是进行科学研究的一个巨大的思辨过程，虽然科学研究所要求的方法并不是斯宾诺莎在他的哲学中运用的那一套方法。因此，对他们来说，斯宾诺莎主义的核心思想是，自然作为一个系统，可以被科学地研究。黑格尔主义对于斯宾诺莎的理解往往失于片面，人们也许可以说，无神论的诠释再一次站到了前台，只要我们记得，这些作者在此使用"无神论"这个词时，并没有像斯宾诺莎早期的神学批评家那样带有辱骂的意味。

当然，我们很难确切地说，以上每种阐释方式各有多少正确性。以一种浪漫主义运动的精神与氛围来解读斯宾诺莎当然是有问题的。因此，假如我们不得不在浪漫主义和自然主义的解释之间选择一种，那后者自然

---

[1]　这是一个源于印度教教义的说法，即宇宙里除了那个至高神是实在的，其他一切都是虚幻的。——译者注
[2]　E. S. Haldane 与 H. Simons 译，《哲学史讲演录》（Lecture on the History of Philosophy），第 3 卷，第 281 页。
[3]　这里指的应该是英国诗人塞缪尔·泰勒·柯勒律治（Samuel Taylor Coleridge, 1772—1834）。——译者注

比前者更好些。然而，尽管斯宾诺莎的思想似乎在朝着自然主义一元论的方向上完全与其犹太教渊源南辕北辙，但他关于无限的神性以及未知的神圣属性的学说都表明，他思想的宗教来源并未完全被后来的发展所遮蔽。此外，我们一定要认识到，斯宾诺莎并非只对追溯因果关系以及将无限的因果系列展现为一个自封闭的系统感兴趣。把《伦理学》定位为他的主要著作并非毫无根据：斯宾诺莎的旨趣在于获得心灵的平静，摆脱激情的奴役。在《知性改进论》开篇的一段著名的论述中，斯宾诺莎谈到他在财富、名声以及逸乐之中所经历的空虚与轻浮，以及对终极之幸福和最高善的追寻。因为，"唯有对一个无限与永恒之物的爱才能使心灵平静并超越痛苦；所以此物应被渴望，并且还应竭尽全力去寻求它"[①]。此外，"我所希望的是将一切科学都引到一个方向与目标下，即获得人类最大可能之完满；因此任何科学，如果它不能促进这种努力，那就必须被当作无用的而被拒斥，也就是说，我们的一切努力与思考都必须指向这个目标"[②]。并且，在给范·布林堡的信中，斯宾诺莎还说："同时，我也认识到（这给了我最大的满足和精神的宁静），一切事物都是凭借最圆满的存在的力量及其永恒的意旨而发生的。"[③]

不过，我们不要被类似"对神的理智之爱"这样的短语所误导，而把斯宾诺莎当作像埃克哈特（Eckhart）[④]那样的宗教神秘主义者。实际上，如果要理解斯宾诺莎，就必须牢记，我们要按照斯宾诺莎的定义来理解那些术语和短语，而不能在"日常语言"的意义上来理解它们。在斯宾诺莎的哲学中，术语被赋予了特别的含义，而这通常不同于我们自然而然地赋予它们的意义。而之所以有人坚持斯宾诺莎的哲学是一种宗教神秘主义，只是因为他忽视了斯宾诺莎对类似"神"和"爱"等术语的定义，以及在这样一套作为整体的概念定义体系中所流溢出来的理性之光。

---

① *T.*, 1, 10.
② *T.*, 2, 16.
③ 《书信》第 21 封。
④ 这里指的应该是中世纪德国神学家、哲学家博学之埃克哈特（Meister Eckhart, 1260—1327）。——译者注

第十五章

莱布尼茨（一）

生平——《论组合的艺术》与和谐观——著作——对莱布尼茨思想的不同诠释

1. 1646年，哥德弗里德·威廉·莱布尼茨（Gottfried Wilhelm Leibniz）生于莱比锡，他的父亲是莱比锡大学的道德哲学教授。作为一名早慧的男孩，莱布尼茨幼时便开始研习古希腊哲学与经院哲学。他后来常说，大约13岁的时候，他便可以像一般人阅读言情小说一样流畅地阅读苏亚雷斯[①]的作品。莱布尼茨15岁就上了大学，在詹姆斯·托马修斯（James Thomasius）门下学习。随后他接触到了培根、霍布斯、伽桑狄、笛卡尔、开普勒以及伽利略等一些"近代"思想家们的作品，并从中发现了一种"更好的哲学"的范例。据他自己回忆，在独自一人散步的时候，他总纠结于到底是应该保留亚里士多德主义的实体形式与目的因理论，还是应该倒向机械论。虽然之后莱布尼茨努力想把亚里士多德主义的元素与之相结合，但最终，机械论占了上风。实际上，早年对于亚里士多德主义以及经院哲学的研习显然影响了他之后的著作；并且在所有前康德时代的主流哲学家里，莱布尼茨对经院哲学的了解可能是最多的。当然，在这一点上，斯宾诺莎也比不上他。他关于个体性原则的学士学位论文（1663），虽是唯名论方向的，但显然也深受经院哲学影响。

[①] 这里指的应该是西班牙经院哲学家弗朗西斯科·苏亚雷斯（Francisco Suárez, 1548—1617）。——译者注

1663年，莱布尼茨去了耶拿，在埃哈德·魏格尔（Erhard Weigel）门下学习数学。随后他又投身于法理学的学习，并于1667年在阿尔特多夫大学获得了法学博士学位。但莱布尼茨拒绝了阿尔特多夫大学提供的一个教职，至于理由，他说因为他所期望的是完全不同的事情。之后，他在美因茨选帝侯（Elector of Mainz）的法院里获得了一个职位，1672年他被派往巴黎执行外交任务，并在那里结识了一些人，其中包括马勒伯朗士与阿尔诺。他在1673年访问英国，会见了波义耳（Boyle）和奥尔登堡。之后，他返回巴黎，在那里一直待到1676年，这最后一年的巴黎时光值得我们铭记，因为他在这一年发现了微积分。不过，莱布尼茨显然不知道牛顿实际已在这个问题上先行一步。只是牛顿直到1687年才慢吞吞地出版了他的成果，莱布尼茨则在1684年就将其付梓。这也因此导致了那事实上毫无意义的谁第一个发现微积分的争论。

在离开巴黎返回德意志的途中，莱布尼茨顺道拜访了斯宾诺莎。此前，他已与斯宾诺莎有过书信往来，并对斯宾诺莎的哲学表示了极大好奇。而两人之间的确切关系其实不是很清楚。一方面，莱布尼茨不断地批判斯宾诺莎的理论，在研读了斯宾诺莎那些被出版的遗著之后，他还是始终力图通过将斯宾诺莎主义看作笛卡尔主义的一个逻辑结果来与笛卡尔调和。因为在莱布尼茨看来，笛卡尔的哲学经由斯宾诺莎会走向无神论。另一方面，莱布尼茨对智性问题无休止的好奇心又使他对斯宾诺莎的著作产生了极大的兴趣，虽然他从未深入地研读过它们，但这也足以使得他发现其中令人激动的闪光点。此外，就莱布尼茨的外交官身份而言，我们甚至可以这样设想：莱布尼茨对于斯宾诺莎主义的激烈批判，部分原因是出于他维护正统思想的需要。不过，尽管他是外交官、法官，而且老于世故，斯宾诺莎则正好全部相反，尽管他的见解能启发众多的资助人与知名人士；但我认为，我们还是没有真正的理由去相信他对于斯宾诺莎主义的批评是出于某些不真诚的目的。因为，研读斯宾诺莎著作的时候，他自己的主要哲学立场基本上已经形成了，尽管两人各自哲学中的某些共同偏好引起了他的兴趣，这一点可能也是使得他想要在公开场合撇清自己与斯宾诺莎的关系的原因，但他们各自思想立场的区别其实更为深远。

由于与汉诺威王朝（House of Hanover）的密切关系，莱布尼茨本人还承担了编纂布伦瑞克（Brunswick）家族史的工作。但莱布尼茨的兴趣和从事的活动非常多样。1682年，他在莱比锡创办了《学术辑刊》杂志（Acta eruditorum）；1700年，莱布尼茨在柏林就任科学学会的首任会长，该学会也就是后来的普鲁士科学院的前身。而除了创办学会，他还致力于如何统一基督教各宗派的问题。开始时，他全心希望在天主教与新教之间找到一个共同的基础。后来，他发现其中的困难要比预期的大得多，因此他想方设法要将加尔文派与路德派重新合一。但他再一次失败了。他的另一筹谋是计划建立基督教国家联盟，以形成一个欧洲联盟的构架。这一方案先在法国的路易十四那里遭到冷遇，但之后他又在1711年亲自写信给彼得大帝推销这个蓝图。同时，他试图促成沙皇与这位皇帝（路易十四）的联盟。并且，他还期望劝谏基督教国家的各位君主能放下互相之间的嫌隙，以结成共同对抗非基督世界的同盟。当然，以上这些构想也如同他一统基督教宗派的想法一样，最终一无所成。另一件值得一提的事情是，莱布尼茨还对当时开始渗入欧洲的关于远东的信息表现出了极大兴趣，在有关中国的礼仪之争[①]中，他热心地支持耶稣会的传教士们。

莱布尼茨是他那个时代最杰出的人物之一，还受到了当时许多知名人物的赞助。但晚年的莱布尼茨却因为被忽视而深感怨怼，汉诺威选帝侯（Elector of Hanover）于1714年成为英王乔治一世时，并未让他随侍左右同去伦敦。甚至当莱布尼茨于1716年去世的时候，他在柏林一手创建的普鲁士科学院也没有任何表示，只有法兰西科学院对这位学者表达了纪念。

2. 正是以他丰富多彩的人生经历和广泛的兴趣为背景，我们才不得不将莱布尼茨的一生看作从事哲学写作的一生。首先，他对布伦瑞克家族

---

① 所谓礼仪之争，主要是指这样一段历史：明末清初，以利玛窦为代表的耶稣会来华传教士，在对待中国传统习俗与天主教信仰之间的矛盾时采取了灵活的态度，譬如允许中国教徒在拜天主之外，可以尊孔祭祖。但这种灵活的态度，导致了基督教其他各宗派和罗马教廷的不满，从而引起了极大的争议，最终官司打到了教皇和康熙皇帝那里。教皇连派使节到中国宣布教廷决议，禁止中国教徒祭祖等行为。这引起了康熙帝的极大愤怒，最终宣布全面禁止教士传教。但这一争论在欧洲并没有结束，一直持续到1775年耶稣会解散为止。——译者注

史的编纂可以作为一个独立的部分。这本书从 1692 年开始计划,断断续续写作直到他去世;尽管还未完成,但这本书迟至 1843—1845 年,还是出版了。而在他的哲学著作与他对于创建学会的兴趣,以及统一基督教宗派与构建基督教国家联盟的热情之间,存在着比乍看之下更为紧密的联系。

为了把握这种联系,我们有必要牢记普遍和谐的观念在莱布尼茨思想中所起的作用。宇宙是一个和谐系统,在这个系统中,同时存在着统一性和多样性,以及各部分之间的协调性和差异性。这一观念似乎成了一个主导性观念,并且可能在莱布尼茨非常年轻的时候就已形成。譬如,1669 年,在他 23 岁时,他写信给托马修斯,当在信中讲到一些诸如"自然不做无谓的事"以及"一切物都避免自身的毁灭"之类的话以后,他提道:"然而,因为自然并不真正拥有理智或者欲求,所以如此美丽的自然秩序一定来自这一事实——自然界是上帝所造的钟表(horologium Dei)。"①与此类似,在 1671 年写给马格努斯·温德科普夫(Magnus Wedderkopf)的一封信中,莱布尼茨断言造物主上帝将一切都设置为最和谐的状态。这种将宇宙视为普遍和谐的理念,也凸显于一些文艺复兴时期的哲学家的著作之中(如库萨的尼古拉和布鲁诺);开普勒与约翰·亨利·比斯特费尔德(John Henry Bisterfeld)也强调这一理念,而莱布尼茨曾在《论组合的艺术》(De arte combinatoria, 1666)中满怀感激地提到过后两者。尽管后来,莱布尼茨用单子理论发展了这一观点,但在写出《单子论》(Monadology)之前很久,这一观点就已出现在他的脑海中了。

在《论组合的艺术》中,莱布尼茨发展了由中世纪方济各会的雷蒙德·鲁尔(Raymond Lull)和一些"近代"数学家与哲学家所提出的一个方法。他首先假设所有复合项都可以被分解为简单项。"分解如下。从一切被给予的项中析出它们的形式部分,也就是为它们给出定义。随后我们将从这些部分中再析出它们本身的部分(部分的部分),也就是用被给予

---

① G., 1, 25. 这里 "G." 表示 C. I. 格尔哈特(C. I. Gerhardt)版的《莱布尼茨哲学著作集》(第 7 卷,1875—1890)。这里也可参看 G. M. 邓肯(G. M. Duncan)出版的《莱布尼茨哲学著作集》(1890)。但后一版本只包含一些经过选择的莱布尼茨作品,这一版本以 "D." 表示。

的（更基础）定义项来定义这些定义，如此（反复）直到（获得）最简单的项或无法定义的部分为止。"① 这些简单项或者说不可定义的项，构成了人类思想的字母表。因为正如一切单词和短语都是由字母表中的字母所构成的，命题同样可以看作是由那些简单或不可定义项的组合而产生的。而莱布尼茨计划中的下一个步骤是，用数学符号来表示这些不可定义的项。假如我们能够发现一种"正确"的组合这些数学符号的方法，那么我们将能够形成一种关于发现的演绎逻辑，它将不仅能解释已知的真理，还能去发现未知的真理。

莱布尼茨并不认为一切真理都能被先验地演绎出来：依然存在一些不能通过这种方式演绎出来的偶然命题。譬如，"奥古斯都是罗马皇帝"与"基督出生于伯利恒"都是我们通过研究历史事实能够认识，而不是通过从定义出发的逻辑演绎来认识的真理。并且，除了这类具体的历史性陈述，还存在一些普遍性命题，我们可以通过观察与归纳而非演绎来得出其真理性。它们的真理性"并非基于事物的本质而是基于它们的存在；同时它们的真理性又好像是偶然恰巧如此"②。我将在后文中详述莱布尼茨关于偶然命题与必然命题的区分，在此只需指出莱布尼茨提出了这种区分就已足够。重要的是，我们需要了解，莱布尼茨并不将那些基于其本质而获得真理性的命题简单地等同于形式逻辑命题和纯数学命题。莱布尼茨对于演绎以及科学之逻辑的设想当然在很大程度上受到了数学的影响，这种情况在同时代的其他唯理论哲学家们的思想中也可以看到。但是，如他的同侪一样，他认为除了逻辑与数学，演绎法也可以被用来发展其他领域的真命题系统。总的来说，他预言了后来的符号逻辑；但是建立一个纯逻辑与数学的体系只是他整个学术计划的一部分而已。他认为，演绎法能够被用来确立一些学科的本质性理念与真理，这些学科包括形而上学、物理学、法理学甚至神学。对于适合的数学符号系统的发现，能为我们提供一门普遍的语言，一种符号化的普遍（characteristica universalis），通过将这门语言运用到人类知识的各个分支学科的研究中去，人类的知识就可以无限地

---

① 《论组合的艺术》（De arte combinatoria），第 64 页；G., 4, 64–65。
② 《论组合的艺术》，第 83 页；G., 4, 69。

发展，以致任何对立理论在其中都不会有生存空间。

因此，莱布尼茨梦想着一种普遍的科学，逻辑和数学只是其中一部分。并且，他力图扩大演绎法的运用范围，使之能跃出形式逻辑与纯数学的疆界，而这种想法在很大程度上来自他的那个信念——宇宙是和谐的系统。在《论组合的艺术》[①]中，他非常重视比斯特费尔德关于万物之间本质地相关的学说。而逻辑或数学的演绎系统就是一个很好的说明或范例，它们揭示了这样一个普遍真理——宇宙是一个和谐系统。因之才有可能存在关于形而上学（关于存在的科学）的演绎性科学。

对莱布尼茨恢宏之学术规划——将复杂真理分解为简单真理，以及将定义项分解为不可定义项的设想——的详述，有助于解释他为什么对建立学术社团如此感兴趣。因为他怀有这样一种理想：希望能够得到一个对人类知识无所不包的大全，并在某种程度上从这一大全中抽离出最基础简单的观念。因此他希望在这一艰巨的工作中获得学术团体或学院的帮助。他也希望宗教团体，特别是耶稣会能够与其合作，来建立这一计划中的知识大全。

莱布尼茨的逻辑之梦也有助于解释他试图将基督教各宗派重新统一的思想态度。因为他认为，在神学上演绎出所有宗派都认同的本质性命题是可能的。他从未实际试图落实这一计划，但在《系统神学》（*Systema theologicum*，1686）中，他竭力找到天主教与新教都能认同的共同思想基石。当然，比起从基督教各宗派中逻辑地演绎出一种具有最高普遍性的因素，他的和谐理想要更基础一些。

这种和谐的理想也鲜明地表现在莱布尼茨的欧洲基督教国家合一之梦中。此外，它还表现在他对于哲学发展的看法中。在他看来，哲学史就是一种生生不息的哲学。一个思想家可能过度地强调实体的某个方面或某一真理，他的后继者则强调另一方面或另一真理；而真理存在于所有（哲学）体系之中。他认为，大多数哲学学派在其所肯定的大部分内容上都是对的，在其所否定的大部分内容上都是错的。譬如说，机械论者在他们所

---

① 《论组合的艺术》，第 85 页；*G.*, 4, 70。

声称的机械因果之有效性方面是完全正确的，但他们的错误在于否认机械因果背后有最终的目的。而真理既存在于机械论中，又存在于目的论中。

3. 洛克用以驳斥天赋观念论的《人类理智论》的出版，促使莱布尼茨在1701—1709年准备了一份详细的回应性文本。这本著作并未全部完成，它的出版还因为种种原因被搁置了。直至莱布尼茨逝世后，它才于1765年以《人类理智新论》(*Nouveaux essais sur l'entendement humain*）为题付梓。此外，莱布尼茨唯一的大部头著作就是他的《神义论》(*Essais de Théodicée*）。这本出版于1710年的著作对于培尔的《历史批判辞典》(*Historical and Critical Dictionary*) 中的"罗拉留斯"（Rorarius）条目做了系统性的答复。

然而，莱布尼茨的哲学，有时也被称为他的"大众哲学"（popular philosophy），却并不被详述于那些厚实的系统性大部头书中。人们不得不在书信、文章、刊物以及一些简短的小册子中去寻找他的哲学思想，譬如，写给阿尔诺的《谈谈形而上学》(*Discours de métaphysique*, 1686)、《自然以及实体之间内在联系的新系统》(*Système nouveau de la nature et de la communication des substances*, 1695)、《自然与恩典之法则》(*Principes de la nature et de la grâce*, 1714) 以及献给萨伏依之欧根亲王（Prince Eugene of Savoy）的《单子论》。但他去世后留下了一大堆手稿，直到最近才出版。L. 库蒂拉（L. Couturat）在1903年出版了莱布尼茨的重要集子《小册子以及未发表的残篇》(*Opuscules et fragments inédits*)，而 J. 雅格丁斯基（J. Jagodinski）于1913年在喀山①出版了《莱布尼茨，关于神秘的第一哲学原则之本质》(*Leibnitiana, Elementa philosophiae arcanae, de summa rerum*)。包括所有书信的完全版《莱布尼茨著作全集》于1923年由普鲁士科学院着手编撰，出版计划包括40卷。但很不幸，政治原因拖延了这一宏大计划的进程。

4. 大多数哲学都会产生不同的阐释。在莱布尼茨这里，也产生了许

---

① 喀山，俄罗斯城市，位于伏尔加河畔。——译者注

多大相径庭的说法。譬如，根据库蒂拉①和罗素的说法，已经出版的那些笔记表明，莱布尼茨的形上哲学乃是建基于他对逻辑的研究。譬如，单子论显然就与命题的主-谓分析密切相关。另一方面，他的思想中也存着不相协调与矛盾之处。尤其是他的伦理学与神学和他思想的逻辑前提存在分歧。根据罗素的说法，这只能解释为，莱布尼茨出于教化以及维护宗教正统之名声的考虑，故意回避了由他自己给出的前提所推得的逻辑结论。"这也就是为什么他的哲学中最高妙的部分却最抽象，那些最糟糕的部分却最接近人伦日用。"②实际上，罗素在莱布尼茨的"大众哲学"与他的"隐秘教条"（esoteric doctrine）之间毫不犹豫地划下了一条鸿沟。③

然而，让·巴鲁兹（Jean Baruzi）④在他的著作《从未出版的材料来看莱布尼茨及其思想的宗教基础》（*Leibniz et l'organisation religieuse de la terre, d'après des documents inédits*）中，强调了莱布尼茨首先应该是一个具有宗教精神的思想家，被荣耀上帝的热情所激励。另一种阐释则来自库诺·费希尔（Kuno Fischer），他将莱布尼茨视作启蒙精神的主要代表。莱布尼茨本人的思想中包括了那个理性时代的各个方面，在他使基督教重新统一以及基督教国家联盟的构想中，我们可以看到理性启蒙观点的表达，它有别于狂热主义、宗派主义和狭隘的民族主义。再次，也正如文德尔班（Windelband）以及意大利唯观念论者圭多·德·鲁杰罗（Guido de Ruggiero）的说法，莱布尼茨从根本而言乃为康德之前驱。在《人类理智新论》中，莱布尼茨表示，他相信有一种超越于明晰的意识或清楚明白的认知的范围的灵魂生命，并且他还预言存在着一种观念，它将把感性与知性这些被启蒙时代的理性主义者们过度细化的概念在更深层上统一起来。在这一点上他深深地影响了赫尔德。"最重要的仍然是莱布尼茨著作的另一方面的影响。这位不下于康德的思想家在这些著作中承担了建立一种

---

① 这里指的应该是法国数学哲学家路易斯·库蒂拉（Louis Couturat, 1868—1914）。——译者注
② 《对莱布尼茨哲学批评性解释》（*A Critical Exposition of the Philosophy of Leibniz*），第 202 页。
③ 《西方哲学史》（*History of Western Philosophy*），第 606 页、第 613 页。
④ 这里指的应该是法国宗教历史学家、哲学家让·巴鲁兹（Jean Baruzi, 1881—1953）。——译者注

全新的认识论系统的理论使命。"①其三,路易斯·达维勒(Louis Davillé)在他的《莱布尼茨年谱》(Leibniz historien)中,着重强调了莱布尼茨在历史上的活动,以及他在各个不同地方(如维也纳和意大利)煞费苦心收集材料以撰写布伦瑞克家族史的过程。

所有这些解释都包含真理性,这是不言而喻的。因为若这些阐释没有建基在真实的基础之上,也不会有人如此严肃地提出它们。譬如,莱布尼茨的逻辑研究和他的形而上学之间确实存在着密切的关系。但另一个事实是,莱布尼茨写下了一些反思,这些反思表明了他的担忧——若他将自己正在形成的思路的结论公之于众,人们会有什么样的可能反应。此外,虽然将莱布尼茨描绘成一个具有深邃宗教气质的人有所夸张,但我们也不能因此就认为他的神学与伦理学著作不够真诚,或者他并不真诚地想要实现宗教与政治的和谐。再者,我们虽然不能否认莱布尼茨的思想是那个理性时代的一个缩影,但我们同样不能忽视他对于启蒙哲学家们所共有的一些个性特征的扬弃。最后,我们当然也可以说,在某些重要的方向,他为康德铺平了道路,但在另一方面,莱布尼茨还是一个历史学家。

给莱布尼茨贴上分类的标签确实是一件困难事。他哲学中的逻辑部分毋庸置疑是重要的,库蒂拉与罗素也很好地描述了这一部分的重要性;然而,神学与伦理学在他的哲学中也构成了一个实在的部分。所以,也许正如罗素所坚持的那样,在莱布尼茨的思想中存在着不相协调甚至可以说矛盾的地方;但这并不意味着我们可以武断地在莱布尼茨的"大众哲学"与"隐秘学说"之间划下鸿沟。莱布尼茨无疑具有复杂的个性,但他显然并未人格分裂。再者,莱布尼茨是如此出众而多面的思想家,以至我们很难合理地只把"启蒙时代思想家"以及"康德之前驱"这样的标签贴在他身上。而在另一方面,当我们论及作为历史学家的莱布尼茨之时,我们很难不提及他作为逻辑学家、数学家以及哲学家的身份。进而,正如贝奈戴托·克罗齐②所言,莱布尼茨缺乏一种我们能在维柯身上看到的历史发展

---

① 文德尔班,《哲学史》(由 J. H. Tufts 翻译),第 465 页。
② 这里指的应该是意大利哲学家贝奈戴托·克罗齐(Benedetto Croce,1866—1952)。——译者注

感。他的泛逻辑主义倾向更像是启蒙时代的理性主义精神及其对历史的忽视，而非维柯所代表的历史视域，即便他的单子论在某种意义上是一种发展哲学（philosophy of development）。总之，对于莱布尼茨精神世界的正确描摹应该对他思想的每一方面都秉公持正，而不能有所偏颇以致忽略其余。但要实现这一点，就需要那些莱布尼茨专家们能够通晓他的所有文本，并且没有任何因自身之个性偏见而导致的意见。但不论如何，实际上莱布尼茨总会成为争议的对象。或许这也不可避免，因为莱布尼茨本人从未真正试图系统性地归纳自己的思想。

第十六章

莱布尼茨（二）

逻辑真理与事实真理之间的区别——逻辑真理或必然命题——事实真理或偶然命题——完满性原则——实体——不可分的同一性——连续性法则——莱布尼茨的"泛逻辑主义"

1. 在本章中，笔者计划探讨一下莱布尼茨的逻辑法则。而在此首先需要阐释的，就是莱布尼茨对逻辑真理与事实真理的区分。在莱布尼茨看来，每一命题都拥有一个主-谓形式，或者能够被分析为一个或若干个如此形式的命题。因此，这样一种命题的主-谓形式是基础性的。真理便是命题与事实的相符，不论这种相符是可能的还是现实的。"让我们满足于在头脑中的命题和所涉及的事物的符合中寻找真理吧！的确，我也曾把真理归之于观念，说观念是真的或假的；但那时我的意思是，命题真理肯定了观念对象的可能性。而在这同一意义下，我们还可以说一个存在物是真的，这就是说那肯定了这一存在物的实际存在或（至少是）可能性存在的命题是真的。"[1]

然而，命题并不只有一种类型，因此，在逻辑真理与事实真理之间做一个区分就是必要的。前者意味着必然命题，就此而言它们要么是自明的命题，要么可通约为自明的命题。如果我们真正了解这些命题的含义，那么我们可以想象到它们的否命题必为假。所有的逻辑真理都必为真，且

---

[1] 《人类理智新论》，第4卷，第5章，第452页（本书的页码参考 A. G. Langley 的译本，引文书目版本列于书后附录）；G., 5, 378。

它们的真理性依赖于矛盾律。在不违反矛盾律的情况下，没有人能推翻一条逻辑真理。同时，莱布尼茨也将矛盾律认作是同一律。"逻辑真理的首要法则是矛盾律，而它和同一律实际上是一码事。"[①] 这里可以举一个莱布尼茨自己用过的例子：我不能否认这一命题，即等边矩形乃是一个没有任何矛盾的矩形。

另一方面，事实真理则不是必然命题。它们的否命题是可以想象的；且否定它们也不会陷入矛盾。譬如，像"史密斯存在"或"史密斯娶了玛丽"这类命题，都不可能是必然的而只能是偶然命题。事实上，我们在逻辑和形而上学的意义上无法想象，当史密斯实际存在时，他不应该存在。但其否命题不可想象的命题，并非这一存在性陈述，即"史密斯存在"，而是这一假设性陈述，即"如果史密斯存在，他不可能同时不存在"。而一个真正的事实性陈述"史密斯实际存在"，是偶然性命题，是事实真理。我们不可能从任何先天自明的真理中演绎出这个命题，因此我们把这个真理认作是后天的。同时，这也意味着，必定存在一个保证史密斯之实存性的充足理由。因为有可能史密斯从未存在过。"逻辑真理是必然的，而它们的否命题是不可能的；事实真理是偶然的，而它们的否命题是可能的。"[②] 但是，只要史密斯实际存在，那就必然存在一个使之存在的充足理由；也就是说，假如"史密斯存在"这一陈述为真，那就必然存在一个充足理由来说明为什么这一陈述为真。因此，事实真理依赖于充足理由律。同时，事实真理并不依赖于矛盾律，因为它们的真理性不是必然的，并且我们也可以想象它们的否命题。

然而，对于莱布尼茨来说，偶然性命题与事实真理在某种程度上也是分析的，关于这一点，下文将给予解释。用莱布尼茨的话来说，我们不

---

① G., 4, 357。在《人类理智新论》（第4卷，第2章，第1节，第404—405页）中，莱布尼茨是这样说的，类似"每一物都是其所是"以及"A是A"这样的是正面的积极性同一律。而消极的那一种则是矛盾律（如甲不是非甲，或炎热与颜色不是同一件事）。一般说来，矛盾律意味着：一个命题非真即错。此间包含两个为真的陈述：其一是真、假二属性不能兼容于同一物或同一命题之中，或某一命题不能同时既真且假；其二是这一或真或假命题的逆否命题也不能同时兼容真、假二属性，或者说，不存在真、假之间的中间状态，或者也可以这样说，一个命题既非真也非假是不可能的。（G., 5, 343.）

② 《单子论》，第33节；G., 6, 612；D., p. 223。

能简单地将逻辑真理等同于分析命题，而将事实真理等同于综合命题。但是因为他所说的"逻辑真理"可以被我们表现为分析的，也就是说，因为在逻辑真理中，我们能说谓词被包含在主词之中，而在事实真理中，我们不能说谓词被包含在主词之中。所以，在这个意义上，我们可以说莱布尼茨的"逻辑真理"是分析命题，而他的"事实真理"是综合命题。进而，我们才能对逻辑真理与事实真理的范围做一宽泛的区分：前者包含着可能性的界域，后者则包含着实存性的界域。但对于实存性命题乃是事实真理而非逻辑真理这一原则来说，有一个例外情况，那就是，"上帝存在"这一命题是一个逻辑真理或者说必然性命题。对莱布尼茨来说，否认这一命题会牵涉到逻辑矛盾。关于这一问题，我们稍后会继续讨论。但除了这么一个例外情况，没有任何逻辑真理可以主张其主词的实存性。反之，除了这么一个例外情况，假如一个真命题对其主词的实存性做出了主张，那么它就只能是一个事实真理（偶然命题），而非逻辑真理。因此，莱布尼茨对于逻辑真理与事实真理的划分显然需要更进一步的说明，而笔者也将在下文中对两者依次做更多的说明。

2. 在逻辑真理中，有一些被莱布尼茨称为"同一"的原始性真理。它们通过直观被认识，它们的真理性是自明的。莱布尼茨指出，它们被称作"同一"是因为，"它们看起来只是重复同一件事而此外没有给我们更多的信息"。① 肯定的"同一"如，"每件事物都是其所是"，或"甲是甲"，或"等边矩形是一个矩形"。否定的"同一"如，"甲是甲，且不可能是非甲"。有一些否定的同一性真理被称为"异类的"，也就是说，这些命题所陈述的是某观念的对象并非另一观念的对象。举例来说，"炎热与颜色不是同一物"。他强调："假如这些命题都能被充分地认识，那么它们就不需要在这里通过一个分析来给出确证，或者就不需要通过矛盾律或其否命题来化约它们。"也就是说，如果我们了解"颜色"和"炎热"的意思，那么不需要任何证明就能够立即发现这两者不是一回事。

假如有人来研究莱布尼茨对于原始性逻辑真理所给出的范例，那么

---

① 《给克拉克的第二封信》（*Second Letter to S. Clarke*），1；*G.*, 7, 355—356；*D.*, p. 239。

他马上会发现它们其中一些实际上是重言式。比如说,一个等边矩形是矩形,有理性的动物是动物,甲是甲,这些命题都是非常清楚的重言式。这也就是为什么莱布尼茨说"同一律"看起来就是重复同一件事情,而并没有给我们其他任何信息。实际上,在莱布尼茨看来,似乎逻辑或纯数学所处理的是在近代语境之下常常被称为"重言式"的那类命题系统。"数学的伟大基础是矛盾律与同一律,这意味着,一个命题不可能既真又假,也就是说,甲不可能既是甲又是非甲。这一简单的法则足以阐释算术与几何的每一个部分,即所有的数学原则。但正如我在《神义论》中所阐明的那样,为了从数学更进一步地达致自然哲学,我们必须增加另一个法则。这也就是所谓的充足理由律,也就是说,无物无因,万事万物皆有其为什么成为这样而非其他样子的理由。"①

当然,莱布尼茨也很好地意识到了数学需要定义。在他看来,命题三等于二加一,"只是对'三'的定义"②。但他并不认为所有的定义都是任意的。我们显然必须区分现实的(real)与名义的(nominal)定义。前者"清楚明白地表明了这件事是现实可能的",后者则并非如此。莱布尼茨说,霍布斯认为"真理是任意的,因为它们所依赖的是名义上的定义"③。他认为,也存在现实的定义,清楚地定义了可能,而且源自这种现实的定义的命题必然为真。当然,名义上的定义亦非无用;但是"只有当事物已经被以其他方式确定了其现实可能"④时,它们才能作为与真理有关的知识来源。"为了保证我从一个定义当中推导出来的知识是真的,我就必须首先知道这一概念在现实上是可能的。"⑤因此,现实的定义更为基础。

因此,在类似纯数学这样的学科中,有一些自明的命题,或者基础性的公理、定义以及由此而演绎出的次级命题。同时,整个数学学科都处

---

① 《人类理智新论》,第 4 卷,第 2 章,第 1 节,第 410 页;*G.*, 5, 347。
② 《论知识,真理与观念》(*Thoughts on Knowledge, Truth and Ideas*);*G.*, 4, 424-425;*D.*, p. 30。
③ 同上。
④ 同上。
⑤ 《给富歇的信》(*In a letter to Foucher*);*G.*, 1, 384。

于一个可能性的界域之中。而此间显然有几处需要注意的地方。其一，莱布尼茨将可能性定义为无矛盾性。譬如，命题"圆形是方的"，就是个带有矛盾的命题，这意味着，观念"圆的方"乃是内含矛盾的，也是不可能的。其二，数学命题只是逻辑真理的一个范例；我们可以说，所有的逻辑真理都在可能的界域内。其三，当我们说逻辑真理处于可能性界域之内时，实际是说，它们不是实存性判断。逻辑真理所表述的是在任何情况（世界）下都为真的判断，实存性判断则依赖于上帝所选择的某一特殊的可能世界。"逻辑真理不等于实存判断"之法则的唯一例外情况就是下述命题：上帝是一个可能的存在者。因为说上帝是可能的，实际上也就是说上帝是现实存在的。除此之外，没有任何逻辑真理可以确认其主词的任何实存性。逻辑真理能很好地用于那些实存着的事实之上，譬如，我们在天文学上经常要用到数学。但这并不意味着日月星辰的实存性来自数学。

另外，我们必须澄清一下莱布尼茨那个"颜色与炎热不是同一物"的例子。如果我说"颜色与炎热不是同一物"，我实际上并未主张任何具体的颜色与炎热的实存性，正如当我说三角形有三条边的时候，我们不是指任何实存的三角形之物。同理，当我说人是一种动物的时候，我只是将"人"类归于"动物"类中，但我并未断言任何这类当中具体个体的实存性。类似这样的说法都应归于可能性的界域；它们与本质或普遍（共相）有关。除了上帝这个例外情况，逻辑真理不会对任何个体或个体集合之实存性做出肯定陈述。以莱布尼茨的话来说："上帝存在，所有直角都相等，这些命题乃是必然真理；而我存在，以及一些直角的东西存在，则是偶然真理。"①

前文已经讲过，莱布尼茨的逻辑真理或必然真理并不能完全等同于分析命题，因为在他看来，所有的真命题在某种意义上都是分析的。但莱布尼茨也指出，偶然命题或现实命题不能被我们简单地化约为自明命题，逻辑真理则是自明真理，或能够被我们化约为自明真理。因此，我们可以说，逻辑真理乃是一种有所限定的分析，矛盾律则表明所有此种有限的分

---

① 《论必然与偶然》(*On Necessity and Contingency*); G., 3, 400; D., p. 170。

析命题都为真。因此，假如我们将这些有限的分析命题——那些能够通过人类的分析而得出命题之必然性的分析命题——定义为分析命题，那么我们才能将莱布尼茨的逻辑真理与这种意义上的分析命题等同起来。正如莱布尼茨讲过事实真理"无法分析"[1]且不必然，但与此同时，我们也不能忘记，对于莱布尼茨而言，事实真理也可以被神圣心灵（尽管不是被我们）先天地加以认识，所以总而言之，我们可以说他的逻辑真理就是分析命题。

3. 逻辑真理之间的关联性是必然的；但事实真理之间的关联性并非总是必然的。"关联性有两种：一种是绝对必然的，以至于它的反面意味着矛盾，而这样的演绎一般存在于类似几何学这样的永恒真理之中；而另一种只是来自假设（ex hypothesi）的必然，它实际上只是一种意外情况，其本身是偶然的，而在它的相反情况中也不会有矛盾。"[2] 当然，在事物之间确实存在一种交互关联性：事件乙的发生可能依赖于事件甲的发生，那么给定甲，乙的发生可能就是确定的。于是，我们可以得出这样的假设性命题："如果甲，那么乙。"但是，包含这一关联性的体系，其实存性不是必然的而是偶然的。"我们必须对绝对性必然与假设性必然做出区分。"[3] 所有的可能性不可能同时存在。莱布尼茨认为："我有理由相信，并非一切可能的物种都在这个宇宙中同时存在，尽管宇宙如此伟大，并且这一点不仅对那些当下共存的事物有效，而且对整个事物的系列都有效。也就是说，我相信必然有这样一些物种，它们从未存在过，将来也不会存在，因为它们与上帝所选择创造的一系列存在不兼容。"[4] 举例来说，如果上帝选择创造这样一个系统，在其中存在着甲，而乙如果不能在逻辑上与甲兼容，就必然会被排斥于这一系统之外。不过这样一种排斥，仅出自上帝选择创造存在着甲的这样一个系统的设定；但上帝实际上也可以选择创造一个系统，在其中存在着乙，而不存在甲。换句话说，存在的系列不是必然

---

[1] 《普遍科学符号》(*Scientia Generalis Characteristica*), 14; G., 7, 200.
[2] G., 4, 437.
[3] 《给克拉克的第五封信》(*Fifth Letter to S. Clarke*), 14; G., 7, 200。
[4] 《人类理智新论》，第 3 卷，第 6 章，第 12 节，第 334 页；G., 5, 286。

的，所以，无论是断言系列整体即世界的实存性的命题，还是断言系列中任一个体的实存性的命题，都是偶然性命题，因为其反面并不包含逻辑矛盾。存在着不同的可能世界。"宇宙只是某一特定的共存的集合，而现实的宇宙是所有实存的可能事物的集合……并且，因为有不同的可能组合，其中一些优于另一些，也存在着许多可能的宇宙，每一种可能的组合都构成一个可能的宇宙。"① 上帝并非出于某种绝对的必然性去选择某一特殊的可能世界。"整个宇宙可能被创造成完全不同的样子，时间、空间和物质完全与运动和形状无关……虽然这个宇宙的所有存在之现实性都当下确定地相关于上帝……由此我们也不能推出，一个事实由另一事实产生是一个必然的真理。"② 因此，物理科学并非如几何学那样是一种演绎性科学。"在自然中实际发生着的以及被实验所证实的运动法则，都不像如几何命题那样完全能被证明为真。"③

然而，如果莱布尼茨仅仅说了上述这些，那事情将非常简单。我们可以说，一方面存在着逻辑真理，或分析的和必然的命题，譬如逻辑命题和纯数学命题，另一方面又存在着事实真理，或综合的、偶然的命题；并且除了一个例外，所有的存在性陈述都从属于后一个范畴。如此，莱布尼茨所谓的，每一个偶然真理都必然有一个充足理由，也就并不难理解了。假设甲与乙都是有限之物，乙的存在之所以可被确认，是由于甲的存在与活动。但甲本身的存在也需要一个充足理由。最后，我们必须说，世界，或整个和谐的有限系统，需要一个其之所以存在的充足理由。莱布尼茨认为这个充足理由存在于上帝的自由命令之中。"因为事实真理或存在性真理都依赖于上帝的命令。"④ 此外，"为什么是这些东西而非其他东西存在，真正原因在于上帝意志的自由命令……"⑤。

但莱布尼茨将问题复杂化的关键在于，他暗示在某种意义上偶然命

---

① *G.*, 3, 573.（《给布尔盖的信》）
② 《论必然与偶然》；*G.*, 3, 400；*D.*, pp. 170–171。
③ 《神义论》，345；*G.*, 6, 319。
④ *G.*, 2, 39.
⑤ 《对于自然普遍性那令人惊异之秘密的科学发现》（*Specimen inventoum de admirandis naturae generalis arcanis*）；*G.*, 7, 309。

题是分析的；我们有必要阐释一下到底在何种意义上它们是分析的。在出版于1714年的《自然与恩典之法则》与《单子论》中，莱布尼茨尝试用充足理由律来证明上帝存在。可在早先的著作中，他只是把充足理由放在逻辑而非形而上学的范畴之下来讨论，并根据命题的主-谓形式来阐释充足理由律。"在证明中，我使用了两个法则。其一，出现矛盾便是假命题。其二，每一个真命题（除了同一命题与自明命题）都必然有一个前提，也就是说谓语总被包含在主词之内，不论这种包含是清晰的还是隐晦的；不论外在的证明还是内在的证明、偶然命题还是必然命题，同样遵循这一法则。"① 譬如说，恺撒渡过卢比孔河的决定是先天确定的：谓词被包含在了主词之中。可我们在此并不知道谓词的概念到底是如何被包括在主词的概念之中的。因此，为了获得这种先天之确定性，我们不但需要对恺撒这个人有全面了解，还需要对恺撒所处其间的那整个无限复杂的系统（世界）有全面了解。② "此间似乎存在着悖论，因为对我们来说，拥有关于每一个个体的知识是不可能的……这个问题中最关键的点在于这一事实，即个体性中包含着无限性，并且只有能理解这一点的人才能真正拥有对这一或那一个体的内在原则的认知。"③ 事实真理的确定性基础以及最终极的充足理由律可以在上帝那里被找到，因为需要将其认作是先天的，就必然要求一种无限分析。而没有任何一个有限的心灵可以进行这种无限分析。因此，在此意义上，莱布尼茨才说事实真理"不具分析的可能"。④ 显然，只有上帝才能拥有关于恺撒这一个体的完全与完满之观念，而这一点又是所有用来指称恺撒的谓词能被先天地认识的必要条件。

莱布尼茨对这一问题做出了如下总结。"必然或永恒真理与偶然或事实真理之间的差别是本质的；它们的不同相当于有理数与无理数的差别。因为必然真理能够被还原为同一性命题，正如可化约的量可被化约为公约

---

① *G.*, 7, 199–200.
② 作者在此应该是说，如果莱布尼茨所说的偶然命题可以是分析的这个结论成立，那么恺撒渡过卢比孔河这个事实性命题要成为具有先天确定性的分析命题，就意味着我们必须能够从恺撒这个概念中分析出渡过卢比孔河的决定。而这是以对于恺撒及其所身处的那个时空的全知为前提的。——译者注
③ 《人类理智新论》，第3卷，第3章，第6节，第309页；*G.*, 5, 268。
④ *G.*, 7, 200.

数一样；偶然真理则类似无理数，这种化约是无限的，并且没有终结。因此，偶然真理的确定性与充足理由只能为上帝所认知，因为上帝一念便可涵盖无限。当我们发现这个秘密时，关于一切事物的绝对必然性的难题就被消除了，而且绝对可靠（infallible）与必然（necessary）之间的区别也将非常明显。"① 因之，我们可以说，虽然由矛盾律我们可以得出所有有限分析命题都为真，且充足理由律也表明所有真命题都是分析的，也即谓词必定被包含在这个命题的主词中。但据此我们并不能得出，所有的真命题都是如逻辑真理那样的有限分析命题（也即本来意义上的"分析"命题）。

由此可以自然地得出如下结论，对于莱布尼茨来说，逻辑真理与事实真理的区别，或者说，必然命题和偶然命题的区别，与人类知识在本质上相关。如此说来，所有真命题就其自身而言都应是必然的，并且也如此这般地被上帝所认知；而人类的心灵由于其有限性与边界性，只有当一个命题能通过有限的步骤被还原为莱布尼茨所谓的"同一"的命题时，才能看到这种必然性。当然，莱布尼茨偶尔会这样暗示。"必然性分析与偶然性分析是有差别的。前者，也即本质的分析，是从后天自然趋向于先天自然并终结于最基本概念的过程，因此一切数值都能被进一步分解为基本单元。而对于后者，这种分析是从自然后果回溯自然前因并最终导向无限的过程，我们永远不可能将后者还原为最基本的因子。"②

然而，上述结论不能准确地代表莱布尼茨的思想立场。确实，类似恺撒这样的个体有限性主体被认作一个可能性的存在者，并未指涉其实存性。这一个体的完整概念包含了除了其实存性之外的所有谓词。"每一谓词，不论是必然如此还是偶然如此，是过去如此、现在如此还是未来如此，都被包含在这个主词中。"③ 同时，此间还有两个要点需要注意。其一，类似恺撒所做的渡过卢比孔河的决定这样一种出于主体的自愿行为，在没有引入善的概念或者说目的因的前提下，是不能被认作包含于主词中的。其二，虽然在莱布尼茨看来，"实存"这个概念可以作谓词用，但它

---

① 《对于自然普遍性那令人惊异之秘密的科学发现》；G., 7, 309。
② G., 3, 582.（《给布尔盖的信》）
③ G., 2, 46.

并不能被包含在任何作为有限性存在者的主词中。因此，所有现实中的有限性存在者的存在只能被认作是偶然的。并且，当我们问为什么是这些存在者而非那些存在者存在时，我们就必须再次引入善的观念以及完满性原则（principle of perfection）。我们现在将讨论这一问题（它也带来了自身的困难）；但需要预先指出的一点是，对莱布尼茨来说，实存性命题本身具有特殊性。诚然，恺撒渡过卢比孔河的那个决定被包含在恺撒这一概念中；但这并不能推出恺撒实际存在的那个可能世界是必然的。假如上帝选择了这一可能世界，那么恺撒渡过卢比孔河的决定就是先天确定的；无论是从逻辑还是从形而上学的角度来看，上帝选择这一特定世界都不是必然的。从严格意义上说，唯一带有必然性的实存命题只能是关于上帝存在的命题。

4. 假如在所有可能的世界之中，上帝因其自由意志选择了某一特定的世界并创造了它，那么随之而来的问题就是，为什么他选择了这个特定的世界？莱布尼茨并不满足于"因为上帝做出了这个选择"这样简单的回答。因为如此回答等于承认"上帝在没有充足理由的情况下就想要去做某事"，而这显然"有悖于上帝的理智，仿佛他行事并不依赖理性似的"。① 因此，上帝这么做必定有着一个充足理由。同理，尽管恺撒是出于其自由意志选择渡河的，但他做出这个决定也有某个充足理由。可是，尽管充足理由律告诉我们，上帝创造这个世界存在着一个充足理由，恺撒决定渡河也存在着一个充足理由，但在任一情况下，其自身都没有告诉我们这一充足理由到底是什么。进而，我们显然就需要一条对充足理由律进行补充的原则，而莱布尼茨在完满性原则中找到了它。

在莱布尼茨看来，在理想状态下，把最大限度的完满分配到每一个可能世界或可兼容系统中是可能的。所以，追问为什么上帝选择创造这个世界而非那个世界，实际上就是在追问为什么他会选择将实存性赋予这一兼容性系统（其拥有某种最大的完满性），而没有选择另一兼容性系

---

① 《给克拉克的第三封信》（*Third Letter to S. Clarke*），7；*G.*, 7, 365；*D.*, p. 245。引文中莱布尼茨所指的实际上是物质的实存情况，而且他将之归为他的"公理"或"普遍法则"。

统（其拥有全然不同的最大完满性）。答案就是，上帝选择了那个有最大完满性的世界。进而，上帝显然也以此原则创造了人类，他选择了在他看来最好的方式。同理，恺撒之所以做出渡河决定，是因为他觉得这个选择最好。因此，根据完满性原则，上帝的行动是为了在客观上达到最好，而人类的行动是因为在其自身看来这样做最好。同时，莱布尼茨也清楚地看到，这一原则同时意味着对于目的因的再次引入。所以，之于物理学，他这样说道："因为排除了目的因与对一个智慧的存在者的考虑，所以任何事物都必须在物理学中演绎出来。"① 进而，力学"在很大程度上可以作为我的体系的奠基石；因为我们从中可以学到在绝对的和几何化的必然真理与那些源自恰当性与目的因的真理之间所存在的差别"②。

莱布尼茨小心翼翼地不让上述观点与他对于偶然性的承认相冲突，这一点在他付梓的那些著作中表现得尤为明显。上帝自由地选择了最完美的那个世界；莱布尼茨甚至认为上帝自由地选择行动，以便达到最好。"为什么是这些事物而非那些事物存在，真正的理由在于神圣意志的自由命令，而最首要的命令就是要以可能的最好方式去做一切事情。"③ 上帝不是被迫去选择这个最好的世界的。同理，尽管恺撒渡河的决定是先天确定的，但这一决定也是他的一个自由选择。他做出了一个理性的决定，并因此自由地去执行。"在出于自然的万千行动中，存在着或然性行动；但当一个人没有判断力，他就没有自由。"④ 上帝将人造成如此这般，使他会选择对于他来说最好的东西，而对于一个无限心灵来说，人类的选择行为具有先天确定性。也即，与理性判断一致的行为便是自由的。所以"追问我们的意志是否自由，实际上等于在问，我们的意志是否可以选择。自由和自愿是一回事。因为自由实际上也就是理性自发的表现；而意志就是通过理智带来的理性觉知和意愿被转化为行动……"⑤ 所以，如果在这个意

---

① 《论普遍法则对于自然法阐释的用途（致培尔）》(*On a General Principle Useful in the Explanation of the Laws of Nature to Bayle*); *G.*, 3, 54; *D.*, p. 36。
② *G.*, 3, 645.（《给雷蒙的信》）
③ 《对于自然普遍性那令人惊异之秘密的科学发现》；*G.*, 7, 309–310。
④ 《神义论》，34; *G.*, 6, 122。
⑤ 《对于笛卡尔〈哲学原理〉的诘难》(*Animaduersions on Descartes' Principles of Philosophy, on Article*), 39; *G.*, 4, 362; *D.*, p. 54。

上来理解自由，那么恺撒显然是自由地做出了渡河的决定，尽管实际上他的选择乃是先天确定的。

莱布尼茨的上述说法留下了许多亟待解决的重要问题。当然，说上帝自由地选择行动以便达到最好，这是没错的。可问题是，根据莱布尼茨自己的原则，不是应该有一个做出这种选择的充足理由吗？这一充足理由不是应该能在上帝的本性中找到吗？莱布尼茨承认，确实如此。"绝对地说，（我们必然可以说）事物的其他状态是可能的；然而（我们也必须要说）当下存在的状态源于上帝的本性，即他倾向于最大的完满性。"① 可是，假如它是源于上帝倾向于最大完满性的本性，那么难道不应该说创造最完满的世界是必然的吗？② 莱布尼茨承认这种想法似乎有些过头了。"在我看来，假如不存在一个最好序列的可能性，那上帝当然就不会选择创世，因为他的行为不可能缺乏理由，他也不可能相对于更完满的事物而言更倾向于更不完满的事物。"③ 进而，莱布尼茨把可能性说成"某种存在的需要，或者说，某种对于存在的要求"。于是他得出结论说："在无限的可能情况和可能系列的组合中，某物实存是因为其在本质或可能性上最有可能变成实存。"④ 这似乎在暗示，创造在某种程度上是必然的。

对此，我们或许可以在莱布尼茨对于逻辑或形而上学必然与道德必然这两方面的区分中找到回答。说上帝自由地选择行动以便达到最好，并不意味着他是否会为了达到最好而行动还不确定。他会为了达到最好而行动，这是一个道德必然，所以他将以此方式来行动是确定的。但上帝并非在逻辑层面或形而上学层面必然地选择这个最好的可能世界。"人们可以说在某一确定的意义之下它是必然的……上帝应该选择那最好的……但这一必然性并非与偶然性不相容；因为它并非我所说的逻辑、几何或形而上学之必然，对后者的否定会引起矛盾。"⑤ 同理，考虑到上帝所创造的世界与人性，恺撒会选择渡河是一个道德必然；但是，对于恺撒而言，做出这

---

① 《未出版的集子》（*Grua, Textes inédits*），第 1 卷，第 393 页。
② 这就意味着存在一个高于上帝或者说上帝也要遵守的必然性。——译者注
③ G., 2, 424-425.（《给德伯斯的信》）
④ 《论事物的终极本源》（*On the Ultimate Origin of Things*）；G., 7, 303；D., p. 101。
⑤ 《神义论》，282；G., 6, 284。

个决定在逻辑与形而上学上不是必然的。他的决定是基于看起来最好的那个普遍倾向而做出的,并且毋庸置疑,他将做出他已经做出的决定;但做出与这一倾向一致的选择本身是出于自由选择。"关于恺撒的这一谓词表达(他决定渡过卢比孔河)并没有数字的或几何学的表达那么绝对,而是假定了上帝自由选择的一系列事情,这些事情基于上帝的第一条自由命令,即永远去做最完美的事情,这些事情也基于上帝颁布的关于人类本性的命令,这也是第一条命令的结果,即人们总是做那些看上去最好的事,尽管他是自由地去做这些事的。因此,每一个在此种命令中被发现的真理都是偶然的,尽管它是确定的。"①

上述莱布尼茨的疑难也出现在上帝存在之必然性问题中,如果上帝是全善的,那么他也就是必然善的。这一必然存在者不可能偶然地是善的。然而,莱布尼茨在形而上学完满与道德完满或道德善之间做了划分。前者是就本质或实体的量的意义上来讲的。"善显然有助于完满。完满又包含着最多的本质。"②由于上帝是无限的存在者,所以他必然拥有无限的形而上学层面上的完满。但"善"显然有别于形而上学的完满:当后者成为理智选择的对象时,善就产生了。③因此,由于这一理智选择是自由的,所以,我们似乎可以说,在这个意义上,上帝的源于自由选择的道德善对于莱布尼茨来说可称为"偶然的"。

如果我们把自由选择理解成纯粹随意或任性的选择,这显然不是莱布尼茨想要表达的意思。他也明确地反对将自由概念理解为"完全荒诞不经的,即便在被造物之中"。④"认为几何学和道德的永恒真理,以及正义、善、美的原则是上帝意志自由或随机选择的结果,这似乎剥夺了上帝的智慧与正义,或者更确切地说,剥夺了他的理智与意志,只剩下那使万有缘起的神威莫测之力。如此,他就只能被称作自然而非上帝。"⑤上帝的选择

---

① *G.*, 4, 438.
② *G.*, 7, 195.
③ 《未出版的集子》,第 1 卷,第 393 页。
④ 《给克拉克的第三封信》,7; *G.*, 7, 365; *D.*, p. 245。
⑤ 莱布尼茨此处所讲的就是斯宾诺莎的思想立场,详见本书斯宾诺莎部分。——译者注

必然有其充足理由，人类的自由行为同样如此。而这一充足理由也被阐释为完满性原则，换句话说，上帝永远并且一定会选择——尽管是自由地选择——那客观上最好的；而人一定会选择——尽管也是自由地选择——在他看来最好的。创世并非绝对是必然的；然而，如果上帝创造，那他当然会创造（尽管是自由地创造）一个最好的可能世界。所以莱布尼茨的偶然性（可能性）原则实际上就是完满性原则。"所有偶然性命题都有使其是其所是而非是其所非的理由……；但是它们没有必然性的证明，因为这些理由仅仅基于偶然性原则，或者基于事物存在的原则，也就是说，它们建立在众多同样可能的事物中最好的或似乎最好的事物之上。"① 因此，完满性原则并不完全等同于充足理由律。因为前者引入了善的概念，后者却并不涉及。譬如，一个次好的世界也存在着它自己的充足理由，然而这理由显然不可能来源于完满性原则。显然，充足理由律需要一些额外的补充来变得更确切；但在这些补充中并不必然需要完满性原则。即便完满性原则能表明所有的命题（对它们所进行的无限性分析都会聚于最好的可能世界的一些性质上）皆为真，但绝对地说，这也并不表明它们必然会为真。因为无论是从逻辑还是从形而上学角度来看，上帝都不是被迫选择了这个最好的可能世界。

同时，莱布尼茨的逻辑理论，特别是他关于所有谓词都实际地被包含于主词之中的理论，似乎很难与自由协调——如果"自由"不仅仅指某种自发的东西。莱布尼茨本人认为它们是可协调的。笔者认为，我们在此并没有充分的理由去说莱布尼茨在他的逻辑学论述中否认了那些他在公开出版的著作中承认的观点。他与阿尔诺的通信表明，他已经意识到了这样一个事实，即他的主-谓关系理论在用于解释人类行为的时候可能并不受欢迎，如果他是在类似《单子论》这样的著作中明确阐述这一理论的话。换句话说，除非读者们已经对莱布尼茨的逻辑观点有所了解，他才有可能允许他们在类似"自由"这样的词上附加更多的意义，而这些意义本来很难被加在这样的词上。虽然莱氏一向谨慎，但这并不意味着他认为他的

---

① *G.*, 4, 438.

"隐秘教条"与"大众哲学"是不相容的：这只意味着，在一些著作中他并未完全展开他想要表达的意思。他害怕被指为斯宾诺莎一党；但这并不意味着他是一个地下斯宾诺莎主义者。尽管如此，我们依然很难基于莱布尼茨的逻辑法则以及他出版的那些著作中所提到的可能性概念而得知下述观点到底是如何得出的：上帝并不是因为他的本性而被迫创造了最好的可能世界。想必谓词"上帝创世"亦是包含于主词"上帝"之中的。因此，基于莱布尼茨的理论，我们就很难理解上帝的此一选择怎么就不是必然的。事实上，在他看来，实存性并不被包含在除了上帝之外的任何主词的概念之中；但是说上帝选择此一最好的可能世界是出于道德必然而非绝对必然，这句话的确切含义到底是什么呢？上帝选择完满性原则（偶然性原则），在其神性之中必然存在这样做的充足理由。若事情果真如此，那么对我们来说，在某种程度上，完满性原则必然从属于充足理由律。

之所以有些人会倾向于认为，在说类似偶然性并不单纯与我们的知识相关这一类话的时候，莱布尼茨是言不由衷的，其中可能的原因之一是他们总将所谓的不可预测性作为自由选择概念的本质属性。但在莱布尼茨那里，选择和决定实际上是先天确定的而且是自由的。上述这两个特质互不相容，而作为那个时代最杰出的人物，莱布尼茨也必然看到了这种不兼容性。因此我们不得不接受这一说法：他的真正想法保留在他的那些私人笔记而非公开出版物中。然而这一观点忽略了下述事实：并不只有莱布尼茨认为可预测性能与自由概念兼容。耶稣会士莫林纳曾说，上帝（并且唯有上帝）因其自身对于行动主体的"超理解"而能够预知人类出于自由意志的活动；多明我会修士巴聂斯（Bañez）的追随者们则认为，上帝能够预知人类出于自由意志的活动，是由于他的命令预先决定了自由主体在某些情况下以某种特定的方式行动，尽管这一行动也是自由的。有人可能认为，上述两种说法都不对，但事实是他们的说法在莱布尼茨之前便早已被提出了，而莱布尼茨本人也非常熟悉这些经院哲学争论。与经院哲学家们类似，莱布尼茨也承认这一传统观点，即上帝出于其自由意志而创世，而且人类拥有自由。然而，在对这些命题的意义进行分析时，他是从逻辑出发来探讨这类问题的，而且他对它们的理解依赖于主-谓逻辑范式，而巴聂斯主义者们（Bannesians）则主要倾向于从形而上学的观点出发来处理这一问题。即便我们要说莱布尼茨否定了自由，那他也并未比巴聂斯主义者们走得更远；此外，假如有人能通过"自由"这一术语理解那些他们未曾理解的该术语所指称的东西，以及那些被莱布尼茨称为"无稽的"（chimerical）东西，那么我们就会发现，想要将他们"对自由的分析"与"诡辩"区分开来是如此之难。从这个意义上说，人们可以认为莱布尼茨对于逻辑的研究与他流行于市面上的一般性著作存在着不一致。但这种不一致并不能作为不诚实的证据，正如我们不能说一位巴聂斯的后学在劝诫性布道中没有明确提到预先决定的神圣谕令就是一种不诚实一样，我们也不能说一位莫林纳的追随者没有提到作为无限精神的上帝的"超理解"就是一种不诚实。

5. 当然，上述说法也不是要否定莱布尼茨的逻辑研究对其哲学的巨大影响。此外，我们如果对他关于实体的主要观点有一些了解，就能发现这种影响的一个鲜明例证。莱布尼茨的实体观念并不来源于命题分析，当然他也不认为，我们相信有实体存在是语言形式的结果。"我相信我们有一个清楚的但不分明的实体观念，在我看来，它产生于这一事实，即我们在自身之中有关于它的内感觉，而且我们本身就是实体。"①我认为，上述说法并不意味着，莱布尼茨从命题的主-谓形式中经过论证得出实体观念或确认实体存在。同时，莱布尼茨将他的实体观念与逻辑研究联系在一起；而这些反过来又对他的实体哲学产生影响。所以，正如罗素所指出的那样，"莱布尼茨确定无疑地使他的实体概念依赖于逻辑关系"②，即主-谓关系，只要我们不将这理解为，对于莱布尼茨来说我们仅仅因为语言形式而去思考实体的存在。

在《新论》③中，斐拉莱特④所给出的洛克观点认为：因为我们发现"单一观念"（性质）的集群复合在一起，而我们又不能从这些单一观念本

---

① G., 3, 247.（《给比尔内的信》）
② 《对莱布尼茨哲学的批评性解释》，第42页。
③ 《人类理智新论》，第2卷，第23章，第1节，第225页；G., 5, 201-202。
④ 莱布尼茨的《人类理智新论》以一种对话形式写成。其中以斐拉莱特（Philalethes）这个名字指代洛克，而用德敖斐罗（Theophilus）这个名字代表他自己。——译者注

身认识到它们的存在,所以我们假设存在着一个它们内在于其中的基质,我们称之为"实体"。而德敖斐罗(即莱布尼茨)回答说:如此思考不无道理,因为我们可以看到一些谓词从属于某个确定同一的主词。但他又加了一句:类似"支撑"或"基质"这类形而上学观念,仅能表明一些谓词被设想成从属于某一确定的同一个主词。在此,我们看到了莱布尼茨将实体形而上学与命题的主-谓形式联系在一起的一个确切例子。而在下文中,我们还会看到一个类似的例子。

一个实体不单是一些谓词的主词:实体概念还意味着一个持存的主体,从属于它的不同属性能够被不断地指谓出来。事实上,我们的内在经验,即对一个恒常之自我(permanent self)的经验,是我们关于持存的实体的观念的根本来源。可在莱布尼茨看来,一个保证实体持存性的先天理由与我们对于自身持续的自我同一性之经验所提供的那个后天理由一样重要。"可是,除了上一刻的状态与下一刻的状态,再没有别的先天理由能指谓主体为同一物。但是,如果谓词的概念不是以某种方式存在于主词的概念中,那么说谓词在主词中是什么意思呢?"[1] 所以,莱布尼茨将处于变动不居的时空之下实体的持存与实际上内含于主词中前后继起的谓词概念联系在一起。事实上,实体是一个主体,它实际上包含了所有未来将被指谓为它的属性的东西。将这种谓词包含在主词中的理论翻译成实体语言,意味着任何实体的所有可能性行动都已经预先包含于自身之中了。"因此,我们也可以说,一个独立实体或完整存在的本质拥有一个如此完整的概念,以至于足以理解并从中推断出这个概念所归属的主体的所有谓词。"[2] 君主这个属性从属于亚历山大,但它并不能给我们一个完整的"亚历山大"概念;而且事实上,我们不能拥有一个完整的"亚历山大"概念。"而当上帝观察作为个体概念或个体存在的亚历山大时,在其中会同时看到我们能准确地附加到他身上的所有谓词的基础和原因,例如,他是否会征服大流士(Darius)与波洛斯(Porus),抑或他到底是自然死亡还是被鸩杀,这些对我们来说只能通过历史而确知的知识,对上帝来说都是

---

[1] *G.*, 2, 43.
[2] *G.*, 4, 433.

先天的而非经验的。"① 总之,"当我们将亚当作为一个个体概念来讲的时候,也就牵涉了所有将要发生在他身上的事情。我在这里并没有别的意思,只是想表达所有哲学家在说谓词被包含在一个真命题的主词之中时所表达的意思"②。

所以,实体是一个主词,它包含着所有它将来可能拥有的谓词。但是实体不能发展自己的潜在可能性,也就是说,它不可能从一种状态变为另一种状态而仍是同一个主词,除非它有一种自我发展或自我展开的内在倾向。"如果事物是出于上帝的命令而被如此构造,以使它们符合这一位立法者的意志,那么,我们就必须承认某种功效、形式或力量……施加于事物之上,使得事物能根据那最初的律令表现出一系列现象。"③因此,活动性乃是实体的本质属性。事实上,尽管上帝可能创造一个不同的事物系统,但是"实体的活动性更确切地说是一种形而上学的必然,并且,假如我没弄错,它在任何一个系统中都会占有一席之地"。④ 此外,"很自然地,我认为不活动的实体是不存在的"⑤。在此,我不是想暗示,莱布尼茨通过对于事实上存在于主词中的谓词的反思,得出了实体概念的本质是其活动性;而是想说,莱布尼茨将他的实体理论(即实体作为活动着的自我展开)与他的主-谓关系理论联系在了一起。总而言之,在莱布尼茨那里,他的形而上学并不是从逻辑学中推理出来的,他实际上是将此二者做了一种双向联结,使它们互相影响。它们构成了莱布尼茨哲学两个不同的方面。

6. 莱布尼茨试图从充足理由律中演绎出如下结论:并不存在两个无法互相区分的实体。"我从充足理由律中,除了推出其他结论之外,还推论出在自然中没有两个实在的绝对存在物是无法分辨的;因为如果有那样的东西,上帝和自然对待这个和对待另一个行事不同就是毫无理由的。"⑥

---

① *G*., 4, 433.
② *G*., 2, 43.
③ 《论自然本身》(*On Nature in Itself*), 6; *G*., 4, 507; *D*., p. 116.
④ *G*., 2, 160.(《给福德尔的信》)
⑤ 《人类理智新论》,前言,第 47 页; *G*., 5, 46。
⑥ 《给克拉克的第五封信》, 21; *G*., 7, 393; *D*., p. 259。

此间的"绝对存在者"被莱布尼茨用来指称实体,他用这个词是想表明,每个实体就其内在而言都必然区别于其他任何实体。在整个由实体构成的系统中,上帝没有一个充足理由去安置两个无法区分的实体,使得一个在这一系列的这一位置,而另一个在其他位置。如果两个实体无法互相区分,那它们就应该是一个东西。

不可区分者之同一原则在莱布尼茨看来非常重要。"充足理由律与不可区分者之同一律这两条伟大的原则,改变了形而上学的状况。"[1]对他来说,这一原则与普遍和谐(和谐宇宙)概念联系在一起,意味着不同存在者之间系统与和谐的统一,而这些存在者中的任意两者都有着内在的不同,尽管在某些情况下这种不同可能极其微小,难以察觉。然而,这些原则的确切归属却并不很清楚。莱布尼茨认为,设想两个无法区分的实体是可能的,虽然此一设想必定是假的,并且违背充足理由律。这似乎表明,不可区分者之同一原则乃是偶然的。因为,抽象地或绝对地说,两个不可区分的实体是可以被设想的而且是可能的,但它与充足理由律是不兼容的,所以只能依赖于完满性原则的阐释,它们实存的可能性才能得到保证,而完满性原则又是偶然的。所以,总是自由地选择最好的行动的上帝,原本就没有充足理由去创造它们。不过,莱布尼茨在另一些著作中似乎又暗示,两个不可区分的实体乃是不可设想的,并且它们在形而上学意义上也是不可能的。"假如两个个体完美地相似并且相等,总之,它们本身无法互相区别,那么个体性原则就将荡然无存,我甚至敢断言,在此前提之下,将不存在个体差异或者说没有不同的个体。"[2]进而,莱布尼茨说,这就是为什么原子概念是无稽之谈。假如两个原子拥有同样的大小与形状,那它们就只能通过外在的计量单位来被区别。"但是,除了外在时空位置上的不同外,应该还必须有一个内在的区分原则。"[3]因为,之于莱布尼茨,不同的外在关系意味着相关实体所拥有的不同属性。他可能认为一个实体只能通过它的谓词而被定义,其结果是,除非两个实体有不同的

---

[1] 《给克拉克的第四封信》,5;G., 7, 372;D., p. 247。
[2] 《人类理智新论》,第 2 卷,第 27 章,第 3 节,第 239 页;G.,5, 214。
[3] 《人类理智新论》,第 2 卷,第 27 章,第 1 节,第 238 页;G.,5, 213。

谓词，不然它们就不能被称为"两个"或"不同的"。① 但难题也因此而来，正如罗素所指出的那样：我们如何知道存在着不止一种实体？"除非所有的谓词都被分派清楚，否则那两个实体就仍是不可区分的；但是它们不可能拥有使它们终止这种不可区分性的谓词，除非它们首先从数量上被区别开来。"② 然而，如果我们假设莱布尼茨的真正立场是，两个不可区分的实体是可被设想的，且它们在形而上学意义上是可能的，那么这个难题可能会被克服，尽管这一点与保证它们实存之可能性的完满性原则相违背。然而，我们很难弄清楚，在莱布尼茨由实体、谓词与关系所组成的哲学架构中，两个不可区分的个体到底是如何被设想的。

7. 在给培尔的信中，莱布尼茨提到了"一种确定的普遍秩序之原则"，其"在几何学中是绝对必然的"，且"在物理学中也能很好地发挥作用"，因为上帝就是像一位完美的几何学家那样来行动的。他对于这个原则的论述如下。"当两个对象的差异性能在被给定或假设的某一标量之下逐渐减小，那么从这两个对象中所给出或得出的结论之间的差异性也必然会减小。或者，说得直白一点，当某些对象（也可是被给定的）的差异不断互相接近并最终合一的时候，我们从这些对象之中推论出结论或寻求的答案之间的差异也会逐渐合一。而上述情况又可推出一个更为普遍的法则：当被给出的予料构成一个序列的时候，那从中得出的结论同样如此（datis ordinatis etiam quaesita sunt ordinata）。"③ 如下所述，莱布尼茨就此分别举了一个几何学的例子和一个物理学的例子。其一，抛物线实际上能够被认作是一个焦点距离无限远的椭圆，或一个几乎与椭圆没有不同的图形。在将抛物线认作椭圆的前提下，一般能够用于椭圆的几何定理都

---

① 参看《人类理智新论》，第 2 卷，第 23 章，第 1—2 节，第 226 页；G., 5, 201-202。[因为根据之前的说明，谓词一定在主词（实体）之内。——译者注]
② 《对莱布尼茨哲学的批评性解释》，第 42 页。[罗素在这里的意思是说，只有在所有谓词都被分派的前提之下，我们才能说两个实体相同或不同，但我们不可能穷举所有谓词。除此之外，最为直观的区别实际上是数量上的（几何时空，莱布尼茨所谓的外在计量单位），如果直观的数量指谓无法区别，那就只能说它们不可区分。这里的难点在于，对于在时空位置上（数量）一模一样的东西来说，我们似乎只能把它看成一个东西，因为再怎么样也无法从一中看出二来。这也就是罗素所说的怎么从一中看出更多的意思。——译者注]
③ 《论普遍法则对于自然法阐释的用途（致培尔）》；G., 3, 52；D., p. 33。

适用于抛物线。其二，静止状态实际上可以被认作是速率无限小或速度无限慢的运动。当我们依此来考虑这一问题时，凡对于快或慢为真的法则，对静止也为真。"所以关于静止的法则可以被看作运动法则的一个特殊情况。"①

由此，莱布尼茨用所谓的"无穷小微之不同"概念（infinitesimal differences）来说明连续性是如何存在于几何中的椭圆与抛物线之间，以及物理中的运动与静止之间的。他也将这一概念以连续性法则（law of continuity）的形式运用到他关于实体的哲学中，即自然之中不存在跳跃与间断。"没有瞬间即成的事物，这是我的座右铭之一，也是被最充分地证实的座右铭之一，即自然不会跳跃，我称之为连续性法则。"②这一法则不仅适用于"此地到彼地的运动，还适用于从这一形式变为那一形式、这一状态变为那一状态的情况"。③变化是连续的，而跳跃只是表面的，根据莱布尼茨的看法，自然之美要求跳跃，如此我们才能获得不同的感知。我们其实不能察知无限小的变化，因此看似存在着不连续性，而实际上没有这种间断性。

连续性法则是对不可区分者之同一原则的补充。因为根据连续性法则，在一个被造物的序列之中，每一可能的位置都已经被占据；不可区分者之同一原则却表明，每一可能的位置都被占据了一次，也仅被占据了一次。但是，仅从被创造之世界的实体意义上来考虑，连续性法则在形而上学上并不具有必然性。它依靠的是完满性原则。"除非依靠次序法则与那神圣的理性原则（选择最好的方式做每件事），否则跳跃的假设是不可能被驳倒的。"④

8. 在我看来，我们很难否认，莱布尼茨的数学及逻辑反思与他的实体哲学之间存在着紧密的联系。正如上文所述，我们完全有理由说（不论如何，在某些重要的关节点上我们可以这样说）莱布尼茨有一种将后者附

---

① 《论普遍法则对自然法阐释的用途（致培尔）》; *G.*, 3, 53; *D.*, p. 34。
② 《人类理智新论》，前言，第 50 页; *G.*, 5, 49。
③ *G.*, 2, 168.（《给福德尔的信》）。
④ *G.*, 2, 193.（《给福德尔的信》）。

属于前者的倾向，譬如，他使用一套关于命题的特殊逻辑论述来解释实体与属性的理论。此外，在莱布尼茨关于分析命题的逻辑理论与没有窗口的单子或实体的形而上学理论之间，也存在着紧密联系。这意味着，实体只能依照预先确定的连续性变化序列展现它们的属性。在被用于实体的连续性法则中，我们能看到莱布尼茨在数学的无限分析方面所做的研究的影响。这一研究也反映在他关于偶然性命题需要无限分析的观念中，换句话说，它只能无限分析而不能像逻辑真理那样有限分析。

但从另一方面看，莱布尼茨的"泛逻辑主义"也仅是其思想的一方面而非全部。譬如，他虽将以活动性为本质的实体观念，与事实上包含着无限谓词的主体观念联系在一起，但这不等于他实际上是基于逻辑得出他的"活动性"或"力量"（force）观念的。当然，要去搞清楚上述推导是如何成立或可能的，是件非常困难的事。并且，抛开莱布尼茨关于自我与实存世界的思考不论，他不仅熟知类似笛卡尔、霍布斯与斯宾诺莎这样的人的著作，还稔熟对于他的几个主要观点有所预见的文艺复兴思想家们的著作。莱布尼茨哲学的基本观点可能是，自然中潜在的无限系统之普遍和谐，而这一观念实际早已出现在15世纪的库萨之尼古拉以及16世纪的布鲁诺哲学中了。并且，没有两样东西是完全相同的，每一事物都以自己的方式反映宇宙，这两个观点都是由库萨之尼古拉提出的。莱布尼茨可能把这些观点以及相关的思想与他的逻辑和数学研究联系起来；他很难有别的办法，除非他愿意承认他的思想中存在某种二元论。但我们就此便简单地将他认作一个"泛逻辑主义者"却也不合理。因为，即便有人能阐明某些形而上学理论是如何从莱布尼茨的逻辑学中推导出来的，这也并不必然意味着它们实际就是如此得出的。虽然莱布尼茨的某些逻辑理论与他的某些形而上学思辨之间存在不协调的部分，甚至他可能有意识地避免向所有人发表他的一些结论，但因此就认为在莱布尼茨成熟的出版物中，只包含一些他自己也不相信的通俗的、具有启发性的哲学却也草率。他是一个复杂且多面性的人；即使他的逻辑研究在某种程度上成了他思想最鲜明的特征，我们也不能因此便漠视他思想的其余部分。并且，如果我们意识到他从未像斯宾诺莎那样建立一套体系，我们就更容易理解他思想中的不协调了。当然，下述说法也很有道理，正如罗素所坚持的那样，莱布尼茨的某些逻辑思考更容易导向斯宾诺莎主义而非单子论，但这也并不能说明莱布尼茨对于斯宾诺莎主义的批评是不真诚的。比如说，他深信，斯宾诺莎主义并不能获得经验的支持，他自己的单子论却能获得某些经验的支持。而我也正打算在下一章讨论他的单子论。

第十七章

莱布尼茨（三）

单一实体或单子——隐德莱希与第一物质——广延——现实之物与肉身实体——时间与空间——预定和谐——知觉与欲求——灵魂与肉体——天赋观念

1. 莱布尼茨将实体观念的心理学来源与自我意识联系了起来。"想象某种颜色与设想某人对于这种颜色的想象是完全不同的东西，就像'颜色'与设想它的那个'自我'不同。并且，正因为我可以设想其他存在者也有说'我'的资格，换句话说，这个词对他们来说也是可能的，所以就此我可以设想那个一般被称作'实体'的东西。"① 也正是对于自我概念本身的思考，带来了其他形而上学概念，如原因、结果、施动性、相似性等，甚至还有一些逻辑与伦理学概念也是如此衍生出来的。事实真理与逻辑真理都有着更原始的形式，如命题"我存在"就是一个原始的事实真理，一个当下直接的真理。当然这并不是唯一的例子。这些原始的事实真理，乃是"由直观感觉导致的当下直接的内在经验"②。它们是一些"建基于当下直接经验"的非必然性命题。③ 所以，我确定我存在，并意识到自己是一个统一体。因此，我得到了实体作为统一体的一般观念。同时，实

---

① 《论知识中的超感觉因素与自然的非物质性（致普鲁士王后夏洛蒂的信）》；G., 6, 493; D., p. 151。
② 《人类理智新论》，第 4 卷，第 2 章，第 1 节，第 410 页；G., 5, 347。
③ 《人类理智新论》，第 4 卷，第 7 章，第 7 节，第 469 页；G., 5, 392。

体观念与自我意识之间的联系,与斯宾诺莎的独一实体观念相悖——斯宾诺莎认为我只是独一实体的一个样式。不管莱布尼茨的逻辑推理在多大程度上指向斯宾诺莎主义,他对精神个体的强烈意识使他无法严肃地接受斯宾诺莎的一般形而上学。并且,他也不准备追随笛卡尔,将"我思"作为一个基础性的存在命题;尽管他不认为"这一命题是唯一的",可他却也认同"笛卡尔主义的这一原则是有效的"。①

我们不可能用任何绝对确定的论据来证明外部世界的存在,② 并且"比起外在的感觉对象,精神的存在性要更加确定一些"。③ 当然,我们能找到现象之间的联系,这些联系使得我们能做出一些预测,并且这种固定的联系必然有着某种原因;但这并不能使我们得出物质存在这一完全确定的结论,因为一个外在的原因,譬如贝克莱的上帝,可能会给我们呈现出一系列有序的现象。④ 然而,我们没有切实的理由认为这就是事实,在道德上我们可以确定物质存在,尽管在形而上学的意义上不行。目前我们所观察的那些可见之物,那些感觉的对象,是可分的,也就是说,它们是聚合物与复合物。这意味着,物质是由不带有更小之"部分"的单一实体所构成的。"因为复合实体的存在,所以必定存在着单一实体,因为复合实体只是单一实体的集合或凝聚。"⑤ 莱布尼茨将这些构成经验之物的单一实体称作"单子"(monads)。它们是"自然中真正的原子,或者简单地说,是物体的基本元素"。⑥

使用"原子"这个单词绝不意味着,莱布尼茨的单子类似于德谟克利特或伊壁鸠鲁意义上的原子。单子没有部分,没有广延,没有形状,也不可分。⑦ 一个东西不可能有形状,除非它有广延;一个没有广延的东西也不可分割。而单一之物是无法延展的,因为单一性与广延性乃是不兼容的。这意味着,除了创造之外,不可能有任何其他方式能给出单子的存在

---

① 《人类理智新论》,第 4 卷,第 2 章,第 1 节,第 410 页;G., 5, 348。
② 《人类理智新论》,附录 12,第 719 页;G., 7, 320。
③ 《人类理智新论》,第 2 卷,第 23 章,第 15 节,第 229 页;G., 5, 205。
④ G., 1, 372-373.(《给福德尔的信》)
⑤ 《神义论》,2;G., 6, 607;D., p. 218。
⑥ 《神义论》,3;G., 6, 607;D., p. 218。
⑦ 同上。

性。同样，除了湮灭（annihilation）①，也不可能有任何其他方式来毁灭单子的存在性。当然，复合实体的生灭可通过单子的聚合与离散而获得；单子本身作为单一之存在物，却无法如此生灭。就此而言，在单子与古希腊哲学家们的原子概念之间，确实存在着某种相似性。不过，尽管伊壁鸠鲁的原子也是不可分割的，但它们有形状。此外，与莱布尼茨正相反，原子论者们首先考虑的是原子本身，然后才基于原子论用原子来阐释灵魂，将灵魂认作是由更光滑、更圆、更好的原子组成的；而在莱布尼茨那里，单子乃是基于对灵魂的类推而得出的结论。在某种意义上，每个单子都是精神实体。

不过，虽然单子没有广延，也没有数量与形状上的不同，但是根据不可分者之同一原则，它们之间必定存在着质的不同。它们在各自所有的知觉与欲求（appetition）层面的清晰程度上存在着不同（对此，后文会给予一定的解释）。每个单子从质与内在法则上说都与其他单子不同；宇宙则是一个有组织并且和谐的系统，在这一系统中，无数种实体结合在一起构成了完美的和谐。每个单子都根据其内在构成与法则而发展；它也不会因其他单子活动的影响而增加或减小，因为对于单一实体，我们不能将其他部分加在它上面，或从它那里减去某些部分。但每一个单子都被赋予某种程度的知觉，并以自己独特的方式来映照宇宙这一总系统。

莱布尼茨由此再次确证多种实体的存在。就此而言，他与笛卡尔的看法一致。不过，莱布尼茨并不同意后者将物质认作几何广延之物的观点。物质团块是一种聚合物，我们必须假定它们是真正的实体性统一体：物质不可能是由几何点所构成的。②"而假如没有真正的实体性统一体，那么物质团块中就不可能有任何实体性或实在性。正是这一点迫使科尔德穆瓦放弃笛卡尔，转而拥抱德谟克利特的原子论，以寻找真正的统一体。"③而莱布尼茨本人也曾在一个较短的时期内对原子论有过兴趣。"最初，当

---

① annihilation 这个词在近代物理学上意指物质与反物质碰撞而互相消灭成为能量的过程。——译者注
② 根据本章开头部分的说法，实体性统一体在莱布尼茨那里的典型范例乃是灵魂。——译者注
③ 《新系统》(*A new System of Nature*)，11；G., 4, 482; D., p. 76。

我使自己摆脱亚里士多德的羁绊之后，占据我头脑的尽是对虚空与原子的思考。"①但莱布尼茨最终确信这一理论有很多令人不满的方面。因为德谟克利特与伊壁鸠鲁的原子并非真正的单一体。由于拥有尺寸与形状，所以它们不可能是通过分析所得到的最终因素。即便假定它们在物质上是不可分的，但在理论上它们依然是可分的。尽管不是数学上的点，但构成事物的那个最终极组合部件也必然是"点"。所以，它们必然是形而上学意义上的点，既有别于物理学意义上仅在可见层面不可分的点，也有别于数学意义上实际不可能聚合以组成物质也非存在物的点。此外，这些形而上学的点在逻辑上先于物质，只能类比于灵魂来认识。它们必定有使之区别的内在原则，而莱布尼茨认为：这些实体性单一体通过各自所拥有的"知觉"与"欲求"的程度来区分。所以，他也常常将单子称作"灵魂"，而在需要区别一般意义上的灵魂与其他实体性单一体的时候，他则使用"单子"这个术语作一般性的称呼。"单子是古希腊语中的一个词，表示单一体或一。"②

2. 此处，我们显然有必要介绍一下对理解莱布尼茨单子论最为重要的一点。每个实体或单子都是其活动的原则和来源：它不是惰性的，而是有一种活动与自我发展的内在倾向。动力（force）、精力（energy）、施动性是实体的本质。"精力或生命力量（virtue）③这一概念，在德语中叫作 Kraft，在法语中称为 la force，因此我专门创制了一种特殊的力学科学（dynamics）来阐释它，这一概念能够大大增强我们对于实体概念的认识。"④事实上，实体可以被定义为"存在并能动之物"。⑤实体本身并不简单地等于施动性：施动性是实体的活动。这意味着，在单子中存在着一种

---

① 《新系统》，3；G., 4, 478；D., p. 72。
② 《自然与思典之法则》（*The Principles of Nature and of Grace*），1；G., 6, 598；D., p. 209。
③ virtue 这个词在近代英语中指伦理美德。但是就词源说，这个词源自古希腊文 Arête，根据尼采的说法，其最初的词根实际上是古希腊神话中暴虐的战神阿瑞斯（Ares），这个词在亚里士多德之前并无多少伦理意义。它只是表明一个人的品质卓越，力量强大，更多地指称一种强大卓越的生命力量。莱布尼茨在这里所提出的这个精力（energy）类似上述意思，还有很强的精神力量之义。——译者注
④ 《论形而上学与实体概念之革新》（*On the Reform of Metaphysics* and *of the Notion of Substance*）；G., 4, 469；D., p. 69。
⑤ 《自然与思典之法则》，1；G., 6, 598；D., p.209。

活动原则或原始动力，它可以与单子实际的连续活动区分开来。

所以莱布尼茨再次引入了实体形式或者说隐德莱希（entelechy）这一概念。他将此概念定义为一个包含一些施动原则的实体性单一体。"可以说，这使得我们有必要去重申或寻回那些如今已弃如敝屣的实体形式，并以更清楚明白地使用它们的方式来补偿这些概念曾经遭受的污名。我在之后发现实体形式本质上是由动力构成的……亚里士多德将这种力量称为'第一隐德莱希'。而我对它们的称呼可能更清楚一点，即原初动力（primitive force），它就其本身而言不仅由一种活动或补足的可能性组成，还包含着一种原初的施动性。"① 此外，"这个'隐德莱希'的名称还可以用在所有单一实体或被创制之单子上；因为在它们自身之中包含着某种完满性。这种自足性，使得它们拥有了内在的施动性泉源，这意味着，它们是一种非物质性的自动机"。② 这样一种隐德莱希或实体形式不仅可以看作是潜在的活动能力（即需要外在刺激才能活动的能力）；它还牵涉到一种莱布尼茨称之为企图去或者说主动地倾向于活动的能力，除非受到其他妨碍，否则这种能力将不可避免地趋向于实现其自身。实际上，区分原初动力和派生延展的动力是非常有必要的，后者是一种确定运动的趋势，通过派生延展的动力可以修正原初动力。③ 而仅仅提及原初动力不足以阐释现象。譬如说，如果认为实体形式概念足以阐释一切被给定的现象层面的变化，那显然是荒谬的；而莱布尼茨宣称自己认同下述观点，即形式理论不能被用于确定事件和感觉事物的特定起因。一般的形而上学概念也无法充分地回答科学问题。但同时，莱布尼茨也说，不能因为某些经院亚里士多德主义对于形式理论的滥用，我们就拒斥形式理论本身。由于反对者们自身的不足，我们有必要重新引入亚里士多德的这一理论，前提是它是以动力学术语来解释的，也就是说以动力和能量来解释，并且，我们不能用它来代替对因果事件的科学解释。在对实体形式或隐德莱希概念重新引入

---

① 《新系统》，3；G., 4, 478–479；D., p. 72。
② 《单子论》，第 18 节；G., 6, 609–610；D., p. 220。（因为单子具有某种完满性，所以必然是非物质的，因为占据空间广延的物质必然是有限的。——译者注）
③ 《人类理智新论》，附录 7，第 702 页；G., 4, 396。

的过程中，莱布尼茨并没有背弃"近代"的自然机械观，尽管他认为这种机械观是不充分的。相反，他认为机械自然观与目的论自然观相辅相成。

虽然每一单子都包含施动性原则或实体形式，但对所有作为造物的单子来说，那莱布尼茨称作"首要物质"或"第一物质"的被动成分对它们来说却也不可或缺。不幸的是，他在这里使用的"物质"①"第一物质"以及"第二物质"，这些术语的用法多义，在不同的语境和上下文中，我们不可能总是假定同一术语仍保有一致的意义。不过对于每个被创造的单子，第一物质绝对不能被理解为与精神相对的那个物质实在。"因为第一物质并不由具有广延与不可透入性的团块所构成，尽管它对它们有这样的迫切需要。"②第一物质从属于被造之实体的本质，并且比起一般意义上所理解的物质实在之义，更接近于经院哲学所谓的"潜力"或"潜能"。"尽管上帝因其绝对权能，可以抹杀第二物质的实体性，但他不能剥夺第一物质的实体性。因为他这样做会使得'第一物质'成为纯粹的施动性，而这是上帝自身独有之物。"③因此，指出被造之实体中存在"第一物质"实际上意味着说它们是有限和不完满的；而这种不完满性与被动性，会被表现为一种模糊的知觉。单子"并非纯粹的动力：它们不仅是施动性的基础，也是被动性与抵抗性的基础，所以它们的'激情'在模糊的知觉性之中"。④

3. 因此从终极的意义上说，现实由单子构成，而每一个单子都是一个没有广延的形而上学点。尽管如此，可正是这些单子的结合构成了复合实体。但接下来的问题是，一些没有广延的单子的结合如何才能变成一个有广延的具体之物呢？莱布尼茨对这个问题的回答在笔者看来极为模糊。他说，广延是一个可通约的并且相对的概念：它可以化约为"多元量、连

---

① matter 这个词可以被译成质料，但是在这里为了贴合于下文中作者所阐述的这个词所体现的多义性，笔者将其译成"物质"，这个词在欧陆理性主义的语境下也可以指与"精神"相对的"物质"。——译者注
② *G.*, 3, 324.（《给德伯斯的信》）
③ *G.*, 3, 324—325.
④ *G.*, 6, 636.（《给德伯斯的信》）；参看《单子论》，第 47—49 节；*G.*, 6, 614—615；*D.*, p. 225.

续性以及共在性（多部分在此时此地作为一个合一的存在）"。① 而这些概念也有着形式上的不同：存在性与连续性显然是有区别的。因此，广延是一个概括出来的次级概念而非原始概念：所以它不可能是实体的一个属性。"笛卡尔主义者最主要的错误之一，就是将广延看作一种原始的与绝对的、构成实体的东西。"② 广延并非事物本身的一种属性，而是我们知觉事物的一种方式。它属于现象序列。广延"只不过是一堆非常类似的或几不可辨的事物的某种无限重复"。③ 正如上文所述，没有两个单子不可分辨；但如果要表象复数性的物，那么它（们）必然会被表象为一堆类似的东西，并且在一定程度上是不可分辨的东西。也就是说，我们必须"重复"它们。而这意味着，它们有可以被重复的性质，或者借用莱布尼茨的说法，它们是可以"被传播的"。这一性质就是抵抗性，它是物质的本质，并且暗示了不可透入性。此处，莱布尼茨给出的"物质"（也就是"第一物质"的那个物质）这个词乃是在一个完全不同的意义上来用的，这有别于之前我们所见的他对这个词的任何使用方式。他在这里只是用这个词表达一种实体之中的被动消极原则。"物质的斥力包含两个东西，不可透入性或拒斥性、抵抗性或惯性。正是在这些……之中，我定义了被动原则与物质的本性。"④ 此外，"被动力量恰好构成了物质或团块……被动力量就是抵抗性，正是由于它，物质不仅抗拒透入而且抗拒运动……所以存在着两种抵抗性或团块属性：其一是不可透入性或拒斥性，其二是抵抗性或者开普勒所说的物体的天然惯性"⑤。

假如我们从多实体或多单子的立场出发来思考问题，那么我们就能简单地发现它们之中的"被动因素"或被莱布尼茨称作"第一物质"的东西，主要由不可透入性与惯性构成。而如果我们仅仅在这个性质的层面上来思考实体，那么它们不可分辨：我们思考的只是这个性质的"重复"。

---

① *G.*, 2, 169. （《给德伯斯的信》）
② *G.*, 2, 233–234. （《给德伯斯的信》）
③ 《对斯宾诺莎之反驳》（*Refutation of Spinoza*, Foucher de Careil 版），第 28 页；*D.*, p. 176；*Cf. G.*, 4, 393–394。
④ *G.*, 2, 171. （《给德伯斯的信》）
⑤ 《人类理智新论》，附录 7，第 701 页；*G.*, 4, 395。

所以说，广延只不过是一堆非常类似的或几不可辨的事物的某种无限重复。我们在这里进入了抽象领域。第一物质这一概念就是完全抽象的；因为被动性只是构成实体的原则之一。而广延更为抽象，因为广延概念作为一种无限重复性，建基于对第一物质这一抽象概念的预设上。

4. 第一物质之概念显然不同于现实之物（body）的概念。第一物质乃是被动的，现实之物则同时包含了施动性的力量与被动性。如果把两者结合起来，也就是说，如果把活动（施动）原则与被动原则结合起来，那么我们就有了一个"可以作为完满存在者的东西（即第二物质，它不同于纯粹被动的并且因此不完满的第一物质）"。① 所以，第二物质被认为是具有施动力量的物：它也就是现实之物。"物质由拒斥性或抗拒透入的倾向所构成，所以最朴素的赤裸之物只能是被动的。然而，现实之物除了拥有物质，还拥有施动的力量。"② 所以，第二物质也被莱布尼茨称作"团块"（mass）：一群单子的聚合物。就此而言，第二物质、现实之物以及团块是一种东西，也即一种单子或实体的聚合物。莱布尼茨也用有机体或有机机械这类说法来解释此概念。然而，这种有机体并不只是复数单子的随意或偶然聚合，而是一种真正协调统一性的现实之物，其中存在着一个统治单子，它扮演着这一有机体的隐德莱希或实体形式的角色。这一统治单子与有机体的复合物便被莱布尼茨称作肉身（corporeal）实体。"我分出如下五个层次：一、原始的隐德来希或曰灵魂；二、第一物质或原始的被动性力量；三、完全包含上述两者的单子；四、团块或第二物质或有机机械，它由无数下位单子的共同作用所导致；五、动物或曰肉身实体，它是一部由统治单子掌控的机器。"③

假如有人期待莱布尼茨对专有名词的使用能前后一致，那他将是白费力气。当然，在某些观念上，莱布尼茨表述得足够清楚。终极实在是单子或单一实体。它们当然是不可见的，而我们所知觉的是单子的聚合物。当聚合物中存在着一个统治单子时，它就是有机物或有机形式，它与统治

---

① 《人类理智新论》，第 4 卷，第 3 章，第 6 节，第 428 页；G., 5, 359。
② 《人类理智新论》，第 722 页。
③ G., 2, 252.（《给德伯斯的信》）

单子一起被莱布尼茨称作肉身实体。比如说，一只绵羊是一个动物或一个肉身实体，而并不仅是单子的聚合体。但某个单子要如何统治一个作为有机体的肉身呢？对于这个问题的考虑很难离开知觉概念，当然，请允许笔者在此暂且先延后这个话题。这里更值得指出的一点是，根据莱布尼茨的看法，在每一个肉身实体中，甚至在每一个团块或聚合体中，都存在着数量无限多的单子。从某种意义上说，莱布尼茨肯定了一种或多种现实性无限的实存性。"我是如此喜爱现实中的无限，且讨厌那种觉得自然厌恶无限的论调。而我也坚持认为，这种无处不在的无限性，使得造物主的完满性能够更好地发挥作用。所以我相信，物质的任何部分都是可分的，我在这里说的不是可通约性，而是现实可分性；因此，最小的粒子必然应该被认作一个充满着数目无限的互不相同之物的世界。"① 但莱布尼茨显然并不承认上述结论会导致在每个聚合物中都存在着无限多的单子。因为不存在无限数量。说存在着无限多的单子，等于说单子总量永远比能够被分派的单子数量要多。"根据我的微积分，我认为并不存在真正的无限数量，尽管我承认事物的数量要远超任何有限的数，或者说每一个数。"② 因此，根据每个聚合物中存在着无限多的单子这一陈述，并不能得出下述结论：每个聚合物都相等，因为它们都由无限多的简单实体构成。因为说"无限等于无限"是没有意义的。聚合物并非一个由无限多的部分所构成的无限整体。实际上，真正的无限只有一种，就是"那个绝对，其先于一切设想，也不由部分的累加所构成"。③ 而此处莱布尼茨提及了"经院学者们"对"他们称之为虚词（syncategorematic）无限④"的无限概念与可作独立使用的无限概念的区分。⑤ 前者是不确定的，因此不是真正的无限。"我们应

---

① 给 M. 富歇的一封回信；G., 1, 416; D., p. 65。
② G., 6, 629。
③ 《人类理智新论》，第 2 卷，第 17 章，第 1 节，第 162 页；G.,5, 144。
④ syncategorematic 这个词指印欧语系中的虚词概念，也就是那些单独拿出来没有意义的单词，如英语中的 the、a、therefore 等，这些词必须与其他词连用才有意义。所以，作者认为，莱布尼茨除了在绝对的上帝这个概念上使用了有实际意义的可以单独使用的无限概念之外，在其他地方对于无限概念的使用都是虚词性的，其中没有我们所理解的真正独立的无限之意义。——译者注
⑤ 《人类理智新论》，第 161—162 页。

该用'比任何所能表达的数目更多'这一说法来代替'无限'的说法。"①

同时,我们也应该注意到,实体作为单子的聚合物,对于莱布尼茨来说仅是现象层面的。"除了作为部件的单子之外,所有的事物都仅是知觉的叠加,它们的全部实在都来自当下正在发生的知觉刺激。"②但说聚合物是现象,并不意味着它们是梦或幻觉。它们也是具有充分根据的现象,它们的实在性基础来自聚合成它们的单子之共在性(co-existence)。这意味着,对于石头和树木而言,它们虽然在感性层面上表现为单一事物,但实际上只是无广延性的单一实体的集合。就此而言,我们每天生活的世界,或者说感性知觉层面的世界,实际上也即科学层面的世界,只是现象而已。可单子或终极实在不是现象:它们无法被感知,却可以使用哲学分析来悟知。

5. 莱布尼茨认为,时间与空间是相对的。"在我看来,并且我也已经再三说过了,空间只是一种相对的东西,正如时间一样。我将空间认作一种共在的秩序,正如时间乃是一种前后继起的秩序。由可能性而言,空间表明了一种存在于同一时刻的事物秩序,它们被看作是一起存在的,而无须探究它们存在的方式。而当我们发现不同多样的事物乃是一起存在的,我们就知觉到在它们之间所存在的这种秩序。"③两个同时存在的事物,甲和乙,处于某种位置关系之中。事实上,所有同时存在的事物都处于某种位置关系之中。如果我们只考虑共在的事物,也就是说,这些事物处于相互的位置关系中,那么我们就会得出作为共在秩序的空间观念。进而,如果我们不论及当下实存着的事物,仅仅去考虑位置的可能性关系秩序,我们就可以得出抽象的空间观念。所以,抽象空间没有任何实在性,而仅是一种可能的关系秩序。因此,如果甲、乙两者并非同时共在而是前后继起的,那么对于它们之间的关系,我们就应该表述为甲在乙之前,或乙在甲之后。如果我们在这一层面上来考虑可能性关系秩序,我们就能得出抽象的时间观念。抽象时间与抽象空间一样,没有什么实在性。而事物

---

① *G.*, 2, 304.(《给德伯斯的信》)
② *G.*, 2, 517.(《给德伯斯的信》)
③ 《给克拉克的第三封信》, 4; *G.*, 7, 363; *D.*, p. 243。

所处的空间不可能是抽象的，更迭交替的时间也不可能是抽象、同质的。所以，上述的抽象时空，仅是一种理想状态。而"共-在"或"前-在"与"后-在"才是现实。"时间与空间一样，都是理智存在者（也就是一些观念或精神之物）。而'共-在'或'前-在'与'后-在'才是实在……"① 换句话说，如果时空是现象的，那么它们基本上也是具有充分根据的现象（ phenomena bene fundata ）：这两个抽象的观念有着一些客观性的基础，也即关系。

对于时间，莱布尼茨并未给出任何细节上的说法；不过他对人类构成空间观念的方式做了一个说明。首先，人们认为很多事物是同时存在的，并且他们在这些事物之中观察到了共在性秩序。"这一秩序就是它们之间的位置与距离。"② 在处于共在性事物集合之中的某甲变换了与其余事物（乙、丙、丁）之间的关系之后，当然乙、丙、丁之间的关系不变，并且新出现的戊同时获得了与乙、丙、丁的一个新关系，而此关系就是甲先前所有的，那么我们可以说戊代替了甲的位置。一般来说，共在者们所处的"位置"可以根据关系来确定。但可以确定的是，没有两个共在者可以被同一关系所定义，因为一种关系假定了相关事物之间的"机遇"（ accident ）与"影响"（ affection ），而没有两个事物能有相同的个别机遇。所以，更确切地说，戊实际上并未获得甲原先所拥有的那个关系。尽管如此，我们仍然可以那样想，并且说戊拥有了甲原来的位置。因此，我们倾向于将"位置"考虑为以某种方式外在于戊与甲的东西。所以"空间是由许多位置聚合在一起而形成的"③：它包含所有的位置，或者我们可以说，它是一切位置所处的位置。从这个角度来想，也就是从事物的外在属性的角度来想，空间乃是一种心灵抽象，即某种仅存在于观念中的东西。但是那些构成这种心灵抽象之基础的关系却客观实在。

从莱布尼茨坚持时空相对性理论这一事实来看，他自然成了牛顿与克拉克所持的绝对时空观的强敌。因为，对牛顿来说，空间是由数目无限

---

① G., 2, 183.
② 《给克拉克的第五封信》, 47; G., 7, 400; D., p. 256.
③ 同上; D., p. 266.

的点所构成的,而时间乃是由数目无限的瞬间所构成的。而且牛顿使用了一个非常奇怪的类比,他将时空认作上帝的察知(sensorium),这显然意味着,无所不在的上帝察知无限空间之中的事物的方式与我们的灵魂对大脑中所构想的东西的认知方式有某些相似之处。莱布尼茨被这个类比搞得有些手足无措,并且以一种克拉克认为有失公允的方式说道:"对于这一问题,再没有任何表述能比使上帝拥有察知更糟糕了。它看起来似乎将上帝认作了这个世界的灵魂。而基于牛顿爵士对于这个词的使用,我们很难在一个合理的意义上将这一层意思加到这个词上面。"①而在克拉克看来,无限空间是上帝的一个性质,即神圣的无限,而在另一些评论中,莱布尼茨宣称,这意味着"上帝的本质可以一部分一部分地分开"。②

然而,与牛顿和克拉克的这些神学思索完全不同,莱布尼茨断然拒绝接受他们的绝对空间概念,认为这是"一些现代英国人的幻相","幻相"一词是在培根的意义上来说的。③如果事物所处的空间无限,而且空间是现实实在的存在者,那么这表明上帝把事物放置在空间中,而不是它们本身在空间里面,并且,我们可以说,宇宙(如果它是有限的)正在空白的空间中运动。但是宇宙在空间中的某一位置与另一位置之间,没有可供识别的差异。所以上帝没有充足理由选择这一位置而非那一位置。同时,一个有限宇宙在空间中运动的概念显然更是天方夜谭;因为不会有任何明显的变化。"只有那些被傲慢的幻相冲昏头脑的数学家才会倾向于构造这类概念;而更高的理性终究会摧毁它们。"④绝对地说,上帝是能够创造一个具有有限边沿之宇宙的;但不论是有限还是无限,说这个宇宙占据或者能够占据不同的位置都是没有意义的。假如它是有限的,并且在无限的空间中做了翻转,那么这一宇宙在无限空间中所处一前一后的那两个位置也无法互相区别。所以,根据充足理由律,占据这个位置并不比占据那个位置有更多的应然性。事实上,谈论这两个位置完全没有意义;而之所

---

① 《给克拉克的第五封信》,27; G., 7, 375; D., p. 250。
② 《给克拉克的第五封信》,42; G., 7, 399; D., p. 264。
③ 培根的 idol 概念在汉语世界里一般被翻译成假相或假象,称作培根的"四假相"说。——译者注
④ 《给克拉克的第五封信》,29; G., 7, 396; D., p. 261。

以会出现企图用这种方式去言说的诱惑,只是因为我们构造了一个作为点的集合体的无限空白之空间的荒谬概念,而其中的任何两点实际上都不可能用任何方式来互相区别。

同样,我们也可以用一个类似的证明来反驳绝对时间观念。假设某人问为什么上帝不早一年或一百万年创造这个世界,换句话说也就是,为什么上帝选择将前后继起的事件放置在绝对时间中的这个而非那个连续的瞬间?如果被造物的前后继起在任何情况下都被假定是相同的,那么上述问题不可能有答案,因为本就不存在一个充足理由去支持上帝在这一刻而非那一刻创造这个世界。这似乎是一个支持世界永恒的论点,除非我们承认,当我们无法证明存在一个充足理由支持上帝在甲时刻而非乙时刻创造这个世界时,我们就证明了不存在事物之外的瞬间。而之所以对上帝来说并不存在一个充足理由使他在甲时刻而非乙时刻创造这个世界,乃是因为这些瞬间时刻互相之间无法区别。因为无法区别,所以我们甚至不能从中找到不同的两者来命名为甲、乙。所以,由无穷多瞬间构成的绝对时间概念是想象的虚构。[①] 至于克拉克的观点,即无限时间乃是上帝的永恒性,我们从这一观点可以得出,在无限时间中的每一物都在神的本质属性里,正如,如果无限空间意味着神性之无垠,那么所有处于无限空间中的事物也都处在神的本质属性中一样。"这些奇谈怪论清楚地表明作者误用了这些专有名词。"[②]

所以,外在于事物的绝对时空只是空想出来的实体,"正如那些经院学者们自己所承认的那样"。[③] 但是,虽然莱布尼茨非常成功地通过他的辩驳使人们意识到了牛顿与克拉克所推崇的绝对时空观中存在的矛盾,但这也不能得出他自己在这个问题上的理论就是自洽的(我在这里并未使用"充分"这个词,因为即使在后爱因斯坦时代,关于时空问题我们也很少使用这个词)。就莱布尼茨自身的观点而言,一方面,单子不是空间中的

---

① 参看《给克拉克的第五封信》,15; *G.*, 7, 737; *D.*, p. 271。(并参看《给克拉克的第三封信》,6; *G.*, 7, 764; *D.*, p. 244。)
② 《给克拉克的第五封信》,44; *G.*, 7, 399; *D.*, p. 264。
③ 《给克拉克的第五封信》,33; *G.*, 7, 396; *D.*, p. 261。

点，并且它们不存在超越于现象序列的实在意义上的位置关系。① "单子之间并不存在绝对或空间意义上的距离或相邻关系。说它们聚集于一个点上或弥散于空间，实际是利用了我们灵魂的某些能力。"② 所以，空间属于现象序列。但另一方面，空间又非纯然主观的，它也有一个充分的根据。单子有一个与其他事物共在的秩序关系；而统治单子或灵魂在某种意义上"存在于"它所统治的有机体"之中"，尽管莱布尼茨从未明晰地定义过这个概念。③ 一个合理的假设是：统治单子的位置在某种程度上是通过被统治的有机体来定义的；事实上，有机体也是由单子构成的。那么这些单子的位置又如何定义呢？假如作为空间的共在性现象序列与作为时间的前后继起性现象序列都是由"对那些单子共同的知觉"所导致的，④ 那么时空就是纯然主观的。但莱布尼茨显然不愿意这么说。因为不同的单子在不同的点上的这个观点预设了客观的相对位置。在此意义上，空间不可能是纯然主观的。然而，莱布尼茨显然没有成功解决时空概念中主观因素和客观因素的关系。

康德显然深受莱布尼茨时空理论的前一方面，即主观方面的影响。但实际上，即便康德有时也会承认，现实的空间关系背后必然存在某种客观性根据，而其自身不可知；但一般来说，他的时空理论更偏向主观方面，因此相比于莱布尼茨，康德在这个问题上的条理可能要更清楚一些，尽管其中的悖论更多，也更不为人所接受。此外，虽然在康德看来，空间是主观的，但它更类似于牛顿那样绝对的、空的空间，而非莱布尼茨的关系系统。

6. 因此，终极实在是单子，即可以与灵魂类比的单一实体。莱布尼茨是一个坚定的多元论者。他说，经验教导我们，个体性的自我或灵魂是存在的；且这一经验与斯宾诺莎主义是不相容的。"存在一个唯一的实体，即上帝，其在我之中思考、相信、意愿某事，并且在他人之中思考、相信、

---

① *G*., 2, 444.（《给德伯斯的信》）
② *G*., 2, 450-451.（《给德伯斯的信》）
③ 因为单子不占空间，所以"在之中"这种空间位置表述加上了引号。——译者注
④ *G*., 2, 450.（《给德伯斯的信》）

意愿完全相反的事，这一意见的荒谬性已经在培尔的《历史批判辞典》中被很好地揭露了。"① 并不存在两个完全一样的单子。每个单子都有自己的个性特质。进而，在从自身之中展现其潜能的意义上说，每个单子都构成了一个独立的世界。当然，莱布尼茨并不否认，在现象层面存在着机械或动力意义上的因果缘起，例如，他没有否认门砰然关上是因为一阵风对它施加了压力。但我们必须区分物理学层面和形而上学层面：在物理学层面，我们可以承认上述陈述的真实性，但在形而上学层面，我们谈论的实际是单子。每个单子都像一个主词，实际上包含了它的所有谓词，并且可以说，这一单子的原始动力或隐德莱希构成了其多样性与变化的根本法则。"派生的力量（derivative force）是趋向于或预先介入下一状态的实际现存状态，因为现存的一切都孕育着将来。但持存的事物（它包含了所有可能发生在它身上的一切）必然具有原始动力。就此而言，原始动力是决定这一推动序列的基本法则，派生的力量则规定了这一推动序列的一个特定环节。"② 根据莱布尼茨的说法，单子"没有窗口"。此外，它们又无限多，当然在这么说的时候，我们首先要了解莱布尼茨否认在现实中存在无限的数量。"我们不应该说数量无限，而应该说它比任何数目所能表达的量都要大。"③

不过，尽管存在着无限数目的单子或单一实体，且它们每一个都预先在自身之中包含着其一切前后继起的变化，但它们不会聚合成一堆混沌的团块。虽然每个单子都是一个独立的世界，但它们的变化能协调于其余每一单子的变化，而这一点是由上帝预先设定的法则或和谐所决定的。宇宙乃是一个有序的系统，每一单子在其中各司其职。单子在预先建立的和谐中彼此相关联，以至于每一个单子都以特定的方式反映了整个无限系统。

因此，在这个意义上，宇宙是这样一个系统："假如某一物被去掉或被设想为不同的另一物，那么在这个世界之中的所有事物都将完全不同于现在的样子。"④ 每个单子或实体都表现着整个宇宙，当然正如下文中我们

---

① 《对于宇宙精神理论的思考》（*Considerations on the Doctrine of a Universal Spirit*）；G., 6, 537; D., p. 146.
② G., 2, 262. (《给福德尔的信》)
③ G., 2, 304. (《给福德尔的信》)
④ G., 2, 226. (《给福德尔的信》)

会看到的那样，其中一些比另一些表现得更为清晰，因为它们拥有更高程度的知觉。而在单子之间，实际并不存在直接的因果交互性。"身心统一性，以及甚至某一实体在另一实体上所起的作用，都是由这一完美的交互一致性所构成的，而这种一致性来自第一个造物诞生时已预先设定的法则，且之后的每一实体都将这一法则作为自身的法则，并同时一致于他者的需要。因此，某一物的作用与变化正好导致（此处不作因果性理解）或伴随着另一物的作用与变化。"[1] 在莱布尼茨看来，在互不影响的单子之间导致多样性与变化的预定和谐理论言之有据。这是一个"一说就懂并且自然而然"[2] 的理论，并且通过阐述谓词概念被包含于主词之中的现象，我们甚至就能为这一理论加上一个先天的证明。[3]

所以，在莱布尼茨看来，上帝"在万物之初就预先定下了宇宙的和谐，此后每事每物皆根据心灵和肉体这两个原则，在自然现象之中各自运转"。[4] 在说到心物关系时，莱布尼茨将上帝比作一个钟表匠，他造了两个永远准时且永远不需要修理与校准的大钟，并使得它们的走时同步、协调一致。[5] 这一譬喻可以在一般意义上很好地阐释预定和谐理论。"一般的哲学"假设一个事物对另一个事物施加了一个物理性影响；但这在非物质性的单子上是不可能的。偶因论者们则假设上帝在不断校准他所造的大钟；但莱布尼茨指出，这一理论所涉及的"急救神"（*Deus ex machina*，也译作"机械降神"）概念，既没必要也不合理。所以，剩下来的就只能是预定和谐理论。人们可能倾向于这样概括：上帝推了宇宙一下，而当宇宙走起来之后，上帝就清静无为了。但在写给克拉克的信中，莱布尼茨也坚持说，他并不认为世界是一架能够不依赖于上帝之施动而运转的机器或钟表。这只钟表需要上帝的庇佑，并且唯有依赖上帝才能持续存在，但它的运转并不需要上帝的修理。"除非我们强行说，上帝自己突然又有了什

---

[1] *G.*, 2, 136.（《给阿尔诺的信》）
[2] *G.*, 3, 144.（《给巴纳热的信》）
[3] Cf. *G.*, 2, 58.（《给培尔的信》）
[4] *G.*, 3, 143.（《给巴纳热的信》）
[5] *G.*, 4, 498; *D.*, pp. 90–93.

么新想法。"①

310　　　应该要注意,在预定和谐理论中,莱布尼茨找到了一种让目的因与动力因调和的方法,或者换种说法,他找到了使后者服从于前者的方法。物质根据固定的和可确定的法则活动,在日常语言中,我们可以说它们是根据机械定律相互作用的。但所有这些运动形式,都是上帝基于完满性原则所预定的和谐系统的一部分。"灵魂基于目的因法则运动——它因为欲望、目标或意义而动。物质或身体则根据动力因或推动法则运动。而这两个王国,动力王国和目的王国,是互相协调的。"②最终,历史的发展趋向于建立一个"处于自然世界之中的道德世界"③,并趋向在"有关自然的物理王国与有关恩典的道德王国之间"④互相调和。因此,"自然导向了恩典,而恩典在利用自然的同时,也使之得以完满"⑤。

　　　7. 我们已经看到,每个单子都从自己的有限角度反映着整个宇宙。这意味着每个单子都有知觉。而莱布尼茨将这一知觉概念定义为,"正在表象外在事物的单子的内在情况"。⑥此外,每个单子都会对环境的变化有连续的知觉,尤其是对于其所统治的那个身体的变化(如果它是一个统治单子),或者对于其作为组成部分的那个身体的变化更是如此。但由于单子之间无法进行交流,所以从一个知觉到另一个知觉的变化,就必然是因为内在于单子的法则。而这一法则的作用被莱布尼茨称作"欲求"。"引起从这一知觉到那一知觉的变化或过程的内在法则的作用,也许可以被称作欲求。"⑦因为这种情况出现在每一单子之中,所以我们可以说,所有的单子都有知觉与欲求。⑧当然,上述说法绝不意味着对于莱布尼茨来说每

311　个单子都是有意识的,或者说每个单子经验欲求的方式和我们感受欲望的方式相同。当他说每个单子都有知觉的时候,他的意思是由于预定和谐,

---

① 《给克拉克的第二封信》,8;$G.$,7,358;$D.$,pp. 241–242。
② 《单子论》,第 79 节;$G.$,6,620;$D.$,p. 230。
③ 《单子论》,第 86 节;$G.$,6,622;$D.$,p. 231。
④ 《单子论》,第 87 节;$G.$,6,622;$D.$,p. 231。
⑤ 《自然与恩典之法则》,15;$G.$,6,605;$D.$,p. 215。
⑥ 《自然与恩典之法则》,4;$G.$,6,600;$D.$,p. 211。
⑦ 《单子论》,第 15 节;$G.$,6,609;$D.$,pp. 219–220。
⑧ $G.$,3,622.(《给莱蒙的信》)

每个单子都对它周围环境的变化进行着内在反映。这种对环境的表象并不需要伴随着对于表象的意识。当他说每个单子都有欲求的时候，他的基本意思是，从这一表象到那一表象的变化是由单子的内在法则所决定的。单子是根据完满性法则而被造的，因此它有反照其所身处其中的无限系统的自然倾向。

因此，莱布尼茨在"知觉"（perception）与"统觉"（apperception）之间划下了一道鸿沟。正如上文所讲的那样，知觉只是"正表象外在事物的单子的内在状况"，统觉则是"对于这一内在状况的意识或反思性的认识"。① 后者不会被所有单子享有，也不会为同一个单子一直所有。因此，知觉是存在程度区分的。一些单子只有含混的知觉，没有分辨力，没有记忆，没有意识。这样的单子（如一株植物的统治单子）可以说处于贫瘠或昏瞶的状态。甚至人在某些时候也是如此。而当知觉伴随着记忆与感觉的时候，它就进入了更高的层次。"记忆给灵魂提供了一种连续性，它模仿理性，但应该与理性区分开来。我们可以看到动物对于事物也有一些知觉，当这些事物刺激它们，或这些事物曾经给过它们类似的知觉，它们就会因为记忆的表象，去预期未来对此的知觉或经验感觉会与它们在那一刻曾经所有的类似。譬如，我们在狗面前拿出一根棒子，它们就会想起这根棒子带来的痛苦，于是呜咽着跑开。"② 具有生命，并且其知觉伴随着记忆的物质实体，被称为"动物"，它的统治单子可被称为"灵魂"，这有别于那些"赤裸单子"（naked monads）③。最后便是伴随着意识的统觉或知觉。在这一层面，知觉变得清晰起来，且知觉者也能意识到这一知觉。拥有统觉的灵魂被称为"理智灵魂"或"精神"，有别于更宽泛意义上的灵魂。而只有理智灵魂或精神才有真正的理性，并且这种理性依赖于必然性知识与永恒真理，同时还进行着反思性活动，而这种反思性活动使得我们能设想"自我、实体、单子、灵魂、精神，总之一句话，即设想那些非质

---

① 《自然与恩典之法则》，4；G., 6, 600；D., p. 211。
② 《单子论》，第 26 节；G., 6, 609；D., pp. 221–222。
③ 莱布尼茨用这个词指知觉中不随附记忆的单子。——译者注

料性的事物与真理"①。"这些反思性的活动为我们提供了理性思考的主要对象。"②

当然,在将统觉归于人类的时候,莱布尼茨的意思不是说我们的一切知觉都是清晰的,更不是说"真正的理性是习惯性的"。即便在拥有意识的生命中,很多知觉依然是模糊的。"数以千计的事实让我们不由得去认为,有无数持续不断的知觉存在于我们之中,但它们既不伴随统觉,也不伴随反思。"③譬如说,一个住在磨坊附近的人,可能就无法清楚地意识到自己对噪音的知觉。即便他有意识,所意识到的也是一个整体的知觉,尽管从客观上说,这一知觉乃是由大量模糊知觉混合而成的。类似地,在海边漫步的人们一般都能意识到浪涌之声,但是人们不会意识到构成这一概略知觉的那些微知觉（petites perceptions）。此外,"人类四分之三的活动与禽兽无异"④。只有很少的人能够对为什么明天太阳照常升起给出一个科学的回答:大多数人只是简单地因为记忆的引导以及知觉的联结而预期明天太阳会照常升起。"我们四分之三的活动都只是简单的经验行为。"⑤此外,尽管理智灵魂中的欲求可以被称作意志,但是这并不意味着我们就缺乏"激情",或者那种能够在动物身上找到的本能冲动。

莱布尼茨以他的知觉分层理论去反对笛卡尔对心灵与物质所做的尖锐对立。在某种程度上,所有东西对莱布尼茨来说都是活的,因为所有东西从根本上说都是由非物质性的单子构成的。同时,在感知的清晰程度方面,不同层次的现实之间也有区别的空间。如果我们问,为什么此一单子程度较低而彼一单子程度较高,那唯一的答案就是上帝根据完满性原则对单子进行了如此排布。因此,莱布尼茨说,当概念出现在人的头脑中时,这个原本只是感性灵魂的单子"就被提升到了理性的阶层,并获得了那精

---

① 《自然与恩典之法则》, 4; G., 6, 601; D., p. 211。
② 《单子论》, 第30节; G., 6, 612; D., p. 222。
③ 《人类理智新论》, 前言, 第47页; G., 5, 46。
④ 《自然与恩典之法则》, 4; G., 6, 600; D., p. 211。
⑤ 《单子论》, 第28节; G., 6, 611; D., p. 222。

神的特权"。① 此外,"在灵魂通过概念被注定地给向人的生命之前,灵魂并不是理性的;而当它们一旦获得了理性并且被授予了意识之能力以及与上帝交往之能力,那么我认为,灵魂就永远不会放弃这一作为上帝之理想国的公民的特质"②。在某种意义上,莱布尼茨的上述说法似乎将其本身导向了一种进化理论。在给莱蒙的信中(Remand,1715),他宣称:"因为我们能够设想,那些构成精身③的物质机械也能成为形成人的有机体所必需的物质机械,所以出于灵魂与作为机械的物质互相和谐完满之原则,感性的灵魂必有成为理性的灵魂之可能。"并且,他还加了一句:"正是由于这种预定和谐,未来的状况必然蕴含于当下之中,所以一个完满的智慧很久以前就从灵魂与肉身两个方面来划分出今日之兽与他日之人。因此,一个纯粹的动物是永远不会成为人的,并且未通过概念而达到那伟大转换的人类之精身,也纯粹只是动物。"④ 因此我们可以说,莱布尼茨的立场有进化论的迹象;但实际上,他这么想只是因为他的单子论,而单子论显然与科学意义上的生物进化论假设之先驱的名号没有关系。

8. 在莱布尼茨那里,灵魂与肉体的关系可以被视为一个统治单子与一大堆单子的关系。但对莱布尼茨来说,要为这种关系给出一种确切的

---

① 《单子论》,第 82 节;*G.*, 6, 621;*D.*, p. 231。
② 《给瓦格纳的信》(*Letter to Wagner*), 5;*G.*, 7, 531;*D.*, p. 192。
③ *G.*, 3, 635。(这里牵涉到一个引起极大争议的莱布尼茨的形而上学概念:spermatic animal,有人将这个词直译为"精虫身体",译者在此译为"精身"。顾名思义,这个概念与男性的精子有关。莱布尼茨将这个概念定义为:我们成为人之前的那种物质存在方式。——译者注)
④ 在莱布尼茨看来,从形而上学的角度,精身与人并没有什么不同,甚至构成它们的单子次序都是一样的。但精身并不一定能变为人,它在没有变为人之前,就以精身的形式存在着。换句话说,精身作为人之为人的物质意义上的前存在形式,从创世的时候便已存在。具体地说,一个人的精身就存在于其父亲的睾丸中,而父亲的精身以及他自己的精身又存在于其祖父的睾丸之中,无穷倒推,直至上帝创造亚当之时,精身便已同时存在了。反过来,如果男性有个儿子,那么那些存在于他睾丸之中没有变成人的精身将继续在他儿子睾丸之中存在下去直至无穷。由于夏娃是由亚当的肋骨造的,从基督教教义上说不能作为完整的人类,所以在这个意义上,精身只有父系链条,而没有母系链条。(当然莱布尼茨的上述说法会引出许多逻辑与道德方面的悖论,限于篇幅,恕不赘述。)莱布尼茨指出,人与其精身的唯一不同在于记忆与自我意识。可以说,动物与人的不同是两方面的,物质上乃是动物的肉身与人类精身(但精身中依然有可以对应人类心灵的统治单子)的差别,心灵上是感性灵魂与理智灵魂的差别。而精身如果不借助概念获得理智飞跃的话,本质上与动物也几乎没有差别。但精身与动物的唯一不同在于,精身有成人的可能性,而动物的肉身(精子)则没有,这种差别决定于形上单子层面。——译者注

解释却也不容易。不论什么解释，都必然需要预设一些基础观念。首先，人类灵魂是一个非质料性的实体，并且人类的身体是由非物质性的单子所构成的，而其肉身存在是一个具有充分根据的现象（*phenomenon bene fundatum*）。其次，（由第一点可以得出）在构成人类的单子之间并不存在一种直接的、物理意义上的交互影响。第三，构成人类并作为个体存在的单子的变化在整体上的和谐性或一致性乃是由于预定和谐。第四，人类灵魂或曰统治单子与构成人类身体的单子之间的关系必须被如此理解，以便使如下陈述具有意义：灵魂与肉体共同构成了一个存在者，而且在某种意义上，灵魂主宰着肉体。

在莱布尼茨看来，"上帝之造物，要么本身是完满的并向外行动，要么并不完满并受到了他物的推动。因此，单子的积极活动性（施动性）是因为它有清晰的知觉，单子的被动性则是因为它有模糊的知觉"。[①] 所以，仅就人类灵魂所有的清晰的知觉而言，它们可以被视为积极主动的施动性，而就构成人类身体的单子所有的模糊知觉而言，它们可以被视为消极的被动性。在这个意义上说，身体受制于灵魂，而灵魂统治或主宰着身体。此外，尽管身心之间并不存在严格意义上的交互性，但根据预定和谐，构成人类身体的次级单子的发生与变化乃是为了高等单子（灵魂）的发生与变化。而人类的灵魂或精神活动根据自己对最好的事情的判断行事，而这一判断的客观性与灵魂之知觉的清晰程度成正比。所以，我们可以这样说，清晰的知觉便是完满。而构成身体的次级单子中的变化，被上帝与构成灵魂的高级单子中的变化所协调。因此，在这个意义上，灵魂因其具有更高的完满性，而能够统治肉身，并且作用于肉身。这也就是莱布尼茨所说的："此一物比彼一物更完满就意味着我们可以从此一物之中找到一个先天的理由去解释在彼一物之中发生了什么，换句话说就是此一物推动了彼一物。"[②] 为了在单子之间建立起和谐，上帝协调次级单子的变化，使之与更为完满的那些单子的变化一致，而非相反。因此，莱布尼茨指出，从日

[①] 《单子论》，第49节；*G.*, 6, 615; *D.*, p. 225。（单子本身是完满自足的被造物，所以它不可能受外界的影响，它的运动与激情只能来自自身的知觉。——译者注）

[②] 《单子论》，49; *G.*, 6, 615; *D.*, p. 225。

常语言的意义上讲，灵魂作用于肉身以及灵魂与肉身存在交互性，这样说也是合理的。但是上述说法在哲学分析中所蕴含的意思，与我们在常识意义上对这一说法的理解显然完全不同。譬如说，假如我们说肉身作用于灵魂，这意味着灵魂有着模糊的、不清晰的知觉，也就意味着，这种知觉性并不能被看作是基于某种内在规则而生的，而似乎是从外部获得的。仅就拥有模糊知觉的灵魂而言，它就只有消极的活动而非积极的活动，因此只能被肉体推动而非主宰肉体。但即便这样说，我们也绝不可能得出灵魂与肉体之间存在任何物理意义上的交互性这样的结论。

然而，一个非常清晰的事实是，构成身体的单子并不总是相同的：我们可以说，身体总是在去掉一些单子并获得另一些单子。于是问题就产生了，到底在何种意义上我们才能够合理地说这个不断变异着的集合体乃是"一具"肉身？如果"统治单子"仅仅意味着有着清晰知觉的单子，那么我们几乎看不到任何充足的理由去说，这些单子构成一具肉身的原因乃是因为有统治单子的存在。因为统治单子或曰灵魂，是与那些构成身体的单子截然不同的东西。我们显然不能说，譬如，由于作为甲的灵魂的那个单子有着更为清晰的知觉，所以当下构成个体甲的身体的那些单子乃是甲的身体。之所以不能这样说，是因为我们可以类推，作为乙的灵魂的那个单子比起作为甲的身体的那些单子也有着更为清晰的知觉，但显然后者并没有构成乙的身体。所以，在构成甲的肉体与灵魂的不同单子之间存在一个特殊的纽带，使两者能够统一起来，并让我们必须将前者称作甲的身体而非乙的身体。问题是这个纽带是什么？此处，我们显然不得不求助上文中提到的一个概念，并因此说：一个确定的单子变化序列构成了甲的身体，只要发生于这些单子之中的多样性变化有其"先天理由"，而这一理由存在于作为甲的灵魂之单子的多样性变化之中。人们可以说，依照预定和谐，也许构成人的身体的单子也有知觉或洞见，虽然是模糊的，但也近乎或类似于统治单子所有的那种知觉，并且因此，它们与这一统治单子有着特定的关系。但之所以是这些而非那些单子构成了甲的身体，主要理由必然是，这一变化处在这一而非那一单子序列之中可以通过目的因来解释，并且通过发生于甲灵魂中的变化来解释。

在给德伯斯神父（Father des Bosses）的信中，莱布尼茨谈到了一种"实体链"（vinculum substantiale），能统合起单子使之构成一个实体。但是他这么做，并非意味着他对于自己关于组成某一物的单子之间的关系的描述不满。因为，他所做的这一解释原本是为了回答他的哲学应如何解释天主教的圣餐变体论。在一封写于 1709 年的信中，莱布尼茨认为，仅就单子原初的施动性与被动性力量而言，构成面包的那些单子已经被移除了，当下取而代之的是那些构成基督血肉的单子，但构成面包的那些单子的派生性力量仍然存在（考虑到发生变体后，面包的偶性仍然存在），如此"我的哲学"便可以解释"您的圣餐变体论"。但在后来的信中，他推出了"实体链"理论。在一封写于 1712 年的信中，莱布尼茨说，解释"您的圣餐变体论"并不需要假设构成面包的单子被移除了。取而代之的说法是，构成面包的"实体链"已经毁掉了，而之前构成面包之"实体链"的这些单子重新构成了作为基督血肉的"实体链"。尽管如此，"现象"意义上的面包与葡萄酒将依然如故。

这里需要注意的是莱布尼茨所说的"您的圣餐变体论"，并且他还说，"对我们这些否认圣餐变体论的人来说，这些理论并不是必需的"①。所以，我们不能得出结论说，莱布尼茨本人就抱有"实体链"的理论立场。然而，他也确实在那些完全不能被看作实体的无机物与有机物之间做了区分，后者与其统治单子一起构成了真正的实体或本质之唯一（unum per se）。② 而这里的难点在于去了解莱布尼茨到底是如何通过单子论来真正合理地使用上述经院哲学语言的。

9. 众所周知，在《新论》中莱布尼茨批判了洛克对于天赋观念论的攻击。实际上，考虑到莱布尼茨否认单子之间的互相作用，以及他的预定和谐理论，我们就很自然地期待他说所有的观念都是天赋的，也就是说，它们都是自因的，因为它们都是内在于心灵的。然而，事实上，他只在一个特殊的意义上使用"天赋"这个词，因此他只将一些观念和真理认作天

---

① *G.*, 2, 399.（《给德伯斯的信》）
② 参看《论马勒伯朗士之学》（*On the Doctrine of Malebranche*），3；*G.*, 3, 657；*D.*, p. 234。

赋的。譬如说，他指出："根据我们对于'天赋真理'这个术语的赋义，'甜味不是苦味'这个命题就不是天赋的。"① 所以，我们很有必要去追问，莱布尼茨对于"天赋观念"与"天赋真理"这两个概念到底怎么看。

莱布尼茨对上述命题给出的理由是：甜味不是苦味之所以并非天赋命题，是因为"苦与甜的感觉都来自外在感官"②。当然，他这么说并不意味着，他认为苦与甜的感觉乃是由某种外在之物的物理性活动所致。换句话说，天赋观念与非天赋观念的差别，从粗疏的意义上说，并不被表征为，这一概念是来自内在还是来自外在：这两种观念之间必然存在一些本质性的差异。为了找出这些不同，我们就必须注意上文曾经讲过的交互性概念。心灵或统治单子可以有清晰的知觉，而仅就这一清晰的知觉而言，它是具有积极主动之活动性的。当然，它也有一些模糊的知觉，就此而言，它也可以被认为是被动消极的。我们之所以可以将其称作"消极"的，是因为统治单子中的模糊知觉的"先天理由"也可以在构成身体的单子之变化中找到。但尽管如此，在日常语境中，我们依然可以说某些观念来自感觉，并且是由于外在事物对于我们的感觉器官的刺激所致，正如哥白尼主义者们也会在一般意义上说日升日落。因为这一说法表达的是一种现象或表象。

莱布尼茨也指出，感觉观念不是天赋的，而是具有外在性的，因为它们表达了外在的事物。"因为灵魂乃是一个小世界，在其中，那清晰的观念表现上帝，那模糊的观念表现宇宙。"③ 但这一论断显然必须经过确证。它似乎表明空间观念被标识为外在的，因此它是一个模糊的感觉观念。但莱布尼茨又明确地说，我们有关于空间的清晰观念，我们也有关于譬如运动与静止的清晰观念，它们来自"常识，也就是说来自心灵本身，因为它们是纯粹的知性观念"，并且"是能够被定义与证明的"。④ 而在论及模糊的感觉观念之时，莱布尼茨却更愿意去思考诸如"猩红色""甜

---

① 《人类理智新论》，第 1 卷，第 1 章，第 18 节，第 84 页；*G.*, 5, 79。
② 同上。
③ 《人类理智新论》，第 2 卷，第 1 章，第 1 节，第 109 页；*G.*, 5, 99。
④ 《人类理智新论》，第 2 卷，第 5 章，第 129 页；*G.*, 5, 116。

味""苦味"之类具有明显外在性之性质的观念,这些性质显然预设了广延与空间的外在性,就此种现象特质而言,它们也就不可能属于单子了。所以,"甜"与"苦"是模糊观念,并且命题"甜味不是苦味"不是天赋真理,因为这些"模糊观念都来自外在感觉"。

当然也有一些观念来自心灵本身而非外在感觉,如圆与方。此外,"灵魂所包含的存在、实体、统一、同一、原因、知觉、理由,以及其他一些概念都显然是感性所不能给予的"①。上述观念来源于反思,因此它们是天赋观念。进而它们还是感性知识之所以可能的预设前提(莱布尼茨在此实际已接近康德的立场)。

而为了更清楚地说明问题,我们应该把精力集中在如下几点上。在命题"方非圆"中,矛盾原则这一天赋逻辑真理被应用在来源于心灵本身的观念而非来源于感觉的观念中;简而言之,它被应用在天赋观念中。所以,这一命题可以被称为天赋真理。但如果将矛盾原则运用于甜与苦这两个概念上,我们却并不能得出"甜味不是苦味"这一命题也是一个天赋真理。因为甜与苦的概念不是天赋的。所以,这个命题就是"一个混杂的结论(hybrida conclusio),在其中公理被应用于感性真理"。②因此,尽管"甜味不是苦味"这一命题应用到了矛盾原则,但这一真命题却不是严格的、莱布尼茨意义上的天赋真理。

如果逻辑与数学都是"天赋的",就会出现一个明显的难题,因为孩子们并不生来就有关于逻辑与数学命题的知识。不过,莱布尼茨也从未想过孩子们应该天生就有这些知识。天赋观念之天赋性,实际上是说心灵从自身之中来获得它们;但我们并不能就此推出每个心灵从一开始就有一堆天赋观念与天赋真理,甚至也不能推出,每个心灵都会对来源于自身的真理有一个清楚明白的认识。此外,莱布尼茨也并不否认,经验对于我们意识到天赋观念或天赋真理也是必要的。同时,也存在着"本能真理"(truths of instinct),它们是天赋的,而且我们通过自然本能来运用它们。譬如,"每个人都会通过一种不需要有自觉意识的自然逻辑来使

---

① 《人类理智新论》,第 2 卷,第 1 章,第 2 节,第 111 页;*G.*, 5, 100。
② 《人类理智新论》,第 1 卷,第 1 章,第 18 节,第 84 页;*G.*, 5, 79。

用演绎法则。①"我们都有一些关于矛盾原则的本能性知识,这并不是说我们都必然拥有关于矛盾原则的确切知识,而是说我们可以通过本能来使用这一原则。因为要明确这一原则,经验可能也是必需的,例如,我们当然是通过这种方式来学习几何学的,且我们并非一开始就有关于几何学的明晰知识。不过莱布尼茨否认"任何天赋观念都永远被知道并且为所有人所认识"②,即"一个人的一切学习所得都不是天赋的"③。一个孩子可以通过黑板上所画的图例去拥有关于几何定理清楚明白的知识;但这并不意味着他能通过感官获得一个关于三角形的观念。因为几何学意义上的三角形是看不到的:黑板上的三角图形显然不能作为一个几何意义上的三角形来看待。

所以,对莱布尼茨而言,天赋观念乃是确然天赋的。这意味着心灵有力量去构成某种观念,而且也能随之知觉到它们之间的关系。因为天赋观念的反对者也会承认这一点。天赋观念乃确然天赋的,更意味着心灵有力量去在其自身之中找到这些观念。④譬如,通过对自身的反思,心灵便可构想出实体观念。所以对于"除了来自感性的东西之外,灵魂当中无物存在"这条哲学原则,我们就必须加上一个补正——"灵魂本身及其情状(affections)例外"。"理智除了自身及其情状之外,其他之一切无不源于感觉(Nihil est in intellectu quod non fuerit in sensu, excipe: nisi ipse intellectus)。"⑤而心灵原本乃是一块白板(tabula rasa)的观点,如果意味着"我们的真理之于我们的心灵,正如海格立斯⑥的造像之于大理石,此石是呈现这一造像还是其他造像,其本身都没有不同",⑦那么莱布尼茨就会对此表示反对。在他看来,事实更接近于,有着这么一块大理石,它的纹路实际上已经包含着海格力斯的造像,虽然在这一造像呈现于世之前依然有待雕工的劳动。"所以,那些观念与真理对于我们来说乃是作为

---

① 《人类理智新论》,第 1 卷,第 2 章,第 3 节,第 84 页;G., 5, 83。
② 《人类理智新论》,第 1 卷,第 2 章,第 11 节,第 93 页;G., 5, 87。
③ 《人类理智新论》,第 1 卷,第 1 章,第 23 节,第 75 页;G., 5, 71。
④ 《人类理智新论》,第 1 卷,第 1 章,第 22 节,第 75 页;G., 5, 70。
⑤ 《人类理智新论》,第 2 卷,第 1 章,第 2 节,第 111 页;G., 5, 100。
⑥ 海格立斯(Hercules),古希腊神话中的大力士,英雄。——译者注
⑦ 《人类理智新论》,序言,第 46 页;G., 5, 45。

一种倾向、特质、习惯或自然秉性,而非现实活动着的天赋之物,虽然这些潜能总是和那些与它们契合的现实活动(这些活动常常是不被察觉的)相伴。"①

上帝观念在这个意义上就可描述为莱布尼茨所主张的此等天赋观念之一。"我总是并且将依旧这样坚持笛卡尔所维护的作为天赋的上帝观念。"②当然这并不意味着所有人都有清楚明白的上帝观念。"(上帝观念)是天赋的,这一点就其本身而言并不能立即被清楚明白地认识到,所以为了知觉这一点,就常常需要大量的专注与方法。即便是学者们也不总能完全做到如此,普通人就更差得远了。"③因此,上帝观念乃是天赋的这句话对于莱布尼茨和笛卡尔来说,有着一样的含义,即心灵能够从自身之中发现这一观念,并且仅凭反思就能认识上帝存在这一命题的真理性。而莱布尼茨对于上帝存在的证明将在下章详述。

---

① 《人类理智新论》,序言,第46页;*G.*, 5, 45。
② 《人类理智新论》,第1卷,第1章,第1节,第70页;*G.*, 5, 66。
③ 《人类理智新论》,第1卷,第2章,第12节,第94页;*G.*, 5, 88。

第十八章

莱布尼茨（四）

本体论证明——基于永恒真理的上帝存在证明——基于事实真理的上帝存在证明——基于预定和谐的上帝存在证明——恶的问题——进步与历史

1. 莱布尼茨意识到了一些有效或可能有效的证明上帝存在的方法。"你应该记得，我已经表明了观念如何内在于我们，它们并不总是以一种我们意识它们的方式，而总是以一种从我们心灵深处去发掘它们并使得它们可被知觉的方式内在于我们。这也是我对上帝观念的信念，我可以使用不止一种方法来证明它的实存性与可能性……我也相信几乎所有曾有过的对于上帝存在证明的谋划都是善的且都是有用的，只要我们使之更为完善……"[①] 而我首先考虑的，就是被莱布尼茨称为"本体论证明"的论证。

我们应该知道，本体论证明（假如我们将之作为一个纯形式的证明）就是企图表明"上帝存在"这一命题是分析的并且其真理是先天的。也就是说，如果任何人能理解主词概念"上帝"，他就能认识到谓词"实存"被包含于前者之中。"上帝"是一个最完满的存在者概念。而实存性显然是完满性之一。所以，实存被包含在上帝概念之中，也就是说，实存性从属于上帝的本质。所以，上帝被定义为一个必然之存在者（Being）或必须实存之存在者。所以，上帝必然存在，因为否定一个必须实存之存在者

---

① 《人类理智新论》，第 4 卷，第 10 章，第 7 节，第 505 页；G.,5, 419–420。

的存在性是自相矛盾的。因此，通过分析上帝这一概念，我们能够发现上帝实存。

康德后来反对这种证明方法。他认为，实存性不是完满性之一，且实存性描述一个主词的方式与任何属性描述一个主词的方式都不一样。但是莱布尼茨却相信实存性是完满性之一①并且是一个谓词。②所以他很乐意给出这一证明。他还认为，将上帝仅看作一个可能的存在者是非常荒谬的。因为假如这一必然的存在者是可能的，他就是存在的。这一陈述——上帝只是一个可能的必然存在者，仅就字面上说就有矛盾。"假设上帝是可能的，他就存在了，这仅仅是神的特权。"③同时，莱布尼茨也相信，这一论题在严格意义上无法作为一个证明，因为其预设的上帝观念是一个可能之存在者。换句话说，如果上帝是可能的，那么他存在，这一陈述本身并不能说明上帝是可能的。所以，在这个论证完成之前，我们必须先说明上帝观念是一个可能之存在者的观念。所以，莱布尼茨说，离开了这一说明，这一证明就是不完满的。譬如，"经院学者们，包括他们的天使博士（Doctor Angelicus）④，误解了这个论证，并把它作为一个谬论。在这个方面，他们都错了。而在耶稣会办的拉弗莱什学院研习了多年经院哲学的笛卡尔，显然有着充分的理由来重建这一论证。该论证不能被称为谬论，但显然也是个不完满的论证，它假设的东西，仍然必须被证明，以使它在数学上是明显的。也就是说，它暗自假设了这一作为绝对伟大或绝对完满之存在者的观念是可能的，并且是无矛盾的"⑤。而在莱布尼茨看来，上述说法总是存在一个基于可能性的预设，即"每物都是可能的，直至其之不可能被证明为止"⑥。但这一设定对于将本体论证明变成严格的论证来说是不够的。然而，一旦证明了最高完满存在者的观念乃是一个可能的存在者的观念，"就可以说'上帝的存在'在几何学意义上来说可以先天地

---

① 《论笛卡尔的上帝存在证明》(*On the Cartesian Demonstration of the Existence of God*); *G.*, 4, 401–402; *D.*, p. 132。
② 《人类理智新论》，第 4 卷，第 1 章，第 7 节，第 401 页; *G.*, 5, 339。
③ 《人类理智新论》，第 4 卷，第 10 章，第 7 节，第 504 页; *G.*, 5, 419。
④ 指托马斯·阿奎那。——译者注
⑤ 《人类理智新论》，第 4 卷，第 10 章，第 7 节，第 503—504 页; *G.*, 5, 418–419。
⑥ 《论笛卡尔的上帝存在证明》; *G.*, 4, 405; *D.*, p. 134。

加以证明"①。在莱布尼茨看来，笛卡尔主义对于最高完满存在者观念的可能性论证没有给予充分的重视。在这一点上，莱布尼茨无疑是对的；也正如上所述，笛卡尔并非没有提到过相关内容，后者在回应对其哲学的《第二反驳》之时，企图通过论证上帝观念的无矛盾性表明上帝是可能的。而这一论证路数，莱布尼茨本人也是接受的。但尽管如此，下述说法也是事实——笛卡尔在回应《反驳》的时候之所以这么说，实际上只是一种事后诸葛亮式的补救。

可能性对于莱布尼茨来说，就是不存在矛盾（non-contradictory）。所以，在着手证成上帝观念乃是一个关于可能性之存在者的观念之时，他就必须首先表明上帝观念并不涉及任何矛盾。这实际上意味着，我们需要表明，我们有对作为最高与无限完满的上帝的清楚明白的观念。因为确切地说，假如这一"观念"被证实为自相矛盾的，那么不论我们对它曾有什么认识都将存疑。譬如说，我们可以使用"方的圆"这个词，但我们对于方的圆之观念的把握究竟是在何种意义上而言的呢？② 这里的问题在于，对于上帝观念的分析是否表明它由两个或多个互不相容的观念所组成。所以，莱布尼茨据此主张："我们必须尽可能精确地来证成一个绝对完满的存在者观念，即上帝。"③

在 1701 年写给《特雷武杂志》（*Journal de Trévoux*）编辑的信中，莱布尼茨第一次宣称，如果必然之存在者乃是可能的，那么它必然实存。随后，他将必然之存在者等同于自在者，并叙说如下："如果自在者是不可能的，那也就意味着所有依赖他者而存在的存在者也是不可能的，因为它们从根本上说都必须依赖自在者才能存在。因此，无物能够存在……所以，如果必然之存在者不存在，那就没有存在者是可能的了。迄今，似乎还无人能将此证明推论到如此远的地步。"④ 看起来，上述论证似乎切换到

---

① 《论笛卡尔的上帝存在证明》；*G.*, 4, 405；*D.*, p. 136。
② "方的圆"就其本身而言乃是内涵矛盾的，但尽管如此，我们依然可以给出这个概念，依然可以去谈论它，但是我们对它的任何理解和认识，从理性主义的角度来说都是没有确定性的或者并非清楚明白的。这一点是其内涵矛盾这一前提的必然结果。——译者注
③ 《论笛卡尔的上帝存在证明》；*G.*, 4, 405；*D.*, p. 133。
④ 《论笛卡尔的上帝存在证明》；*G.*, 4, 405；*D.*, p. 138。

了后天路数。但仅就相关字面意义而言,莱布尼茨并非从一实存着的偶然存在者出发,论证出一个自在者的,而是从一偶然存在者的可能性出发论证出一个自在者。当然,我们也可以说,我们之所以知道这一偶然存在者的可能性,仅是因为我们在现实中比较熟识一些实存着的偶然存在者,而之所以会有这样的认识,乃是因为我们知道存在一些为真的肯定性偶然命题。而"因此,无物能够存在"这句话,会进而使我们想起,"但现实中确实存在一些东西",并且伴随着结论"所以偶然存在者是可能的"。然而,从字面意义上说,莱布尼茨依然没有超出可能性的范围。① 尽管他又附加了一句:"当然,我也会用另一种方式来证明这一完满的存在者是可能的。"

上一小节中的最后一句可能是指一篇名为"最完满之存在者存在"的论文,莱布尼茨曾在 1676 年将这篇文章给斯宾诺莎看过。"我将任何积极的、绝对的,或不受限制地表现任何东西的单一之质称为完满性。"② 这类单一之质既不能被定义也不能被分解。所以两个完满性间的不兼容性乃是不可能被证明的,因为证明就需要对此二项进行分析或分解。同时,究其本质而言,它们的不兼容性也并不是清楚明白的。所以假如完满性之间的不兼容性并不清楚明白也无法证明,那么就可能存在一个包含所有完满性的主体。因为实存性就是完满性之一。所以存在者的实存乃是由于其本质上的可能性。所以它实存。

上述论证预设了实存性是完满性之一。莱布尼茨自己也看到了上述论证可能招致的一个即时反驳,也就是说,"即便我们无法证明某物的不可能,也不能就此得出它可能,因为我们的知识是有限的。③" 这也可以反驳莱布尼茨在《单子论》中所给出的上帝可能性证明。"所以,只有上帝(或必然之存在者)有这种特权:如果他是可能的,他就应当是实存的。既然没有任何东西能够遮蔽那不包含任何限制、任何否定,因而也不

---

① 莱布尼茨的这一证明实际就是安瑟伦上帝本体论证明的逻辑化表述。也可参看本书相关章节中笛卡尔对于上帝的本体论证明。——译者注
② 《人类理智新论》,附录 10,第 714—715 页;G., 7, 261—262。
③ 《论笛卡尔的上帝存在证明》;G., 4, 402;D., p. 135。

包含任何矛盾的东西的可能性,那么,仅由这一点便足以先天地确立起上帝的实存性了。"① 这一论证链条,即最高的完满之存在者的观念乃是一个没有任何限制并且没有任何矛盾(无矛盾即可能,矛盾即不可能)的存在者的观念,基本上等同于莱布尼茨给斯宾诺莎的那篇论文中所提出的证明路数。因此,随之而来的反驳也是相同的,即,这并不能得出消极的可能性(可识别之矛盾的缺乏)等于积极的可能性。而我们首先必须有的是一个清楚明白并且充分的关于上帝之本质的观念。

2. 莱布尼茨给出的另一个对于上帝实存性的先天论证则基于永恒与必然真理,这一论证也是圣·奥古斯丁最为钟爱的。譬如说,数学命题乃是必然而永恒的,在这个意义上,它们的真理性独立于任何偶然事物的实存性。由三条直线围成的图形有三个角这一陈述乃是一个必然真理,不论现实中的三角形存在与否。这些永恒真理,用莱布尼茨的话来说,不是"空想的"②。因此,它们需要一个形而上学基础,所以我们不得不说它们"必然在一个绝对的以及形而上学意义上的必然之主体中,也即上帝之中存在"③。所以,上帝实存。

这是一个十分难以理解的论证。我们无法去设想莱布尼茨的"永恒真理……依赖神的意志……真理的原因存在于那些与神的本质有关的事物之理念中"。④ 此外,"上帝的理智乃是永恒真理的所在地,或永恒真理所依赖的理念的所在地"⑤ 这类说法同样难以理解。因为,到底是在什么意义上,我们才可以说永恒真理"实存"于上帝的理智之中呢?并且,即便它们实存于上帝的理智之中,我们又是如何得知它们的呢?也许我们可以说这些永恒真理乃是一些假言命题(类似:"如给定一个三角形,其内角和必为180°。"),且它们属于可能性领域,如此,莱布尼茨基于必然命题的论证就是基于作为这些命题之终极基础的上帝之可能性论证的一个特殊情况。而上述解释,似乎也可以在下面的陈述中得到支持:"如果在本质

---

① 《单子论》,第 45 节;G., 6, 614;D., p. 224。
② 《论事物的终极起源》(*On the Ultimate Origin of Things*);G., 7, 305;D., p.103。
③ 同上。
④ G., 7, 311.(范例)
⑤ 《单子论》,第 43 节;G., 6, 614;D., p. 224。

或可能性中，或在永恒真理中有一种实在性，则这种实在性便建立在某种实存的和现实的事物之中，因而也就是建立在必然实体的实存之中。在必然实体之中，其本质包含着实存性。换句话说，在必然实体之中，凡可能的都足以成为现实的。"① 但我们仍需一些必要的明晰陈述，以说明"分析命题所拥有的实在性"到底是什么意思，以及它们与上帝的理智之间的确切关系到底是怎样的。

3. 莱布尼茨还使用充足理由律，从事实真理出发来论证上帝的实存性。因为对任何被给定的事件或处于有限存在者之序列中的任何被给定的事物的实存性来说，必然有一个有限的原因可以用来解释它。而基于有限的理由所得到的这一解释流程也可以指向无限的情况。为了解释甲、乙、丙，必然需要提及丁、戊、己，而为了解释后三者，则又需要提及庚、辛、壬。如此以至无穷，这不仅是因为无限的序列可以无限地回溯，还因为在任意被给定的时刻，宇宙皆有无限的复杂性。但是，"因为这全部细节本身只包含另外一些在先的或更细节的偶然因素，而这些因素又要以一个同样的分析来说明其理由，所以我们这样做并不能更进一步。充足理由或终极理由应当存在于这个偶然事物的序列或系列之外，尽管这个系列也许是无限的。所以事物的终极理由应当在一个必然实体里面，在这个实体里，变化的细节显著地存在着，如同在源头中那样存在着，而这个实体就是我们所说的上帝。这个实体是全部细节的充足理由，而这些细节也全部互相关联；但上帝唯一，而这已经足够了"②。这就是莱布尼茨所给出的对于上帝的后天证明。③

在他的《论事物的终极起源》一文中，莱布尼茨主张，事实真理的必然性乃是有前提的，也就是说，世界在后的状态由其前面的状态决定。"当下之世界是必然的，仅是在物理或有前提条件的意义上来说的，而非在绝对或形而上学意义上来说的。"④ 综观他关于命题的理论，我们看到，

---

① 《单子论》，第 44 节；G., 6, 614；D., p. 224。
② 《单子论》，第 37—39 节；G., 6, 614；D., p. 223。
③ 《单子论》，第 45 节；G., 6, 614；D., p. 224。
④ 《论事物的终极起源》；G., 7, 303；D., p. 101。

对莱布尼茨来说，所有事实真理或实存命题，除了一个命题（上帝存在）之外，都是偶然的，换句话说，也就是没有形而上学意义上的必然性的。所以"状态的链条或事物序列，即那些构成这一世界的聚合物的终极来源"①，必然只能在这一序列之外被发现：我们必须超越"物理的或有前提条件的必然性——这种必然性通过在先的状态决定世界后面的状态，而趋向那些在绝对或形而上学意义上具有必然性的事物，而且它们的理由是不可能被给出的"。②莱布尼茨最后一句话的意思其实是：对于上帝实存这一点，给出一个外在的原因（或理由）是不可能的——这一必然存在者便是其自身的充足理由。假如"理由"这个词意味着"原因"，那么上帝无因；或者说上帝之本质就是上帝之实存的充足理由。

在康德看来，上述论证实际上还是要仰赖本体论证明。康德的这一评价常被复述；但经常被复述并不能使其为真。当然，尽管（罗素的）下述说法没错——"如果这个世界只能通过一个必然存在者的实存性才能被解释，那么一个本质之中带有实存性的存在者就必然存在，因为这本身就是必然之存在者概念所蕴含的意义"③，但是，由此我们也并不能得出基于有限或偶然事物之实存性的论证路数可以预设必然存在者之可能性。如上文所述，尽管在补上一个缺失环节后，莱布尼茨本人也认同本体论证明，但是他对上帝实存的后天论证实际并不涉及本体论证明。

4. 莱布尼茨也从预定和谐的角度来后天地论证上帝的实存性。"如此多的且互相之间无法沟通的实体之间的和谐只能来自一个共同的原因。"④所以，我们有了"一个上帝实存的新证据，而且它异常地清楚明白"。⑤仅仅基于大自然的秩序、和谐与美对上帝的实存性所作的证明，"显然只拥有一种道德上的确定性"，尽管"它也需要由我已经介绍过的那全新种类的和谐所给出的完全的形而上学必然性"。⑥一旦我们接受莱

---

① 《论事物的终极起源》；G., 7, 303；D., p. 101。
② 同上。
③ 罗素，《西方哲学史》，第 610—611 页。
④ 《新系统》，16；G., 4, 486；D., p. 79。
⑤ 同上。
⑥ 《人类理智新论》，第 4 卷，第 10 章，第 10 节，第 507 页；G., 5, 421。

布尼茨没有窗口之单子的理论，它们的活动性所表现的和谐关系也就显而易见了。但莱布尼对于上帝实存的"新证明"是如此依赖于人们对他否定单子之间的一切交互性的预先认同，以至于就他所给出的这种论证形式而言，他永远不可能获得广泛的支持。

5. 正如上一章已提到过的，在莱布尼茨看来，上帝的行为总是趋于最好，所以这个世界必定是所有可能世界中最完满的那个。绝对地说，上帝可以创造一个不同的世界，但道德地说，他只能创造一个最好的可能世界。这是莱布尼茨的形上乐观主义，它引起了叔本华的嘲弄，在叔本华看来，这个世界相较于"最好的"这一说法，显然有天差地别。它反而应是所有可能世界中最糟的，且（它的存在）是对"存在一个仁慈之造物主"的有力反驳。同时，即便这一乐观的说法能被给定，那么对于莱布尼茨来说，显然还有一个不可推卸的责任，即解释世界上的恶为什么不会与这一乐观的说法相悖？莱布尼茨对这一问题给予了相当大的关注，并且在1770 年出版了《神义论》(Theodicy, Essays on the Goodness of God, the Freedom of Man and the Origin of Evil)，来讨论这个问题。

莱布尼茨首先区别了恶的三种类型。"恶也许可以分为形而上学意义上的、肉体意义上的，以及道德意义上的。形而上学意义上的恶仅由不完满性构成，肉体意义上的恶来自痛苦（suffering），而道德意义上的恶来自罪（sin）。"[1]下面我们首先解释他所谓的"形上之恶"。在此，笔者希望读者注意莱布尼茨所阐明的两条一般性原则。其一，恶本身乃是一种匮乏，而非某种正面积极的性质。因此，一般来说，恶没有动力因，因为构成它的东西"并不是动力因可以给出的。这也就是为什么经院学者们习惯将恶的原因称作贫乏（deficient）"[2]。"圣·奥古斯丁也提出了这一观念。"[3]其二，上帝并不喜悦道德之恶，而只是允许了它的存在，且上帝也从未绝对地喜悦肉体之恶或痛苦，而只是有前提地喜悦，譬如说基于如下

---

[1] 《神义论》, 21, 第 136 页（页码参照 E. M. Huggard 的译本，详见本书附录）；G., 6, 115。

[2] 《神义论》, 20；G., 6, 115。

[3] 《神义论》, 378, 第 352 页；G., 6, 340。

前提，即肉体之恶与痛苦是为了一个善的目的，比如它能使得受苦者变得更完满。

形上之恶即不完满，而这种不完满本身与有限的存在者有关。被造之存在者必然是有限的，而有限的存在者必然不完满；而不完满又是过错与邪恶之所以可能的根源。"将一切存在都追溯到上帝那里的我们，应从哪里去寻找恶的来源呢？答案是：必然应当从被造物之本质中去寻找，只要这种本质被包含在永恒真理之中，而永恒真理在上帝的理智中并独立于上帝的意愿。因为我们必须认识到，在罪出现之前，被造物中便已存在着一种原本就有的不完满，因为被造物究其本质而言是有限的，所以不可能是全知的，并且会因受到蒙蔽而犯下另一些错误。"① 所以，恶的终极源头根植于形上层面，但疑问也随之产生：上帝因何不需对恶负责？因为仅就现实而论，是他创造了这个世界，并使得一切有限与不完满的事物获得了实存性。对此，莱布尼茨的答案是：存在总比不存在要更完满些。仅就我们所能区分的上帝意愿之中的每一时刻而言，我们可以说上帝"原先"只单纯地意愿着善。但由于被造物的不完满性并不依赖神的意志反而依赖造物的理想本质，所以上帝不能选择不去创造不完满之存在者这一选项。但不论如何，他也选择了去创造一个最好的可能世界。仅从其本身考虑，上帝的意愿就是善，而"后来"，一旦上帝决定创造，他所意愿的就是最好的可能性。② "上帝原先意愿着绝对之善者，后来意愿着相对之最善者。"③ 但上帝不可能在意愿最善者的同时，不意愿不完满之事物的存在。因此，即便上帝所创造的世界是所有可能世界之中最好的，它也必然不完满。

在处理肉体（物质）与道德之恶的问题上，莱布尼茨首先预设了他的上述形而上学立场。他当然有权这么做，因为正是他的形而上学立场引起了这一问题。（然而他可能会更多地考虑到这一事实，即比起任何有神论哲学，预定和谐论使得关于恶的问题变得更为尖锐。）在预设这个世界

---

① 《神义论》, 20, 第135—136页; G., 6, 115.
② 上述打引号的这两个词，不仅指时间先后，还指逻辑先后。——译者注
③ 《神义论》, 23, 第137页; G., 6, 116.

是可能世界之中最好的同时,他也看到"人们必须相信,即便是痛苦与丑陋也是秩序的一部分";① 它们都属于这个系统,所以我们没有理由设想存在另一个更好的世界。此外,在这个世界之中,比起肉体之恶,存在着更多的肉体之善。进而,肉体的痛苦"源于道德之恶"②。但肉体的痛苦也可以服务于许多有用的目的,它们可以用来惩罚罪,并使善更为完满。至于动物,莱布尼茨认为:"人们不能合理地怀疑动物也存在着痛苦;只是动物的快乐与痛苦似乎并不像人那么热烈,因为它们没有反思能力,因此它们并不敏感,既不易于感受到由痛苦产生的烦恼,也不易于感受到由快乐带来的欢愉。"③ 然而,莱布尼茨的主要论点在于,这个世界上的善比恶多得多,同时,这个世界中的恶是属于整个系统的,这整个系统必然只能被看作一个整体。正是阴影才能更加清晰地反衬出光芒。就形而上学的观点来看,莱布尼茨力图将恶认作必然之物。"既然上帝创造了所有可朽的积极实在,他就会创造恶的源头(不完满性)。假如这种源头不存在于事物的可能性或形式之中,上帝就不可能创造事物,因为他不可能是他自己的理智的创造者。"④ 而在处理具体肉体之恶问题的时候,莱布尼茨的写作方式在许多人看来是肤浅的,且还有一种贬义上的"教谕"意义。恰如莱布尼茨在《神义论》序言中所提到的那样:"我努力地以一种有教谕意义的方式来考虑每一件事。"⑤

然而,莱布尼茨关注的重点实际上是道德之恶。在《神义论》中,他旁征博引地探讨了这个问题,论及了其他哲学家与经院神学家对此的观点。事实上,他对经院哲学所争议的问题,譬如对"托马斯主义者"与"莫林纳主义者"⑥ 之间的争论,有着惊人的了解。这种旁征博引使得读者在某种程度上很难归纳出莱布尼茨的主要观点,尽管事实上他曾写过一个《神义论》的综述或概括。而我们很难简要地陈述莱布尼茨立场的一个更

---

① 《神义论》,241,第 276 页;G., 6, 261。
② 同上。
③ 《神义论》,241,第 281 页;G., 6, 266。
④ 《神义论》,380,第 353 页;G., 6, 341。
⑤ 《神义论》,第 71 页;G., 6, 47。
⑥ 可以参看本书第 16 章第 4 节中关于耶稣会士莫林纳的论述。——译者注

为重要的原因在于，他似乎同时持有两个南辕北辙的论点。

每个试图去解决恶的问题的有神论者，都要面对一个难题：既然上帝创造了这个世界，且维护了这个世界的实存性，他因何不需要对这个世界的恶负责？莱布尼茨则利用经院主义的匮乏之恶这一理论来回答这个难题。"柏拉图主义者们、圣·奥古斯丁和经院哲学家们都有理由断言，上帝是那些处于实在之物中的恶的质料因；但上帝并非这种匮乏的形式因。"① 道德之恶乃是意志中正当命令的匮乏。假如甲开枪谋杀了乙，就物质层面而言，他的这一行为与他在正当防卫的情况下杀了乙是一样的；但前一情况显然匮乏一种正当命令，后一情况则存在这种命令。而莱布尼茨将这种匮乏与他所谓的"形上之恶"联系在一起。"因此，当有人说被造物的存在与行为乃是仰赖于上帝，或者说上帝之护理也是一种连续的创造，确实如此，因为上帝总是给予受造之物，并不断地创造出其中所有积极、美好和完美的东西……另一方面，不完满性与行为的缺陷性就来自原初的局限性，这一局限性在被造物的存在之初便以一种不得不然的方式通过理想的理由限制着它。因为上帝不可能赋予被造物一切，要不然被造物本身就会成为另一个上帝。所以事物的完满性必然存在着不同的等级，也必然存在着各种不同的局限。"② 这意味着：人类的恶行在某种程度上乃是其自身本质的不完满性与局限性的展现，而这种不完满性与局限性包含于人这种东西的观念之中，而这一观念则存在于上帝的理智之中。在这个意义上，恶行似乎应是必然的，甚至是形而上学意义上的必然。然而，它们并不因上帝的意愿而生，除非上帝有意地去选择创造它们。所以，尽管上帝自由地创造了所有可能世界中最好的那个，但他依然不可能在不创造不完满事物的前提下创造这个世界。此外，即便莱布尼茨将他的可能性观念定义为要求实存性或在某种程度上来说定义为争取实存性，他依然可以继续说这个世界的实存性是必然的，所以上帝不需要对这个世界的恶承担责任。

而上述对莱布尼茨思想的进一步推演使得他与斯宾诺莎主义非常接

---

① 《神义论》, 30, 第 141 页; G., 6, 120。
② 《神义论》, 31; 第 141—142 页; G., 6, 121。

近。但事实上,莱布尼茨从未想要以这种方式继续思考这些问题。相反,他强调上帝与人类的自由,并以此为人类的责任及其死后的被审判找到依据。上帝自由地创造了这个世界;但无论如何,就道德之恶而言,他只积极地意愿了正面的因素而没有意愿消极的匮乏或恶的因素。而道德之恶被归责于人类,人类也将因此在死后得到公正的褒奖或惩罚。在一篇批评笛卡尔的无记忆之不朽的文章中,莱布尼茨主张:"这种无记忆之不朽在伦理学观点看来完全没有意义,因为它摧毁了一切褒奖、补偿与惩罚……为了使人类的希望不至于消逝,我们必须要证明上帝绝对理智且公正,因此他不会容忍任何冤屈,必定使得善恶皆有所报。这是伦理学的最根本基础……"[①] 但如果要证明上述永恒的制裁是合理的,必须以人的自由为前提。

然而莱布尼茨在此又一次被卷进了一个巨大的难题中。在他看来,被给予主词的所有前后继起的谓词都实际被包含在主词概念之中。而实体类似于主词,它的所有属性和行动都实际被包含在这一实体的本质中。因此,每个人的行为在原则上都是可以预测的,因为这些行为显然是可以被无限心灵所预见的。就此而言,人类又如何能够被认作自由的呢?在《神义论》中,莱布尼茨有力地主张了自由的实在性。他指出,某些"声誉卓著"的经院学者发展了上帝的预先决定之令谕,以解释上帝对于未来之偶然的预知,并主张人的自由。上帝预先决定了人类自由地选择此或彼。莱布尼茨随后加了一句说,预定和谐理论就能解释上帝对人的知识,并不需要引入上帝任何更加直接的预先决定行为,也不需要预设莫林纳主义者们所谓的科学媒介(scientia media)概念。而且这一理论完美地兼容自由概念。因为,尽管一个人会做出某种选择是先天确定的,但他所做的选择并非出自强迫,而是由于目的因,所以他才倾向于选择这么去做。

除非我们首先去定义"自由"概念,否则在一个更宽泛的层面上讨论自由是否能兼容于莱布尼茨的逻辑与形而上学前提是没有价值的。假如某人将自由认作"中立的自由"(liberty of indifference),那这种情况显

---

① *G.*, 4, 400; *D.*, p. 9.

然不容于莱布尼茨的体系,正如他本人所反复将之称为无稽之谈。在莱布尼茨看来,"始终存在着一个占主导地位的理由,它规定着意志进行选择,但为了存护意志的自由,这个理由只能推动而不能强迫"。①所以,形上必然性与道德必然性必须被区别开来,被决定的情况并不等同于前者:被决定的也可以与自由兼容而并非绝对必然,因为与之相反的情况并不是矛盾的,或在逻辑上不可设想的。莱布尼茨在论及一些心理学意义上的决定主义时也使用"自由"概念。假如某人将自由定义为"智性之中的自发性",②这无疑契合于莱布尼茨的逻辑与形而上学前提。但这是否契合于他在《神义论》中所提出的罪之观念与永恒刑罚观念却仍是值得怀疑的。除非施动者本来可以有其他的行为,也能够做其他的行为,并且这一其他行为的序列显然并不仅仅是逻辑意义上的可能,同时也应该是实践意义上的可能,若非如此,则常人基本上应该会倾向于认为很难有"罪"与"罚"的问题。

所以,对于莱布尼茨哲学,我们很难避免那种分裂的印象:一边是基于他逻辑与形上意义的阐释,另一边是《神义论》中所给出的正统神学宣告。在这个问题上,我必须要坦诚我的观点与罗素一致。但同时,我也认为,并没有什么切实的理由去指责莱布尼茨虚伪,或者认为他所表现的神学立场仅仅是出于权宜之计。毕竟,他对那些必须对"自由"概念做专门解释的神学与哲学体系非常熟悉,并且在"非斯宾诺莎主义者"中,他似乎也不是第一个认为"自由"与"被决定"可以相容的人。对于这一问题,一些神学家与形而上学家们也许会说,普通人的自由概念是含混的,需要进一步地澄清与纠正。莱布尼茨无疑也认同这一看法。但他在形而上学必然与道德必然之间划下的鸿沟,是否足以使人们对于"自由"的概念获得一个清楚的认识,这一点依然存在争议。

6. 尽管莱布尼茨说这个世界乃是所有可能世界中最好的,但这并不意味着这个世界在任何被给定的时刻,都已经达到了它所能有的最大完满:它仍在不断进步与发展。宇宙中的和谐"使得一切事物通过自然的方

---

① 《神义论》,45,第 148 页;G., 6, 127.
② G., 7, 108.(《一般科学的起源》)

式向着神的恩典进步"①。在论及向着神的恩典进步之时,莱布尼茨似乎想说,根据预定和谐的设计,某些感性灵魂上升到了精神或理性灵魂的层次,这一层次使得它们成为"上帝本身的形象"②,同时有能力去认识宇宙这一系统,并且它还是与上帝发生社会关系的系统。精神(spirits)的这种和谐统一体构成了"上帝之城","一个自然世界之中的道德世界"③。这一宇宙机制的建筑师,这一精神之城的君王,上述说法本质上指向同一个存在者,上帝;而这种统一性也表现为"自然界的物理王国与神性恩典的道德王国之间的和谐"④。正如莱布尼茨所设想的那样,在不断进展实现其潜能的过程中,一个被给定的单子的可能性在这一单子的尺度上不断地向上攀升,所以他将单子系统认作一个不断向着发展之理想界限前进的过程。这种发展和进步是无尽的。而在论及来世的时候,他说:"至福,不论其伴随着什么极乐的图景或关于上帝的知识,都永不可能是完全的;因为上帝是无限的,所以我们不可能完全认识他。因此,我们的幸福永不可能,也不应该由那种完全的欢愉构成,在这些欢愉之中并无任何我们所渴望的东西并且只会使我们的心灵愚笨,实际上,幸福是向着新的快乐与新的完满的永恒进步的过程。"⑤这种无穷进步与不断自我完善的概念也可以在康德那里找到,莱布尼茨的上帝之城观念,以及自然界的物理王国与神性恩典的道德王国之间的和谐作为历史之终极旨归这一观念,显然也深深地影响了他。这些观念代表着莱布尼茨哲学中的历史因素。他不仅强调无时间性的逻辑与数学的永恒真理,同时也注重个体性实体在和谐的纽带中动态、永久地自我展开与自我完善。他试图以将单子阐释为逻辑主词的方式来把他哲学的两个方面联系起来,但实际情况却是,恰恰是通过他哲学的历史方面而非逻辑与数学方面,使他在某种程度上突破了理性主义之启蒙运动的藩篱。尽管与此同时,他哲学的历史方面从属于数学方面。从未有新的东西产生:所有的一切在原则上都是可以

---

① 《神义论》,88; *G.*, 6, 622; *D.*, p. 231。
② 《神义论》,83; *G.*, 6, 621。
③ 《神义论》,86; *G.*, 6, 622。
④ 《神义论》,87; *G.*, 6, 622。
⑤ 《自然与恩典之法则》,18; *G.*, 6, 606; *D.*, p. 217。

预测的，所有的发展都可类比于逻辑或数学系统的运作。毋庸置疑，对于莱布尼茨而言，是适合原则或完满原则而非矛盾律统治着历史；但他也常常有将完满原则附属于矛盾律的倾向。

参考文献

一般著作

Abbagnano, N. *Storia della filosofia*: II, *parte prima*. Turin, 1949.

Adamson, R. *The Development of Modern Philosophy, with other Lectures and Essays*. Edinburgh, 1908 (2nd edition).

Alexander, A. B. D. *A Short History of Philosophy*. Glasgow, 1922 (3rd edition).

Bréhier, E. *Histoire de la philosophie*: II, *la Philosophie moderne; 1re partie, XVIIe et XVIIIe siècles*. Paris, 1942. (Bréhier's work is one of the best histories of philosophy, and it contains brief, but useful. bibliographies.)

Carré, M. H. *Phases of Thought in England*. Oxford, 1949.

Castell, A. *An Introduction to Modern Philosophy in Six Problems*. New York, 1943.

Catlin, G. *A History of the Political Philosophers*. London, 1950.

Collins, J. *A History of Modern European Philosophy*. Milwaukee, 1954. (This work by a Thomist can be highly recommended. It contains useful bibliographies.)

De Ruggiero, G. *Storia della filosofia: IV, la filosofia moderna. 1, l'età cartesiana; 2, l' età dell' illuminismo*. 2 vols. Bari, 1946.

De Ruvo, V. *Il problema della verità da Spinoza a Hume*. Padua, 1950.

Deussen, P. *Allgemeine Geschichte der Philosophie*: II, 3, *von Descartes bis Schopenhauer*. Leipzig, 1920 (2nd edition).

Devaux, P. *De Thalès Bergson. Introduction historique à la philosophie*. Liége, 1948.

Erdmann, J. E. *A History of Philosophy*: II, *Modern Philosophy*, translated by W. S. Hough. London, 1889, and subsequent editions.

Falckenberg, R. *Geschichte der neuern Philosophie*. Berlin, 1921 (8th edition).

Ferm, V. (editor). *A History of Philosophical Systems*. New York, 1950. (This work consists of essays, of uneven merit, by different writers on different periods and branches of philosophy.)

Fischer, K. *Geschichte der neuern Philosophie*. 10 vols. Heidelberg, 1897–1904. (This work includes separate volumes on Descartes, Spinoza and Leibniz, as listed under these names.)

Fischl, J. *Geschichte der Philosophie*, 5 vols. II, *Renaissance und Barock, Neuzeit bis Leibniz*; III, *Aufklärung und deutscher Idealismus*. Vienna, 1950.

Frischeisen-Köhler, M. and Moog, W. *Die Philosophie der Neuzeit bis zum Ende des* XVIII *Jahrhunderts*. Berlin, 1924, reproduction, 1953. (This is the third volume of the new revised edition of Ueberweg's *Grundriss der Geschichte der Philosophie*. It is useful as a work of reference and contains extensive bibliographies. But it is hardly suited for continuous reading.)

Fuller, B. A. G. *A History of Philosophy*. New York, 1945 (revised edition).

Hegel, G. W. F. *Lectures on the History of Philosophy*, translated by E. S. Haldane and F. H. Simson. Vol. III. London, 1895. (Hegel's history of philosophy forms part of his system. His outlook influenced several of the older German historians, such as Erdmann and Schwegler.)

Heimsoeth, H. *Metaphysik der Neuzeit*. Two parts. Munich and Berlin, 1927 and 1929. (This work is contained in the *Handbuch der Philosophie* edited by A. Baeumler and M. Schröter.)

Hirschberger, J. *Geschichte der Philosophie*: II, *Neuzeit und Gegenwart*. Freiburg i. B., 1952. (This is an objective account by a Catholic writer who is a professor at the University of Frankfurt-a-M.)

Höffding, H. *A History of Philosophy* (modern), translated by B. E. Meyer. 2 vols. London, 1900 (American reprint, 1924).

A Brief History of Modern Philosophy, translated by C. F. Sanders. London, 1912.

Jones, W. T. *A History of Western Philosophy*: II, *The Modern Mind*. New York, 1952.

Lamanna, E. P. *Storia della filosofia*: II, *Dall'età cartesiana alla fine dell' Ottocento*. Florence, 1941.

Leroux, E. and Leroy, A. *La Philosophie anglaise classique*. Paris, 1951.

Lewes, G. H. *The History of Philosophy*: II, *Modern Philosophy*. London, 1867.

Maréchal, J. *Précis d'histoire de la philosophie moderne, de la renaissance à Kant*. Louvain, 1933; revised edition, Paris, 1951.

Marías, J. *Historia de la filosofía*. Madrid, 1941.

Mellone, S. H. *Dawn of Modern Thought*. Oxford, 1930. (This work deals with Descartes, Spinoza and Leibniz, and forms a short and useful introduction.)

Meyer, H. *Geschichte der abendländischen Weltanschauung*: IV, *von der Renaissance zum deutschen Idealismus*. Würzburg, 1950.

Miller, H. *An Historical Introduction to Modern Philosophy*. New York, 1947.

Morris, C. R. *Locke, Berkeley, Hume*. Oxford, 1931. (A useful, short introduction.)

Rogers, A. K. *A Student's History of Philosophy*. New York, 1954 (3rd edition reprinted). (A straightforward textbook.)

Russell, Bertrand. *History of Western Philosophy and its Connection with Political and Social Circumstances from the Earliest Times to the Present Day*. London, 1946, and reprints. (This volume is unusually lively and entertaining; but its treatment of a number of important philosophers is both inadequate and misleading.)

Sabine, G. H. *A History of Political Theory*. London, 1941. (A valuable study of the subject.)

Schilling, K. *Geschichte der Philosophie*: II, *Die Neuzeit*. Munich, 1953. (Contains useful bibliographies.)

Seth, J. *English Philosophers and Schools of Philosophy*. London, 1912.

Sorley, W. R. *A History of English Philosophy*. Cambridge, 1920 (reprint 1937).

Souilhé, J. *La philosophie chrétienne de Descartes à nos jours*. 2 vols. Paris, 1934.

Thilly, F. *A History of Philosophy*, revised by L. Wood. New York, 1951.

Thonnard, F. J. *Précis d'histoire de la philosophie*. Paris, 1941 (revised edition).

Turner, W. *History of Philosophy*. Boston and London, 1903.

Vorländer, K. *Geschichte der Philosophie*: II, *Die Philosophie der Neuzeit bis Kant*, edited by H. Knittermeyer. Hamburg, 1955.

Webb, C. C. J. *A History of Philosophy*. London (Home University Library), 1915, and reprints.

Windelband, W. *A History of Philosophy, with especial reference to the Formation and Development of its Problems and Conceptions*, translated by J. H. Tufts. New York and London, 1952 (reprint of 1901 edition). (This notable work treats the history of philosophy according to the development of problems.)

Windelband, W. *Lehrbuch der Geschichte der Philosophie*, edited by H. Heimsoeth with a concluding chapter, 'Die Philosophie im 20 Jahrhundert mit einer Uebersicht über den Stand der philosophie-geschichtlichen Forschung'. Tübingen, 1935.

Wright, W. K. *A History of Modern Philosophy*. New York, 1941.

第二至六章　笛卡尔

原始文本

Œuvres de Descartes, edited by C. Adam and P. Tannery. 13 vols. Paris, 1897–1913. (This is the standard edition, to which references are generally made.)

Correspondance de Descartes, edited by C. Adam and G. Milhaud. Paris, 1936 ff. (Standard edition.)

The Philosophical Works of Descartes, translated by E. S. Haldane and G. R. T. Ross. 2 vols. Cambridge, 1911–12 (corrected edition, 1934; reprint, New York, 1955). (The first volume contains *Rules, Discourses, Meditations, Principles*, though in the case of a large number of sections dealing with astronomical and physical matters only the headings are given; *Search after Truth, Passions of the Soul* and *Notes Against a Programme*. The second volume contains seven sets of *Objections* with Descartes' replies, a letter to Clerselier, and a letter to Dinet.)

Œuvres et lettres, with introduction and notes by A. Bridoux. Paris, 1937·

A. Discourse on Method (together with the *Meditations* and excerpts from the *Principles*), translated by J. Veitch, with an introduction by A. D. Lindsay, London (*E. L.*).

Discourse on Method. New York, 1950.

Discours de la méthode. Text and commentary by E. Gilson. Paris, 1939 (2nd edition).

Discours de la méthode, with a preface by J. Laporte and introduction and notes by M. Barthélemy. Paris, 1937.

Discours de la méthode, with introduction and notes by L. Liard. Paris, 1942.

The Meditations concerning First Philosophy. New York, 1951.

Meditationes de prima philosophia, with introduction and notes by G. Lewis. Paris, 1943.

Entretien avec Burman. Manuscrit de Göttingen. Text edited, translated and annotated by C. Adam. Paris, 1937·

The Geometry of René Descartes, translated by D. E. Smith and M. L. Latham. New York, 1954.

Lettres sur la morale. Text revised and edited by J. Chevalier. Paris, 1935 (and 1955).

Descartes: Selections, edited by R. M. Eaton. New York, 1929.

Descartes' Philosophical Writings, selected and translated by M. K. Smith. London, 1953.

Descartes: Philosophical Writings. A selection translated and edited by E. Anscombe and P. T. Geach, with an introduction by A. Koyré. London, 1954.

研究专著

Adam, C. *Descartes, sa vie, son œuvre.* Paris, 1937.

Alquié, F. *La découverte metaphysique de l'homme chez Descartes.* Paris, 1950.

Balz, A. G. A. *Descartes and the Modern Mind.* New Haven (U.S.A.), 1952.

Beck, L. J. *The Method of Descartes.* Oxford, 1952. (A valuable study of the *Regulae*.)

Brunschvicg, L. *Descartes.* Paris, 1937.

Cassirer, E. *Descartes.* New York, 1941.

Chevalier, J. *Descartes.* Paris, 1937 (17th edition).

De Finance, J. *Cogito cartésien et réflexion thomiste.* Paris, 1946.

Devaux, P. *Descartes philosophe.* Brussels, 1937.

Dijksterhuis, E. J. *Descartes et le cartésianisme hollandais. Études et documents.* Paris, 1951.

Fischer, K. *Descartes and his School.* New York, 1887.

Gibson, A. B. *The Philosophy of Descartes.* London, 1932. (This work and the volume, mentioned below, by Dr. Keeling, form excellent studies for English readers.)

Great Thinkers: VI, *Descartes* (in *Philosophy*, 1935).

Gilson, E. *Index scolastico-cartésien.* Paris, 1912.

La liberté chez Descartes et la théologie. Paris, 1913.

Études sur le rôle de la pensée médiévale dans la formation du système cartésien. Paris, 1930.

Gouhier, H. *La pensée religieuse de Descartes.* Paris, 1924.

Gueroult, M. *Descartes selon l'ordre des raisons.* 2 vols. Paris, 1953.

Nouvelles réflexions sur la preuve ontologique de Descartes. Paris, 1955.

Haldane, E. S. *Descartes: His Life and Times.* London, 1905.

Jaspers, K. *Descartes und die Philosophie.* Berlin, 1956 (3rd edition).

Joachim, H. M. *Descartes' Rules for the Direction of the Mind.* Oxford, 1956.

Keeling, S. V. *Descartes.* London, 1934. (See remark under Gibson.)

Laberthonnière, L. *Études sur Descartes.* 2 vols. Paris, 1935.

Études de philosophie cartésienne. Paris, 1937. (These volumes are contained in the *Œuvres de Laberthonnière*, edited by L. Canet.)

Laporte, J. *Le rationalisme de Descartes.* Paris, 1950 (2nd edition).

Leisegang, H. *Descartes.* Berlin, 1951.

Lewis, G. *L'individualité selon Descartes.* Paris, 1950.

Le problème de l'inconscient et le cartésianisme. Paris, 1950.

Mahaffy, J. P. *Descartes.* Edinburgh and London, 1892.

Maritain, J. *Three Reformers: Luther, Descartes, Rousseau.* London, 1928.

The Dream of Descartes, translated by M. L. Andison. New York, 1944.

Mesnard, P. *Essai sur la morale de Descartes.* Paris, 1936.

Natorp, P. *Descartes' Erkenntnistheorie.* Marburg, 1882.

Oligiati, F. *Cartesio.* Milan, 1934.

La filosofia di Descartes. Milan, 1937.

Rodis-Lewis, G. *La morale de Descartes.* Paris, 1957.

Serrurier, C. *Descartes, l'homme et le penseur.* Paris, 1951.

Serrus, C. *La méthode de Descartes et son application à la métaphysique.* Paris, 1933.

Smith, N. K. *Studies in the Cartesian Philosophy.* London, 1902.

New Studies in the Philosophy of Descartes. London, 1953.

Versfeld, M. *An Essay on the Metaphysics of Descartes.* London, 1940.

有许多不同作者关于笛卡尔的论文,例如:

Cartesio net terzo centenario del Discorso del metodo. Milan, 1937.

Congrès Descartes. Travaux du IXe·Congrès International de Philosophie, edited by P. Bayer. Paris, 1937.

Causeries cartésiennes. Paris, 1938.

Descartes. Homenaje en el tercer centenario del Discorso del Método. 3 vols. Buenos Aires, 1937.

Escritos en Honor de Descartes. La Plata, 1938.

注：关于伽桑狄（*Opera*, Lyons, 1658, and Florence, 1727），参看 G. S. Brett 的 *The Philosophy of Gassendi*（New York, 1908）。关于梅森（*Correspondance*, published by Mme P. Tannery, edited and annotated by C. De Waard and R. Pintard, 3 vols., Paris, 1945–6），参看 R. Lenoble 的 *Mersenne ou la naissance du mécanisme*（Paris, 1943）。

第七章　帕斯卡尔

原始文本

Œuvres complètes, edited by L. Brunschvicg, E. Boutroux and F. Gazier. 14 vols. Paris, 1904–14.

Greater Shorter Works of Pascal, translated by E. Caillet and J. C. Blankenagel. Philadelphia, 1948.

Pensées et opuscules, with an introduction and notes by L Brunschvicg. Paris, 1914 (7th edition); re-edited, 1934.

Pensées, edited in French and English by H. F. Stewart. London, 1950.

Pensées, translated by W. F. Trotter, with an introduction by T. S. Eliot. London (*E. L.*).

There are many editions of the *Pensées*; for example, those by H. Massis (Paris, 1935), J. Chevalier (Pans, 1937), V. Giraud (Paris, 1937), Z. Tourneur (Paris, 1938), and the palaeographic edition by Z. Tourneur (Paris, 1943).

Discours sur les passions de l'amour de Pascal. Text and commentary by A. Ducas. Algiers, 1953.

研究专著

Benzécri, E. *L'esprit humain selon Pascal*. Paris, 1939.

Bishop, M. *Pascal, the Life of Genius*. New York, 1936.

Boutroux, E. *Pascal*. Paris, 1924 (9th edition).

Brunschvicg, L. *Le génie de Pascal*. Paris, 1924.

Pascal. Paris, 1932.

Caillet, E. *The Clue to Pascal*. Philadelphia, 1944.

Chevalier, J. *Pascal*. London, 1930.

Falcucci, C. *Le problème de la vérité chez Pascal*. Toulouse, 1939.

Fletcher, F. T. H. *Pascal and the Mystical Tradition*. Oxford, 1954.

Guardini, R. *Christliches Bewusstsein. Versuche über Pascal*. Leipzig, 1935.

Guitton, J. *Pascal et Leibniz*. Paris, 1951.

Jovy, E. *Études pascaliennes*. 5 vols. Paris, 1927–8.

Lafuma, L. *Histoire des Pensées de Pascal (1656–1953)*. Paris, 1954.

Laporte, J. *Le cœur et la raison selon Pascal*. Paris, 1950.

Lefebvre, H. *Pascal*. Paris, 1949.
Mesnard, J. *Pascal, His Life and Works*. New York, 1952.
Russier, J. *La foi selon Pascal*. 2 vols. Paris, 1949.
Sciacca, M. F. Pascal. Brescia, 1944.
Serini, P. *Pascal*. Turin, 1942.
Sertillanges, A-D. *Blaise Pascal*. Paris, 1941.
Soreau, E. *Pascal*. Paris, 1935.
Stewart, H. F. *The Secret of Pascal*. Cambridge, 1941.
Blaise Pascal. London (British Academy Lecture), 1942.
The Heart of Pascal. Cambridge, 1945.
Stöcker, A. *Das Bild vom Menschen bei Pascal*. Freiburg i. B., 1939.
Strowski, F. *Pascal et son temps*. 3 vols. Paris, 1907–8.
Vinet, A. *Études sur Blaise Pascal*. Lausanne, 1936.
Webb, C. C. J. *Pascal's Philosophy of Religion*. Oxford, 1929.
Woodgate, M. V. *Pascal and his Sister Jacqueline*. St. Louis (U.S.A.), 1945.
Archives de Philosophie (1923, Cahier III) is devoted to *Études sur Pascal*. Paris.

第八章　笛卡尔主义

原始文本

Geulincx. *Opera Philosophica*, edited by J. P. N. Land. 3 vols. The Hague, 1891–3.

研究专著

Balz, A. G. A. *Cartesian Studies*. New York, 1951.
Bouillier, F. *Histoire de la philosophie cartésienne*. 2 vols. Paris, 1868 (3rd edition).
Covotti, A. *Storia della filosofia. Gli occasionalisti: Geulincx-Malebranche*. Naples, 1937.
Hausmann, P. *Das Freiheitsproblem bei Geulincx*. Bonn, 1934.
Land, J. P. N. *Arnold Geulincx und seine Philosophie*. The Hague, 1895.
Prost, J. *Essai sur l'atomisme et l'occasionalisme dans la philosophie cartésienne*. Paris, 1907.
Samtleben, G. *Geulinex, ein Vorgänger Spinozas*. Halle, 1885.
Terraillon, E. *La morale de Geulincx dans ses rapports avec la philosophie de Descartes*. Paris, 1912.
Van der Haeghen, V. *Geulincx. Études sur sa vie, sa philosophie et ses ouvrages*. Ghent, 1886.

第九章　马勒伯朗士

原始文本

Œuvres complètes, edited by D. Roustan and P. Schrecker. Paris, 1938 ff. (Critical edition.)

Œuvres complètes. II vols. Paris, 1712.

Entretiens sur la métaphysique et sur la religion, edited by P. Fontana. Paris, 1922.

Entretiens sur la métaphysique et sur la religion, edited with an introduction and notes by A. Cuvelier. Paris, 1945.

Dialogues on Metaphysics and on Religion, translated by M. Ginsberg. London, 1923.

Méditations chrétiennes, edited by H. Gouhier. Paris, 1928.

De la recherche de la vérité, edited with an introduction by G. Lewis. 2 vols. Paris, 1945.

Traité de morale, edited by H. Joly. Paris, 1882 (republished 1939).

Traité de l'amour de Dieu, edited by D. Roustan. Paris, 1922.

Entretien d'un philosophe chrétien et d'un philosophe chinois, edited with an introduction and notes by A. Le Moine. Paris, 1936.

研究专著

Church, R. W. *A Study in the Philosophy of Malebranche*. London, 1931. (Recommended.)

Delbos, V. *Étude sur la Philosophie de Malebranche*. Paris, 1925.

De Matteis, F. *L'occasionalismo e il suo sviluppo nel pensiero di N. Malebranche*. Naples, 1936.

Ducassé, P. *Malebranche, sa vie, son œuvre, sa philosophie*. Paris, 1942.

Gouhier, H. *La vocation de Malebranche*. Paris, 1926.

La philosophie de Malebranche et son expérience religieuse. Paris, 1948 (2nd edition).

Gueroult, M. *Étendue et psychologie chez Malebranche*. Paris, 1940.

Laird, J. *Great Thinkers*: VII, Malebranche (article in Philosophy, 1936).

Le Moine, A. *Les vérités éternelles selon Malebranehe*. Paris, 1936.

Luce, A. A. *Berkeley and Malebranche*. London, 1934.

Mouy, P. *Les lois du choc des corps d'aprés Malebranche*. Paris, 1927.

Nadu, P. S. *Malebranche and Modern Philosophy*. Calcutta 1944.

有多本关于马勒伯朗士的论文集。比如：*Malebranche nel terzo centenario della sua nascita* (Milan, 1938) 和 *Malebranche. Commémoration du troisième-centenaire de sa naissance* (Paris, 1938)。

第十至十四章　斯宾诺莎

原始文本

Werke, edited by C. Gebhardt. 4 vols. Heidelberg, 1925. (Critica edition.)

Opera quotquot reperta sunt, edited by J. Van Vloten and J. P. N. Land. 2 vols., The Hague, 1882, 1883; 3 vols., 1895; 4 vols., 1914.

The Chief Works of Benedict de Spinoza, translated with an introduction by R. H. M. Elwes. 2 vols. London, 1883; revised edition, 1903. (Vol. I contains the *Tractatus theologico-politicus* and the *Tractatus politicus*. Vol. II the *De intellectus emendatione*, the *Ethica and Select Letters*.) Reprinted in one volume, New York, 1951.

The Principles of Descartes' Philosophy (together with *Metaphysical Thoughts*), translated by H. H. Britan. Chicago, 1905.

Short Treatise on God, Man and his Well-Being, translated by A. Wolf. London, 1910.

Spinoza's Ethics and De intellectus emendatione, translated by A. Boyle, with an introduction by G. Santayana. London (*E. L.*).

Spinoza: Writings on Political Philosophy, edited by A. G. A. Balz. New York, 1937.

Spinoza: Selections, edited by J. Wild. New York, 1930.

The Correspondence of Spinoza, edited by A. Wolf. London, 1929.

研究专著

Bidney, D. *The Psychology and Ethics of Spinoza: A Study in the History and Logic of Ideas*. New Haven (U.S.A.), 1940.

Brunschvicg, L. *Spinoza et ses contemporains*. Paris, 1923 (3rd edition).

Ceriani, G. *Spinoza*. Brescia, 1943.

Chartier, E. *Spinoza*. Paris, 1938.

Cresson, A. *Spinoza*. Paris, 1940.

Darbon, A. *Études spinozistes*, edited by J. Moreau. Paris, 1946.

De Burgh, W. G. *Great Thinkers*: VIII, Spinoza (article in Philosophy, 1936).

Delbos, V. *Le problème moral dans la philosophie de Spinoza*. Paris, 1893.

Le spinozisme. Paris, 1916.

Dujovne, L. *Spinoza. Su vida, su época, su obra y su influencia*. 4 vols. Buenos Aires, 1941–5.

Dunin-Borkowski, S. von *Spinoza*. 4 vols. Münster i. W. Vol. I (*Der junge De Spinoza*), 1933 (2nd edition); Vols. II–IV (*Aus den Tagen Spinozas: Geschehnisse, Gestalten, Gedankenwelt*), 1933–6.

Dunner, J. *Baruch Spinoza and Western Democracy*. New York, 1955.

Fischer, K. *Spinoza. Leben, Werke, Lehre*. Heidelberg, 1909.

Friedmann, G. *Leibniz et Spinoza*. Paris, 1946 (4th edition).

Gebhardt, C. *Spinoza: Vier Reden*. Heidelberg, 1927.

Hallett, H. F. *Aeternitas, a Spinozistic Study*. Oxford, 1930.

Hallett, H. F., *Benedict de Spinoza. The Elements of his Philosophy*. London, 1957.

Hampshire, S. *Spinoza*. Penguin Books, 1951.

Joachim, H. H. *A Study of the Ethics of Spinoza*. Oxford, 1901.

Spinoza's Tractatus de intellectus emendatione: a Commentary. Oxford, 1940.

Kayser, R. S*pinoza, Portrait of a Spiritual Hero*. New York, 1946.

Lachièze-Rey, P. *Les origines cartésiennes du Dieu de Spinoza*. Paris, 1932; 2nd edition, 1950.

McKeon, R. *The Philosophy of Spinoza*. New York, 1928.

Parkinson, G. H. R. *Spinoza's Theory of Knowledge*. Oxford, 1954.

Pollock, Sir F. *Spinoza, His Life and Philosophy*. London, 1899 (2nd edition), reprinted 1936.

Ratner, J. *Spinoza on God*. New York, 1930.

Roth, L. Spinoza, *Descartes and Maimonides*. Oxford, 1924.

Spinoza. London, 1929, reprint 1954.

Runes, D. D. *Spinoza Dictionary*. New York, 1951.

Saw, R. L. *The Vindication of Metaphysics: A Study in the Philosophy of Spinoza*. London, 1951.

Siwek, P. *L'âme et le corps d'après Spinoza*. Paris, 1930.

Spinoza et le panthéisme religieux. Paris, 1950 (new edition).

Au cœur du Spinozisme. Paris, 1952.

Vernière, P. *Spinoza et la pensée française avant la Révolution*. 2 vols. Paris, 1954.

Wolfson, H. A. *The Philosophy of Spinoza*. 2 vols. Cambridge (U.S.A.), 1934. One vol. edition, 1948.

有许多关于斯宾诺莎的文集，比如：*Spinoza nel terzo centenario della sua nascita* (Milan, 1934) 和 *Travaux du deuxième Congrès des Sociétés de Philosophie Françaises et de Langue Française: Thème historique: Spinoza. Thème de philosophie générale: L'idée de l'Univers* (Lyons, 1939)。

而从一些马克思主义者的观点看待斯宾诺莎，则可以参看由 G. L. Kline 编纂的 *Spinoza in Soviet Philosophy* (London, 1952)。

斯宾诺莎的学生则可以从 *Societas Spinozana* (First number, The Hague, 1921.) 于 1920 年建立的 *Chronicum Spinozanum* 找到一些资料。

第十五至十八章　莱布尼茨

在一些书中，Leibniz 被拼成了 Leibnitz，但我仍然使用 Leibniz 的拼写。

原始文本

Sämtliche Schriften und Briefe, edited under the auspices of the Prussian Academy of Sciences. This critical edition is to consist of 40 vols. The first volume appeared in 1923.

Die mathematischen Schriften von G. W. Leibniz, edited by C. I. Gerhardt. 7 vols. Berlin,

1849–63.

Die philosophischen Schriften von G. W. Leibniz, edited by C. I. Gerhardt. 7 vols. Berlin, 1875–90. (The critical edition, mentioned above, being still incomplete, Gerhardt's edition is frequently used in references.)

The Philosophical Writings of Leibniz, selected and translated by M. Morris. London (*E. L.*).

The Philosophical Works of Leibniz, translated with notes by G. M. Duncan. New Haven (U.S.A.), 1890. (This volume contains an extensive and useful selection.)

Leibniz: Selections, edited by P. Wiener. New York, 1930.

G. W. Leibniz. Philosophical Papers and Letters. A selection translated and edited with an introduction by L. E. Loemker. 2 vols. Chicago, 1956.

G. W. Leibniz: Opuscula philosophica selecta, edited by P. Schrecker. Paris, 1939.

Leibniz. Œuvres choisies, edited by L. Prenant. Paris, 1940.

Leibniz: The Monadology and other Philosophical Writings, translated with introduction and notes by R. Latta. Oxford, 1898.

Leibniz: The Monadology, translated with commentary by H. W. Carr. Los Angeles, 1930.

Leibniz's *Discourse on Metaphysics, Correspondence with Arnauld, and Monadology*, translated by G. R. Montgomery. Chicago, 1902.

Leibniz: Discourse on Metaphysics, translated by P. G. Lucas and L. Grint. Manchester, 1953.

Leibniz. Discours de métaphysique, edited with notes by H. Lestienne. Paris, 1945.

New Essays concerning Human Understanding, translated by A. G. Langley. Lasalle (Illinois), 1949 (3rd edition).

Theodicy, Essays on the Goodness of God, the Freedom of Man and the Origin of Evil, translated by E. M. Huggard, with an introduction by A. Farrer. Edinburgh and London, 1952.

Opuscules et fragments inédits de Leibniz, edited by L. Couturat. Paris, 1903.

G. W. Leibniz, Textes inédits, edited by G. Grua. 2 vols. Paris, 1948.

G. W. Leibniz. Lettres et fragments inédits sur les problems philosophiques, théologiques, politiques de la réconciliation des doctrines protestantes (1669–1704), edited with an introduction and notes by P. Schrecker. Paris, 1935.

Leibniz-Clarke Correspondence, edited by H. G. Alexander. Manchester, 1956.

研究专著

Barber, W. H. *Leibniz in France from Arnauld to Voltaire: A Study in French Reactions to Leibnizianism, 1670–1760*. Oxford, 1955.

Baruzi, J. *Leibniz, avec de nombreux testes inédits*. Paris, 1909.

Belaval, Y. *La pensée de Leibniz*. Paris, 1952.

Boehm, A. *Le 'Vinculum Substantiale' chez Leibniz. Ses origines historiques*. Paris, 1938.

Brunner, F. *Études sur la signification historique de la philosophie de Leibniz*. Paris, 1951.

Carr, H. W. *Leibniz*. London, 1929.

Cassirer, E. *Leibniz' System in seinen wissenschaftlichen Grundlagen*. Marburg, 1902.

Couturat, L. *La logique de Leibniz*. Paris, 1901.

Davillé, L. *Leibniz historien*. Paris, 1909.

Fischer, K. *Gottfried Wilhelm Leibniz*. Heidelberg, 1920 (5th edition).

Friedmann, G. *Leibniz et Spinoza*. Paris, 1946 (4th edition).

Funke, G. *Der Möglichkeitsbegriff in Leibnizens System*. Bonn, 1938.

Getberg, B. *Le problème de la limitation des créatures chez Leibniz*. Paris, 1937.

Grua, G. *Jurisprudence universelle et théodicée selon Leibniz*. Paris, 1953.

Gueroult, M. *Dynamique et métaphysique leibniziennes*. Paris, 1934.

Guhrauer, G. E. *G. W. Freiherr von Leibniz*. 2 vols. Breslau, 1846 (Biography).

Guitton, J. *Pascal et Leibniz*. Paris, 1951.

Hildebrandt, K. *Leibniz und das Reich der Gnade*. The Hague, 1953.

Huber, K. *Leibniz. Munich*, 1951.

Iwanicki, J. *Leibniz et les démonstrations mathématiques de l'existence de Dieu*. Paris, 1934.

Jalabert, J. *La théorie leibnizienne de la substance*. Paris, 1947.

Joseph, H. W. B. *Lectures on the Philosophy of Leibniz*. Oxford, 1949.

Kabitz, W. *Die Philosophie des jungen Leibniz*. Heidelberg, 1909.

Le Chevalier, L. *La morale de Leibniz*. Paris, 1933.

Mackie, J. M. *Life of Godfrey William von Leibniz*. Boston, 1845.

Matzat, H. L. *Untersuchungen über die metaphysischen Grundlagen der Leibnizschen Zeichenkunst*. Berlin, 1938.

Merz, J. T. *Leibniz*. Edinburgh and London, 1884; reprinted New York, 1948.

Meyer, R. W. *Leibniz and the Seventeenth-Century Revolution*, translated by J. P. Stern. Cambridge, 1952.

Moureau, J. *L'univers leibnizien*. Paris, 1956.

Olgiati, F. *Il significato storico di Leibniz*. Milan, 1934.

Piat, C. *Leibniz*. Paris, 1915.

Politella, J. *Platonism, Aristotelianism and Cabalism in the Philosophy of Leibniz*. Philadelphia, 1938.

Russell, Bertrand. *A Critical Exposition of the Philosophy of Leibniz*. London, 1937 (2nd edition).

Russell, L. J. *Great Thinkers*: IX, Leibniz (in *Philosophy*, 1936).

Saw, R. L. *Leibniz*. Penguin Books, 1954.

Schmalenbach, H. *Leibniz*. Munich, 1921.

Stammler, G. *Leibniz*. Munich, 1930.

Wundt, W. *Leibniz*. Leipzig, 1909.

有几本关于莱布尼茨的论文集，比如：*Gottfried Wilhelm Leibniz. Vorträge der aus Anlass seines 300 Geburtstages in Hamburg abgehaltenen wissenschaftlichen Tagung*（Hamburg, 1946），由 E. Hochstetter 编纂的 *Leibniz zu seinem 300 Geburtstag, 1646—1946*（Berlin, 1948），以及由 G. Schischkoff 编纂的 *Beiträge zur Leibniz-forschung*（Reutlingen, 1947）。

索 引[1]

（词条的主要出处用加粗字体标出。页码右上角带星号指的是该页有书目信息。用普通字体标出的连续页码，如195—198，并不表示从195—198页的每一页都出现了该词条。同时提及两个人时，通常标示在被批判或受影响的人名下。脚注的缩写用斜体给出时，出处页有对其全称的说明。）

A

阿尔诺，安托万（Arnauld, Antoine）：笛卡尔65，106，125f，136，175；也见155，182，264

阿尔特多夫（Altdorf）264

阿米尼乌斯派教徒（Arminians）140

阿姆斯特丹（Amsterdam）205

爱（love）：帕斯卡尔164f，172；斯宾诺莎219，240ff，262

爱尔维修，克劳德（Helvetius, Claude）36，39f，42

安全（security）：斯宾诺莎254，256，258

昂热大学（Angers, university of）176

奥古斯丁（Augustine, St.）

　　即使被欺，吾亦存在（*Si fallor sum*）90

　　~与本体论主义（Ontologism）193ff

　　也可参见175，180，194，323，326，328

　　奥古斯丁主义的传统（Augustinian tradition）：笛卡尔103，114；马勒伯朗士180f

B

奥拉托利会（Oratorians）175，180

奥尔登堡，亨利（Oldenburg, Henry）206，210，264

巴黎（Paris）175，264

巴黎国民议会与笛卡尔主义（Paris, Parliament of, and Cartesianism）175

巴聂斯，多明我会的（Bañez, Dominic）287

巴特勒尔，约瑟夫，主教（Butler, Joseph, bishop）36

百科全书编纂者（Encyclopaedists）41

柏格森，亨利（Bergson, Henri）149，153

柏拉图（Plato）214，230

柏拉图主义（Platonism）7f，180，214，328

柏林（Berlin）265f

保存、存护（conservation）：笛卡尔21，101，123，132f，**184f**；莱布尼茨309，328f；也见191

鲍姆加登，A. G.（Baumgarten, A. G.）42

---

[1] 索引中给出的页码均为英文原书页码。页码后面加"f"时指的是该词条出现在本页及下一页，比如某词条后面标注了100f，就表示该词条出现在了第100—101页。页码后面加"ff"时指的是该词条出现在本页及以后若干页，比如某词条后面标注了100ff，就表示该词条出现在了第100页及之后的若干页。页码后面加"n"时指的是该词条出现在本页的注释中，比如某词条后面标注了99n，就表示该词条出现在了第99页的注释中。另外，本书索引起到的作用是为读者标明与相关词条或概念有关的阐释出现在哪几页。在有些情况下，某词条并未直接出现在索引中列出的页码里，但在列出的页码中包含着与该词条相关的讨论内容。

暴政（tyranny）39，255

贝克尔，巴尔萨泽（Bekker, Balthasar）174

贝克莱，乔治（Berkeley, George）6，26ff，31f，37，202f

贝吕勒，皮埃尔·德（Bérulle, Pierre de），枢机主教 64，103

本体论证明（ontological argument）：笛卡尔 105f，111—115，207，321；莱布尼茨 113，**320—323**；斯宾诺莎 207，215f；也见 198，320

本体论主义（ontologism）：马勒伯朗士 **193—196**，197f，202f；也可看参看对于在上帝中的一切的观想

本质（essences）：笛卡尔 78，93，113，150；也可参看简单属性；莱布尼茨 277，281，324；斯宾诺莎 230f，236 属性与～：斯宾诺莎 215

本质与存在（essence and existence）：斯宾诺莎 215f，220f，246；也见 199 在上帝中的～参看"上帝"条目下的上帝的本性

比尔芬格，G. B.（Bilfinger, G. B.）42

比斯特费尔德，约翰·亨利（Bisterfield, John Henry）267f

彼得大帝，俄国沙皇（Peter the Great, tsar of Russia）266

必然、必然性（necessity）
  绝对的～278，287，325，330
  被定义的～：斯宾诺莎 220
  几何学的～284
  假设的、预设的～278，325
  逻辑的～284，286
  形而上学的～284，286，290，325f，330f
  道德的～284，330f
  物理的～325
  假想的～200f
  也见 24，219，281

也可参看决定论宿命论；命题，必然的

边沁，詹姆斯（Bentham, James）36

变革（Reformation, the）2

变化（change）：莱布尼茨 292f，324；也见 132，183

变化（transition）参看变化（change）

表面（surface）125，127

表面、表层（superficies）125，127

波舒哀，J-B.（Bossuet, J-B.）50，182

波义耳，罗伯特（Boyle, Robert）264

波院王家（Port Royal）155f，175

伯里哀，埃米尔（Bréhier, Emile）154

博林布罗克，亨利·圣·约翰·维斯科特（Bolingbroke, Henry St. John Viscount）36，50

博纳旺蒂尔，圣（Bonaventure, St.）6，9

不可区分，不可区分之同一（indiscernibles, identity of）参看不可区分之同一

不可区分之同一（identity of indiscernibles）：莱布尼茨 290f，293f，297，300

不可透入性（impenetrability）300f

不可知论（agnosticism），不可知论者（agnostics）29，160，166

不完满（imperfection）：莱布尼茨 300，326—329；斯宾诺莎 228

布尔丹，皮埃尔（Bourdin, Pierre）65

比朗，迈内·德（Biran, Maine de）151

布鲁诺，乔尔丹诺（Bruno, Giordano）8，43，209f，226，267，294

布伦瑞斯维克，家族史（Brunswick, history of the House of）265f，271

布瓦洛，尼古拉斯（Boileau, Nicolas）176

布尔西耶，L-F.（Boursier, L-F.）182

C

财产，私有的（property, private）46, 254

财富（wealth）：斯宾诺莎 262

财富（riches）：斯宾诺莎 262

查斯代，克莱斯卡斯（Chasdai Crescas）209

超理解（supercomprehension）287f

超自然的（supernatural）：笛卡尔 147, 153；帕斯卡尔 161, 163, 165；马勒伯朗士 181, 198

沉思（contemplation）：斯宾诺莎 237

充足理由（sufficient reason）274, 279f

　　～以创世（造物）282f, 285ff

充足理由律（sufficient reason, principle of）：莱布尼茨 274, 276, 280ff, 286, 290f

　　～与上帝的存在 279, 324

　　～需要一个补充 286

抽象（abstraction）78

传统（tradition）：笛卡尔 67f, 152；马勒伯朗士 186；也见 24

纯粹的施动性（pure act）300

慈悲（charity）：帕斯卡尔 165, 172；也可参看爱

磁石（magnet）81

此心，帕斯卡尔的（'heart, the' in Pascal）158, **163—166**, 167

从没有预设的地方开始（presuppositions, freedom from）150

存在、存在物（existence）：笛卡尔 78f, 92n., 112f；莱布尼茨 273ff, 277ff, 281, 286, 320, 323, 327；也见 246

　　～与本质 参看本质与存在

　　作为一完满的～ 112, 281, 320, 323

存在、存在者（being）

　　绝对～＝实体（substance）：莱布尼茨 290

　　在上帝中的一切～217；也可参看有限之物（finite things）

　　～的层次：莱布尼茨 312, 314, 329

　　～的观念 232

　　最完满的～322

　　必然之～，参看上帝，～的本质：必然性

　　自在者 322f

存在的个体性（haecceity）等于个体性（individuality），参看该条

存在的秩序、认知的秩序或发现的秩序（ordo essendi and ordo cognoscendi or inveniendi）：笛卡尔 79, 88, 93, 95, 105, 114

存在性命题（existential propositions）参看"命题"条目下的内容

存在主义（existentialism）150f, 153, 173

错误（error）：笛卡尔 73, 86, 107, 144, 146；马勒伯朗士 182f, 185ff, 196；也见 167f, 327

　　～与上帝 还可参看上帝的本质：坦诚，真实无妄

　　感性（感观）的～ 86, 187, 233

　　来源于意志的～ 110ff, 142, 183

错误之事（wrong-doing）参看原罪

D

达维勒，路易斯（Davillé, Louis）271

大陆理性主义哲学（Continental rationalism）ix, **15—24**, 33, 56, 61f

大脑（brain）：马勒伯朗士 184ff, 188

大学，早期近代哲学与～（universities, early modern philosophy and）5

大鱼吃小鱼的权利（fish eat fish by right）252

大众哲学家（'popular philosophers,

the')42

代数（algebra）69，187

代数、算术（arithmetic）71，157 n.a 3，187，276

单义性，上帝与被造物（univocity, God and creatures）118

单子（monads）**295—303**，**307ff**，310f，313—317

 积极与消极的~299f，313f，317

 ~的聚合物 296f，300—303，308，313ff

 从~中发展而出 293，297，308，310，332

 ~的差异、不同 297f，308

 ~与广延 300，307

单子，统治的（monad, dominant）13，301f，307，310f，313—317

 作为灵魂的~307，311

单子——衍生义

 无交互性 12f，309f，313f，316f

 ~的无限性 302f，308

 ~类似灵魂 296ff；也可参看统治单子

 映照整个宇宙 308—311

 在模糊知觉中的被动（消极）性 300，313f，317

 知觉 298，300，309ff，313ff，317

 作为点的~297，300，307

 单一实体 296ff，302，307

 ~与主-谓关系 270，308f，332

 ~的体系 22f，297，307f，332

 没有窗口 293，308

道德（moral）

 ~判断 146，242

 ~法则；~的知识 162，165，182，195f；也可参看良心；也见 14，55，59f

 ~义务：康德 55，59ff；马勒伯朗士 195f；也见 250

 ~命令：康德 55f，60f；也见 195

 ~哲学 参看伦理学

道德（morality）：笛卡尔 144，146；康德 59ff；也见 45，48，162，181

 自治的~14，34，39，42，50

 唯物主义与~39

 也可参看伦理学；道德法则；道德命令（律令）

道德同感理论（moral-sense theory）36

道德神学（moral theology）156f

道德原则（moral principles）参看伦理学（ethics）

 ~的进步 参看进步

德·拉·福尔热，路易斯（de la Forge, Louis）175，177f，180

德·鲁吉罗，G.（de Ruggiero, G.）271

德尔博斯，维克多（Delbos, Victor）153

德国浪漫主义运动与斯宾诺莎（Romantic movement in Germany and Spinoza）261f

德国哲学（German philosophy）41—44，52f，174

德谟克利特与原子（Democritus and atoms）296f

迪南-博尔科夫斯基，S. 冯（Dunin-Borkowski, S. von）209

狄德罗，D.（Diderot, D.）5，36，38，41，260

狄德罗与达朗贝尔的《百科全书》（*Encyclopédie* of Diderot and d'Alembert）38，260

迪内，雅克（Dinet, Jacques）65

笛卡尔，勒内（Descartes, René）**63—152**（内容参看，第 v 页）

 ~与奥古斯丁主义传统 103，114

 ~与 F. 培根 82

---

① 在索引部分，页码数字后加字母 n.，表示对应页的注释。

我思，我在 见相关词条
《谈谈方法》（Discouse on Method）64，74f，79f
~与霍布斯 30，65
不一致、矛盾 72，78，89，103f，114，122f，142，149
~的影响 30f，149，151f，174ff，180f
《第一哲学沉思集》（Meditations on first philosophy）65，79，150
~与经院哲学 参看相关词条
~与神学 参看相关词条
循环论证 **105—110**，114；也见 1—6，10，16，56
笛卡尔主义（Cartesianism）9，12，26，30f，174—179，340—341；也可参看斯宾诺莎条目下内容
第二层次的知识（congitio secundi generis）234ff
第二性质（secondary qualities）：笛卡尔 124—128，143；也见 183
第三层次的知识（cognitio tertii generis）235f，246f
第一层次的知识（cognitio primi generis）（斯宾诺莎）231—234
第一性质（primary qualities）26f，183
第一原理（first principles）：笛卡尔 74ff，79，81f，93；帕斯卡尔 158 & n.，159，164ff
点、观点（points）
~作为因子、元素 297，300
单子不占空间的~ 307
定义（definition）
名义上的和实在的~ 276
也见 158，211
动机（motive）：斯宾诺莎 249
动力学、力学（dynamics）：莱布尼茨 283，298
动物或肉耳实体（animal or corporeal substance）：莱布尼茨 302，311
动物作为机器（machines, animals as）：笛卡尔 12，136ff；莱布尼茨 301f，313；也见 13
杜·韦尔，威廉（Du Vair, William）19
杜伊斯堡（Duisberg）174
杜尔哥（Turgot）40
对清醒或睡眠状态的怀疑（waking or sleeping state, doubt about）：笛卡尔 88，117
对睡与醒的状态的怀疑（sleeping or waking state, doubt about）：笛卡尔 88，117
多瑞亚，马蒂亚（Doria, Mattia）204
多样性与统一性（multiplicity and unity）：莱布尼茨 266，300；也见 214
多元论（pluralism）：莱布尼茨 307f；也见 21ff
也可参看实体，多样性的

E

恶（bad）：斯宾诺莎 241ff，250；也可参看邪恶（evil）
恶（vice）250
恩德，弗朗西斯·范·德（Ende, Francis Van den）205
恩典，神圣的（grace, divine）147，156，162，181f，310，331f
自由意志与神的~ 140f
恩典之光（lumen gloriae）160
二元论（dualism）20—23，201

F

发明（invention）10
发现真理（discovery of truth）：笛卡尔 69，71，75f，79—112；也见 9f，15，17ff，25，56，61，267f
法尔代拉，米歇尔·安杰洛（Fardella,

Michel Angelo）175

法迪埃，勒内（Fédé, René）203

法国大革命（French Revolution, the）35，47

法国哲学（French philosophy）30ff，34f，38—41，149，154，175；也可参看法国启蒙运动

法律（law）51f，256
  民法 255—258
  神法 45，52
  经济法 40
  自然法 参看自然法（natural law）
  制定法 52

法学（jurisprudence）268

法则（laws）
  运动～132f，279
  自然～参看自然法

反教权主义（anti-clericalism）34f，38f

反思（reflection）：莱布尼茨 311f，318f；洛克 26

泛神论（pantheism）：斯宾诺莎 208f，226，229，261；也见 22，31，118

范登·恩德，弗朗西斯（Van den Ende, Francis）205

范畴（categories）：康德 57f；也可参看先验形式

费奈隆（Fénelon）182

方法（method）：笛卡尔 64，67—71，**72—82**，201f；马勒伯朗士 187f，201f；斯宾诺莎 207，210ff；也可参看演绎法；科学方法

方言、本国语言的使用（vernacular, use of）4f

非理性的动物（animals, irrational）：笛卡尔 135—138；莱布尼茨 311，313，328；斯宾诺莎 225，240f

非连续性（discontinuity）134，292

非物质的（immaterial）参看精神的

非知觉性概念（conception opposed to perception）311ff

腓特烈大帝，普鲁士国王（Frederick the Great, king of Prussia）42

费希尔，库诺（Fischer, Kuno）270

分析（Analysis）：斯宾诺莎 235，239，249；莱布尼茨 267f，273，280f，297，303，314；也参见 172
  事实真理的无限～：莱布尼茨 289，286，293
  语言～29

分析的方法（analytic method）：笛卡尔 75ff，79ff；马勒伯朗士 187

分析命题，参看分析命题（analytic proposition, see proposition analysis）

愤怒（anger）144，150，254
  神的～227

疯狂的（madness）249

冯特，W.（Wundt, W.）346.

弗洛伊德，西格蒙德（Freud, Sigmund）241

伏尔泰（Voltaire）4f，36，38f，42，49f

佛提乌斯，吉斯贝特（Voëtius, Gisbert）174

服从国家的法律（obedience to State laws）47，255—258

符号化的普遍（*characteristica universalis*）（莱布尼茨）268

符号逻辑（symbolic logic）267f

符号语言（symbolic language）：莱布尼茨 17，268

符号主义，符号，数学的（symbolism, symbols, mathematical）267f

福尔热，路易斯·德·拉（Forge, Louis de la）175，177

福佑（blessedness），参看至福（beatitude）

附随现象（epiphenomena）12

伽利略（Galileo）8，l0f，13，18，124，264

伽桑狄，皮埃尔（Gassendi, Pierre）65，
176，264

G

改革（reform）39
概率的收敛（convergence of
　probabilities）166，171
概念（notions）：斯宾诺莎 243
　共性 参看上文相关内容
　外在的（非本质的）~ 250，254
感官知识（sense-knowledge）参看感觉
　经验
感觉（feeling）：笛卡尔 92，136，143；
　斯宾诺莎 243，258；也见 36，41，
　43，165f，196ff，311
感觉（senses, the）183f
感官（sense-organs）：马勒伯朗士 184，
　188
感觉主义（sensationalism）25f
感情、情绪（emotions）：斯宾诺莎
　238—243，244，251；也见 41，143，
　164f，185；也可参看激情
感性、感觉（sensation）：马勒伯朗士
　183f，195；也见 177f
感性经验、感官经验（sense-
　experience）：笛卡尔 86ff，92，116f，
　124—127；马勒伯朗士 183f，196f；
　斯宾诺莎 231ff；也见 19，177f
　作为知识来源的~ 25f，203
　不可信赖的、靠不住的~？：笛卡
　　尔 见上文；马勒伯朗士 196f
感性知觉（sense-perception）参看感觉
　经验
高贵（generositas）（斯宾诺莎）242
高贵的、高尚的（nobility）：斯宾诺莎
　242
戈马尔（Gomar）140
哥白尼假设（Copernican hypothesis）58

哥尼斯堡（Koenigsberg）42
歌德，J. W.（Goethe, J. W.）39，245，
　261
个人主义（individualism）41，44—48
个体性（individuality）：莱布尼茨 280，
　289，291，295
个体性原则（individuation, principle of）：
　莱布尼茨 264，280，291
个体之物（individual things）
　被认作是~ 280
　也可参看有限之物
各种观念（idea, kinds of）
　充分的：斯宾诺莎 234ff，242f，250
　偶然的、外在的：笛卡尔 84，86f，
　　99，125f
　原型的 195
　清楚的：莱布尼茨 288；斯宾诺莎
　　243，250
　清楚而明白的 参看清楚明白的观念
　　（clear and distinct idea）
　一般的、普遍的：斯宾诺莎 232
　复合的、混合的 26，28
　含混的、模糊的：笛卡尔 68，84，
　　126；莱布尼茨 317；斯宾诺莎
　　233ff，242ff，250
　明白的 317
　人为的 84，126
　错误的：莱布尼茨 273；斯宾诺莎
　　233f
　一般的：斯宾诺莎 232
　不充分的：斯宾诺莎 232f，242ff，
　　250
　天赋的 参看天赋观念
　想象的 231，233
　心灵的 317
　纯粹知性的 317
　感性的 317
　纯粹的 195
　单一的 26

真的 273
普遍性的：斯宾诺莎 232，234
公理（axioms）158n.，276；也可参看第一原则（原理）；自明真理（self-evident truths）
公正、正义（justice）：帕斯卡尔 162，167；斯宾诺莎 248，250，254f
功利主义（utilitarianism）36f，39f，47
共同观（'common notions'）：笛卡尔 77，83，118；斯宾诺莎 234
共在性（co-existence）：莱布尼茨 300，303f，307
关系、相关性（relations）：马勒伯朗士 188，194f
观察（observation）81，268
观念（idea）
　～在命题中的使用 231n.，273
　思想的～样式 222
　～以及物的样态 231—234
　也见 219，243
观念，神圣的（ideas, divine）193f
观念的来源（ideas, origin of）26，28，37f，99，193f
观念的秩序（ideas, order of）同于物质的次序：斯宾诺莎 212，221ff
惯性（inertia）300f
关于个体的知识（singulars, knowledge of）280
光荣革命，1688 年（Revolution of 1688, the）46f
广延（extension）：笛卡尔 76f，80，116，119f，124；莱布尼茨 296，300f；马勒伯朗士 183，188，195，197，201；斯宾诺莎 209，216，218，222f，234f，246
　上帝的属性 209，216ff
　自然的属性 218，223
　物质实体的本质：笛卡尔 119，124，126，128—131，135；马勒伯朗士 183，188，195，201
　～的观念：笛卡尔 99，124n.；也见 234，300
　～与圣餐变体论 126—128
归纳（induction）25，32，268
贵族制（aristocracy）255
国家（State, the）：霍布斯 44ff；洛克 46；罗素 41，47ff；斯宾诺莎 252，254—257
　由无神论者组成的～ 38
　人作为～的一部分 146
　～与～之间的关系 257
国家（复数）（States）
　基督教～联盟 266
　～之间的关系 257
国家至上主义（Erastianism）45，257
国家统治者（ruler of State）255f
国际权威（international authority）257

H

哈曼，约翰·格奥尔格（Hamann, Johann Georg）43
哈奇森，弗朗西斯（Hutcheson, Francis）36
哈特雷，大卫（Hartley, David）37
哈维，威廉（Harvey, William）11
海德堡（Heidelberg）206
海雷伯尔德，阿德里安（Heereboord, Adrian）174
海姆赛特，H.（Heimsoeth, H.）334.
海涅，海因里希（Heine, Heinrich）261
海牙（Hague, the）206
合作，神的（co-operation, divine），参看协调一致（concurrence）
和谐，普遍的（harmony, universal）：莱布尼茨 **266—269**，290，293，297，331f

和谐，预定的（harmony, pre-established）
　参看预定和谐
荷兰（Holland）205，258
赫尔德，约翰·戈特弗里德（Herder, Johann Gottfried）43f，53f，261，271
黑博恩（Herborn）174
黑格尔，G. F. W.（Hegel, G. F. W.）24，49，54，149ff，261f，334
恨（hatred）：斯宾诺莎 240，242，244，254
胡克，理查德（Hooker, Richard）3
胡塞尔，埃德蒙德（Husserl, Edmund）150f
怀疑（doubt）
　笛卡尔：对外部世界的～90，93，95
　过于夸张的～（指邪恶精灵假设）86ff，90，94f，98f，108f，117，139
　无法～自身的存在 90f，93，96，108
　一切都只是一场梦？86，117
　帕斯卡尔 168；斯宾诺莎 235
　系统～法：笛卡尔 69，74，85—89，142
怀疑论，帕斯卡尔与（scepticism: Pascal and）156，158，167，170f；也见 19f，29，42，69，90n.，176
辉格党地主（Whig landowners）46
毁誉（praise and blame）139，248
活动（action）参看活动性（activities）
活力原则（vital principle）参看灵魂
或然性（probability）：马勒伯朗士 182f，187；也见 25，32，159，171
霍布斯，托马斯（Hobbes, Thomas）
　《利维坦》（Leviathan）44
　政治哲学 14，**44ff**，257；也见 4，9，13，25f，36
霍尔巴赫，男爵（Holbach, Baron d'）38f

J

机会（chance），参看机运（fortune）
机械、机器，有机的（machine, organic）：莱布尼茨 301f，313
机运（fortune）250
机制、机械、机能（mechanism）：笛卡尔 23，138，152；康德 55f，60f；莱布尼茨 23，264，269，299，308，310；也见 8，26，32，184
　～应用于人 11—14，38f，137
基督（Christ）：帕斯卡尔 161，169
基督教的护教论（apologetics, Christian）：帕斯卡尔 31，153f，157，163，**166—171**，172；也参见 30，37
基督教世界的重新统一（reunion of Christendom）：莱布尼茨 265f，269ff
基督教国家联盟（alliance of Christian States）266，270f
基督教国家的统一（Christian States, union of）：莱布尼茨 266，270f
基督教教义（Christianity）：帕斯卡尔 153—157，161，163，165—173
　捍卫～30f，37
　反对～24，37，50
　也见 36，53，181f，260
　也可参看天主教（Catholicism）
基督教哲学家（Christian philosopher）153f，173，181
激情（passions）：笛卡尔 **143f**，145—148；斯宾诺莎 239—245，249f，253；也见 169f，312
　从～中解放出来：斯宾诺莎 **244f**，250，262
激情的奴役（servitude of the passions）参看激情
激情的束缚（bondage of passions），参看激情
激情——衍生义

索 引

受到~的奴役：斯宾诺莎 **243f**，249，253
吉本，爱德华（Gibbon, Edward）49ff
吉尔松，E.（Gilson, E.）142n.
赫林克斯，阿尔诺（Geulincx, Arnold）12，123，**177f**，189
即使被欺，吾亦存在（si fallor sum）90f
集体主义，人类的（solidarity, human）146，248
嫉妒（envy）：斯宾诺莎 250，254
几何（geometry）：笛卡尔 65，66n.，69，71，75f，80f；莱布尼茨 276，292，318f；帕斯卡尔 154，157ff，162f，165
几何学方法（geometrical method）：笛卡尔 76，81；帕斯卡尔 **157—163**；斯宾诺莎 17，206f，210ff
记忆（memory）：笛卡尔 74，106—110，119，146；也见 185f，224，311f
假定（assumption），参看假设（hypothesis）
假设、预设、前设（hypothesis）：斯宾诺莎 211ff；也见 85，159
坚韧（fortitude）242
简单命题（'simple propositions'）：笛卡尔 77，79
简单属性（'simple natures'）：笛卡尔 76ff，80ff，84
简单项与不可定义项之组合（combinations of simple terms）：莱布尼茨 267
建基于能力（力量）的权利（power the basis of rights）：斯宾诺莎 252ff，256f
剑桥（Cambridge）175
剑桥柏拉图主义者（Cambridge Platonists）30，38
骄傲（pride）：帕斯卡尔 161，163，165，167，169

教导的秩序（ordo docendi）：笛卡尔 114
教会学校（神学院），笛卡尔主义在其中（seminaries, Cartesianism in）176
教父们（Fathers of the Church）186
教育（education）42，52 f
教谕（edification）328
节制（temperance）：斯宾诺莎 242
结果，结果与关于原因的知识（effect, and knowledge of cause）：斯宾诺莎 212，214
解释、阐释（explanation）：斯宾诺莎 214，216，229，261f；也见 82
界限（limitation）：莱布尼茨 300，327，329
进步（progress）：莱布尼茨 331f；斯宾诺莎 242f，250，258f
  启蒙运动与~ 35，39，41ff，50—53
  道德~ 35，41f，53，242f，250，331f
进化（evolution）43，313
近代哲学（modern philosophy）1，4—9，149，152
  ~与中世纪哲学 见上文
  也可参看启蒙运动
近代哲学家的独创性（originality of modern philosophers）55
禁书目录（Index of Prohibited Books）175，182
经济（economics）40
经文，圣经（Scriptures, the Holy）：马勒伯朗士 198，200；斯宾诺莎 205，208；也见 42
经验（experience）：笛卡尔 80ff，84；也见 16f，24ff，57f，159，295
  模糊或含混的~：斯宾诺莎 230—233
经验主义（empiricism）25，30，32，34，37f，40，56，62
  英国~ 15f，**24—29**，56，62，202f
经院哲学（Scholastic philosophy）

～与笛卡尔 3，70，128
笛卡尔论～ 10，68，71
莱布尼茨与～ 210，264，287，299，303，306，316，321，326，328，330
～与洛克 26
马勒伯朗士 181
帕斯卡尔论～ 159
斯宾诺莎 210，213，216，217 与 217 注释，226，254，256
也可参看中世纪哲学

精气（animal spirits）：笛卡尔 122，136f，143f，184；马勒伯朗士 184f，188f

精身（animal spermatic）313

精神（spirit）= 理性灵魂（rational soul）（参看此条），莱布尼茨的

精神的倾向（inclinations of spirits）：马勒伯朗士 190—193，195

精神性存在（spiritual being）：笛卡尔 9，12，20f，61，94；康德 59ff；莱布尼茨 23，296，312；马勒伯朗士 197；也见 11ff，13，37，174；也可参看实在的二元分叉；实体，精神性的

静止，状态（rest, state of）131，133，183；也可参看"运动"条目

旧约（Old Testament, the）205

拒斥性（antitypia）300f

距离（distance）130，304

决定论、宿命论（determinism）：斯宾诺莎 209，213，228，238—242，244，**248—251**，252；也见 30，55f，330f

决定论、宿命论（necessitarianism）：斯宾诺莎 214，219ff；也见 286

绝望（despair）：帕斯卡尔 167，169

君主、统治权（sovereign）：斯宾诺莎 255f

君主制（monarchy）44，47，255

K

卡昂大学（Caen, university of）176

卡巴尼斯，皮埃尔（Cabanis, Pierre）38

卡德沃思，拉尔夫（Cudworth, Ralph）30

卡特鲁斯（Caterus）65

开普勒，约翰（Kepler, Johann）262，267

康德，伊曼纽尔（Kant, Immanuel）4f，32f，42，**54—62**，113 注释，307，320，325

～与休谟 56，61

～与莱布尼茨 33，271f，332

～与牛顿物理学 13f，56f，60f

康德与牛顿物理学（Newtonian physics, Kant and）13f，56f，60f

科尔德穆瓦，格劳德·德（Cordemoy, Géraud de）175，177，297

柯勒律治，萨缪尔·泰勒（Coleridge, Samuel Taylor）261

科尔内留斯·詹森的《奥古斯丁》（*Augustinus* of Cornelius Jansen, the）155

科学（science）：笛卡尔 70ff，83，138，149；斯宾诺莎 250，261f；也见 18

亚里士多德的理论 70f

所有～学科之同一性 70ff

一种普遍的～：莱布尼茨 268

科学，实验的（science, experimental）：笛卡尔 71，138，159

不同于哲学的～ 10f

～与哲学 15，56f，61f，149

实践性科学 71，182

也见 2，8ff，163，180f，187，229，299

科学方法（scientific method）：帕斯卡尔 159，163

只有一种～：笛卡尔 70f

索　引　367

科学媒介（scientia media）330；也可参看莫林纳
科学研究，斯宾诺莎与（scientific research, Spinoza and）229，262
可独立使用之无限与虚词无限（categorematic and syncategorematic infinite）303
可分性（divisibility）：莱布尼茨296
可能性、或然性，可能（possibility, possibles）：笛卡尔116；莱布尼茨273—278，281，284，286，328f
　　对于存在的主张284，329
　　上帝的选择278
　　消极与积极的可能性323
渴望（desire）：笛卡尔143ff；斯宾诺莎219，238—243，248f，253，256；也见164
克拉克，塞缪尔（Clarke, Samuel）：和莱布尼茨33，305f；也见36
克莱斯卡斯，查斯代（Crescas, Chasdai）209
克劳贝格，约翰（Clauberg, John）174
克里斯婷娜，瑞典女王（Christina, queen of Sweden）65
科莱鲁斯，约翰（Colerus, John）259
克罗齐，贝奈戴托（Croce, Benedetto）272
空间（space）：克拉克305f；笛卡尔**128ff**；康德58，307；莱布尼茨33，**303—307**；牛顿305ff；帕斯卡尔158
　　绝对～305f
　　空白的～130f，305；也可参看真空
　　～的观念304，317
　　作为上帝的察知（sensorium Dei）305
空虚的（void）参看虚空
孔德，奥古斯特（Comte, Auguste）52
孔狄亚克，E.（Condillac, E.）38
孔多塞，侯爵（Condorcet, Marquis de）

41，52
恐惧（fear）143
克努岑，马丁（Knutzen, Martin）42
库蒂拉，L.（Couturat, L.）270f
库尔诺，A. A.（Cournot, A. A.）149
库萨的尼古拉（Nicholas of Cusa）43n.，267，294
快乐（laetitia）（斯宾诺莎）239
快乐、愉悦（pleasure）：斯宾诺莎**239—242**，245，262
宽宏（animositas）（斯宾诺莎）242
宽宏（magnanimity）242
宽容（toleration）：洛克39，46；斯宾诺莎**257ff**
魁奈，弗朗索瓦·德（Quesnay, François de）40

L

拉弗莱什（La Flèche）63ff
拉丁语（Latin language）4f，7，205
拉马什学院（La Marche, college of）180
拉美特利（La Mettrie）13，38
拉米，弗朗索瓦（Lamy, François）203
莱比锡（Leipzig）264 f
莱布尼茨，G. W.（Leibniz, G. W.）264—332（参看具体内容，pp. vi–vii）
　　～与亚里士多德297
　　《论组合的艺术》（De Arte Combinatoria）267f
　　～与笛卡尔22f，265，297，300，312，319，321，329
　　隐秘教条与大众哲学270，272，286f，294，331
　　～与霍布斯264，276
　　～的影响41，44，55
　　～与洛克33，269，288，316
　　逻辑理论　参看逻辑
　　单子　见下文

～与牛顿 33，265，305f
～与斯宾诺莎 22f，32f，206，265，286，294，307，329
符号语言 17，268
也见 5，10，12f，16f，22ff，33
莱顿（Leyden）174，177，206
勒格朗，安东尼（Le Grand, Anthony）174
莱辛，G. E.（Lessing, G. E.）42，52f，261
赖马鲁斯，塞缪尔（Reimarus, Samuel）42
兰克，L. 冯（Ranke, L. von）50
乐观主义（optimism）
～与邪恶 326f，329
～在上帝之中 282—287，291
～在自然之中 282—285，314
～与必然性 286f
～与进步 331
勒·罗伊，亨利（Le Roy, Henri）65，83，174
雷埃，让·德（Raey, Jean de）174
雷吉斯，皮埃尔 - 西尔万（Régis, Pierre-Sylvain）175
雷吉乌斯，亨里克斯（Regius, Henricus）65，83，174
雷尼耶，亨利（Regnier, Henri）174
勒努维耶，查尔斯（Renouvier, Charles）149，154
类推、类比（analogy）118
利普修斯，万斯图斯（Lipsius, Justus）19
里德，托马斯（Reid, Thomas）37f
里斯本大地震，1755 年（Lisbon earthquake, 1755）38
理解力，思维的基本样式（apprehending the basic mode of thought）219
理性（reason）：帕斯卡尔 158，160，163—166，170—172

有别于想象的～：斯宾诺莎 234
依照～的方式生活：斯宾诺莎 242ff，248，253，256ff
实践～ 60 注释；实践～的公设 59ff
分享神圣～ 193
理性的命令（dictate of reason）参看良心（conscience）
理性主义、唯理论（rationalism）：帕斯卡尔 154，156，165
大陆～ ix，15—24，33，56，61f
专名的意义 15f，33ff
也见 17f，30，37，42，50f，176，243
理智除了自身之外，其内容无不来源于感觉（nihil in intellectu quod non fuerit in sensu）319
理智的无差错性（infallibility of the intellect）211
理智或知性（intellect or understanding）：笛卡尔 73；帕斯卡尔 164，166f；斯宾诺莎 211，218f，244f，250；也见 271
绝对无限的～ 218f
纯粹的：马勒伯朗士 183，186f，193
理智主义（intellectualism）43；也可参看理性主义
伦理学中的～ 147f
力量、推动力（force）
= 活动性：莱布尼茨 298f
被动性～ 301f，315
原始的～ 298f，302，308，315 也可参看实体的活动性
力学（mechanics）67，157 注释
历史，历史研究（history, historical studies）：莱布尼茨 33，310，332；也见 43f，68
～偏见 50f
18 世纪的～ 49—54

历史，哲学的（history, philosophy of）50—54

历史偏见（bias in history）50f

历史哲学（philosophy of history）50—54

利他，利他主义（altruism）37，39，248

粒子（particles）218，302

连续性（continuity）134f，292f，300
中世纪与近代哲学之间的～1—4，7f, 21
～法则 292f

怜悯、同情（compassion）：斯宾诺莎 240

联结（association）
观念～37，232，241
形象～184f
知觉～312

联系（联结）（connection）
现象之间的～296
真理之间的～278f

联想主义心理学（associationist psychology）11，28，37

联邦制（commonwealth）256

良心（conscience）37，60f，145f，195；也可参看道德义务（moral obligation）

灵魂（soul）：笛卡尔 138；马勒伯朗士 197；莱布尼茨 271，296，302，307，310f
动物的～：笛卡尔 136，138；上升到理性～的层次：莱布尼茨 312f，331
人类～：笛卡尔 94ff，119，137，146，152；马勒伯朗士 187f，190—193，**196f**；莱布尼茨 311—314，317；也见 11ff，37，120，204
～之不朽 见上文
也可参看身体与心灵
"理性的灵魂"或精神：莱布尼茨 311ff，331
感性的～参看上文"灵魂"下"动物"条目
植物的～136n.

灵魂的不朽（immortality of the soul）：笛卡尔 79，137，146，329；也见 59f，196，245ff，329f
无记忆之～329

流体静力学（hydrostatics）154

卢梭，让-雅克的政治理论（Rousseau, Jean-Jacques: political theory）14，40f，47ff；也见 4f

鲁杰罗，圭多·德（Ruggiero, Guido de）271

鲁汶（Louvain）177

伦理学（ethics）：笛卡尔 67，**142—149**；康德 55f，59f；莱布尼茨 330；斯宾诺莎 20，210，239，241，**248—251**
～自律 见上文相关条目
英国哲学与～14，36
决定论与～248—251
理智主义的～147f
斯多亚主义与～19f，147，210，248

论证（argument）：帕斯卡尔 166ff；斯宾诺莎 212

罗伯斯庇尔（Robespierre）48

鲁尔，雷蒙德（Lull, Raymond）267

罗奥，雅克（Rohault, Jacques）175f

罗素，伯特兰（Russell, Bertrand）270f，288，291，294，331

逻辑（logic）：笛卡尔 71，75
莱布尼茨
～与自由 286f，331
～与数学 267f，276，293f

逻辑方法（logical method）：莱布尼茨 17，268

逻辑——衍生义
～与形而上学 271，290，294，331

主-谓命题逻辑 286—290，293
~与实体 288ff，293
也见 17，272，318
帕斯卡尔 158f
发现的~71，75，267
~与数学 159；也可参看上文中的"莱布尼茨"条目
经院（哲学）~71，159
重言式 276
洛克，约翰（Locke, John）2—6，26f，32f，35—40，46f，203f，269，316
洛雷托（Loreto）64
吕讷，公爵（Luynes, Duc de）65

M

马基雅维利，尼科利斯（Machiavelli, Niccolò）44*
马勒伯朗士，尼古拉斯（Malebranche, Nicolas）31，177，179，**180—204**（详情见 p. v），264
~与笛卡尔 180f，183f，188，201ff
~论笛卡尔 182，187f
~与洛克 203
~与斯宾诺莎 201
迈蒙尼德，摩西（Maimonides, Moses）205，208
迈内·德·比朗（Maine de Biran）151
矛盾（contradiction），矛盾律（principle of contradiction）：莱布尼茨 273f，274 注释，276f，280f，318，332
矛盾律，同一律（principle of contradiction, of identity）参看矛盾、同一、法则
梅森，马兰（Mersenne, Marin）30，64，66
美德（virtue）：笛卡尔 145—148；帕斯卡尔 163，170；斯宾诺莎 244，248，250；也见 37，59

美因茨选帝侯（Mainz, Elector of）264
门德尔松，摩西（Mendelssohn, Moses）42
孟他努斯（Montanus）186
蒙田（Montaigne）19，137，167，187
孟德斯鸠（Montesquieu）39f，44，49，52
梦中的生活，对于梦与醒之间区别的~（dream-state, doubt about）：笛卡尔 86，117；帕斯卡尔 165，172
绵延（duration）：笛卡尔 99，120 注释，131，134；斯宾诺莎 245ff
民主（democracy），民主主义者（democrats）：斯宾诺莎 255f，258；也见 39，47f
名声（fame）262
明白（distinct）：笛卡尔 98
明晰性，明晰性原则（distinction, principle of）参看个体性原则
命题（proposition）
分析（analytic）~：莱布尼茨 274f，277ff，292，324
有限分析~：莱布尼茨 277，281，293
毋庸置疑的分析~86
真~是分析的 281，286，289
偶然（contingent）~：莱布尼茨 267f，274f，277ff，281，285，293，295
偶然~是分析的 279
偶然~需要无限分析 293
偶然~不表现为必然 285
也可参看真理，偶然的
存在性，存在（existential）~：笛卡尔 18，75，78f，91ff，116，152；莱布尼茨 273 ff，277，279，282，295
数学与存在~18，72
唯一的必然性存在~277，282，

325
也可参看上文"命题，偶然的"
条目
必然性~：莱布尼茨 273—277，
279，281，323
所有真命题都是必然的 281
也可参看真理，必然的
主-谓形式的命题：莱布尼茨 273，
279f，286，330；也可参看逻辑：
莱布尼茨条
自明~参看自明真理
简单~ 77，79
综合~：莱布尼茨 274f，279
摩尔，亨利（More, Henry）30
魔法、魔术、巫术（magic）174
莫林纳，路易斯（Molina, Luis）与自由
意志 287f；也可参看莫林纳主义
莫林纳主义（Molinism）：笛卡尔 140f；
莱布尼茨 330
莫泽尔，尤斯图斯（Möser, Justus）51
目的（purpose）
总体上的~参看因果性，目的因
人的~ 147，161，163
目的论（teleology）参看因果性，目的的
目的性（finality）参看因果性，目的
穆拉托里（Muratori）54

N

拿破仑一世（Napoleon I）48
脑垂体，松果腺（gland, pineal）122，
137
内感觉（introspection）25f
内在论（immanentism）171
内在主动性（immanent activity）193
内战（civil war）：霍布斯 44ff
能动的自然，被动的自然（*natura
naturans, natura naturata*）：斯宾诺莎
209，217，219，221f，226—229

能量（energy）
~的持存 132，218
对莱布尼茨而言的~等于活动性
298；也可参看活动性
尼科拉，皮埃尔（Nicole, Pierre）175
牛顿，艾萨克爵士（Newton, Sir Isaac）
8，10，13f，32ff，265，305f
牛津，笛卡尔主义在（Oxford,
Cartesianism at）174
诺伊贝格（Neuberg）64
诺瑞斯，约翰（Norris, John）203
诺瓦利斯（Novalis）261

O

欧几里得几何学（Euclidean geometry）：
笛卡尔 75f
偶然（contingency）：莱布尼茨 24，
281，283ff，287，291，325；斯宾诺
莎 213，220；也可参看命题，偶然的
（propositions, contingent）
偶然性，偶然性原则（contingency,
principle of）：莱布尼茨 285 也可等
同参看完满性原则（= principle of
perfection [q.v.]）
偶性，实在的（accidents, real）：笛卡尔
126—128；莱布尼茨 289，304
偶因（occasional cause）178
偶因论（occasionalism）：赫林克斯 12，
123，**177f**；莱布尼茨 309；马勒伯朗
士 31，181，**188ff**，193f，197f，201f
身体与心灵 12f，123，125f，177f，
188ff，309
~与斯宾诺莎主义 178f

P

帕多瓦的马西利乌斯（Marsilius of
Padua）15
帕克，萨缪尔，牛津地区主教（Parker,

Samuel, bishop of Oxford）174
帕斯卡尔，布莱士（Pascal, Blaise）31，
　153—173（参看具体内容，p. v），175
　　　~与笛卡尔的比较 154，157，159，
　　　　173
　　　~论笛卡尔 9，134，157，161f，176
帕斯卡尔，雅克利娜（Pascal,
　　Jacqueline）155
帕斯卡尔的《致外省人信札》
　　（*Provincial Letters* of Pascal）156f
帕斯卡尔的赌博论证（wager argument of
　　Pascal）169—171
帕斯卡尔的加法机（adding-machine,
　　Pascal's）154
帕斯卡尔论决疑法（casuistry, Pascal on）
　　156f
培尔，皮埃尔（Bayle, Pierre）38，260，
　　308
判断、裁决（judgment）77，146，183f
庞加莱，亨利（Poincaré, Henri）149
抛投体（projectiles）133
培根，弗朗西斯（Bacon, Francis）1f，
　　4，9f，25，211，264
批判（criticism）258
皮科特，克劳德（Picot, Claude）65
皮浪主义（Pyrrhonism）20，158，164，
　　167f；也可参看怀疑论、怀疑主义
评注，哲学性的（commentaries,
　　philosophical）4f

Q

迫害女巫（persecution of witches）174
普遍、一般（universals）：莱布尼茨 277
普莱斯，理查德（Price, Richard）37
普鲁士科学学会（Prussian Academy of
　　Sciences）265f，270
其他世界（other worlds）参看世界，其
　　他的

奇迹（miracles）166，169，200
启蒙运动（Enlightenment, the）**33—36**，
　　37，42
　　　法国~32，39—43，54，152，260
　　　德国~41—44
　　　~及其历史过程 49—54
　　　莱布尼茨与~41，270ff
气象学（meteors）65
契约，社会的（contract, social），参看社
　　会契约（论）
契约，社会的（compact, social），参看
　　社会契约（social contract）
谦逊、谦虚（modesty）242
前后继起，时间作为一种（succession,
　　time as）303f
虔敬、虔诚（piety）：斯宾诺莎 237，
　　245，258
潜能、潜力（potency），潜力、可能性
　　（potentiality）299
乔尔丹诺·布鲁诺（Giordano Bruno）参
　　看布鲁诺
乔治一世，英格兰国王（George I, king
　　of England）266
清楚，定义（clear, defined）：笛卡尔 97
清楚明白的观念（clear and distinct
　　idea）：笛卡尔 68，77，149；马勒伯
　　朗士 187f，195，201；斯宾诺莎 21，
　　226，234，244
　　　天赋的~84，126
　　　为上帝所确保的~80，96
清楚明白的知识（clear and distinct
　　knowledge）：笛卡尔 97ff，105，109，
　　143
　　　作为真理标准的~见下文
情境、情况（situation）128f，303f
清醒（sobriety）：斯宾诺莎 242
区别（differentiation）参看个体、个体性
屈光学（dioptrics）65
权力、暴力、力量，政治的（power,

political）参看政治权威

权力的分立（powers, separation of）39，46，52

权利，自然的（rights. natural）：霍布斯 45；洛克 40，46；斯宾诺莎 **252ff**，255—258

权威、权能（authority）

 不诉诸~：马勒伯朗士 182，186，188；也见 67f，159；也可参看哲学和神学

 国与国之间的~ 257

 政治权威~见下文

确定性（certainty）：笛卡尔 68ff，73f，95，97，142，152；帕斯卡尔 158，165f；也见 25，182，280，296

 通过系统怀疑法获得~ 69，74，**85—89**，142；参看我思，故我在（cogito ergo sum）

R

詹森主义（Jansenism）140f，155f，175，182

热尔迪，西格斯蒙德，枢机主教（Gerdil, Sigismund, Cardinal）175，204

热情（enthusiasm）186

人（human）

 ~类 参看人类（man）

 人类行为 参看行为，人类（conduct, human）

 完满 参看人的完满（perfection of man）

 人类集体主义 146，248

人、人类（man）：笛卡尔 12，103，120—123，137，146f；康德 14，55f，60f；莱布尼茨 282f，312，332；帕斯卡尔 156，161f，163，**167ff**，173；斯宾诺莎 223，232，238，243f，248，250f，254，262f

~与禽兽 137，312

~的腐化：帕斯卡尔 156，161f，167；也见 41

定义为精神的~ 121

~的目的 147，161，163

~与神 53，103，168f，173，244，312，332；参看上帝之爱

~的唯物主义理论 12f，35，381

~的完满：斯宾诺莎 243，250f，262f

~的科学 7，14，34f，146，163，172f

~的社会本质：斯宾诺莎 248，254f；也见 36，46，146

~的灵魂与身体 参看身体与心灵（body and mind）

作为实体的~ 参看"实体"条目

统一体 120—123，223

人的目的（end of man）147，161，163

人的社会天性（本质）（social nature of man）：斯宾诺莎 248，254f；也见 36，46

人的形式质料说（hylomorphism in man）120

人类的堕落（Fall of man, the）156，168f，190—193

人类的腐朽堕落（corruption of man）：帕斯卡尔 156，161f，167

人类的行为（conduct, human）：斯宾诺莎 238f，248—252，256f

人类知识大全，莱布尼茨设想的观念（encyclopaedia of human knowledge, Leibniz's idea of）268f

人民的公意（general will of the people）48f

人文主义（humanism）7，34f，156

仁和（clemency）：242

认知（cognition），参看知识（knowledge）

日内瓦（Geneva）47

荣誉、功勋（merit）139，250，254
肉体的存在（corporeality）313

S

萨特，让-保罗（Sartre, Jean-Paul）150f
塞涅卡（Seneca）145ff
沙夫茨伯利，伯爵三世（Shaftesbury, 3rd Earl of）26
沙朗，皮埃尔（Charron, Pierre）19f，137，167
善（good）：笛卡尔 144ff；莱布尼茨 281，285；马勒伯朗士 191ff；斯宾诺莎 211，214，227，241ff，250
上帝、神（God）
　　~的定义：斯宾诺莎 259—261，263；也见 100，199
　　万物的目的：马勒伯朗士 191，195f
　　其自身的充足理由 325
　　~的（活动的）观念 100，103，319；也可参看关于上帝的天赋观念
　　~的观念（内容）：笛卡尔 100，103；斯宾诺莎 208f，222，226f，229；也见 199，320—323
　　人类关于~的知识：帕斯卡尔 160f，165f；马勒伯朗士 188，193f
　　后天知识 213
　　先天知识 213，277；也可参看本体论证明
　　也见 29，59
　　人类关于~的爱 参看上帝之爱
　　近代哲学与~ 7ff，23，42f
　　~与这个世界的关系：笛卡尔 134f；莱布尼茨 279，332；斯宾诺莎 216，226—229，236f；也见 202；也可参看上帝的创造；上帝的本质等同于自然
上帝、神——衍生义

最高级的单子 22
　　统一于~：莱布尼茨 312，332；也见 195
　　无知的~ 29
上帝的察知，空间与时间作为（sensorium Dei, space and time as）305
上帝的理智之爱（intellectual love of God）参看上帝之爱
上帝的图景（vision of God）参看至福图景
上帝的真实无妄（veracity of God）参看"上帝的本质"条目
上帝之爱（love of God）：帕斯卡尔 165，172；也见 182
　　上帝的理智之爱：斯宾诺莎 244f，247，249，262f
上帝之本质（God, nature of）
　　属性（attributes）
　　　　广延 参看广延，上帝之属性
　　　　~的无限性：斯宾诺莎 217，226，262，也见 236
　　　　思想 参看思想，上帝的属性；也见 120，199
　　万物的原因：斯宾诺莎 216，222f，229，244；也可参看上帝之创造
　　创造者 参看上帝之创造
　　本质与存在：笛卡尔 112f；莱布尼茨 320，323ff；马勒伯朗士 199；斯宾诺莎 213，215f
　　永恒的~ 101，115，199，215f
　　广延的~ 209，216
　　预知的~ 140ff，330f
　　自由的~：莱布尼茨 278f，282f，285，329f；斯宾诺莎 220f；也见 200f
　　~同一于自然：斯宾诺莎 206—210，214，217，221f，236，244f，259ff
　　~内在于事物之中：斯宾诺莎 222，

261

不可变易的～：笛卡尔 120，132f；马勒伯朗士 199

不可思议的～：帕斯卡尔 160

无限的～：笛卡尔 100ff；莱布尼茨 285，323，332；斯宾诺莎 217，221，229，260，262；也可参看无限的实体

理智的～：莱布尼茨 278，280f，324；马勒伯朗士 200

～知识 参看理智的

对人的爱：斯宾诺莎 245

对自身的爱：马勒伯朗士 191，200；斯宾诺莎 245，247

样式：斯宾诺莎 217—222，228f

必然存在者：笛卡尔 113，115；莱布尼茨 320—325；斯宾诺莎 215，219ff；也见 199

全能的：笛卡尔 100f，140；马勒伯朗士 199

无所不在 193f，199

全知的～与人的自由意志：笛卡尔 **140—142**；也见 100f，200

完满的：笛卡尔 105；莱布尼茨 285，323；斯宾诺莎 227，263

神意：莱布尼茨 267，330；斯宾诺莎 263；也见 43，53，145，263

实体：笛卡尔 100，118；莱布尼茨 22；也可参见同一于上帝的实体

超验的 208，221，259

坦诚、真实无妄：作为真理的标准：笛卡尔 80，96，98f，105，107ff，113，117；也见 110f，121，142

意志：莱布尼茨 285，326f；马勒伯朗士 189，200f；斯宾诺莎 219，227，249

上帝之城（city of God）：莱布尼茨 332

上帝之创造（creation by God）：笛卡尔 21，100，132，134f；马勒伯朗士 189，191

～增至无限？217 注释

自由之创造：笛卡尔 101；莱布尼茨 278，282，285；马勒伯朗士 200

必然之创造：莱布尼茨 23f；斯宾诺莎 23，213，220f，227

创造的理由：莱布尼茨 282f，285ff

上帝之存在（God, existence of）：笛卡尔 16，20，61，78ff，88f，93，**99—109**，152；康德 57—60；莱布尼茨 277，279，282，319，**320—326**；马勒伯朗士 182，198f；帕斯卡尔 160ff，165；斯宾诺莎 259—262；也见 26，29

～的必然真理 277，282

～的本体论证明 见下文

由自身之中而来的证明 99，109，319

上帝之道，统一于（Word of God, union with the）195

上帝中心主义哲学（theocentric philosophy）7ff，202f

社会（society）：斯宾诺莎 252，254f，257；也见 41

政治～参看国家

社会契约（social contract）：卢梭 41，47ff；斯宾诺莎 255

舍瓦利耶，雅克（Chevalier, Jacques）154

身体与心灵或灵魂（body and mind or soul）：笛卡尔 11f，94ff，116，**120—123**，126，143f，150，176f，207，也可参看灵魂，人类的；莱布尼茨 13，309，313—316；马勒伯朗士 187—190，192，202；斯宾诺莎 207，**223ff**，231f，234，238ff，245ff

～如两架钟 13，178，309

偶因论 176ff，188ff，309

~以及灵魂，不仅心灵意义 120；也可参看交互性

身心交互性（interaction of soul and body）：笛卡尔主义 176f；笛卡尔 11f，31，120—123，125f，143，176f；莱布尼茨 12f，178；也可参看单子，无交互性；斯宾诺莎 12，21，223f，238

 偶因论与 ~ 12f，125f，177f，188ff

 ~ 之所在 176f；也可参看松果腺、脑垂体

神经（nerves）39，184

神的显现，自然作为 ~（theophany, Nature as）261

神秘（mystery）

 关于人的 ~：帕斯卡尔 167

 被揭示的 ~ 172，182，202

神秘主义（mysticism）43

神怒引发的病害（disease due to God's anger）227

神启（revelation）：笛卡尔 20，147，152；帕斯卡尔 31，153，169；马勒伯朗士 182，197f，202；也见 16，19，34ff，43，53，159

神圣观念（divine ideas）193f

神学（theology）

 笛卡尔 6，66，126f，140，147，175；莱布尼茨 268f；马勒伯朗士 181，186；也见 19f，50f，159

 从 ~ 中独立出来 参看自律

 道德 ~ 156f

 ~ 与哲学 参看上文

 斯宾诺莎与 ~ 205，226，257

神意，神、神圣的（providence, divine）参看"上帝的本质"条目

生活（life）136，312

生理学（physiology）：笛卡尔 149，180；马勒伯朗士 180，184，188；也见 11

圣餐变体论（transubstantiation）：笛卡尔 **126—128**，175n.；莱布尼茨 315f

圣经注释（Biblical exegesis）42

施动性，纯粹的（act, pure）：莱布尼茨 300

时间（time）：笛卡尔 131，134；康德 58，307；莱布尼茨 33，**303—307**；牛顿与克拉克 305f；帕斯卡尔 158 与 158 注释

 ~ 作为上帝的永恒 306

实践理性（practical reason）60 注释

 ~ 的公设 59ff

实践理性的公设（postulates of practical reason）：康德 59ff

实体（substance）

 完美的 ~ 120f

 复合 ~ 296，300ff；也可参看单子的集聚

 肉体的 ~：莱布尼茨 302，311；所有其他的意思，参看实体，质料

 定义的 ~：笛卡尔 21，117f，207；莱布尼茨 291，298；斯宾诺莎 21，207，214ff

 广延的 ~ 参看实体，物质的

 作为 ~ 的上帝 参看上帝的本质

 ~ 的观念：笛卡尔 68，99f，118，128；莱布尼茨 288f，295，319；斯宾诺莎 215，226

 ~ 同一于上帝：斯宾诺莎 21，31，206，214f，221，246f，261

 非物质的 ~ 参看精神的

 不完全的 ~ 122f

 无限的 ~：笛卡尔 100；斯宾诺莎 214—217，220f，226，228f，236

 ~ 的知识：笛卡尔 118；莱布尼茨 288f，295

 作为 ~ 的人：笛卡尔 12，120—123；也可参看作为实体的自我

实体的活动性（activities of substance）：笛卡尔 116，119，143；莱布尼茨 289f，293，298f，330；也参见 193

实体的属性（attributes of substance）：笛卡尔 118ff；斯宾诺莎 211，215f，224f；也可参看广延、思维，作为属性的

 莱布尼茨 293，330

  对此的定义：斯宾诺莎 215f

  主要~：笛卡尔 118

实体的性质（properties of substance）118；也可参看属性、样式

实体链（substantial bond）315f

实体链（*vinculum substantiale*）315f

实体——衍生义

 物质~：笛卡尔 23，116，119f，124，130；也见 13，26f，183

 ~的本质 参看广延，物质实体的本质

  也可参看实体，肉体性的；身体；物

 必然性存在 215

 唯一一种 13，22f

 并非唯一一种：笛卡尔 12，20f，118，120—123，135，183

 永恒的~ 288f

 ~的多元性：笛卡尔 20f，118；莱布尼茨 22f，295，297，301，307f

 单一~，或单子：莱布尼茨 296ff，302，307；也见 260

 精神性的~：笛卡尔 21，119，121f；休谟 28f，260f；莱布尼茨 23，296，313；也见 183，260f

 总是在思想（思考）119

 主体（主词）的性质：笛卡尔 118f；莱布尼茨 288f；其观念包含其所有的谓词（its idea contains all its predicates）289，293，330

 ~的统一性：笛卡尔 117f，207；休谟 261；莱布尼茨 295，307；也可参看实体的多元性；斯宾诺莎 21ff，31，118，206f，214—217，219，221，295

实验、试验（experiment）：笛卡尔 72，80ff，85；帕斯卡尔 159

实验哲学（experimental philosophy）10，32

实在程度（degrees of reality）312，314

实在的程度/层级（levels of reality）：莱布尼茨 312，314

实在的二元（分叉）论（bifurcation of reality）：笛卡尔 126，138，201；康德 60f

实在的两分法（dichotomy of reality）参看实在的二元（分叉）论（bifurcation）

世界（world）：笛卡尔 130，134f，146；马勒伯朗士 202；帕斯卡尔 168；斯宾诺莎 218f；也可参看下文对于世界的解释；莱布尼茨 278f，282f，285ff，310，325，332

 所有~中最好的 参看乐观主义

 对~的解释：斯宾诺莎 211f，214，228f，234，245，262

 外部~ 见上文

 ~与上帝 参看上帝，与世界的关系

 物质~ 参看物质之物

 物质与精神~ 138

 对~的机械性诠释 8，55f，60f，138，152，308，310

 道德与自然~ 310，332

 ~的必然性 325

 ~的充足理由 282f，285fl

 ~作为系统：斯宾诺莎 218f；莱布尼茨 268，327f；也可参看单子的系统

 也可参看自然的系统

 也可参看乐观主义

世界，其他的（worlds, other）：笛卡尔 130；莱布尼茨 279，286；马勒伯朗士 195
　　～的充足理由 286
世俗主义（secularism）36，51
事实性真理（factual truth）参看事实真理（truths of fact）
叔本华，亚瑟（Schopenhauer, Arthur）326
属（智性的附属性限定）（species [modification of intellect]）102, 119 注释
属，圣餐，特伦特会议（species, Eucharistic, Council of Trent and）127f
数量、量（quantity）120
数目之无限（number, infinity of）158，302f，308
数学（mathematics）：笛卡尔 63f，66，112；也可看下文中的确定性；莱布尼茨 33，268，276f，305，318，332；马勒伯朗士 180f，187，201；帕斯卡尔 153ff，157ff，163，166，172f；斯宾诺莎 227，231，234f
数学方法（mathematical method）：笛卡尔 18ff，63f，66，68，69f，72，75f，78，80ff，126，149，152，157；马勒伯朗士 187f；也见 17f，24f，30，268
　　物理学中的～：笛卡尔 80ff，126
　　也看参看演绎方法；几何方法
数学符号（mathematical symbols）：莱布尼茨 267f
数学——衍生义
　　～的确定性：笛卡尔 64，69f，86，90，98，108 注释，109，111，139；帕斯卡尔 158
　　～与存在 18f，25，72，78，112，268
　　～与逻辑 参看上文相关内容
　　纯～重言式 276
　　也见 8f，17f，149
　　也可参看数学方法

顺从（resignation）148f，178
私有财产（private property）46，254
思考（thinking）参看思维（thought）
思考与寻求真理的规则（rules for thinking and for seeking truth）：笛卡尔 64f，69，74ff；马勒伯朗士 187；斯宾诺莎 250
思维（thought）：笛卡尔 90—97，119，150；斯宾诺莎 217ff，222—226
　　上帝的属性 217ff，222f
　　自然的属性 218，222f
　　精神实体的主要属性 119f
　　～的功能 104
　　～与感觉 143，243
　　～作为实体的样式 120
　　～的样式 参看样式
　　～与思想者 94—97，104f，120；也见 39，150，168
思想的形式，特有的（form of thought, specific）119
斯宾诺莎，巴鲁赫（Spinoza. Baruch）5，31，**205—63**（参看具体内容，p. vi）
　　～与笛卡尔主义 72，207f，210，223，226，265
　　《知性改进论》（De Intellectus Emendatione）206，253
　　～与笛卡尔 20—23，33，118，206ff，210，213f，216f
　　《伦理学》（Ethica）206，210，261f
　　～与霍布斯 210，252，257
　　影响 31，**259—262**
　　对～的反对 174，203，208，259—261
　　～与文艺复兴哲学家 209f，226
　　～与经院哲学家 参看政治哲学
　　《神学政治论》（Tractatus politicus）206，253
斯多亚主义，斯多亚派与伦理学（Stoicism, Stoics and ethics）：帕斯卡

尔 162f；马勒伯朗士 181；斯宾诺莎 210，248；也见 19f，147
斯密，亚当（Smith, Adam）36
斯特罗卡斯基，F.（Strowski, F.）147*
松果腺（pineal gland）122，137
苏格兰学派的常识哲学（common-sense philosophy of Scottish school）38
苏格兰哲学学派（Scottish school of philosophy）38
苏亚雷斯，弗朗西斯，莱布尼茨与～（Suárez, Francis, Leibniz and）264
所有人的平等（equality of men）256

T

他者（other people）参看其他心灵
塔木德（Talmud）205
托马森（Thomassin）203
特伦特会议（Trent, Council of）126ff
德尔图良（Tertullian）186
天赋观念（innate ideas）：笛卡尔 **82—85**，102ff，125f；莱布尼茨 103，269，**316—319**；也见 26，193
　　关于上帝的～84，102ff，115，319
天赋真理（innate truths）16f，316，318
天使（angels）197
天堂（heaven）147
天体（heavenly bodies）130，160
天文学（astronomy）10f，277
天主教，天主教徒（Catholicism, Catholics）34，38，66，186，201
天主教哲学家（Catholic philosopher）：笛卡尔与帕斯卡尔 66，153
廷德尔，马修（Tindal, Matthew）36
同时存在之可能性（compossibility）278
同一（identicals）：莱布尼茨 274n.，275f，281
同一律（identity, principle of）就是矛盾律：莱布尼茨 273

统觉（apperception）莱布尼茨 311f
统一、联盟（union）
　　基督宗派的～265f，269ff
　　基督宗教国家的～266，270f
　　与上帝～195，312，332
统一基督教之教条（Christian Confessions, union of）265f，269ff
统一性与多样性（unity and multiplicity）：莱布尼茨 266，300；也见 214
痛苦（pain）：斯宾诺莎 239—242，244
　　动物的～：莱布尼茨 328
痛苦（tristitia）（斯宾诺莎）239
团块，物质的（mass, bodily）297，301f
推动，物质的（premotion, physical）182
推动力理论（impetus theory）133
托兰，约翰（Toland, John）36
托马修斯，詹姆斯（Thomasius, James）264，266
托马斯·阿奎那，圣（Thomas Aquinas, St.）6，14，16f，68，89，147，213，321
托马斯主义（Thomism）203

W

外部世界（external world）
　　关于～的知识：笛卡尔 79f，84，95，109，151；也见 165，172，183f，296
　　对～的怀疑：笛卡尔 90，92f，95
　　也可参看物质之物（material things）
完满、完满性（perfection）
　　～的程度：莱布尼茨 282，312，314，329
　　人类的～：斯宾诺莎 243，250f，262f
　　形而上学的或道德的～285

完满性原则：莱布尼茨 281f，285ff，291，293，310ff，332
完满的观念（perfect, idea of the）100—105
微积分（calculus）：莱布尼茨和牛顿 264f；帕斯卡尔 155
微积分（infinitesimal calculus）246f
韦达，弗朗西斯（Vieta, Francis）187
唯名论（nominalism）2，6，26，264
唯物主义（materialism）
　　法国 ~ 13，35，38—41
　　霍布斯的 ~ 9，13，30，38
　　关于人的理论 12f，35，38f；也见 27，37，151f
唯心主义、观念主义（idealism）27，30f，44，150f
　　绝对 ~ 150f
魏格尔，埃哈德（Weigel, Erhard）264
维柯，约翰-巴普蒂斯特（Vico, John-Baptist）51ff，53，272
维蒂希，克里斯托弗（Wittich, Christopher）174
维萨留斯，安德烈亚斯（Vesalius, Andreas）11
位移运动（movement）参看运动
位置（place）128f，303f
文化，人类的 ~（culture, human）53f
文明（civilization）41，67；也可参看进步
文艺复兴（Renaissance, the）7ff，18，24，52
文艺复兴哲学家（Renaissance philosophers）
　　~ 与斯宾诺莎 209f，226
　　~ 论普遍和谐 267，293f；也见 1f
我思，故我在（Cogtio ergo sum）75，78f，**90—93**，94，96—99，104f，108—111，114，116，139，151，213
　　~ 的优先地位 104
　　莱布尼茨对 ~ 的评论 295

我意志，故我在（volo ergo sum）151
沃尔夫，克里斯蒂安（Wolff, Christian）41，55
沃兰德，K.（Vorländer, K.）336
乌得勒支（Utrecht）174
无穷小微之不同（infinitesimal differences）292
无神论（atheism）
　　斯宾诺莎哲学中的 ~ 31，**259—262**，265，也见 30，38，41，108 注释，160f
无限（infinite, the）：笛卡尔 100ff；莱布尼茨 302f；马勒伯朗士 198f；帕斯卡尔 160，167，170；斯宾诺莎 208，215ff，229，262
　　可独立使用之 ~ 与虚词 ~ 303
　　~ 数目 158，302f，308
　　也可参看上帝的本质：无限；实体，无限
无限的观念（infinite, idea of the）：笛卡尔 100—105；马勒伯朗士 198
无宇宙主义（acosmism），形容斯宾诺莎主义的（Spinozism as）261
无政府状态（anarchy）44，46，252
无知的，无知者的权利（ignorant, rights of the）253
物、身体、肉体（body）
　　复合 ~：斯宾诺莎 218，224
　　外 ~、外在 ~：斯宾诺莎 224，231f，240
　　天体 130，160
　　人类 ~：莱布尼茨 313ff，317；斯宾诺莎 218，223f，231—234
　　一架机器 137，188，313；~ 与心灵，参看下文身体与心灵
物理（physics）
　　演绎的 ~：笛卡尔 72，80—83，84，132f，138；莱布尼茨 268，279，283

~法则 84

牛顿的~ 13f, 56f, 60f

哲学的一部分：笛卡尔 67, 71f, 84 也见 10, 18, 23, 56, 159, 234f, 292, 308

物体（body, bodies）

~存在：笛卡尔 **116f**, 124；也见 29, 197f, 296

~本质：笛卡尔 76f, 81, 116f, 124ff, 130；斯宾诺莎 217, 221ff, 235；莱布尼茨 296f, 301, 310；也见 9, 12f, 196

也可参看实体、物质、质料（substance, material）

物——衍生义

无机物（inorganic），非实体：莱布尼茨 316

活的 135—138；也可参看有机物

一个人自身的：笛卡尔 86, 92ff；斯宾诺莎 224, 231f, 240

有机物（organic）：莱布尼茨 301f, 307, 313, 316

物质、质料（matter）：莱布尼茨 299—302, 312；也见 174, 209

人的~与形式 120

首要~ 299—302

第二~ 299, 301f

也可参看物、实体、质料

物质推动（physical premotion）182

物质之物（material things）

关于~的知识：笛卡尔 80, 88, 109, 111, 139, 150；马勒伯朗士 183f, 195f；也见 9, 177, 310

关于~的怀疑：笛卡尔 87f, 90, 92, 139

物质之物、肉身（corporeal thing），参看物、实体、肉身

无功利性（disinterestedness）：斯宾诺莎 245

X

希腊哲学（Greek philosophy）13, 264

系统性怀疑（methodic doubt）参看"怀疑"条目

先验的、先天的（a priori）

~形式 57f, 83f

~知识 16f, 28；也可参看天赋真理

~之推理演绎 25

现象（phenomena）：莱布尼茨 299, 303, 307, 316f

现象学（phenomenology）150f

现象秩序或物理层（phenomenal order or physical level）：康德 58—61；莱布尼茨 33, 303, 307f

现象主义（phenomenalism）27ff

宪政，英国的（constitution, British）39, 52

宪政主义（constitutionalism）39f

相对于大陆哲学的英国哲学（British philosophy compared with continental）ixf, 32, 35；也可参看经验主义，英国

相对于英国哲学的大陆哲学（Continental philosophy compared with British），32, 35

相似性，完全的（similarity, complete）参看不可区分之同一性

想象（image）

含混的或模糊的~ 232ff

心灵的~ 184

想象力（imagination）：马勒伯朗士 183, **185ff**；斯宾诺莎 231—234, 240

协调一致（concurrence）118, 132, 182

协议（treaties）257

邪恶、恶（evil）：斯宾诺莎 227f, 241, 244, 253；也可参看恶（bad）

~精灵：笛卡尔 86, 88, 90, 94, 108

上帝与~ 327

形而上学之~ 326f, 329

道德之~：笛卡尔 144，148；莱布
　　　尼茨 326—329
　　肉体之~：莱布尼茨 326ff；斯宾诺
　　　莎 227f
　　一种匮乏 326，328f
　　~的意志 244
　　也见 148，182
邪恶精灵的欺骗（deception by evil
　genius）86，88，90
谢林，F. W.（Schelling, F. W.）261
心理学（psychology）11f，35，241
心灵的在场（presence of mind）242
心灵，动物的（mind, animal）：斯宾诺
　莎 225，241
心灵，其他的（他者）（minds, other）
　117，197
心灵，人类的（mind, human）：笛卡
　尔 12，73，120f；马勒伯朗士 188，
　193，195，202；帕斯卡尔 163f，
　166；斯宾诺莎 参看下两条记录以及
　217，231，242，244f
　　作为身体观念的~ 224f，234，239f，
　　　246
　　作为思想样式的~ 223，l47
　　~与身体 参看身体与心灵
　　也见 29
　　也可参看理智（intellect）
心灵，系统的、体系的（minds, system
　of）：斯宾诺莎 219，222f
心灵的功能（faculty of the mind）：笛卡
　尔 104，116，123
心灵的平静（peace of mind）：斯宾诺莎
　262
心灵的秩序（mind, order of）：帕斯卡尔
　172
心-身平行论（parallelism, psycho-
　physical）：马勒伯朗士 189f，192，
　197f
心-身平行主义（psycho-physical

parallelism）：马勒伯朗士 189f，192，
　197f
新柏拉图主义（neo-Platonism）7，205
信仰（belief），也可参看信仰信念
信仰、信念（faith）：康德 59f；马勒伯
　朗士 182，198；帕斯卡尔 31，160，
　164—172；斯宾诺莎 257ff
　　~代替理性 19，43，176
信仰主义（fideism）19f，171，176
形而上学（metaphysics）：笛卡尔 67，
　71f，75，78，83f，88；康德 54—59，
　61f
　　~的演绎体系（系统）72，83，268
　　~的可能性 19，56ff
　　也见 20，26，160，176，181，214，
　　　229，308
形式，实体的（form, substantial）：莱布
　尼茨 262，298f，301；也可参看隐德
　莱希；也见 138
形状（figure）：笛卡尔 76f，119f，
　124—127；也见 296
形状（shape）参看形状（figure）
幸福（happiness）：帕斯卡尔 162，
　168ff；马勒伯朗士 182，191，197；也
　见 59，145ff，262；也可参看至福
性质、属性，单纯的（natures, simple）
　参看简单属性、单纯之质
性质、质（qualities）118f，183；也可参
　看实体的属性
　　第一~ 26f，183
　　第二~：笛卡尔 124—128，143；
　　　也见 183
　　单一~ 322
休谟，大卫（Hume, David）4f，11，14，
　28f，36ff，40，46f，49，57，260
虚伪（falsity）：斯宾诺莎 233f
选择（choice）145，249，285
　　最好的~ 参看乐观主义
　　也可参看自由意志

雪莱，佩尔西·比什（Shelley, Percy Bysshe）与斯宾诺莎 261
血肉、心灵、仁爱的秩序（orders of flesh, mind, charity）：帕斯卡尔 172
血肉的秩序（flesh, order of）：帕斯卡尔 172
邪恶（wickedness）：斯宾诺莎 250
循环发展（cyclic development）：维柯 51f，54

Y

雅各比，F. H.（Jacobi, F. H.）43，261
亚里士多德，亚里士多德主义（Aristotle, Aristotelianism）：笛卡尔 67f，70f；莱布尼茨 264，297ff；马勒伯朗士 180ff，186ff，201；也可参看 203，256
言论（speech）53，135f
　　自由 ~ 258
言论自由（free speech）258
研究（research）229，262
颜色（colour）：笛卡尔 87，124—128，143
演绎（deduction）：笛卡尔 73f，77f；莱布尼茨 267ff，278f，318；帕斯卡尔 165f
　　情绪的（逻辑）~：斯宾诺莎 241
演绎法（deductive method）：笛卡尔 68f，72，76，80—83，85，149；莱布尼茨 17，22，24，268，289；斯宾诺莎 17，23，211f，225ff，235f；也见 24f，158；也可参看数学方法
样式、模式（modes）
　　~或属性：笛卡尔 120
　　广延：笛卡尔 124；斯宾诺莎 209，218，223，246
　　由上帝导致的有限的 ~ 220ff，228f
　　上帝的 ~ 217f，222f，226，229
　　无限的 ~ **217ff**，220，222，228

自然一个 ~ 的系统 221，228f
思想的 ~ 218f，243
思想与广延之意义对应的 ~ 222—225，246
实体的 ~ 笛卡尔 99，120，127f；斯宾诺莎 217—221，226
耶拿（Jena）264
耶稣会士（Jesuits）63，68，140f，156f，175，266，269
耶稣会士安德烈，伊夫·马里（André, Yves Marie）203
耶稣基督（Jesus Christ）：帕斯卡尔 161，169
野兽、禽兽（brutes）参看动物，非理性的（animals, irrational）
一元论（monism）：莱布尼茨 23；斯宾诺莎 21ff，31，206—210，248，260，262；也见 72，118
伊壁鸠鲁的原子论（Epicurean atomism）176，296f
伊瓦奇，J.（Iwanicki, J.）345
医学（medicine）67，149，182
义务，道德的（obligation, moral）参看道德义务
艺术（art）238
　　科学与 ~ 70
议会与君主（parliament and monarchy）46
异端（heresy）187
意大利，意大利哲学家（Italy, Italian philosophers）7，175，203f
意大利的人文主义（Italian humanism）7
意见（opinion）：斯宾诺莎 231—234
意识（consciousness）：笛卡尔 94，150ff；也见 13，177，196f，243，249；也可参看自我意识
意识的活动性（activity involves consciousness）177f
意志（will）：马勒伯朗士 183f，189，

191ff；偶因论者 177f, 190；帕斯卡尔 164, 169f
 恶的～：斯宾诺莎 244
 自由～见上文
 人的～48f
 专注于上帝的～：马勒伯朗士 191ff
 专注于善的～：笛卡尔 148；马勒伯朗士 191ff
因果倒推，无限的（regress of causes, infinite）101
因果性（causality），原因（cause）56ff, 60, 150, 177f, 189f, 193, 209
 自因（cause of itself）：斯宾诺莎 214ff, 220f
 动力因（efficient）：莱布尼茨 23, 308, 310；斯宾诺莎 207, 228f, 238
 目的因：笛卡尔 23, 138, 207；莱布尼茨 23, 33, 264, 281, 283, 315, 330
 取消目的因：斯宾诺莎 207, **225—229**
 协调动力因：莱布尼茨 23, 269, 299, 310；也见 55
 关于原因的知识：斯宾诺莎 230f, 233；也见 26, 28
 因果与逻辑蕴含：斯宾诺莎 211—214, 216, 227, 244f；也见 18, 23, 57, 72
 机械因，参看机械论
 自然因：马勒伯朗士 189
 偶因 178, 189f, 197f
 近因：斯宾诺莎 231
 远因：斯宾诺莎 222
隐德莱希（entelechy）：莱布尼茨 298f, 301f, 308
印象（impressions）：笛卡尔 116f, 125, 127；斯宾诺莎 233, 235；也见 28, 57

英国宪政制（British political constitution）39, 52
永恒（eternity）：斯宾诺莎 244—247
 上帝的～参看上帝的本性
永恒的形式之下（sub specie aeternitatis）244—247
永恒真理（eternal truths）参看真理，永恒的
勇气、勇敢（courage）144, 242
优先、优先地位，逻辑的或实在的（priority, logical or real）79, 212f
由传闻而知觉的（hearsay, perception by）：斯宾诺莎 230f
犹太人，犹太教（Jews, Judaism）：斯宾诺莎 208ff, 226, 259, 262；也见 169, 205
犹太教秘法（Cabala），犹太教神秘主义者（Cabalists）205, 209f
友谊（friendship）242
有充分根据的现象（phenomenon bene fundatum）303f, 307, 313
有神论（theism）171f, 217
有限的（finite, the）160, 198
有限之物（finite things）
 ～和上帝：斯宾诺莎 214, 217, 220ff, 226f, 229, 236, 244f；也见 239, 247f
 也见 198, 324, 327
愉悦（delectation）141
愚蠢的权利（foolish, rights of the）253
于埃，皮埃尔·丹尼尔（Huet, Pierre Daniel）176
宇宙（universe）参看世界
宇宙的全貌（'face of the universe, the'）：斯宾诺莎 218f
欲望（cupiditas）（斯宾诺莎）239；也可参看渴望（desire）
语言（language）53, 149, 257
语言分析（linguistic analyses）29

索 引 385

预定和谐（pre-established harmony）13，23，178，293，**308ff**，313—316，325ff，330

预定论（predestination）140ff

预言（prophecy）166，169

欲望（appetite），欲求（appetition）：莱布尼茨 310，312；斯宾诺莎 239，241，253

元素、因子（elements）297 参看原子（atoms）

原型（archetypes）：马勒伯朗士 195，197，199；也可参看观念，神（ideas, divine）

原因的无限倒推（infinite regress of causes）101

原则、法则、原理（principle）：笛卡尔 79，81f；帕斯卡尔 158f；也可参看第一原理

原子（atoms）125，130，291，296f

原子论（atomism）125ff，176，296f

原罪（original sin）156，161，193；也可参看人类的堕落

月球（moon, the）183

运动（位移）（motion）：笛卡尔 77，80，99，124ff，130，**131—135**；斯宾诺莎 218，234f；也见 8f，11，183

    由上帝导致的~ 131f，134f，218

    ~法则 132f，279

    ~与静止 218，292，317

Z

在上帝行动中的秩序（order in God's acts）188

在神之中对万物的观想（vision of all things in God）：斯宾诺莎 236f；也可参看本体论主义

赞同（assent）146，182

遭逢痛苦（suffering）：莱布尼茨 326ff；也可参看邪恶，物质（身体）的；痛苦

詹森，科尔内留斯（Jansen, Cornelius）155

造物（creatures）

    伴随着上帝的~ 斯宾诺莎 21，217，226f

    也见 116，313

    也可参看有限之物（finite thing）

责怪、诋毁（blame）139，248

责任、负责（responsibility）249，329

詹姆斯·密尔与约翰·斯图尔特（Mill, James and John Stuart）36

战争（war）44f，257

哲学（philosophy）

    有关~的怀疑：笛卡尔 63f

    实验哲学 10

    17 世纪的 ~ ixf，2，4f，8f，**29—33**

    18 世纪的 ~ 4f，29f，**33—44**

    19 世纪的 ~ 54，62，149

    ~的不足之处：帕斯卡尔 160—163，168，171f

    中世纪~ 见上文

    近代~ 见上文

    自然~ 10 等于物理学（q. v. 参看"物理学"条目）；也见 163

    ~的本质：笛卡尔 67，154，172f；马勒伯朗士 182；斯宾诺莎 208

    ~与神学：马勒伯朗士 181，186；也见 6f，14f

    ~的价值：笛卡尔 67，152；也见 269

哲学的独立（independence of philosophy）参看自律或自治（autonomy）

哲学家的宗教信仰（religious beliefs of philosophers）：笛卡尔 66，153；帕斯卡尔 153 至 173 *passim*；斯宾诺莎

31f，208，237，245，262f；也见 6，24，34，271；也可参看神启

哲学史（history of philosophy）：莱布尼茨 269

哲学体系（system in philosophy）：笛卡尔 66，68f，71，152f；斯宾诺莎 211f；也可参看方法

哲学中的新知（novelty in philosophy）186

哲学价值（value, philosophy of）172

真空（vacuum）：笛卡尔 128ff；莱布尼茨 297；帕斯卡尔 154，159

真理（truth）

　　绝对~，不可达到的 42

　　~的标准 参看上文

　　发现~ 参看上文

　　~是符合的 273

　　存在的~ 273

　　寻求~：笛卡尔 64—67，85，142，152；马勒伯朗士 186f；帕斯卡尔 171；帕斯卡尔 42

真理（复数）（truths）

　　复合的与单一的~：莱布尼茨 268

　　偶然的、或然的~：莱布尼茨 277，279f，284f；马勒伯朗士 182

　　　确定先天~：莱布尼茨 280，283ff

　　　仅上帝可对~有完满的认知 280

　　　~的表现 284

　　　也可参看事实~；命题，或然的

　　永恒的~：莱布尼茨 278，280，311，323f，327；斯宾诺莎 246f；也见 30，36，47，83，194；也可参看真理，必然的

　　在本质与存在中发现~ 268

　　在目的因的基础上发现~ 283

　　必然的~：莱布尼茨 273，277，280，283，311，323；斯宾诺莎 234f；也见 182；也可参看真理（复数），永恒的；命题，必然的

　　事实~：莱布尼茨 273—275，277—280，295，324f

　　　事实~的先天知识 278

　　　事实~的基础 280．324

　　　所有偶然性都被包含于一个事实~中 325

　　　也可参看真理（复数），偶然的

　　直觉的~ 318

　　理性的~：莱布尼茨 273—278，279，281，295

　　原始性~ 275，295

　　自明的~ 参看自明真理（复数）

真理标准（criterion of truth）

　　清楚明白（clearness and distinctness）：笛卡尔 **97ff**，105—108，110f，113f，116f，121

　　上帝的真实无妄（God's veracity），参看"上帝"条目下的上帝之本质

真理符合论（correspondence theory of truth）273

拯救（salvation）：斯宾诺莎 245，251

整体与部分的知识（whole and part, knowledge of）167

证据、证明（evidence）159，182，187

证明、范例（demonstration）：笛卡尔 68f，76，81；帕斯卡尔 165f；也可参看演绎（deduction）

政府（government）：斯宾诺莎 255，258f；也见 39f，44—47，52

政治理论（political theory）参看政治哲学

政治权威（political authority）：斯宾诺莎 255—259；也见 47ff

政治社会（political society）参看国家（State, the）

政治学，其中只具有或然性（politics, only probability in）182

政治学意义上的绝对主义（absolutism, political）39，44f
政治哲学（political philosophy）：斯宾诺莎 252—259；也见 14f，39f，**44—49**，172
知觉（perception）：笛卡尔 97f，109，125，143；莱布尼茨 292，300，**310—313**，317；马勒伯朗士 183；斯宾诺莎 230f
 清楚的～317
 清楚明白的～参看清楚明白的知识
 含混的、模糊的～300，311ff，317
 被定义的～：莱布尼茨 310
 明白的～292，311ff
 微知觉（petites perceptions）312
 ～的表象理论 119，125f
 感性～参看感官经验
知觉表象理论（representative theory of perception）：笛卡尔 109，125f
知识（Knowledge）：笛卡尔 67ff，73，92 注释，108，146；康德 57—61；斯宾诺莎 225，230—237，246ff，250
 斯宾诺莎的抽象～235
 先天～16f，278；也可参看内在真理
 模糊的～：斯宾诺莎 232
 ～的程度或层级 230—236，246f
 不充分的～斯宾诺莎 232
 直观的～斯宾诺莎 235ff，246
 科学～234f
 也见 11，16f，24ff，172f，274
知性（understanding）
 ～作为理解 219
 ～作为理智、智慧 见上文
直观（intuition）：笛卡尔 71，73—78，126；莱布尼茨 275；帕斯卡尔 158，165f；斯宾诺莎 **235ff**，246
 对自身的～71，78；也可参看我思，我在
直观知识（scientia intutiva）（斯宾诺莎）**235ff**，246
直接认识的仅仅只有观念（ideas alone directly known）27
直觉、本能（instinct）：帕斯卡尔 164ff
至福（beatitude）：斯宾诺莎 236，245，249；也见 145，147，332
至福图景（beatific vision）147，194，332
制裁、处罚（sanctions）：莱布尼茨 329ff；也见 52
秩序之原则（order, principle of）292f
智慧（wisdom）：笛卡尔 67，70，142，145；斯宾诺莎 244，248，253；也见 154
中国礼仪之争（Chinese rite controversy）266
中世纪（Middle Ages, the）50，52；也可参看中世纪哲学
中世纪哲学（mediaeval philosophy）
 ～与近代哲学 1—6，14—17，21，46，57 注释，201，214
 ～的影响 23，40
 也可参看经院哲学
重农主义者（physiocrats）40
重言式（tautology）：莱布尼茨 275f
主观主义，主体性（subjectivism, subjectivity）：笛卡尔 150ff
主权国家、君权（sovereignty）参看政治权威
主-谓命题（subject-predicate propositions）参看命题条目
注释，圣经的（exegesis, Biblical）42
著作，哲学的（writing, philosophical）4f
专制（despotism）39，48
自爱（self-love）参看自利
自动机（automata），作为自动机的动物（brute as～）：笛卡尔 136ff；也可参看机器：莱布尼茨 298
自利，人的主要动机（self-interest the

main human motive）：霍布斯44f；洛克46f；帕斯卡尔162，167；斯宾诺莎244，248，252—255，257；也见36f

自明真理（self-evident truths）：笛卡尔69，72，152；莱布尼茨273，275ff；帕斯卡尔158与158注释；斯宾诺莎234f；也见17，34，36，38，40，47

自然（作为本质的）（nature, as essence）20，164

自然（作为整体的）（Nature, as totality）：笛卡尔80f，121，132，135；莱布尼茨266f，292；斯宾诺莎23，31f，214至253 passim，261f
　～与上帝7ff，14，43，121，267；也可参看上帝，与世界的关系
　～与上帝同一 参看上帝条目下，其本质
　无限实体：斯宾诺莎31，214，221，226，228f，236
　～法则：笛卡尔80f，132，135；也见40，45，51，252，310
　数学的～8，18
　～秩序：莱布尼茨267，292f，325，327；也见135，253
　～系统：逻辑的23，235f，246
　　样式的～221f，228f
　　也见218，237，244f，248，253，262，293
　～的一致性18，57f
　　也见32，233，238，252，261
　也可参看能动的自然，被动的自然

自然的统一性（uniformity of Nature）18，57f

自然法（natural law, the）3，14，45，167，195f，252

自然法则（natural laws）参看自然法则（nature, laws of）

自然倾向、倾向（conatus）：斯宾诺莎239f；莱布尼茨299

自然权利（natural rights）参看权利

自然神论（Deism）36，38，41，134，156，161，309

自然与恩典（nature and grace）332

自然哲学（natural philosophy）10f，18，23，67，71，163，276

自然秩序（order of Nature）参看"自然"条目

自然主义（naturalism）261

自然状态（nature, state of）见下文

自然状态（state of nature, the）：斯宾诺莎254ff；也见44，46

自身、自我（self）
　～的连续性：笛卡尔134f，150
　～的观念103ff，116
　～作为实体：笛卡尔95ff，99f，150；休谟28f；莱布尼茨295；也见88，177f；也可参看自我（ego）

自我（ego）：笛卡尔97，150；莱布尼茨295
　作为实体的～ 参看作为实体的自身（self, as substance）；也可参看自身（self）

自我（利己）主义（egoism）参看自利

自我保存（self-preservation）：霍布斯44f；莱布尼茨266；斯宾诺莎239ff，244，248，253f

自我控制（self-control）：笛卡尔143f，147；斯宾诺莎249

自我完善（self-perfection）：斯宾诺莎239f，242，251

自我意识（self-consciousness）：莱布尼茨295，311f；斯宾诺莎224f，239；也可参看我思，我在

自因（causa sui），请参看因果性（causality）、自因（cause of itself）

自由（freedom）
　经济的～40

自激情的奴役下获得~：斯宾诺莎 244f，250f，262
言论的~258
意志的~参看自由意志（free will）
政治的~：斯宾诺莎 252，255f，258f；也见 39f，46—49，52
宗教的~参看宽容
自由（liberty）参看自由（freedom）；自由意志（free will）
自由放任经济学（laissez-faire, economics）40
自由思想者（free thinkers）19f，35，37，43，50，156f
自由行为的预定（predetermination of free acts）287f，330f
自由意志（free will）：笛卡尔 **139—142**，144ff，148；康德 55f，59f；莱布尼茨 24，283—287，329ff；马勒伯朗士 181，190—193；斯宾诺莎：由于无知而相信自由意志 228，238，249f；也见 11f，24，156，213，220
　　神的预知与~140ff，330f
　　神的恩典与~140f
自由主义（liberalism）35ff，40f，46
自愿（voluntary）= 自由 283
自治、自律（autonomy）
　　伦理学意义上的~14，34，39，42，60 注释，147
　　哲学意义上的~7ff；也可参看哲学和神学
宗教（religion）：霍布斯 45，257；帕斯卡尔 161，165，171；斯宾诺莎 257f；也见 34，36，42f，53，55
综合（synthesis）：笛卡尔 76
综合命题（synthetic proposition）：莱布尼茨 274f，279
最大多数人的幸福，最大的幸福（happiness of the greatest number, the greatest）39f
罪（sin）：笛卡尔 110，148；莱布尼茨 326，328，331；也可参看邪恶，道德：斯宾诺莎 24，250，254f
　　原罪（original sin）参看上文
作品，哲学的（literature, philosophical）4f
作为上帝之子的人类（children of God, men as）248
作为物质的天体（heavens, matter of）130
作为物质之本质的抵抗性（resistance essential to matter）300f
作为整体之部分的人类（whole, man as part of a）146

译后记

非常高兴弗雷德里克·科普勒斯顿所著的这套哲学史的第4卷中译本顺利出版。

我最早接触到这本书是在2008年前后。那时我在上海师范大学哲学学院攻读硕士研究生，当时张志平老师主持的近代欧陆理性主义课程使用的教本就是本书的英文原版。出于完成课程作业的需要，我选择性地翻译了导论的几个小节。现在看来，因为学力上的局限，当时的译文是十分粗糙的。但我对这本书的内容很感兴趣，后来努力细读了全书，并缓慢地翻译剩余部分，直到2013年前后完成了全书的翻译。同年，得知有出版单位有意付梓这套哲学史的中译本，并决定采用我的译本，我甚感欣慰。

所以，我首先要感谢张鹏先生、汪慧女士、陈怡凝女士以及其他工作人员为本书出版付出的辛劳。其次，本书能够付梓，从学术上说还要感谢上海师范大学哲学学院的张志平老师。不仅由于这部译作缘起于张老师的课堂，还因为在本书签订出版合同前后，张老师耐心地为我审阅了附录中专有名词的翻译，并提出了宝贵的修改意见。此外，还要感谢我的挚友，上海健康医学院马克思主义学院的李久辉教授，他对本书法语原文的部分翻译做了一些审查，并提出了许多宝贵意见。

自2011年起，我到复旦大学攻读中国哲学博士学位，从此就再未专门从事西方哲学的学术研究。所以，这部译作也可以作为对我的七年西方哲学学习生涯所做的总结与纪念。

日历已经翻到2022年。当我再次在计算机前打开这部译作的清样，看着一排排文字在光屏上如瀑布般流泻，眼前似乎又浮现出当年读书的时光。可是日月如梭，那都已是十多年前的事了。今天，我仍旧经常忆起那时候跟随刘云卿、张志平两位老师学习西方哲学的情景，忆起上海师范大学哲学学院在陈卫平院长领导下的良好学术氛围，以及与那时候的老师、同学和朋友们一起走过的岁月。那里有我的激情与青春。

对于一篇译后记来说，回忆似乎已经太多了。

就写到这里吧！

最后要说的是，这一译本中的所有错误与疏漏自然由译者本人负责，还请读者朋友批评指正。

陈　焱

2022 年 8 月 1 日于沪上

图书在版编目（CIP）数据

科普勒斯顿哲学史.4,理性主义：从笛卡尔到莱布尼茨/(英)弗雷德里克·科普勒斯顿著；陈焱译.--北京：九州出版社,2022.10
ISBN 978-7-5225-1134-4

Ⅰ.①科… Ⅱ.①弗… ②陈… Ⅲ.①笛卡尔(Descartes, Rene 1596-1650)－哲学思想－研究②莱布尼茨(Leibniz, Gottfried Wilhelm Von 1646-1716)－形而上学－哲学思想－研究 Ⅳ.①B1

中国版本图书馆CIP数据核字(2022)第157790号

A HISTORY OF PHILOSOPHY VOLUME4: THE RATIONALISTS: DESCARTES TO LEIBNIZ by FREDERICK COPLESTON
Volume4: Copyright © 1958 by the Trustees for Roman Catholic Purposes Registered
This edition arranged with A. P. WATT LTD
Through BIG APPLE AGENCY, LABUAN, MALAYSIA.
All rights reserved

著作权合同登记号：图字01-2022-5879

科普勒斯顿哲学史.4,理性主义

作　　者	［英］弗雷德里克·科普勒斯顿　著　陈焱 译
责任编辑	王　佶　周　春
封面设计	张　萌
出版发行	九州出版社
地　　址	北京市西城区阜外大街甲35号（100037）
发行电话	（010）68992190/3/5/6
网　　址	www.jiuzhoupress.com
电子信箱	jiuzhou@jiuzhoupress.com
印　　刷	天津中印联印务有限公司
开　　本	655毫米×1000毫米　16开
印　　张	25.5
字　　数	329千字
版　　次	2022年10月第1版
印　　次	2022年11月第1次印刷
书　　号	ISBN 978-7-5225-1134-4
定　　价	75.00元

★ 版权所有　　侵权必究 ★